Stefan Fries

Textverarbeitung und Textgestaltung

VERLAG:SKV

Rolf Bänziger
(Tabellenkalkulation)

ist IKA- und SIZ-Lehrer an der Handelsschule KV Schaffhausen sowie Leiter der Höheren Fachschule für Wirtschaft Schaffhausen. Er ist Ehrenmitglied des Verbandes Lehrende IKA.

Carola Brawand-Willers
(Schriftliche Kommunikation/
Korrespondenz)

unterrichtete IKA und wirkte als Referentin in Weiterbildungskursen an der Wirtschafts- und Kaderschule KV Bern. Sie ist Prüfungsexpertin für den Bereich Kommunikation in der Muttersprache bei der Berufsprüfung Direktionsassistentin mit eidg. Fachausweis. Sie ist Ehrenmitglied im Verband Lehrende IKA

Stefan Fries
(Präsentation und
Textverarbeitung/
Textgestaltung)

ist IKA-Fachlehrer und Fachvorsteher für IKA am Berufsbildungszentrum Wirtschaft, Informatik und Technik in Willisau.

Michael McGarty
(Grundlagen der Informatik/
Outlook)

Informatiker und Telematiktechniker HF, ist Lehrer an der Wirtschaftsmittelschule Thun und an der Wirtschaftsschule Thun.

Max Sager
(Informationsmanagement
und Administration/Grund-
lagen der Informatik)

Betriebsökonom FH, war Lehrer am Gymnasium/Wirtschaftsmittelschule Thun-Schadau. Er ist Ehrenpräsident des Verbandes Lehrende IKA.

**Annamaria
Senn-Castignone**
(Gestaltung von Bildern)

Fotolithografin, Technikerin TS, Fachlehrerin und ÜK-Instruktorin Polygrafen/Mediamatiker, Prüfungsleiterin QV Polygrafen

Haben Sie Fragen, Anregungen oder Rückmeldungen?
Wir nehmen diese gerne per E-Mail an feedback@verlagskv.ch entgegen.

7. Auflage 2019

Stefan Fries:
IKA 6 Textverarbeitung und Textgestaltung

Theorie und Aufgaben inkl. Enhanced Book:
ISBN 978-3-286-33637-7

Theorie und Aufgaben inkl. Enhanced Book
mit Lösungen und Begleitmaterial für Lehrpersonen:
ISBN 978-3-286-33757-2

© Verlag SKV AG, Zürich
www.verlagskv.ch

Alle Rechte vorbehalten.
Ohne Genehmigung des Verlags ist es nicht
gestattet, das Buch oder Teile daraus in irgendeiner
Weise zu reproduzieren.

Projektleitung: Kirsten Rotert
Umschlagbild: Agenturtschi, Adliswil

Die IKA-Reihe im Überblick

Band 1 **IKA – Informationsmanagement und Administration**
behandelt das ganze Spektrum des Büroalltags: Outlook, die richtige Wahl und den Einsatz von technischen Hilfsmitteln, die Gestaltung von Arbeitsprozessen, ökologisches und ergonomisches Verhalten und den zweckmässigen und verantwortungsvollen Umgang mit Informationen und Daten.

Band 2 **IKA – Grundlagen der Informatik**
vermittelt das nötige Grundwissen über Hardware, Software, Netzwerke und Datensicherung.

Band 3 **IKA – Schriftliche Kommunikation und Korrespondenz**
führt in die Kunst des schriftlichen Verhandelns ein und zeigt, wie Brieftexte partnerbezogen, stilsicher und rechtlich einwandfrei verfasst werden.

Band 4 **IKA – Präsentation**
vermittelt die wichtigsten Funktionen von PowerPoint und erklärt, wie Präsentationen geplant und gestalterisch einwandfrei erstellt werden.

Band 5 **IKA – Tabellenkalkulation**
zeigt die wichtigsten Funktionen von Excel auf: Berechnungen, Diagramme, Daten- und Trendanalysen etc.

Band 6 **IKA – Textverarbeitung und Textgestaltung**
stellt die vielfältigen Möglichkeiten des Textverarbeitungsprogramms Word dar und vermittelt die wichtigsten typografischen Grundregeln für Briefe und Schriftstücke aller Art.

Band 7 **IKA – Gestaltung von Bildern**
vermittelt sowohl visuelle als auch rechtliche Aspekte hinsichtlich der Konzeption und des Einsatzes von Bildern und führt in die grundlegenden Funktionen gängiger Bildbearbeitungsprogramme ein.

Zertifizierung SIZ
Folgende IKA-Bände sind SIZ-zertifiziert.

IKA-Band	SIZ-Modul
1 Informationsmanagement und Administration: Die Kapitel 2.5–2.7 zum Thema Internet, 3 Outlook und 8.2 Büroökologie	ICT Advanced User SIZ, Modul AU1 Kommunikation, und Informatik-Anwender II SIZ, Modul 102 Betriebssystem, Kommunikation und Security
2 Grundlagen der Informatik	ICT Advanced User SIZ, Modul AU1 Kommunikation, und Informatik-Anwender II SIZ, Modul 102 Betriebssystem, Kommunikation und Security
4 Präsentation	ICT Advanced User SIZ, Modul AU2 Präsentation, und Informatik-Anwender II SIZ, Modul 202 Präsentation mit Einsatz von Multimediaelementen
5 Tabellenkalkulation	ICT Advanced User SIZ, Modul AU4K Tabellen, und Informatik-Anwender II SIZ, kaufmännische Ausprägung, Modul 422 K Tabellenkalkulation
6 Textverarbeitung und Textgestaltung	ICT Advanced User SIZ, Modul AU3K Texte, und Informatik-Anwender II SIZ, kaufmännische Ausprägung, Modul 322 K Textverarbeitung
7 Gestaltung von Bildern	ICT Power-User SIZ, Modul 232 Foto- und Grafikbearbeitung

Weitere Informationen zu den SIZ-Modulen, insbesondere zu den inhaltlichen Anforderungen, finden Sie unter www.siz.ch – Modulangebot (bzw. Modulangebot 2010).

Vielen Dank,

dass Sie sich für «IKA – Information, Kommunikation, Administration» entschieden haben. Sie haben damit ein qualitativ hochwertiges Produkt mit grossem Mehrwert erworben.

Enhanced Book

Mehr als nur ein PDF: Die digitale Ausgabe des Lehrmittels bietet Ihnen Unterstützung für ein attraktives Lehren und Lernen.

Im einfach navigierbaren Enhanced Book ist der Lernstoff mit ergänzenden Materialien verknüpft. Stehen an einer Textstelle zusätzliche oder speziell aufbereitete Materialien zur Verfügung, signalisieren dies Icons und Links.

Vorteile auf einen Blick

- Downloaden und offline arbeiten
- Inhalte individualisieren
- Markieren und kommentieren

Funktionen im Enhanced Book (Interaktive PDF-Datei des Lehrbuchs)

	Ausgabe ohne Lösungen	Ausgabe mit Lösungen
Formularfunktion zum Lösen ausgewählter Aufgaben direkt im PDF	×	×
Verlinkte Aufgabendateien	×	×
Multiple-Choice-Aufgaben inkl. Lösungen	×	×
Verlinkungen zu Websites und Gesetzestexten	×	×
Personalisierungsmöglichkeiten im Adobe Reader	×	×
Einblenden der Lösungen		×
Verlinkte Lösungsdateien		×
Grafiken und Strukturdarstellungen als PDF		×

Login

Das Enhanced Book ist über den auf dem Beiblatt aufgedruckten Lizenzschlüssel im Bookshelf unter www.bookshelf.verlagskv.ch erhältlich.

Support-Hotline
Unsere Mitarbeitenden sind gerne für Sie da.

Tel. +41 44 283 45 21
support@verlagskv.ch

VERLAG:SKV

Vorwort

Dieses Lehrmittel ist gemacht für die kaufmännische Berufspraxis. Nebst Basiswissen und Anwendungsmöglichkeiten vermittelt es spezielles Know-how für den professionellen Einsatz von Textprogrammen. Es stellt die neuesten Entwicklungen und Optionen der Textprogramme dar und zeigt deren Anwendungsmöglichkeiten im Berufsalltag auf.

Neuerungen in dieser Auflage
Das Lehrmittel berücksichtigt die Neuerungen von Word 2019 / Word 365 und lehrt Sie, diese gezielt anzuwenden. Die Angleichungen an die Struktur der BiVo 2012 sind selbstverständlich gewährleistet. Es wurden auch Anpassungen für das SIZ-Zertifikat «Advanced User 3 Texte» vorgenommen, und somit wurde auch diese Neuauflage SIZ-zertifiziert.

Textverarbeitung
Erfassen, formatieren, archivieren, kürzen, korrigieren, veröffentlichen, senden – eine vollständige Aufzählung aller Möglichkeiten, die Ihnen Textprogramme bieten, ist beinahe unmöglich. Mit den einzelnen Bänden dieses Buches erlernen Sie den sinnvollen Einsatz all dieser Optionen. Dieses Buch zeigt im Weiteren auch auf, wie Sie die Formularorganisation rationalisieren, das Verfassen von E-Mails vereinfachen oder Seriendrucke wie Serienbriefe, Etiketten oder Visitenkarten erstellen können.

Textgestaltung
Unzählig sind die Möglichkeiten, Texte, Briefe, Flyer oder längere Dokumentationen zu gestalten. Das Lehrmittel vermittelt Grundregeln des Einsatzes von Bildern, Grafiken, Formen, Textfeldern und Diagrammen. So lernen Sie, Erfolg versprechende Schriftstücke auf rationelle Art und Weise typografisch korrekt zu erstellen. Sie lernen, worauf Sie achten müssen, wenn Sie übersichtliche, lesefreundliche Geschäftsdokumente erstellen wollen, und wie Sie diese am PC spannend und attraktiv gestalten.

Stefan Fries

Inhaltsverzeichnis

	Vorwort	5
1	**Word-Grundlagen anwenden**	**9**
1.1	Der Word-Bildschirm	10
1.2	Text eingeben	13
1.3	Mit Dateien arbeiten	14
1.3.1	Grundlagen	14
1.3.2	Speichern und Freigeben von Dateien in der Cloud	19
1.4	Anzeigemöglichkeiten (Statusleiste)	22
1.5	Das Lineal	23
1.6	Die Registerkarte Ansicht	24
1.7	Formatierungszeichen anzeigen	27
1.8	Symbolleiste für den Schnellzugriff	28
1.9	Word-Hilfe	29
2	**Dokumente korrigieren, verbessern, überprüfen und optimieren**	**31**
2.1	Einfache Korrekturmöglichkeiten	32
2.2	Markierungsfunktionen	34
2.3	Textteile und Objekte verschieben oder kopieren und einfügen	36
2.4	Silbentrennung	38
2.5	Die Funktionen Suchen, Suchen/Ersetzen und Gehe zu	40
2.6	Einfügen von Symbolen und Sonderzeichen	46
2.7	Nützliche Einstellungen	49
2.7.1	Grundeinstellung für die Dokumentprüfung	49
2.7.2	Autokorrektur	51
2.7.3	Befehle des Registers Überprüfen	52
3	**Formatierung festlegen**	**55**
3.1	Einführung	56
3.2	Zeichenformatierung	58
3.2.1	Die Gruppe Schriftart	58
3.2.2	Die Wahl der Schriftart	65
3.2.3	Zeichen und Ziffern richtig setzen	68
3.3	Absatzformatierung	70
3.3.1	Grundlagen	70
3.3.2	Textausrichtung	72
3.3.3	Einzug verändern	74
3.3.4	Zeilenabstand	76
3.3.5	Textfluss	79
3.3.6	Nummerierung und Aufzählungen	80
3.3.7	Rahmen und Schattierungen	87
3.4	Seitenformatierung	90
3.4.1	Satzspiegel	90
3.4.2	Die Gruppe Seite einrichten	91
3.4.3	Kopf- und Fusszeilen	94
3.4.4	Seitenhintergrund	96

4	**Tabulatoren und Tabellen verwenden**	**99**
4.1	Tabulatoren	100
4.2	Tabellen	105
4.2.1	Tabellen erstellen	105
4.2.2	Tabellentools	106
4.2.3	Typografische Hinweise	112
5	**Illustrationen einfügen und bearbeiten**	**117**
5.1	Einfügen von Illustrationen und grafischen Elementen	118
5.1.1	Einführung	118
5.1.2	Elemente der Gruppe Illustrationen	119
5.1.3	Grafische Elemente auf mehreren Ebenen	120
5.1.4	Skalieren von Objekten	120
5.2	Formatierung	121
5.2.1	Textumbruch	122
5.2.2	Weitere Formatierungen	123
5.3	Onlinebilder	125
5.4	Formen	126
5.4.1	Eine Form einfügen und bearbeiten	126
5.4.2	Einen neuen Zeichenbereich einfügen	126
5.5	SmartArt-Grafiken	129
5.6	Textfelder	132
5.7	Diagramme	133
5.8	WordArt	135
6	**Geschäftsdokumente gestalten**	**137**
6.1	Dokumentvorlagen	138
6.2	Briefe	142
6.2.1	Einführung	142
6.2.2	Anordnung der Briefelemente	143
6.2.3	Gliederungstechniken	150
6.3	Flyer	168
6.4	Protokolle	176
7	**Seriendruck definieren**	**179**
7.1	Einführung	180
7.2	Serienbrief mit dem Assistenten erstellen	182
7.3	Seriendruck manuell erstellen	188
7.4	Etikettendruck	200
7.5	Druck von Briefumschlägen	203
7.6	Verzeichnisse erstellen	206
7.7	E-Mail-Seriendruck	207
8	**Mehrseitige Schriftstücke und Projektarbeiten erstellen und gestalten**	**211**
8.1	Einführung	212
8.2	Formatvorlagen	213
8.2.1	Grundlagen	213
8.2.2	Schnellformatvorlagen	214
8.2.3	Mit Formatvorlagen arbeiten	215
8.3	Beispiele für mehrseitige Schriftstücke	220
8.3.1	Info-Broschüre	220
8.3.2	Jahresbericht	224
8.4	Weitere Elemente für Diplom-, Semester- oder Projektarbeiten	234
8.4.1	Inhaltsverzeichnis nummerieren	234
8.4.2	Indexe und Verzeichnisse einfügen	235

9	**Zusätzliche wichtige Word-Funktionen**	**239**
9.1	Entwicklertools	240
9.1.1	Formulare	240
9.1.2	Inhaltssteuerelemente	247
9.2	Links	252
9.2.1	Links auf andere Dokumente und Websites	252
9.2.2	Querverweise	253
9.3	Objekte einfügen oder verknüpfen	254
9.4	Kommentare, Nachverfolgungen, Änderungen	256
9.5	Dokumente vergleichen	258
9.6	Dokument schützen	259
9.7	Schnellbausteine (AutoText)	260
10	**Stichwortverzeichnis**	**263**

Word-Grundlagen anwenden

1

Word-Grundlagen anwenden

1.1 Der Word-Bildschirm

Startbildschirm

Beim Starten von Word 2019/Word 365 wird standardmässig der Startbildschirm geöffnet.

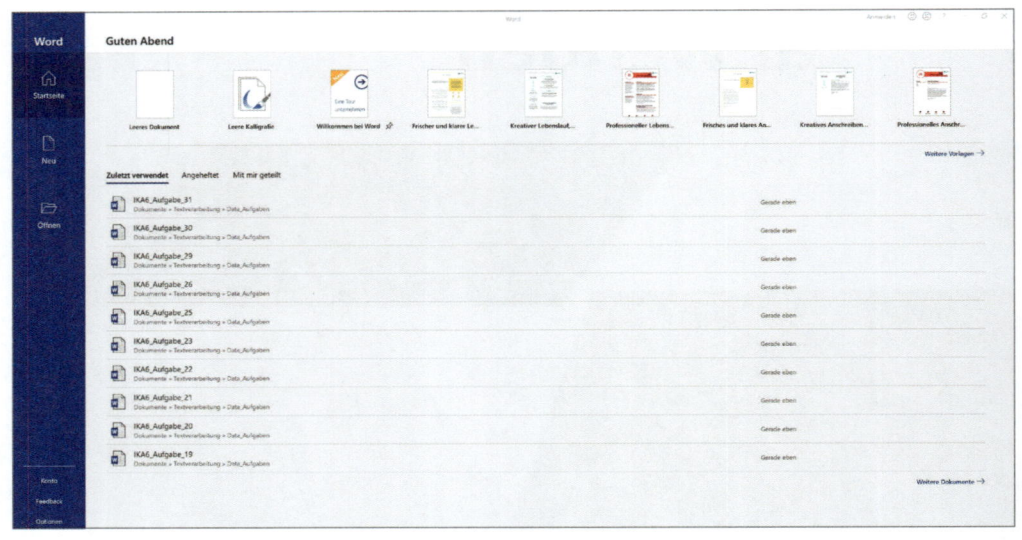

Startbildschirm Word 2019/Word 365

Wenn Sie es jedoch bevorzugen, dass nach dem Start direkt das Fenster der Anwendung mit einem leeren Dokument angezeigt wird, so können Sie dies einfach einstellen.

▶ Klicken Sie auf dem Startbildschirm unten links auf **Optionen**.
▶ Deaktivieren Sie das Kontrollkästchen **Startbildschirm beim Start dieser Anwendung anzeigen**.

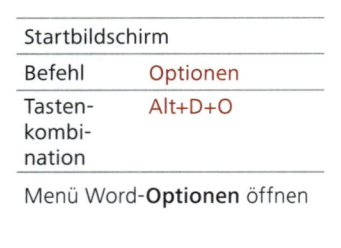

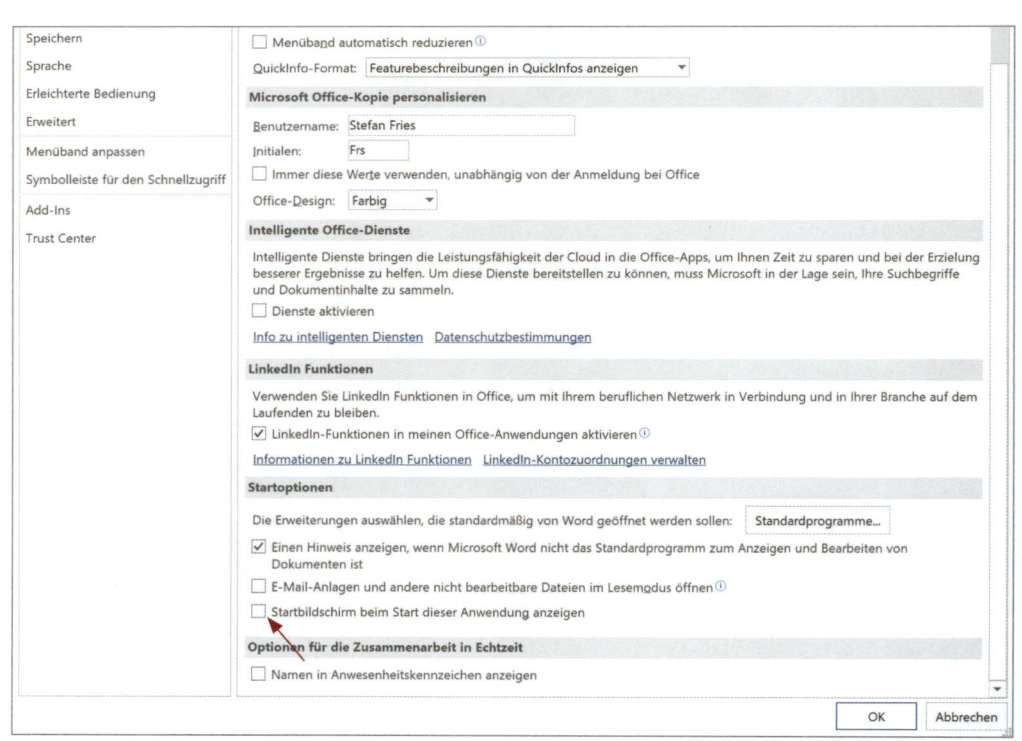

Startbildschirm	
Befehl	Optionen
Tastenkombination	Alt+D+O
Menü Word-**Optionen** öffnen	

Word-**Optionen**

10

Der Word-Bildschirm

Word-Oberfläche

Mit der Word-Oberfläche möchte Microsoft dem Anwender nur diejenigen Befehle präsentieren, die er in seiner aktuellen Situation braucht. Wenn Sie beispielsweise eine Grafik markiert haben, benötigen Sie bestimmt nicht die Rechtschreibhilfe oder die Seriendruckfunktion, sondern Befehle zum Bearbeiten der Grafik. Steht der Cursor hingegen in einer Tabelle, werden automatisch die Funktionen zur Bearbeitung von Tabellen angezeigt.

Lernen Sie nun die wichtigsten Elemente des Word-Bildschirms kennen.

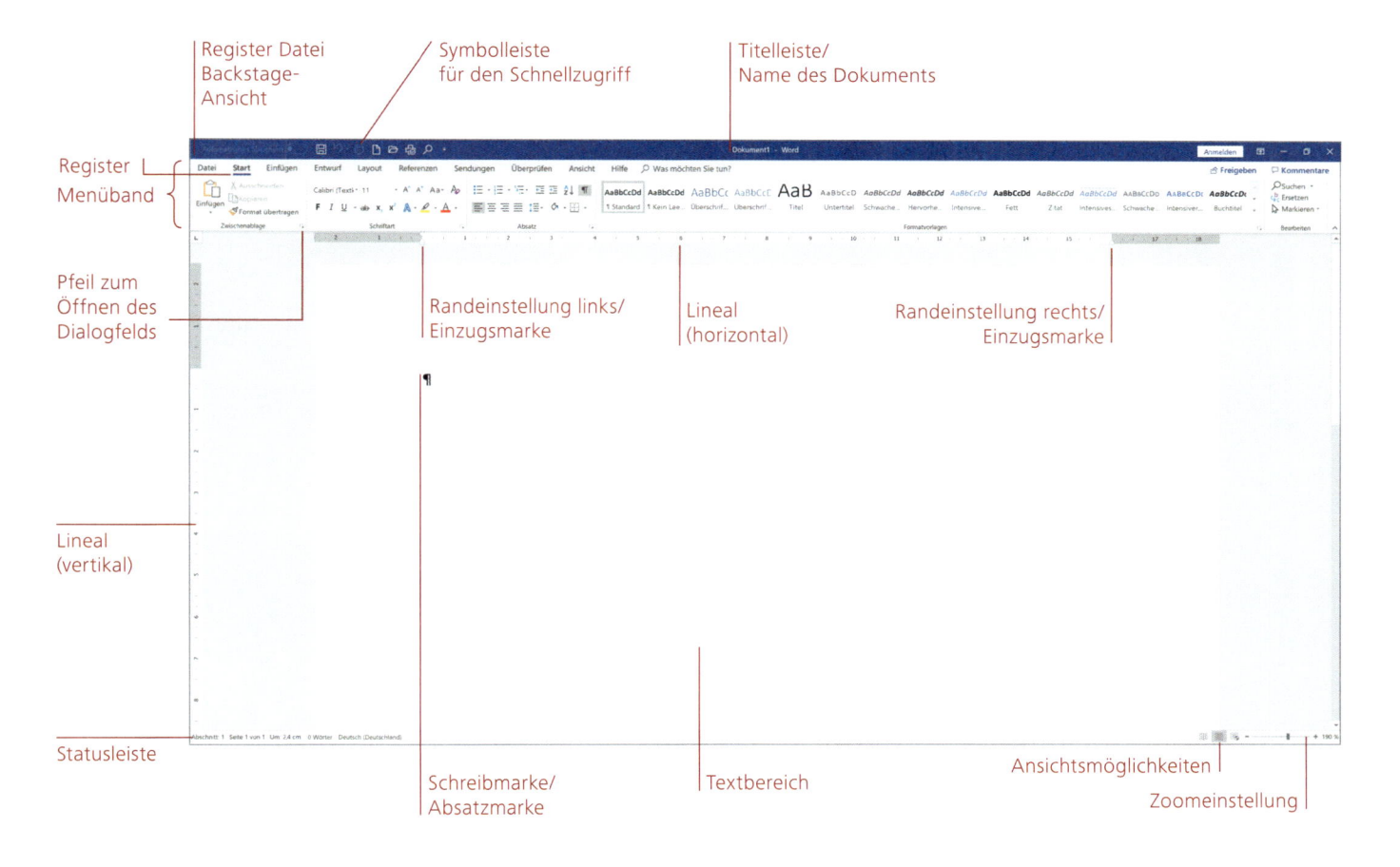

Beschriftungen zum Word-Bildschirm:
- Register Datei Backstage-Ansicht
- Symbolleiste für den Schnellzugriff
- Titelleiste/Name des Dokuments
- Register Menüband
- Pfeil zum Öffnen des Dialogfelds
- Randeinstellung links/Einzugsmarke
- Lineal (horizontal)
- Randeinstellung rechts/Einzugsmarke
- Lineal (vertikal)
- Statusleiste
- Schreibmarke/Absatzmarke
- Textbereich
- Ansichtsmöglichkeiten
- Zoomeinstellung

Word-Grundlagen anwenden

Register Datei – Backstage-Ansicht

▶ Klicken Sie auf die Registerkarte **Datei,** um die Backstage-Ansicht anzuzeigen.

In dieser Ansicht finden Sie unter anderem die grundlegenden Befehle wie Neu, Öffnen, Speichern, Speichern unter, Drucken, Schliessen usw. Wenn die Backstage-Ansicht aktiviert ist, wird die Statusleiste ausgeblendet, und die Symbolleiste für den Schnellzugriff ist nicht aktiv. Indem Sie auf den Pfeil oben links klicken oder die **Esc-Taste** drücken, gelangen Sie schnell wieder aus der Backstage-Ansicht zu Ihrem Dokument zurück.

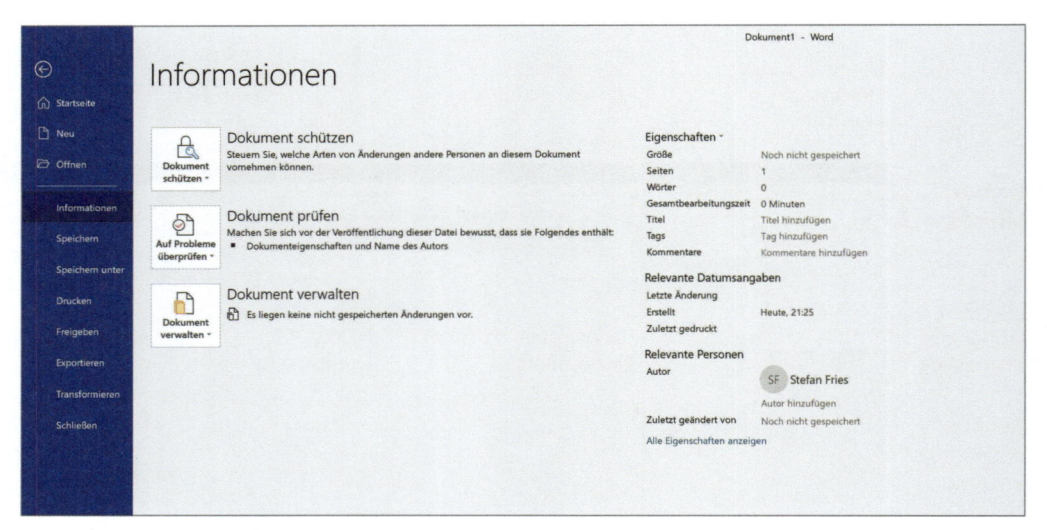

Dateiinformationen aus dem Register **Datei**

1.2 Text eingeben

Automatischer Zeilenumbruch

Achten Sie bei der Texteingabe darauf, dass Sie am Ende der Zeile nicht Enter drücken. Word sorgt nämlich automatisch für den Zeilenumbruch – mit anderen Worten: Word prüft, ob das Wort, das Sie soeben eingetippt haben, noch in die Zeile passt. Wenn nicht, setzt es Word automatisch in die nächste Zeile. Wenn Sie später den Text überarbeiten und Wörter löschen oder hinzufügen, passt sich der Zeilenumbruch automatisch an. Hätten Sie am Ende der Zeile jedes Mal Enter gedrückt, müssten Sie den Zeilenumbruch manuell anpassen, das heisst die Enter-Zeichen wieder löschen. Das wäre zeitraubend und umständlich.

Einfüge- und Überschreibmodus

Wie in jedem Textprogramm können Sie mit Word im Einfüge- oder im Überschreibmodus arbeiten. In der Regel arbeitet man im Einfügemodus, eine Umstellung ist meist nicht sinnvoll.

Zwischen Einfügemodus und Überschreibmodus können Sie durch einen Klick auf das entsprechende Symbol in der Statusleiste wechseln. Dazu müssen Sie jedoch den entsprechenden Eintrag in der Statusleiste aktiviert haben.

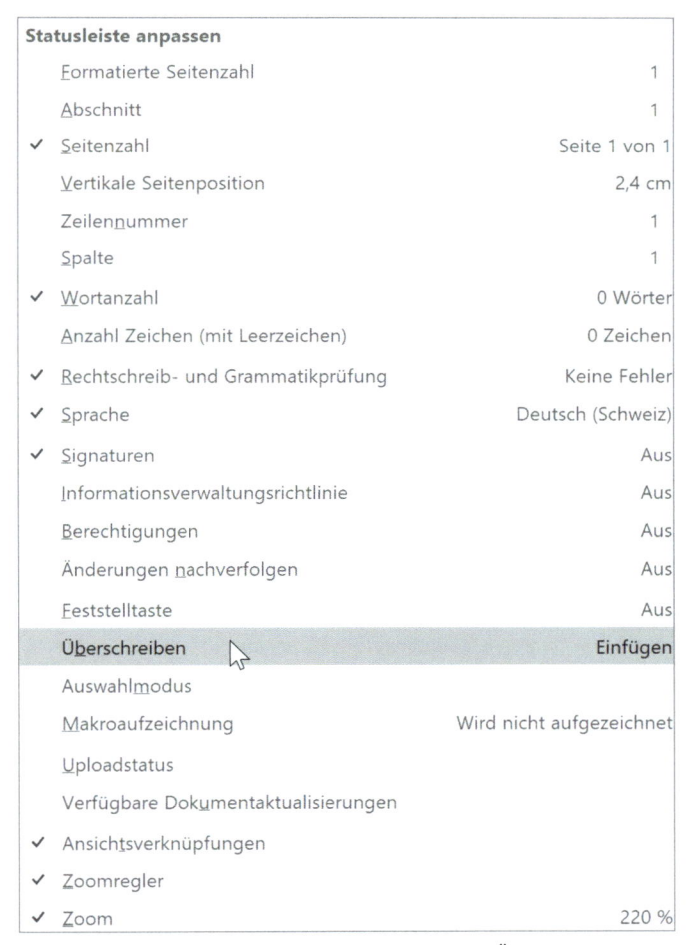

Statusleiste anpassen	
Formatierte Seitenzahl	1
Abschnitt	1
✓ Seitenzahl	Seite 1 von 1
Vertikale Seitenposition	2,4 cm
Zeilennummer	1
Spalte	1
✓ Wortanzahl	0 Wörter
Anzahl Zeichen (mit Leerzeichen)	0 Zeichen
✓ Rechtschreib- und Grammatikprüfung	Keine Fehler
✓ Sprache	Deutsch (Schweiz)
✓ Signaturen	Aus
Informationsverwaltungsrichtlinie	Aus
Berechtigungen	Aus
Änderungen nachverfolgen	Aus
Feststelltaste	Aus
Überschreiben	Einfügen
Auswahlmodus	
Makroaufzeichnung	Wird nicht aufgezeichnet
Uploadstatus	
Verfügbare Dokumentaktualisierungen	
✓ Ansichtsverknüpfungen	
✓ Zoomregler	
✓ Zoom	220 %

Kontextmenü: Statusleiste, Aktivieren des Eintrags **Überschreiben**

Word-Grundlagen anwenden

1.3 Mit Dateien arbeiten

1.3.1 Grundlagen

Dokumente basieren auf Vorlagen

Beim Start von Word öffnet sich in der Regel der Startbildschirm. Ein neues Dokument benötigt immer eine Vorlage. In der Vorlage sind Standardwerte wie Schriftart, Randeinstellungen und vieles andere gespeichert. Auch Standardtexte können in einer Vorlage integriert sein.

Bei den Vorlagen unterscheidet man zwischen Vorlagen, die bereits auf dem System lokal gespeichert sind, und Vorlagen, die von Microsoft online zur Verfügung gestellt werden, also aus dem Internet heruntergeladen werden können.

Neues Dokument erstellen

Der einfachste Weg, ein neues, leeres Dokument zu erstellen, ist ein Klick auf das Symbol **Ein neues Dokument erstellen** in der Symbolleiste für den Schnellzugriff. Da in Word dieses Symbol nicht standardmäßig in der Symbolleiste enthalten ist, muss man sie zunächst um das Symbol erweitern. Eine Anleitung dazu finden Sie im Kapitel 1.8 Symbolleiste für den Schnellzugriff.

Das neue Dokument basiert auf der Vorlage **Normal.dotm**. Darin sind die Seitenränder, die Schrift und andere Formatierungsmerkmale enthalten. Die Backstage-Ansicht (Datei/Neu) verwenden Sie in der Regel dann, wenn Sie ein Dokument erstellen wollen, das auf einer anderen Vorlage basiert.

Register	**Datei**
Befehl	**Neu**
Befehl	**Leeres Dokument**
Tastenkombination	**Ctrl+N**

So erstellen Sie ein neues Dokument.

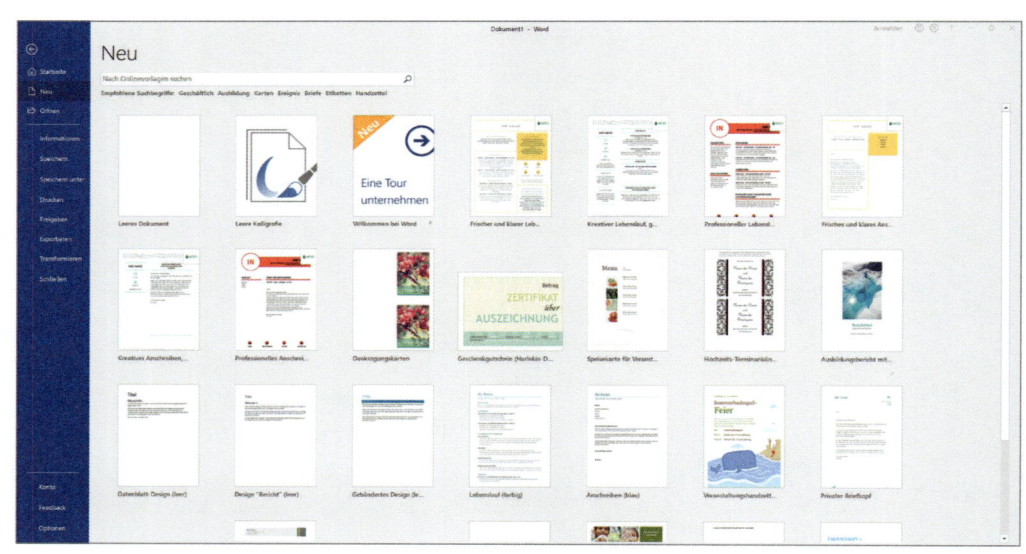

Dokument erstellen

Mit Dateien arbeiten

Dokument öffnen

Wenn Sie **Öffnen** wählen, zeigt Word standardmässig die Backstage-Ansicht **Öffnen** an. Auf der linken Seite sehen Sie die verschiedenen Speicherorte, welche Sie eingerichtet haben. Rechts daneben werden die entsprechenden Ordner oder Dokumente angezeigt. Standardmässig sehen Sie dort die zuletzt verwendeten Ordner oder Dokumente. Falls das gewünschte Dokument nicht zu sehen ist, wählen Sie in der Liste den Speicherort aus, wo Sie das Dokument gespeichert haben.

Register	**Datei**
Befehl	Öffnen
Befehl	Gewünschtes Dokument
Tastenkombination	Ctrl+O

Dokument öffnen

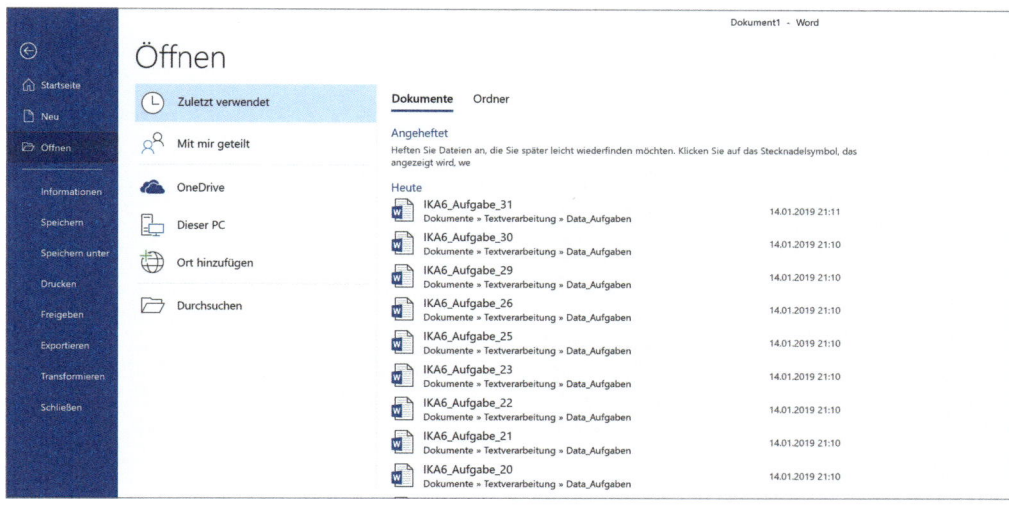

Dokument öffnen

Dokument öffnen und speichern

Die beiden Dialogfelder für das Öffnen und Speichern von Dokumenten sind im Aufbau praktisch identisch.

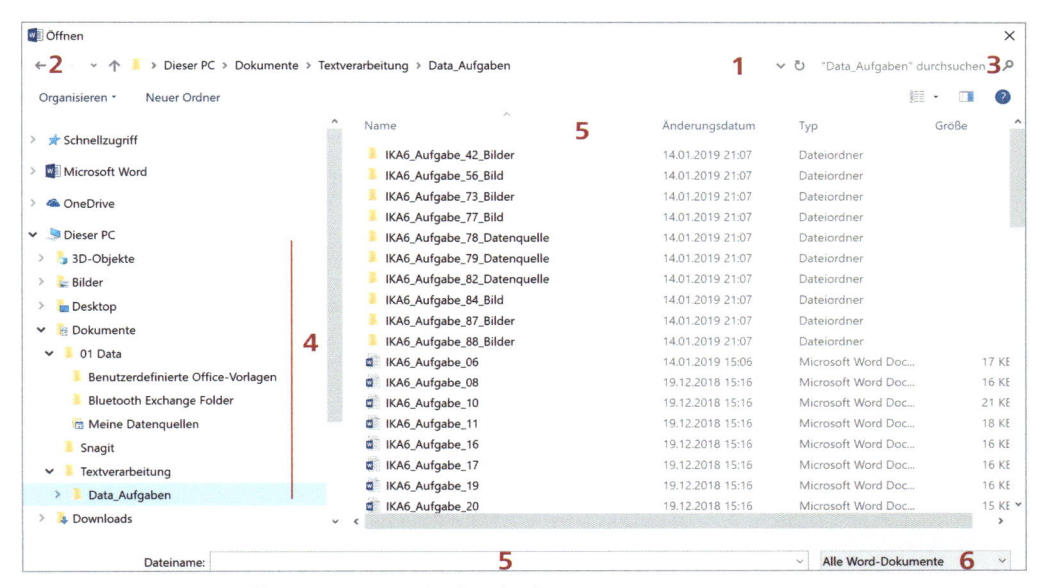

Dialogfeld **Dokument öffnen** (Computer durchsuchen)

1 Aktiver Ordner wird angezeigt.
2 Schaltflächen zurück und vorwärts
3 Suchfeld. Es kann nach Dateinamen oder Dateiinhalten gesucht werden.
4 Ordnerstruktur, in der ich navigieren kann.
5 Geben Sie hier den Dateinamen ein oder wählen Sie den Dateinamen aus der Liste oben.
6 Bestimmen Sie, welche Dateiarten angezeigt werden sollen.

Word-Grundlagen anwenden

Register	**Datei**
Befehl	Speichern unter
Tasten-kombination	Ctrl+S

Dokument speichern unter

Speichern unter

Speichern unter wählen Sie immer dann, wenn ein Dokument unter einem anderen Namen gespeichert werden soll (Kopie des Dokuments) oder wenn Sie in einem speziellen Format speichern wollen (z. B. PDF oder XPS). Um die Auswahl zu erhalten, müssen Sie den entsprechenden Dateityp anwählen.

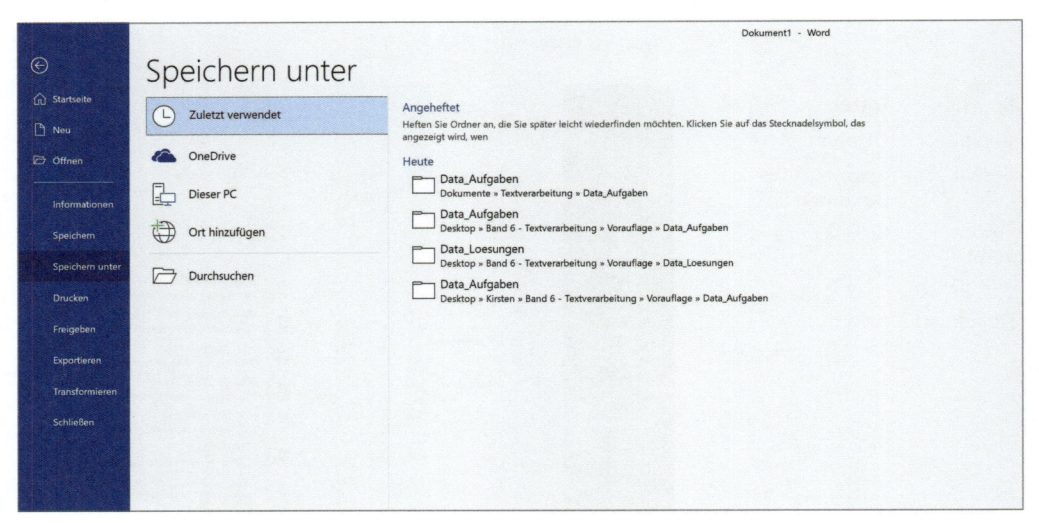

Dokument speichern

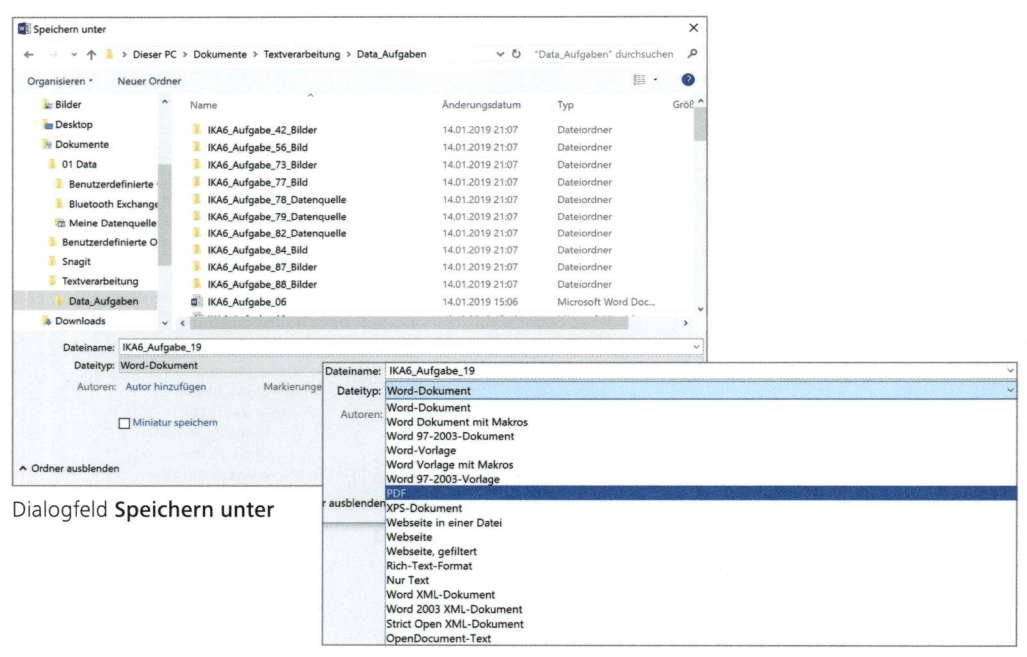

Dialogfeld **Speichern unter**

Dateityp wählen

Drucken

Die Möglichkeiten des Menüs **Drucken** sind weitgehend selbsterklärend. Über eines muss man sich aber klar sein: Die Installation von Druckern und Treibern ist Sache von Windows, also des Betriebssystems. Word als einzelnes Anwendungsprogramm hat damit nichts zu tun. Mit anderen Worten: Word druckt eigentlich gar nicht. Der Druckvorgang wird von Windows gesteuert. Im Menü **Drucken** können Sie jedoch zusätzliche programmspezifische Eigenschaften definieren.

Register	**Datei**
Befehl	Drucken
Tastenkombination	Ctrl+P

Dokument drucken

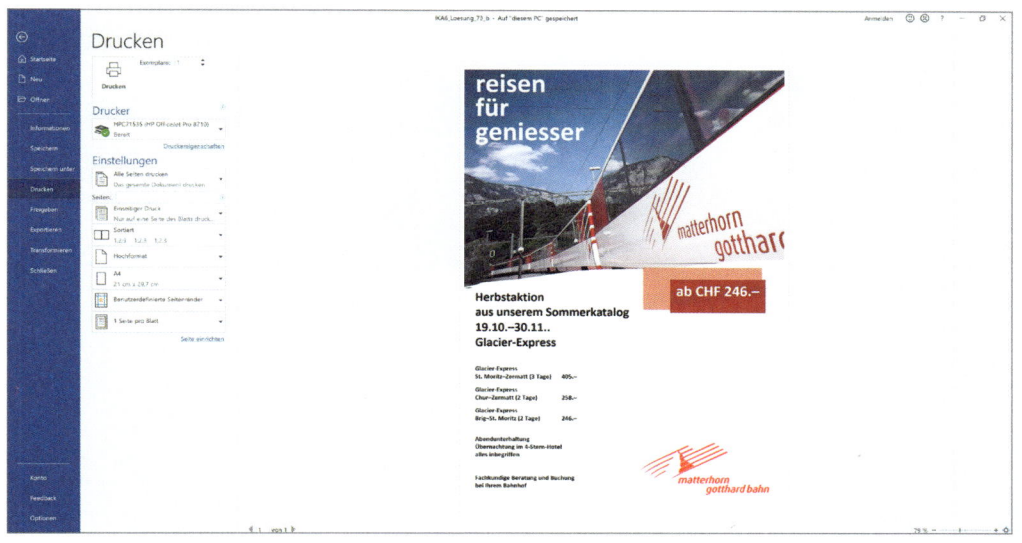

Dokument drucken (Vorschau)

Aufgabe 1

Um diese Aufgabe zu lösen, lernen Sie zuerst die Funktion =rand() kennen.

Mit der Funktion **=rand()** ist es möglich, einen vorgegebenen Text in ein Word-Dokument einzufügen. Man nennt solche Texte auch «Blindtexte». Damit lassen sich Funktionen testen, ohne lange einen Text eintippen zu müssen. Die Funktion muss immer auf einer leeren Zeile stehen und mit **Enter** abgeschlossen werden.

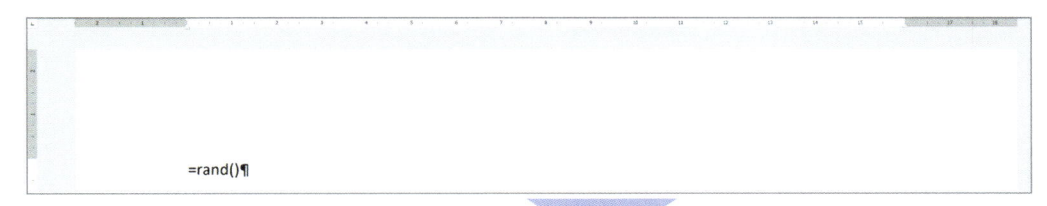

=rand()¶

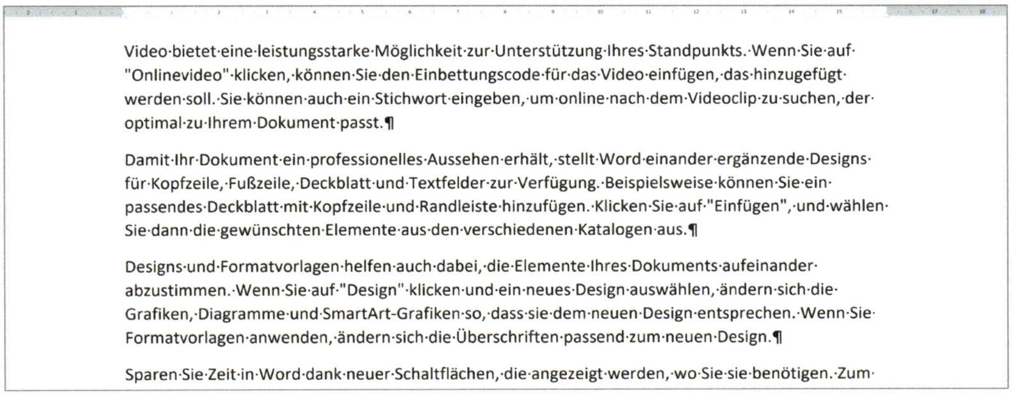

Video bietet eine leistungsstarke Möglichkeit zur Unterstützung Ihres Standpunkts. Wenn Sie auf "Onlinevideo" klicken, können Sie den Einbettungscode für das Video einfügen, das hinzugefügt werden soll. Sie können auch ein Stichwort eingeben, um online nach dem Videoclip zu suchen, der optimal zu Ihrem Dokument passt.¶

Damit Ihr Dokument ein professionelles Aussehen erhält, stellt Word einander ergänzende Designs für Kopfzeile, Fußzeile, Deckblatt und Textfelder zur Verfügung. Beispielsweise können Sie ein passendes Deckblatt mit Kopfzeile und Randleiste hinzufügen. Klicken Sie auf "Einfügen", und wählen Sie dann die gewünschten Elemente aus den verschiedenen Katalogen aus.¶

Designs und Formatvorlagen helfen auch dabei, die Elemente Ihres Dokuments aufeinander abzustimmen. Wenn Sie auf "Design" klicken und ein neues Design auswählen, ändern sich die Grafiken, Diagramme und SmartArt-Grafiken so, dass sie dem neuen Design entsprechen. Wenn Sie Formatvorlagen anwenden, ändern sich die Überschriften passend zum neuen Design.¶

Sparen Sie Zeit in Word dank neuer Schaltflächen, die angezeigt werden, wo Sie sie benötigen. Zum

17

Mit **=rand()** fügen Sie fünf Absätze mit jeweils drei Sätzen ein. Sie können aber auch die Anzahl der Absätze und Sätze definieren. So fügen Sie z. B. mit **=rand(6,7)** einen Text mit sechs Absätzen zu je sieben Sätzen ein. Wenn Sie nur eine Zahl angeben, beispielsweise **=rand(10)**, werden zehn Absätze zu je drei Sätzen ausgegeben. Das Maximum definiert der Befehl **=rand(201,99)**. Damit entstehen mehrere Hundert Seiten Text.

Gehen Sie nun wie folgt vor:
- Erstellen Sie ein neues Dokument.
- Geben Sie acht Absätze ein mit dem Befehl **=rand(8)**.
- Speichern Sie die Datei im Format docx.
- Speichern Sie die Datei so, dass allfällige Makros mitgespeichert werden.
- Speichern Sie die Datei im Format Word 97-2003-Dokument und geben Sie ein Kennwort für das Öffnen der Datei ein.

Exportieren

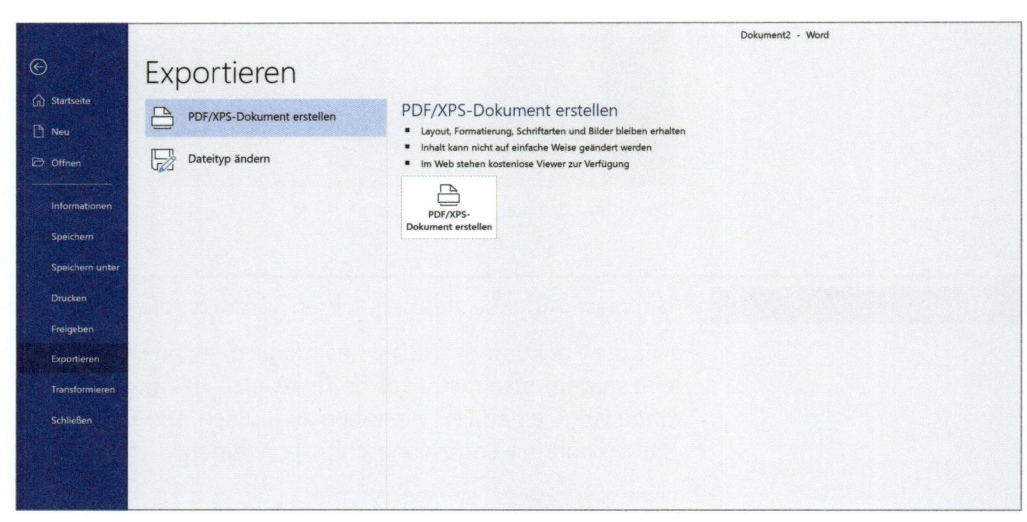

Dokument exportieren

Schliessen

Register	**Datei**
Befehl	Schliessen
Tasten-kombi-nation	Ctrl+W

Dokument schliessen

Am besten schliessen Sie ein Dokument, indem Sie auf das entsprechende Symbol in der Titelleiste klicken. Zudem ist es möglich, ein Dokument über das Register **Datei** zu schliessen. Sofern Sie Änderungen an einem Dokument angebracht haben, werden Sie gefragt, ob Sie diese speichern wollen.

1.3.2 Speichern und Freigeben von Dateien in der Cloud

Die Cloud ist wie ein Dateispeicher im Internet. Sie können jederzeit darauf zugreifen, wenn Sie online sind. Es ist problemlos möglich, ein Dokument auf SharePoint oder OneDrive zu speichern. Von dort aus können Sie auf Ihre Word- und andere Office-Dateien zugreifen und sie freigeben. Sie können sogar mit Ihren Kollegen gleichzeitig an derselben Datei zusammenarbeiten.

Auf OneDrive speichern

Wenn Sie ein Dokument auf OneDrive speichern, wird es an einem zentralen Speicherort abgelegt, auf den Sie von überall her zugreifen können. Auch wenn Sie sich nicht an Ihrem Computer befinden, können Sie überall dort an Ihrem Dokument arbeiten, wo eine Verbindung zum Internet besteht. Zudem können Sie die Dokumente anderen Personen freigeben und somit von einer gemeinsamen Nutzung der Dokumente profitieren. Sie können dann einen Link anstelle einer Anlage senden.

Auf diese Weise sorgen Sie dafür, dass nur eine einzige Kopie des Dokuments gepflegt werden muss. Wenn andere Personen Änderungen vornehmen möchten, können sie dafür das Originaldokument verwenden, wodurch es sich erübrigt, mehrere Versionen und Kopien des Dokuments zusammenzuführen.

Register	**Datei**
Befehl	Speichern unter
Tasten-kombi-nation	Ctrl+S

Dokument speichern unter

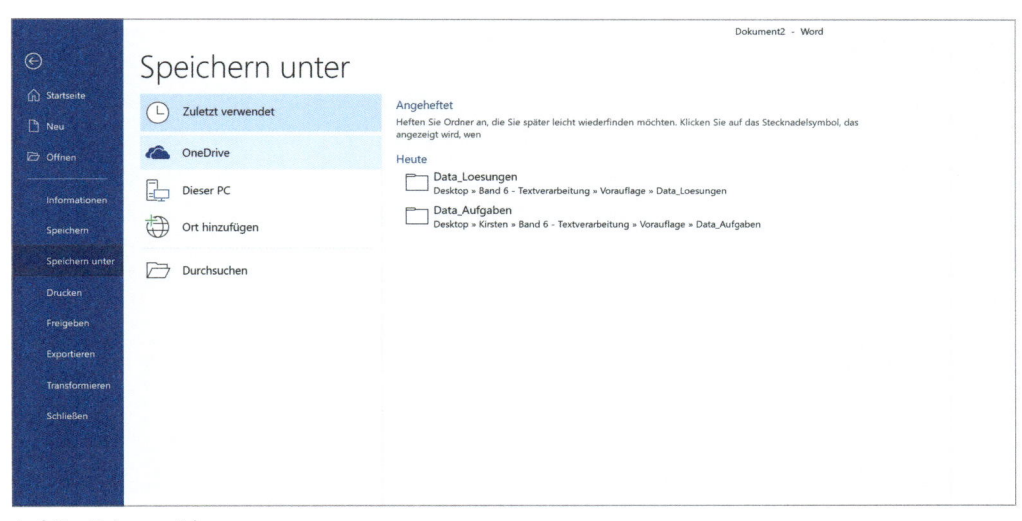

Auf OneDrive speichern

In SharePoint speichern

Wenn Sie ein Dokument auf einem SharePoint-Server speichern, verfügen Sie und Ihre Kollegen über einen zentralen Speicherort für den Zugriff auf das Dokument. Für eine gemeinsame Nutzung des Dokuments können Sie nun einen Link anstelle eines Anhangs versenden. Auf diese Weise müssen Sie nur eine Kopie des Dokuments pflegen. Wenn andere Benutzer das Dokument überarbeiten, kann dies in der gleichen Kopie erfolgen, ohne dass mehrere Versionen und Kopien des Dokuments abgeglichen werden müssen. Je nach der in Ihrem Unternehmen verwendeten Version von SharePoint stehen auch weitere Funktionen für die Zusammenarbeit zur Verfügung.

Word-Grundlagen anwenden

Freigeben

Dokument über OneDrive freigeben

Aufgabe 2	
Register	**Datei**
Befehl	Neu
Befehl	Leeres Dokument
Tastenkombination	Ctrl+N

Neues Dokument erstellen

Andere Möglichkeit:
– Symbolleiste für Schnellzugriff > Symbol **Neu**

▶ Erstellen Sie ein neues Dokument.
▶ Erstellen Sie drei Absätze mit der Funktion **=rand(3)**.
▶ Speichern Sie das Dokument unter dem Namen **Aufgabe2.docx**.
▶ Klicken Sie auf das Register **Datei**. Wählen Sie den Befehl **Informationen** und klicken Sie auf **Alle Eigenschaften anzeigen**. Wozu dienen die folgenden Eigenschaftsfelder in einem Dokument?

Autor: _____

_____

Titel: _____

_____

Thema: _____

_____

Kommentare: _____

_____

Kategorie: _____

_____

Status: _____

_____

Register	**Datei**
Befehl	Informationen
Befehl	Eigenschaften (Alle Eigenschaften anzeigen)

Dateieigenschaften

▶ Tragen Sie in den Eigenschaftsfeldern etwas Sinnvolles ein.

▶ Beantworten Sie folgende Fragen:

Wie heisst die Vorlage für dieses Dokument?

_____

Um welche Zeit wurde das Dokument erstellt?

_____

Wie viele Wörter hat das Dokument?

_____

▶ Senden Sie das Dokument als E-Mail-Anhang (Attachment) an einen Klassenkameraden oder an Ihre eigene E-Mail-Adresse.

In wie vielen Dateiformaten können Sie den Text speichern?

_____

_____

Word-Grundlagen anwenden

1.4 Anzeigemöglichkeiten (Statusleiste)

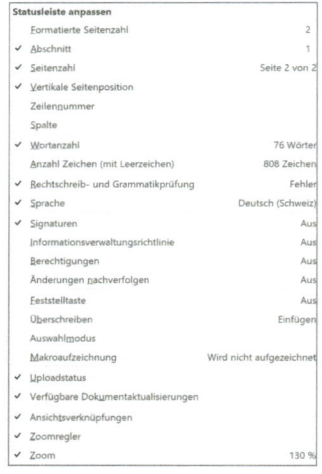

Sie haben verschiedene Möglichkeiten, einen Text auf dem Bildschirm anzuzeigen. Am einfachsten wechseln Sie die Ansicht in der Statusleiste.

Statusleiste anpassen	
Formatierte Seitenzahl	2
✓ Abschnitt	1
✓ Seitenzahl	Seite 2 von 2
✓ Vertikale Seitenposition	
Zeilennummer	
Spalte	
✓ Wortanzahl	76 Wörter
Anzahl Zeichen (mit Leerzeichen)	808 Zeichen
✓ Rechtschreib- und Grammatikprüfung	Fehler
✓ Sprache	Deutsch (Schweiz)
Signaturen	Aus
Informationsverwaltungsrichtlinie	Aus
Berechtigungen	Aus
Änderungen nachverfolgen	Aus
Feststelltaste	
Überschreiben	Einfügen
Auswahlmodus	
Makroaufzeichnung	Wird nicht aufgezeichnet
✓ Uploadstatus	
✓ Verfügbare Dokumentaktualisierungen	
✓ Ansichtsverknüpfungen	
✓ Zoomregler	
✓ Zoom	130 %

Empfohlene Auswahl der Anzeigen in der Statusleiste

Abschnitt: 1   Seite 1 von 1   Um: 2,4 cm   0 Wörter   Deutsch (Deutschland)   Anzeigeeinstellungen   — + 220 %

Anzeigen aufgrund der Einstellungen in der Auswahl — Bildschirmanzeige — Zoomeinstellungen

In der Statusleiste werden unter anderem Informationen zum Dokument angezeigt. Welche Anzeigen aktiv sind, können Sie selber bestimmen, indem Sie mit der rechten Maustaste auf die Statusleiste klicken und aus dem Dialogfeld **Statusleiste anpassen** die gewünschten Anzeigen wählen.

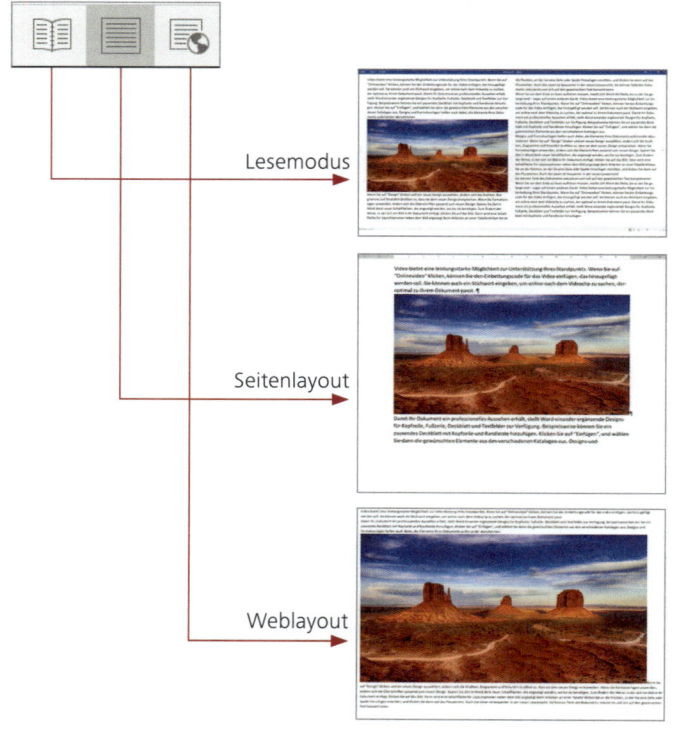

Lesemodus

Lesemodus
Mit dem Lesemodus bietet Word nun ein besseres Leseerlebnis mit einer Ansicht, in der Ihre Dokumente in einfach zu lesenden Spalten auf dem Bildschirm angezeigt werden.

Seitenlayout

Seitenlayout
Seitenlayout ist die Standardeinstellung bei der Arbeit mit Word. Ränder und grafische Elemente sind sichtbar.

Weblayout

Weblayout
So sieht der Text bei Veröffentlichung im Web aus.

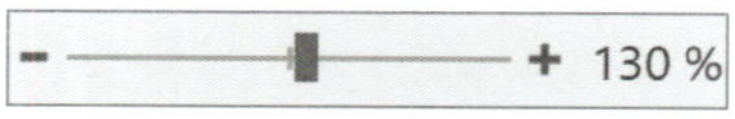

— + 130 %

Mit dem Zoomregler können Sie die Ansicht des Dokuments stufenlos regeln.

1.5 Das Lineal

Register	**Ansicht**
Gruppe	Anzeigen
Befehl	Lineal

Ein- und Ausblenden des Lineals im Register **Ansicht**

Register	**Datei**
Befehl	Optionen
Befehl	Erweitert
Eintrag	Anzeigen
Kontroll-kästchen	Vertikales Lineal im Seitenlayout anzeigen

Grundeinstellung, ob das vertikale Lineal angezeigt werden soll oder nicht

Oben wird ein horizontales Lineal, am linken Bildschirmrand ein vertikales Lineal angezeigt. Das vertikale Lineal wird nicht angezeigt, wenn die Funktion in den Word-Optionen grundsätzlich deaktiviert ist.

Diese Informationen erhalten Sie aus dem horizontalen Lineal:

Randzone — Einzug — Tabulatorposition — Massangaben in cm — Einzug — Randzone

Register	**Datei**
Befehl	Optionen
Befehl	Erweitert
Eintrag	Anzeigen
Befehl	Masse in folgenden Einheiten anzeigen

Masseinstellungen ändern

Word kennt verschiedene Masseinheiten. Schriftgrössen werden beispielsweise in Punkt (pt) angegeben.

Wenn Sie die Masseinheit ändern wollen, so können Sie dies in den Grundeinstellungen von Word (Word-Optionen) einrichten.

Auswahl von Massangaben

Aufgabe 3

▶ Erstellen Sie in einem leeren Dokument einen Text mit drei Absätzen =rand(3).

▶ Schalten Sie sämtliche Anzeigen in der Statusleiste ein.

▶ Ein Klick (z. T. Doppelklick) auf die Eintragungen in der Statusleiste öffnet unterschiedliche Dialogfelder. Ergänzen Sie das folgende Schema.

Eintrag	**Welches Dialogfeld öffnet sich?**
Seite: 1	
Wörter: 140	
Deutsch (Schweiz)	

1.6 Die Registerkarte Ansicht

Die Registerkarte besteht aus acht Gruppen. Die folgende Übersicht zeigt Ihnen den Einsatz der einzelnen Befehle:

Registerkarte und Menüband **Ansicht**

Gruppe	Befehle	Bemerkungen/Beschreibung
Ansichten	Lesemodus Drucklayout Weblayout Gliederung Entwurf	Die häufigsten Dokumentansichten finden Sie auch in der Statusleiste.
Plastisch	Lerntools	Diese Ansicht verbessert den Lesefluss und das Leseverständnis. Spaltenbreite, Seitenfarbe, Zeilenfokus und Textabstand können individuell angepasst werden. Man kann sich zudem die Silben anzeigen oder den Text laut vorlesen lassen.
Seitenbewegung	Vertikal Seitenweise	Während **Vertikal** die bekannte Standard-Seitenbewegung ist, kann man mit **Seitenweise** nun durch ein mehrseitiges Dokument wie durch ein Buch blättern (auf Touchscreens mit dem Finger, ansonsten mit dem Mausrad oder der Scrollleiste). Zoomeinstellungen sind in dieser Ansicht deaktiviert, stattdessen wird die Gruppe **Zoom** automatisch um den Befehl **Miniaturansichten** erweitert.
Anzeigen	Lineal	Das Lineal kann im Menüband **Ansicht** ein- und ausgeschaltet werden.
	Gitternetzlinien	Das Textfenster erhält ein Gitternetz (Zeichnungsrasterlinien), welches beim Ausrichten von Objekten helfen kann. Das Gitternetz erscheint nicht auf dem Ausdruck, sondern lediglich auf dem Bildschirm. Die Rasterbreite können Sie erst verändern, nachdem Sie eine Form eingefügt haben. Die Standardrastergrösse beträgt 0,32 mm. Zum Verändern dieser Grösse klicken Sie auf der Registerkarte **Layout** in der Gruppe **Anordnen** auf **Ausrichten** und anschliessend auf **Rastereinstellungen**.
	Navigationsbereich	Die Navigationsleiste und die Suchtools helfen Ihnen bei der Orientierung der Dokumentstruktur. Die Gliederung wird entsprechend den Gliederungsebenen der Formatvorlagen angezeigt. In grossen Dokumenten können Sie sich so rasch zurechtfinden und mit einem Klick auf die entsprechende Seite springen. Dokumentinhalte lassen sich so von einem zentralen, benutzerfreundlichen Bereich aus suchen, durchsuchen und sogar neu anordnen. Zum Öffnen klicken Sie auf die Registerkarte **Ansicht** in der Gruppe **Anzeige** auf **Navigationsbereich**.

Die Registerkarte Ansicht

Gruppe	Befehle	Bemerkungen/Beschreibung
Zoom	Zoom	Dies ist in Word die leistungsfähigste Zoomfunktion. Es öffnet sich ein Dialogfeld, in dem Sie vielfältige Möglichkeiten der Zoomeinstellungen finden.
	100 %	Das Dokument wird auf 100 % der normalen Grösse gezoomt.
	Eine Seite	Eine ganze Seite wird auf dem Bildschirm angezeigt. Nicht zu verwechseln mit 100 % oder mit Seitenbreite.
	Mehrere Seiten	Mehrere Seiten werden nebeneinandergestellt, was oft eine bessere Übersicht ermöglicht, beispielsweise beim Wechseln von Kopfzeilen. Sie können auch hier mit dem Befehl **Zoom** die entsprechenden Einstellungen vornehmen.
	Seitenbreite	Word sucht die beste Möglichkeit, um den ganzen Bildschirm auszunützen. Je nach Grösse des Bildschirms ist der Zoomfaktor also unterschiedlich.
Fenster	Neues Fenster	Vor allem bei grossen Dokumenten ist es äusserst praktisch, wenn Sie verschiedene Seiten des gleichen Dokuments gleichzeitig auf dem Bildschirm anzeigen können. Genau dies ermöglicht Ihnen die Funktion **Neues Fenster**. Beachten Sie dabei auch die anderen Befehle der Gruppe **Fenster,** welche interessante Einstellungen ermöglichen.
	Alle anordnen	Sie können alle geöffneten Dateien nebeneinander anzeigen.
	Teilen/ Teilung aufheben	Mit diesem Befehl können Sie das Dokument ebenfalls in zwei Bestandteile gliedern, um unterschiedliche Teile des Dokuments sichtbar zu machen. Dabei öffnet sich jedoch nicht ein zweites Dokumentfenster (siehe auch **Neues Fenster**).
	Nebeneinander anzeigen	Zeigt zwei Dokumente nebeneinander an. Die Funktion ist sehr praktisch, wenn Sie aus einem Dokument Daten in ein anderes Dokument kopieren wollen.
	Synchrones Scrollen	Oft ist es sinnvoll, in zwei nebeneinander angezeigten Dokumenten synchron zu scrollen.
	Fensterposition zurücksetzen	Wenn Sie Dokumente nebeneinander anzeigen, besteht immer die Möglichkeit, dass der Bildschirm nicht mehr optimal genutzt wird. Mit dieser Funktion können Sie die Bildschirmaufteilung wieder zurücksetzen.
	Fenster wechseln	Wenn Sie an mehreren Dokumenten arbeiten, bilden die Fenster einen Stapel, und das auf dem Bildschirm aktive Dokument überdeckt die anderen Dokumente. Mit diesem Befehl bringen Sie das nächste Fenster in den Vordergrund.
Makros	Makros	Dieser Befehl ermöglicht das Aufzeichnen oder die Verwaltung von Makros. Ein Makro ist ein Programmcode und besteht aus einer Reihe von Word-Befehlen und Anweisungen, die zu einem Befehl gruppiert werden. So kann eine Aufgabe automatisiert werden. Makros werden in der Programmiersprache Visual Basic für Applikationen aufgezeichnet.
SharePoint	Eigenschaften	Mit Klick auf **Eigenschaften** gelangen Sie direkt in den Bereich **Informationen** im Startmenü.

Word-Grundlagen anwenden

Aufgabe 4

Register	Ansicht
Gruppe	Anzeigen
Befehl	Gitternetzlinien

Gitternetzlinie einblenden

Register	Einfügen
Gruppe	Illustrationen
Befehl	Onlinebilder

Onlinegrafiken oder Bilder einfügen

Grafik	Markieren
Register	Bildtools/Format
Gruppe	Anordnen
Befehl	Ausrichten
Befehl	Rastereinstellungen

Grösse des Gitternetzes ändern

Register	Start
Gruppe	Formatvorlagen
Befehl	Überschrift 1

Formatvorlage zuordnen

Register	Ansicht
Gruppe	Anzeigen
Befehl	Navigationsbereich

Navigationsbereich anzeigen

Register	Ansicht
Gruppe	Zoom
Befehl	Mehrere Seiten oder Zoom

Anzahl angezeigter Seiten anpassen

Probieren Sie die verschiedenen Befehle in der Registerkarte **Ansicht** aus.
Gehen Sie wie folgt vor:

▶ Erstellen Sie einen Text mit **=rand(5,10)**. Sie werden etwa zwei Seiten Text erhalten.
▶ Blenden Sie das Gitternetz ein.
▶ Fügen Sie am Textanfang eine Onlinegrafik oder ein Bild ein.

▶ Ändern Sie die Grösse des Gitternetzes so, dass Sie einen Raster von je 1 cm horizontal und vertikal erhalten.
▶ Fügen Sie am Textanfang eine Textzeile ein und schreiben Sie das Wort «Titel» auf die Zeile.
▶ Weisen Sie dem Absatz das Format **Überschrift 1** zu.
▶ Fügen Sie nach jedem Absatz (Absatzmarke) eine Leerzeile ein und schreiben Sie das Wort «Untertitel» auf die Zeile. Weisen Sie diesen Absätzen die Formatvorlage **Überschrift 2** zu.

Tipp
Nach dem Eintrag «Untertitel» weisen Sie die Formatvorlage zu, markieren das Wort, legen es in die Zwischenablage **(Ctrl+C)** und fügen es anschliessend wieder ein. So müssen Sie die Formatvorlage nur einmal auswählen.

▶ Schalten Sie den Navigationsbereich ein. Wechseln Sie anschliessend zu den verschiedenen Ansichten im Navigationsbereich.
▶ Stellen Sie die Anzeige des Dokuments auf dem Bildschirm so ein, dass
a) eine ganze Seite angezeigt wird,
b) zwei oder drei Seiten nebeneinander angezeigt werden.

1.7 Formatierungszeichen anzeigen

Register	**Datei**
Befehl	**Optionen**
Befehl	**Anzeige**

Anzeige von Formatierungszeichen

Formatierungszeichen können Sie auf dem Bildschirm anzeigen oder ausschalten. Welche Formatierungszeichen Sie wirklich sehen wollen, können Sie individuell bestimmen:

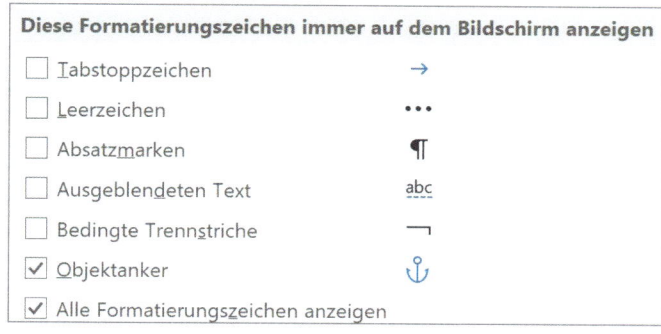

Diese Formatierungszeichen immer auf dem Bildschirm anzeigen
- ☐ Tabstoppzeichen →
- ☐ Leerzeichen ...
- ☐ Absatzmarken ¶
- ☐ Ausgeblendeten Text abc
- ☐ Bedingte Trennstriche ¬
- ☑ Objektanker ⚓
- ☑ Alle Formatierungszeichen anzeigen

Auswahl der Anzeige von Formatierungszeichen

Unabhängig von den Grundeinstellungen können Sie bei der Arbeit an Texten immer noch alle Formatierungszeichen über das Register **Start** in der Gruppe **Absatz**, Symbol **Einblenden/Ausblenden** ¶ ein- und wieder ausschalten.

Alle anzeigen (Strg+*)
Absatzmarken und weitere ausgeblendete Formatierungssymbole anzeigen.

Dies ist bei erweiterten Layoutaufgaben besonders hilfreich.

ⓘ Weitere Infos

Tipp
Wenn Sie mit der Maus auf das Symbol **Einblenden/Ausblenden** fahren, wird Ihnen angezeigt, dass für diese Funktion der Tastaturbefehl **Ctrl+*** eingesetzt werden kann.
Auf der Tastatur «Deutsch (Schweiz)» müssen Sie zusätzlich die Shift-Taste drücken, damit der Stern über der Ziffer 3 aktiviert ist.

Ein Text mit eingeschalteten Formatierungszeichen sieht auf dem Bildschirm beispielsweise so aus:

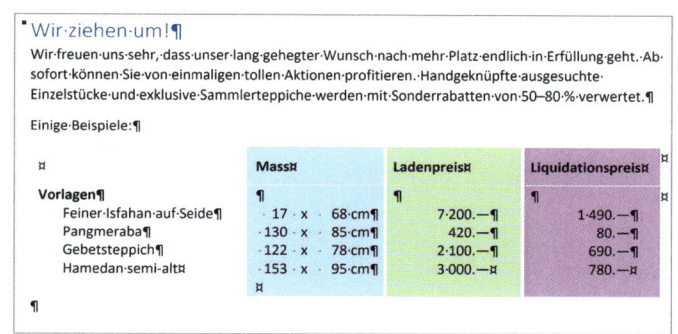

Wir·ziehen·um!¶
Wir·freuen·uns·sehr,·dass·unser·lang·gehegter·Wunsch·nach·mehr·Platz·endlich·in·Erfüllung·geht.·Ab·sofort·können·Sie·von·einmaligen·tollen·Aktionen·profitieren.·Handgeknüpfte·ausgesuchte·Einzelstücke·und·exklusive·Sammlerteppiche·werden·mit·Sonderrabatten·von·50–80·%·verwertet.¶

Einige·Beispiele:¶

¤	Mass¤	Ladenpreis¤	Liquidationspreis¤
Vorlagen¶	¶	¶	¤
Feiner·Isfahan·auf·Seide¶	·17·x·68·cm¶	7·200.—¶	1·490.—¶
Pangmeraba¶	·130·x·85·cm¶	420.—¶	80.—¶
Gebetsteppich¶	·122·x·78·cm¶	2·100.—¶	690.—¶
Hamedan·semi-alt¤	·153·x·95·cm¤	3·000.—¤	780.—¤

¶

Der gleiche Text ohne Formatierungszeichen sieht auf dem Bildschirm so aus:

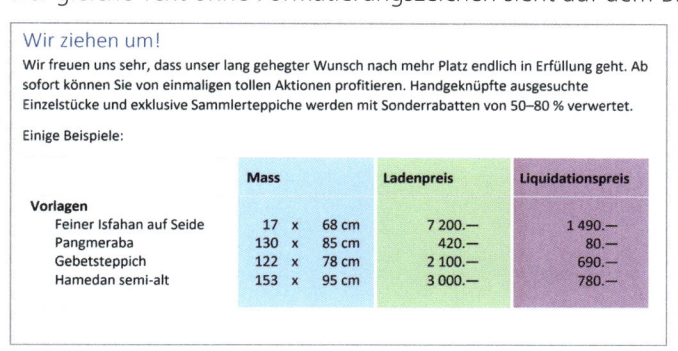

Wir ziehen um!
Wir freuen uns sehr, dass unser lang gehegter Wunsch nach mehr Platz endlich in Erfüllung geht. Ab sofort können Sie von einmaligen tollen Aktionen profitieren. Handgeknüpfte ausgesuchte Einzelstücke und exklusive Sammlerteppiche werden mit Sonderrabatten von 50–80 % verwertet.

Einige Beispiele:

	Mass	Ladenpreis	Liquidationspreis
Vorlagen			
Feiner Isfahan auf Seide	17 x 68 cm	7 200.—	1 490.—
Pangmeraba	130 x 85 cm	420.—	80.—
Gebetsteppich	122 x 78 cm	2 100.—	690.—
Hamedan semi-alt	153 x 95 cm	3 000.—	780.—

1.8 Symbolleiste für den Schnellzugriff

In dieser Symbolleiste befinden sich Befehle, die häufig gebraucht werden und keiner Registerkarte zugeordnet werden können. Dazu gehören zum Beispiel **Speichern** oder **Öffnen.** Sie können die Symbolleiste Ihren Bedürfnissen anpassen. Klicken Sie dazu auf den Pfeil ganz rechts, über das sich öffnende Menü können Sie Befehle abwählen oder neue hinzufügen.

Über diesen Pfeil können Sie die Symbolleiste anpassen.

Symbolleiste für den Schnellzugriff

Die Befehle **Rückgängig** oder **Wiederherstellen** sind bei Word auf der Symbolleiste für den Schnellzugriff vorgegeben. Der Befehl **Rückgängig** ist sehr praktisch und nimmt Ihnen viel Arbeit ab. Dadurch können Sie einfach wieder zum Ausgangspunkt zurückkehren und Befehle rückgängig machen. Möglich ist auch der umgekehrte Weg, nämlich mit dem Befehl **Wiederherstellen.** Diesen Befehl wählen Sie also, wenn Sie mehr als gewollt rückgängig gemacht haben.

1.9 Word-Hilfe

Wo befindet sich in Word 2019 / Word 365 die Hilfe? Es gibt drei Möglichkeiten, darauf zuzugreifen:

1. Sie können Ihre Frage oder ein Stichwort einfach in das Feld **Was möchten Sie tun?** eingeben.

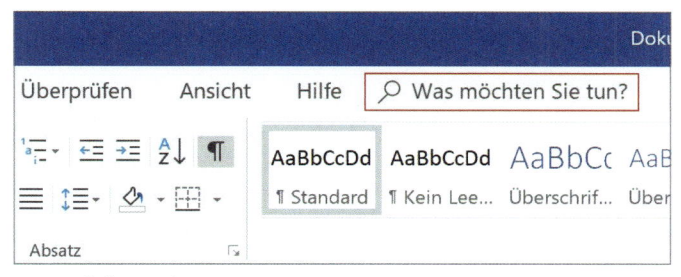

Was möchten Sie tun?

Beispiel: Sie wünschen Hilfe zum Thema Seriendruck. Geben Sie also in das Feld **Was möchten Sie tun?** den Begriff **Seriendruck** ein. Folgende Auswahl steht Ihnen nun zur Verfügung:

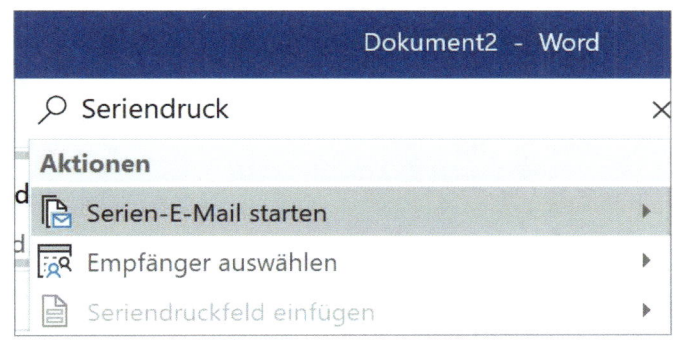

Beispiel: Hilfe zum **Seriendruck**

2. Im Register **Datei** können Sie in der Titelleiste rechts oben ebenfalls die Hilfe starten:

Hilfe über das Register **Datei**

Word-Grundlagen anwenden

3. Nach wie vor können Sie die Hilfe auch über die Funktionstaste **F1** aufrufen:

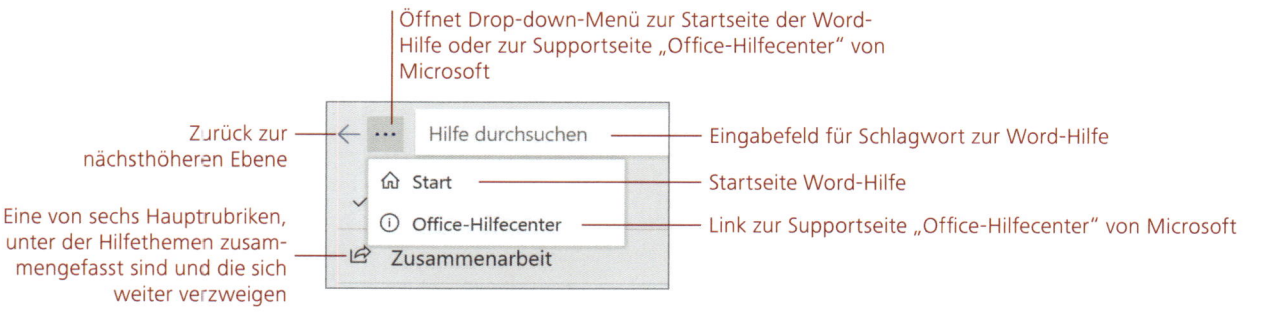

Hilfe mit der Funktionstaste F1

Zurück zur nächsthöheren Ebene

Öffnet Drop-down-Menü zur Startseite der Word-Hilfe oder zur Supportseite „Office-Hilfecenter" von Microsoft

Eingabefeld für Schlagwort zur Word-Hilfe

Startseite Word-Hilfe

Link zur Supportseite „Office-Hilfecenter" von Microsoft

Eine von sechs Hauptrubriken, unter der Hilfethemen zusammengefasst sind und die sich weiter verzweigen

Aufgabe 5

Informieren Sie sich mit der Word-Hilfe (Funktionstaste F1) über die Topkategorie **Erste Schritte** über folgende Themen:
- Neuerungen in Word 2019 / Word 365
- Verwenden von Word 2019 / Word 365 zum Öffnen von Dokumenten, die in früheren Word-Versionen erstellt worden sind.

Waren diese Informationen für Sie hilfreich? Diskutieren Sie die Themen in der Klasse.

Dokumente korrigieren, verbessern, überprüfen und optimieren

2

2.1 Einfache Korrekturmöglichkeiten

Es gibt verschiedene Möglichkeiten, Rechtschreibfehler oder Tippfehler zu korrigieren. Wichtig beim Korrigieren ist immer die Position der Einfügemarke (Cursor). Je nach Arbeitstechnik wird ein Zeichen links oder ein Zeichen rechts von der Einfügemarke gelöscht oder eingefügt.

Text korrigieren

Text löschen	
Rück-Taste	einzelnes Zeichen links von der Einfügemarke
Delete	einzelnes Zeichen rechts von der Einfügemarke
Ctrl+Rück-Taste	Wort links von der Einfügemarke
Ctrl+Delete	Wort rechts von der Einfügemarke

Weitere Korrekturmöglichkeiten	
Text ergänzen	Klicken Sie im Text auf die gewünschte Stelle und positionieren Sie die Einfügemarke an die entsprechende Stelle. Nun geben Sie den neuen Text ein.
Text löschen	Markieren Sie den gewünschten Text. Drücken Sie **Delete**, um den ausgewählten Text zu löschen.
Text überschreiben	Markieren Sie den gewünschten Text. Geben Sie nun den neuen Text ein. Der ausgewählte Text wird mit dem neuen Text überschrieben.

Einfache Korrekturmöglichkeiten

Rechtschreibung und Grammatik

Register	**Überprüfen**
Gruppe	**Rechtschreibung**
Befehl	**Dokument überprüfen**

Dokumentprüfung (Editor) starten

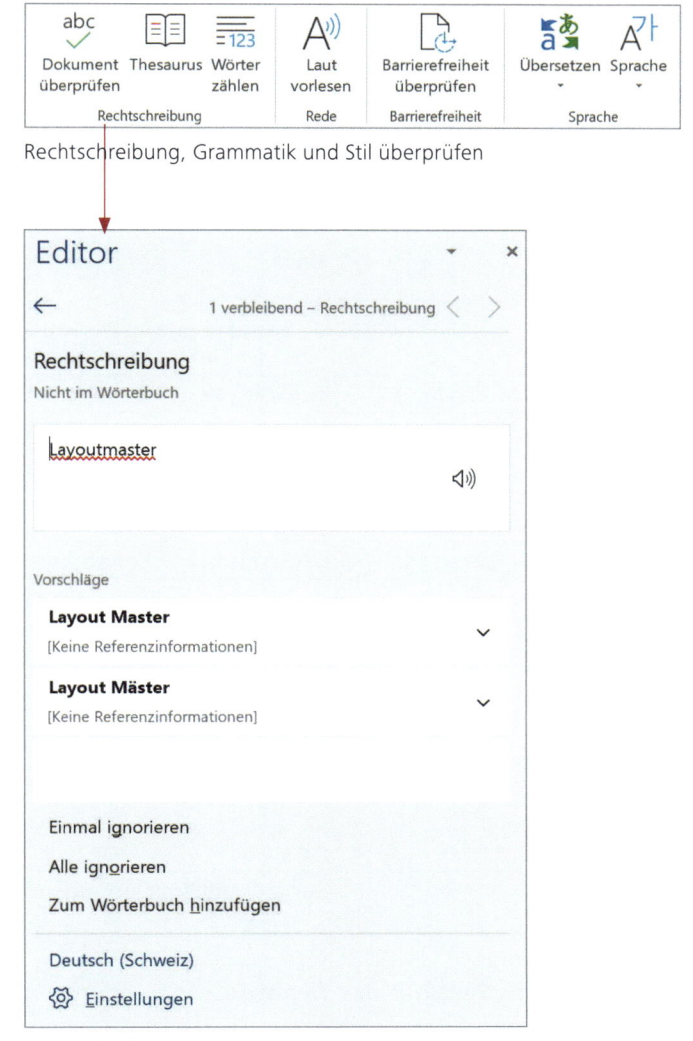

Rechtschreibung, Grammatik und Stil überprüfen

Rechtschreibung

Ein Wort mit einer roten Wellenlinie kann auch mit der rechten Maustaste angeklickt werden, die Möglichkeiten werden dann nicht in einem Dialogfeld, sondern in einem Kontextmenü angezeigt:

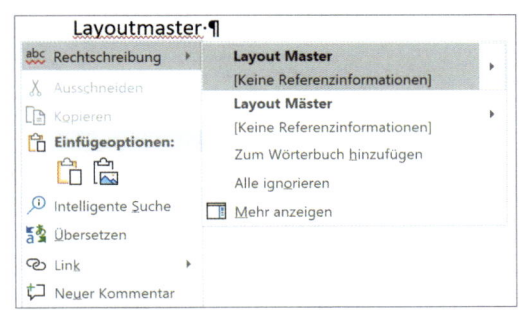

Aufruf der Rechtschreibung mittels Kontextmenü

Dokumente korrigieren, verbessern, überprüfen und optimieren

2.2 Markierungsfunktionen

Wenn Sie Text auswählen bzw. markieren möchten, können Sie dies sowohl mit der Maus als auch über die Tastatur lösen. Beide Techniken haben ihre Vor- und Nachteile.

Text markieren mit der Maus

Markierung	So gehts
Markieren eines Textbereichs	Klicken Sie auf die Stelle, an der die Markierung beginnen soll. Halten Sie die linke Maustaste gedrückt und ziehen Sie dann den Cursor über den Text, den Sie markieren möchten.
Markieren eines Wortes	Doppelklicken Sie auf eine beliebige Stelle im Wort.
Markieren einer Textzeile	Verschieben Sie den Cursor auf die linke Seite der Zeile, bis dieser die Form eines nach rechts zeigenden Pfeils annimmt, und klicken Sie anschliessend mit der Maustaste.
Markieren eines Satzes	Halten Sie **Ctrl** gedrückt und klicken Sie auf eine beliebige Stelle im Satz.
Markieren eines Absatzes	Klicken Sie dreifach auf eine beliebige Stelle im Absatz.
Markieren mehrerer Absätze	Verschieben Sie den Cursor auf die linke Seite des ersten Absatzes, bis aus dem Mauszeiger ein nach rechts zeigender Pfeil wird. Halten Sie die linke Maustaste gedrückt und ziehen Sie den Cursor nach oben oder nach unten.
Markieren eines grossen Textbereichs	Klicken Sie auf den Anfang der Markierung. Führen Sie einen Bildlauf bis zum Ende der Markierung durch. Halten Sie die **Shift-Taste** gedrückt und klicken Sie auf die Stelle, an der die Markierung enden soll.
Gesamtes Dokument	Verschieben Sie den Cursor auf die linke Seite einer beliebigen Textstelle, bis aus dem Cursor ein nach rechts zeigender Pfeil wird, und klicken Sie dann dreifach.
Vertikaler Textblock	Halten Sie die **Alt-Taste** gedrückt und ziehen Sie den Cursor über den Text.

Markieren von Text mit der Tastatur

> **Tipp**
> Mit den gleichen Tastaturbefehlen, welche Sie zum Markieren von Text benützen, können Sie sich auch ohne Markierung im Text bewegen. Sie brauchen lediglich auf das Festhalten der **Shift-Taste** zu verzichten. Wenn Sie also mit dem Cursor an das Ende einer Zeile springen wollen, drücken Sie einfach auf die Taste **End**.

Markierung	So gehts
Ein Zeichen nach rechts	Drücken Sie **Shift+Pfeil rechts**.
Ein Zeichen nach links	Drücken Sie **Shift+Pfeil links**.
Ein Wort von Anfang bis Ende	Setzen Sie die Einfügemarke an den Anfang des Wortes und drücken Sie dann **Ctrl+Shift+Pfeil rechts**.
Ein Wort vom Ende bis zum Anfang	Verschieben Sie den Cursor an das Wortende und drücken Sie dann **Ctrl+Shift+Pfeil links**.
Eine Zeile von Anfang bis Ende	Drücken Sie zunächst **Home** und dann **Shift+End**.
Eine Zeile vom Ende bis zum Anfang	Drücken Sie zunächst **End** und dann **Shift+Home**.
Einen Absatz von Anfang bis Ende	Verschieben Sie den Cursor an den Anfang des Absatzes und drücken Sie dann **Ctrl+Shift+Pfeil unten**.
Ein Dokument vom Ende bis zum Anfang	Verschieben Sie den Cursor an das Dokumentende und drücken Sie dann **Ctrl+Shift+Home**.
Ein Dokument von Anfang bis Ende	Verschieben Sie den Cursor an den Anfang des Dokuments und drücken Sie dann **Ctrl+Shift+End**.
Das gesamte Dokument	Drücken Sie **Ctrl+A**.
Das nächste Zeichen	Drücken Sie **F8**, um den Auswahlmodus zu aktivieren, und drücken Sie dann **Pfeil links** oder **Pfeil rechts**. Drücken Sie **Esc**, um den Auswahlmodus zu deaktivieren.

Markierungsfunktionen

Markierung	So gehts
Ein Wort, einen Satz, einen Absatz oder ein Dokument	Drücken Sie **F8**, um den Auswahlmodus zu aktivieren. Drücken Sie dann **F8** einmal, um ein Wort zu markieren, zweimal, um einen Satz zu markieren, dreimal, um einen Absatz zu markieren, oder viermal, um das Dokument zu markieren. Drücken Sie **Esc**, um den Auswahlmodus zu deaktivieren.

Markieren von Text an unterschiedlichen Stellen

Sie können Text markieren, der nicht aneinandergrenzt. So ist es z. B. möglich, einen Absatz auf einer Seite und einen Satz auf einer anderen Seite zu markieren. Dazu halten Sie die **Ctrl-Taste** gedrückt und markieren dann die gewünschten Textstellen.

Aufgabe 6

Öffnen Sie die Aufgabe 6.

Internationale Fachmesse für Kommunikation, Büro-Organisation und Informationstechnik	
Durchführungsdatum	8.–12. September 20..
Ort	In den Hallen der Schweizer Mustermesse, Basel
Turnus	Jährlich
Veranstalter	Orbit Fachmesse AG und Schweizer Mustermesse
Organisator	Schweizer Mustermesse
Ausstellungsprogramm	– Kommunikationstechnik – Büro- und Organisationstechnik – Informationstechnik – Anwendungsspezifische Problemlösungen – Dienstleistungen
Ausstellerprofil	Nationale und internationale Hersteller, Distributoren und Händler, die Produkte und Dienstleistungen in den Bereichen Kommunikation, Büro-Organisation und Informationstechnik anbieten
Besucherzielgruppe	Fachbesucher und Publikum aus allen Wirtschaftszweigen
Positionierung	Internationale Messe für Kommunikation, Büro-Organisation und Informationstechnik

Vertikaler Textblock

Mehrere Textteile markieren

▶ Markieren Sie die beiden ersten Zeilen. Wählen Sie als Hervorhebungsart **Fett**.

▶ Markieren Sie alle Stichwörter auf einmal (vertikaler Textblock). Setzen Sie den Text in Fettschrift **(Ctrl+Shift+F)**.

▶ Markieren Sie «Schweizer Mustermesse» im ganzen Text und setzen Sie mit einem einzigen Befehl diesen Text in kursiver Schrift **(Ctrl+Shift+K)**.

▶ Markieren Sie den ganzen Text **(Ctrl+A)** und wählen Sie als Schrift die **Consolas**.

2.3 Textteile und Objekte verschieben oder kopieren und einfügen

Register	**Start**	
Gruppe	**Zwischenablage**	
Befehle	Kopieren	Ausschneiden
Symbole	📋	✂
Tastenkombination	Ctrl+C	Ctrl+X

Kopieren oder Verschieben

Register	**Start**
Gruppe	**Zwischenablage**
Befehl	Einfügen
Symbol	📋
Tastenkombination	Ctrl+V

Einfügen

Register	**Start**
Gruppe	**Zwischenablage**
Befehl	Pfeilsymbol

Aufgabenbereich der Zwischenablage einschalten

Register	**Start**
Gruppe	**Zwischenablage**
Befehl	Pfeilsymbol
Befehl	Optionen

Einstellungen für die Zwischenablage

Sie können Textbereiche auf verschiedene Arten kopieren und verschieben:
- über die Zwischenablage
- mit Drag-and-Drop-Funktionen

Kopieren oder Verschieben über die Zwischenablage

▶ Markieren Sie den Text (oder das Objekt), den Sie kopieren oder verschieben wollen, und klicken Sie auf das Symbol **Kopieren** oder **Ausschneiden**. Der Text wird in die Zwischenablage gelegt.

▶ Setzen Sie den Cursor an die Stelle, an der Sie den Text einfügen möchten, und klicken Sie auf das Symbol **Einfügen**.

Mehrere Elemente in die Zwischenablage ablegen

Mit der oben beschriebenen Methode für das Kopieren und Verschieben von Text fügen Sie immer nur das **zuletzt** kopierte oder ausgeschnittene Element in die Zwischenablage ein. Sie können jedoch bis 24 Elemente in die Zwischenablage einfügen. Dazu gehen Sie so vor:

▶ Aktivieren Sie die Registerkarte **Start**.

▶ Klicken Sie auf den Pfeil rechts unten in der Gruppe **Zwischenablage**. Es öffnet sich der Aufgabenbereich der Zwischenablage. Nun werden alle Elemente, die Sie kopieren oder ausschneiden, im Aufgabenbereich der Zwischenablage aufgeführt.

Sofern Sie wünschen, dass die Zwischenablage auch dann mehrere Elemente aufnimmt, wenn der Aufgabenbereich nicht angezeigt ist, schalten Sie dies in den Optionen ein:

```
   Office-Zwischenablage automatisch anzeigen
   Office-Zwischenablage anzeigen, wenn Strg+C zweimal gedrückt wurde
✓  Sammeln ohne Anzeige der Office-Zwischenablage
✓  Office-Zwischenablagensymbol auf Taskleiste anzeigen
✓  Beim Kopieren Status bei Aufgabenbereich anzeigen
```

Optionen zur Zwischenablage

Textteile und Objekte verschieben oder kopieren und einfügen

Cursorsymbol bei Drag & Drop-Operation. Bei einer Kopieraktion erscheint zusätzlich ein +-Zeichen.

Kopieren mithilfe von Drag & Drop

- Sie können Text oder Objekte innerhalb des Dokuments ganz einfach mittels Drag & Drop verschieben oder kopieren.
- Zum Verschieben eines Textes markieren Sie den Text und ziehen ihn an die neue Stelle.
- Zum Kopieren drücken Sie gleichzeitig die **Ctrl-Taste**.

Zwischenablage einfügen

Einfügeoptionen

Wenn Sie auf die Schaltfläche **Einfügeoptionen** klicken, die direkt unter der eingefügten Auswahl angezeigt wird, können Sie eine der Optionen auswählen, um das Format der eingefügten Elemente festzulegen.

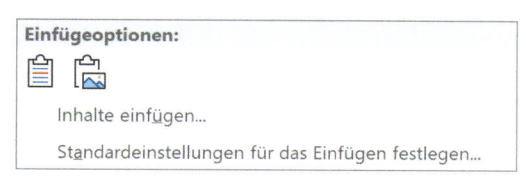

Einfügeoptionen:

Inhalte einfügen...

Standardeinstellungen für das Einfügen festlegen...

Festlegen des Zielformats

Wenn Sie auf den Pfeil der Schaltfläche **Einfügeoptionen** klicken, können Sie das Einfügeformat direkt wählen.

Tastenkombinationen zum Steuern der Silbentrennung	
Geschützter Trennstrich	Wenn Sie eine Wortkoppelung wie MS-Word am Zeilenende nicht trennen möchten, wählen Sie anstatt des normalen Bindestrichs einen geschützten Trennstrich. Tastenkombination: Ctrl+Shift+– (Bindestrich)
Geschütztes Leerzeichen	Wenn Sie z. B. ein Datum (3. Dezember) oder einen Frankenbetrag (CHF 5600.–) nicht auf zwei Zeilen trennen möchten, wählen Sie anstatt der Leertaste ein geschütztes Leerzeichen. Tastenkombination: Ctrl+Shift+Leerschlag
Bedingter Trennstrich	Mit dem bedingten Trennstrich können Sie definieren, wo das Wort getrennt wird, wenn es am Zeilenende steht. Falls das Wort nicht am Zeilenende steht, wird dieser bedingte Trennstrich ignoriert. Tastenkombination: Ctrl+– (Bindestrich)

2.4 Silbentrennung

Fliesstext mit mehreren Zeilen wird normalerweise getrennt, im Blocksatz häufiger als im Flattersatz und bei kurzen Zeilen mit wenigen Zeichen häufiger als bei langen Zeilen. So werden unregelmässige Texte am rechten Rand verbessert oder zu grosse Leerräume beim Blocksatz ausgeglichen. Die Silbentrennung stört den Lesefluss nicht. Nur schlechte Trennungen können die sinngemässe Texterfassung erschweren.

Automatische Silbentrennung

Register	**Layout**
Gruppe	Seite einrichten
Befehl	Silbentrennung
Befehl	Automatisch

Automatische Silbentrennung

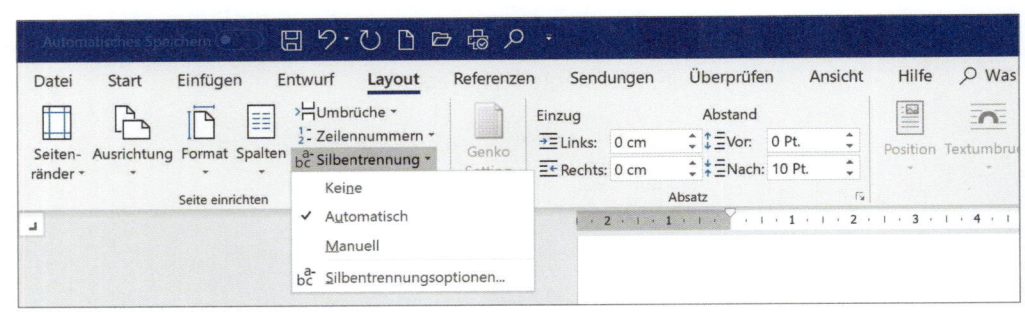

Silbentrennung im Register **Layout**

Die automatische Silbentrennung kann über die Schaltfläche **Silbentrennung** ein- und ausgeschaltet werden. Hier können Sie auch weitere **Silbentrennungsoptionen** definieren:

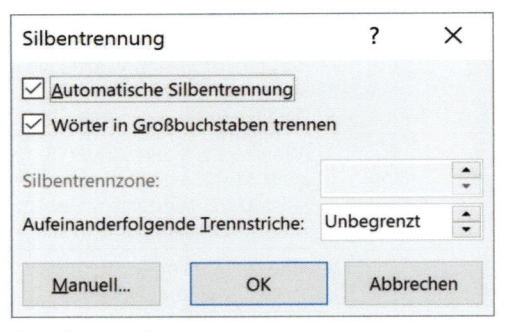

Silbentrennzone

Der Algorithmus für die Silbentrennung wurde ab Word 2013 so stark verbessert, dass die Silbentrennzone nicht mehr benötigt wird. In älteren Dokumenten kann man dies im Kompatibilitätsmodus noch einstellen.

Aufeinanderfolgende Trennstriche

Hier können Sie angeben, wie viele Zeilen nacheinander getrennt werden dürfen.

Einstellungen **Silbentrennung**

Manuelle Silbentrennung

Register	**Layout**
Gruppe	Seite einrichten
Befehl	Silbentrennung
Befehl	Manuell

Manuelle Silbentrennung

Mit der manuellen Silbentrennung kann man «unschöne» Trennungen umgehen. Schöne Trennungen richten sich nach Wortteilen und nicht nach Sprechsilben.

«Unschöne» Trennungen:
- Die Mama köpfte Papa-
  yas immer mit dem Brotmesser.
- bein-halten
- Spargel-der

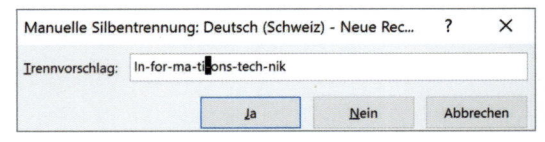

Vorschlag: Manuelle **Silbentrennung**

Register	**Start**
Gruppe	**Absatz**
Befehl	Startprogramm für das Dialogfeld
Register	Zeilen- und Seitenumbruch
Befehl	Keine Silbentrennung

Silbentrennung ausschalten

Silbentrennung in einem Bereich ausschalten

Sie können die Silbentrennung auch für einen bestimmten Absatz oder für einen Bereich unterdrücken. Wählen Sie dazu das Dialogfeld **Absatz** im Register **Start**:

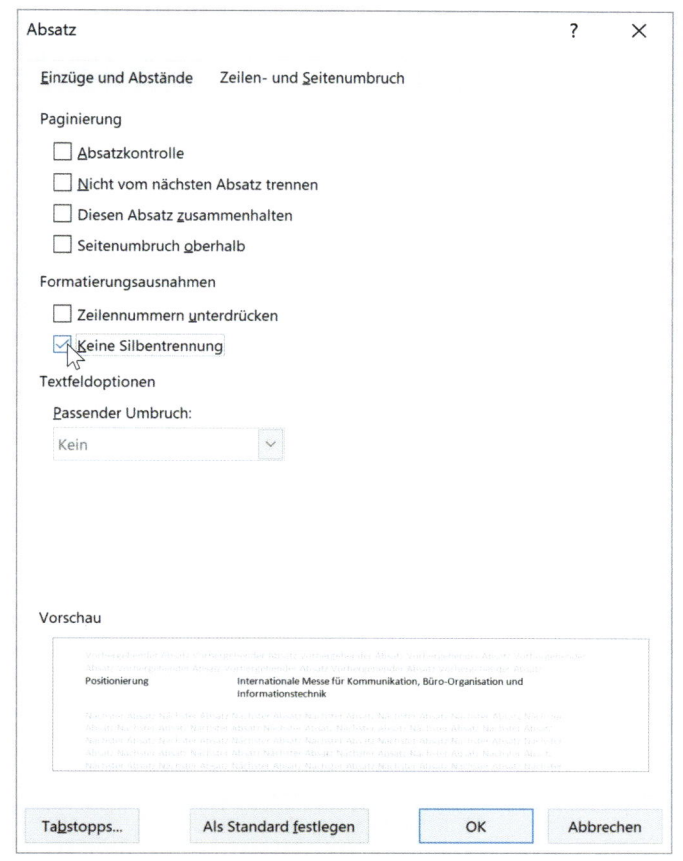

Silbentrennung ausschalten

Dokumente korrigieren, verbessern, überprüfen und optimieren

2.5 Die Funktionen Suchen, Suchen/Ersetzen und Gehe zu

Register	**Start**
Gruppe	**Bearbeiten**
Befehl	Suchen
Tasten-kombination	Ctrl+F

Suchen

Mit Word können Sie unter anderem Text, Formatierungen, Absatzmarken, Seitenumbrüche, ja sogar Substantiv-, Adjektiv- oder Verbformen suchen und ersetzen. Sie können die Suche mithilfe von Platzhaltern und Codes erweitern, um nach Wörtern oder Ausdrücken zu suchen, die bestimmte Buchstaben oder Buchstabenkombinationen enthalten.

Suchen über Navigation

Im Aufgabenbereich **Navigation** können Sie bequem zwischen den Fundstellen im gesamten Dokument blättern.

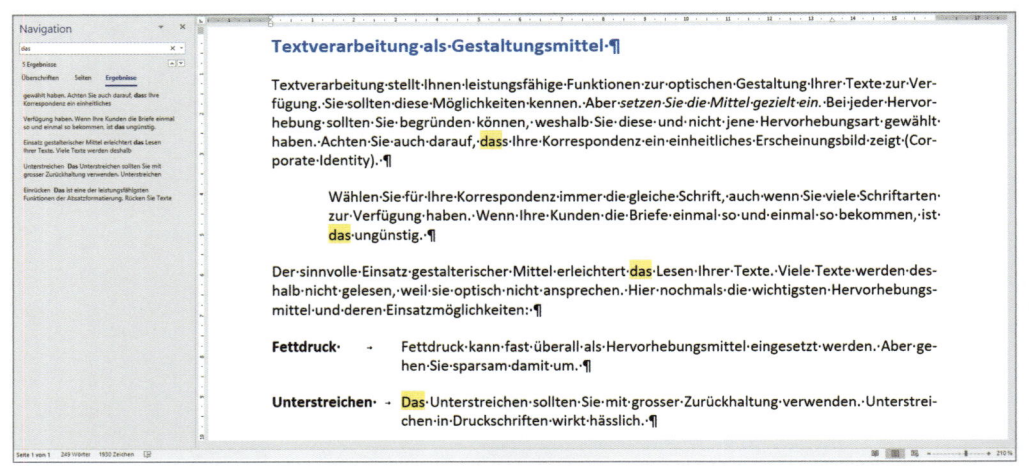

Suchen

Die Funktionen Suchen, Suchen/Ersetzen und Gehe zu

Suchen

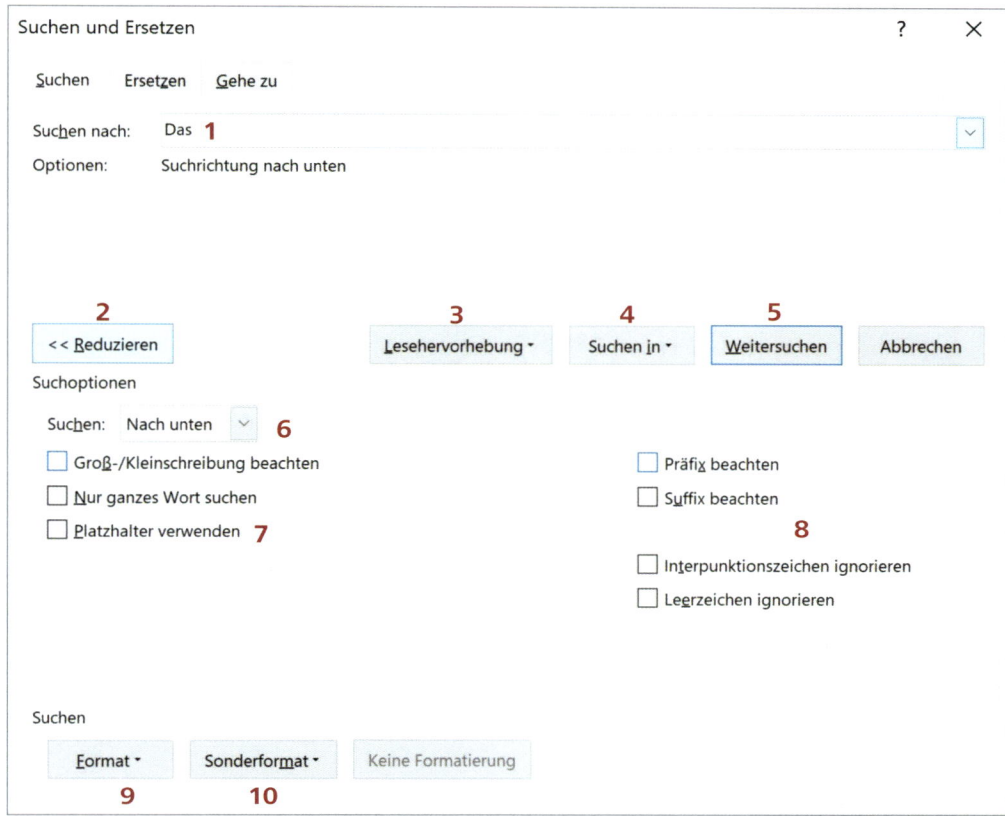

Suchen und Ersetzen, Registerkarte **Suchen**

1 Hier geben Sie den zu suchenden Begriff ein.
2 Schaltet die Suchoptionen ein oder aus.
3 Alle Suchergebnisse werden im Text in der eingestellten Hervorhebungsfarbe markiert, oder die Hervorhebungen werden wieder entfernt.
4 Bestimmen Sie, ob im ganzen Dokument oder innerhalb einer Auswahl gesucht werden soll.
5 Bei jedem Klick springt der Cursor zum nächsten gesuchten Begriff.
6 Bestimmt die Suchrichtung (gesamt, nach oben oder nach unten).
7 Platzhalter sind Stellvertreterzeichen, die Sie unter **Sonderformat** finden.
8 Wenn Sie das Wort **legen** suchen, findet Word das Wort auch mit einem Präfix (anlegen, zulegen, beilegen). Wenn Sie ein Häkchen setzen, werden diese Wörter nicht gefunden. Gleiches Verhalten geschieht bei einem Suffix (Altertum, Reichtum, Fürstentum).
9 Sie können nach verschiedenen Formaten suchen, z. B. nach allen kursiv gesetzten Wörtern im Text. Dabei muss nicht zwingend ein Begriff unter **Suchen nach** stehen.
10 Sie können nach vielen Sonderformaten suchen (siehe Liste in der Marginalspalte).

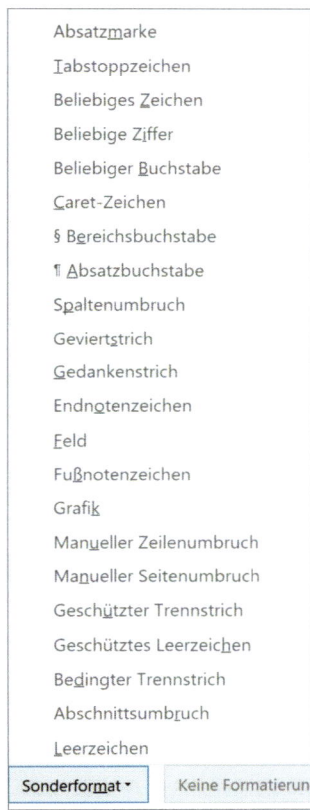

Suchen von Sonderformaten:

- Absatzmarke
- Tabstoppzeichen
- Beliebiges Zeichen
- Beliebige Ziffer
- Beliebiger Buchstabe
- Caret-Zeichen
- § Bereichsbuchstabe
- ¶ Absatzbuchstabe
- Spaltenumbruch
- Geviertstrich
- Gedankenstrich
- Endnotenzeichen
- Feld
- Fußnotenzeichen
- Grafik
- Manueller Zeilenumbruch
- Manueller Seitenumbruch
- Geschützter Trennstrich
- Geschütztes Leerzeichen
- Bedingter Trennstrich
- Abschnittsumbruch
- Leerzeichen

41

Dokumente korrigieren, verbessern, überprüfen und optimieren

Suchen/Ersetzen

Ersetzen entspricht weitgehend der Funktion **Suchen**. Es wird ein zusätzliches Feld **Ersetzen durch** eingefügt. Nach der Suchoperation können Sie entscheiden, ob Sie den gesuchten Text an der fraglichen Stelle ersetzen wollen oder nicht. Die optionalen Möglichkeiten sind gleich wie beim Befehl **Suchen**.

Register	**Start**
Gruppe	**Bearbeiten**
Befehl	**Ersetzen**
Tastenkombination	Ctrl+H

Ersetzen

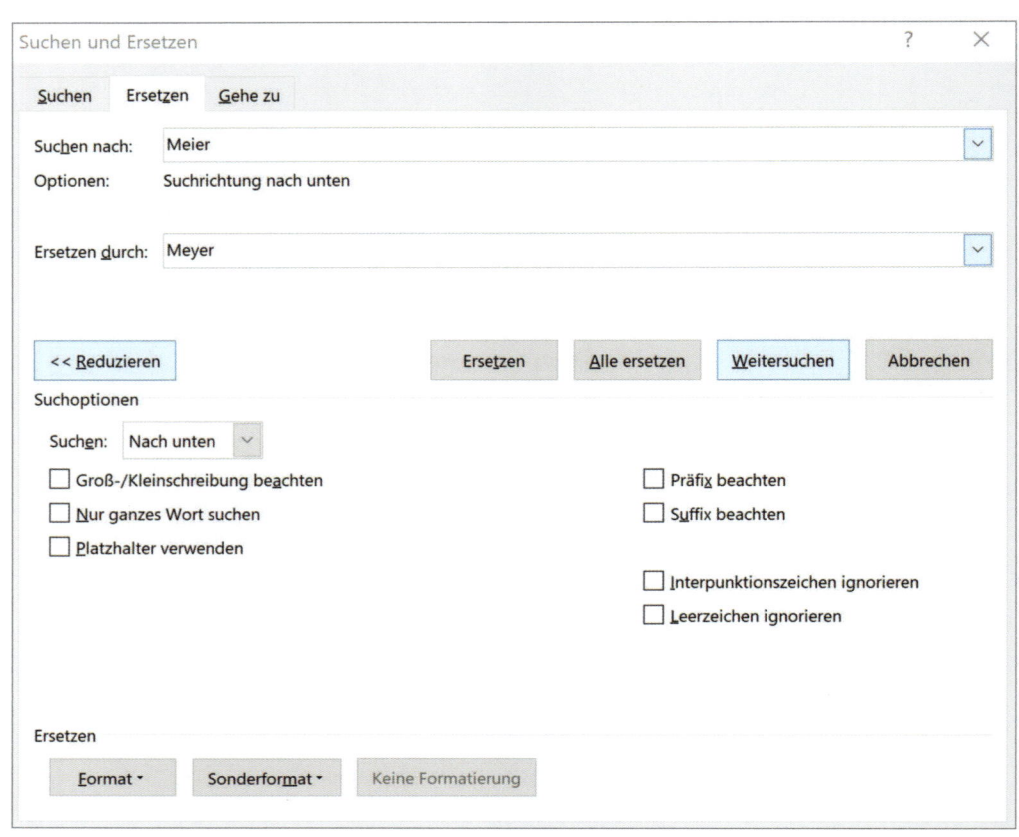

Suchen und Ersetzen, Registerkarte **Ersetzen**

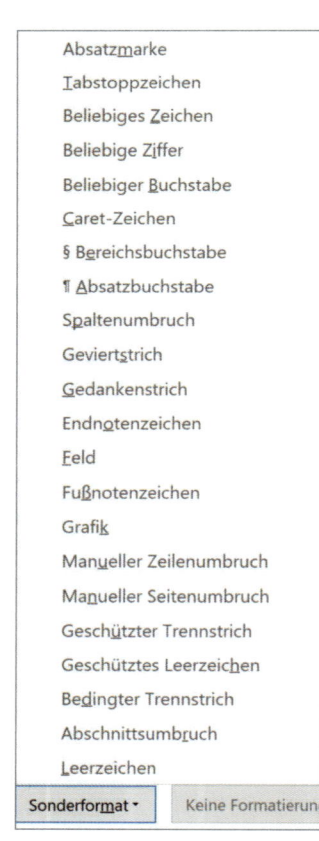

Zum Suchen von Text können Sie Platzhalter definieren. Der Stern als Platzhalter ersetzt z. B. mehrere beliebige Zeichen, das Fragezeichen ein einzelnes beliebiges Zeichen.

Verwenden Sie z. B. bei der Suche ein Sternchen (*) als Platzhalter für eine beliebige Zeichenfolge. Die Eingabe von s*en findet die Wörter spielen, singen, spurten, nicht aber tanzen usw. Wenn das Kontrollkästchen **Platzhalterzeichen verwenden** aktiviert ist, findet Word nur Text, der genau mit dem angegebenen Text übereinstimmt. Die Kontrollkästchen **Gross-/Kleinschreibung beachten** und **Nur ganzes Wort suchen** stehen nicht zur Verfügung. Sie sind automatisch aktiviert. Zur Suche nach einem Zeichen, das als Platzhalter definiert ist, geben Sie vor diesem Zeichen einen umgekehrten Schrägstrich (\) ein. Geben Sie z. B. \? ein, um nach einem Fragezeichen zu suchen. Sie können Klammern verwenden, um Suchkriterien sowie Text zu gruppieren und die Reihenfolge der Auswertung festzulegen.

Suchen/Ersetzen bietet enorm komplexe Möglichkeiten, die wir hier nicht alle beschreiben können. Versuchen Sie, an kleinen Texten und mit den Hilfefunktionen hinter die Geheimnisse zu kommen.

Sonderformate, die bei Aktivierung von Platzhaltern verfügbar sind

Die Funktionen Suchen, Suchen/Ersetzen und Gehe zu

Aufgabe 7

Suchen und Ersetzen

Suchen nach: (Abegglen) (Yvonne)
Optionen: Mit Mustervergleich

Ersetzen durch: \2 \1

Suchoptionen:
- Suchen: Gesamt
- ☐ Groß-/Kleinschreibung beachten
- ☐ Nur ganzes Wort suchen
- ☑ Platzhalter verwenden
- ☐ Präfix beachten
- ☐ Suffix beachten
- ☐ Interpunktionszeichen ignorieren
- ☐ Leerzeichen ignorieren

Suchen und Ersetzen

Was bewirkt diese Eingabe im Dialogfeld **Ersetzen**?

_____
_____
_____
_____
_____
_____
_____
_____

▶ Setzen Sie einen Blindtext **=rand()**.
▶ Markieren Sie drei Wörter und setzen Sie diese drei Wörter in roter Schrift.
▶ Ändern Sie die Schriftfarbe der roten Textstellen in Blau. Verwenden Sie dazu die Funktion **Suchen/Ersetzen**, sodass alle roten Textstellen automatisch geändert werden.

Dokumente korrigieren, verbessern, überprüfen und optimieren

Register	**Start**
Gruppe	**Bearbeiten**
Befehl	**Suchen**
Register	**Gehe zu**
oder	**F5**
oder	**Klick auf Statusleiste > Seitenzahl**

Gehe zu

Gehe zu

Gehe zu ermöglicht das Springen zu bestimmten Positionen im Text. Sie wählen die Art der Position (z. B. Seite) und geben dazu eine Zahl oder einen Namen ein. Aufgrund dieser Eingabe kann Word die Stelle im Dokument genau anspringen.

Aufgabe 8

Öffnen Sie die Aufgabe 8 und führen Sie die unten stehenden Anweisungen aus.

> **ERGONOMISCHE ANFORDERUNGEN AN DEN BÜRODREHSTUHL**
>
> Der Arbeitsstuhl muss stand- und kippsicher — auch bei grösster Rückneigung der Rückenlehne —, mit min. 5 Rollen ausgestattet und gegen unbeabsichtigtes Wegrollen (z. B. durch gebremste Rollen) gesichert sein. Der Rollwiderstand ist dem Fussbodenbelag anzupassen (gebremste Rollen bei glatten Böden, ungebremste nur bei textilen Bodenbelägen). Der Bürostuhl sollte den Nutzer beim Hinsetzen leicht abfedern, um die Stossbelastung der Wirbelsäule so gering wie möglich zu halten. Der Bürostuhl darf keine scharfen Kanten aufweisen und soll über gepolsterte, atmungsaktive Sitz- und Rückenlehnen verfügen. Die Polsterung sollte fest, aber dennoch komfortabel sein.
>
> Die Höhe der Sitzfläche muss sich min. in einem Bereich von 42 bis 50 cm verstellen lassen. Die Sitztiefe beträgt min. 38 bis 44 cm, günstig ist eine Verstellmöglichkeit. Die Sitzbreite sollte min. 40 bis 48 cm betragen. Die Rückenlehne ist horizontal konkav gekrümmt und weist eine Breite von min. 36 bis 48 cm auf, vertikal ist die Krümmung konvex ausgebildet.
>
> Die Lehne sollte den Rücken des Nutzers in verschiedenen Arbeitshaltungen möglichst gut unterstützen bzw. entlasten. Hierzu ist auf eine ausreichende Höhe und/oder Verstellbarkeit zu achten. Die Ausstattung mit einer gekoppelten Sitz-Lehnen-Neigungsverstellung (sogenannte Synchronmechanik) ist empfehlenswert, da diese den dynamischen Wechsel der Körperhaltungen und damit die Versorgung der Bandscheiben ermöglicht. Armauflagen sind sinnvoll zur Entlastung des Schulter-Nacken-Bereichs, dürfen aber die Ausübung der Tätigkeit nicht behindern. Sofern Armauflagen eingesetzt werden, sollten diese in der Höhe verstellbar (Höhe über dem Sitz min. im Bereich von 20 bis 25 cm), min. 20 cm lang und 4 cm breit sein.
>
> Alternative Sitzmöbel können in Einzelfällen sinnvolle Ergänzungen, nicht aber Ersatz für Bürodrehstühle sein. Auch alternative Sitzmöbel müssen den Anforderungen an Stand- und Kippsicherheit genügen und einen ausreichenden Schutz vor dem Wegrollen aufweisen.

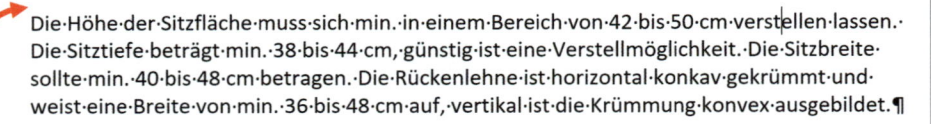

Text korrigieren

▶ Verschieben Sie die Textstellen gemäss den Markierungen (rote Pfeile) im Text.
▶ Kopieren Sie den letzten Absatz in ein neues Dokument.
▶ Kopieren Sie den Titel in die Zelle A1 von Excel.

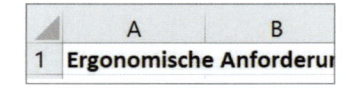

	A	B
1	**Ergonomische Anforderur**	

▶ Korrigieren Sie mit der Funktion **Ersetzen** alle Wörter **min.** in **mindestens**.
▶ Ersetzen Sie mit der Funktion **Ersetzen** das Wort **konvex** durch **nach aussen gewölbt**.
▶ Ersetzen Sie mit der Funktion **Ersetzen** das Wort **bzw.** durch **beziehungsweise**.
▶ Ersetzen Sie alle Absatzmarken im Text (ohne Titel) durch einen manuellen Zeilenumbruch.

Beantworten Sie folgende Fragen:

Woran erkennen Sie, dass bzw. ob die automatische Silbentrennung aktiv ist?

___

Was bedeutet der Begriff «Platzhalter»?

___

Auf wie viele Arten kann man den Befehl **Gehe zu** aufrufen?

___

Welcher Befehl ist beim Ersetzen von Text besonders vorsichtig einzusetzen? Begründen Sie Ihre Antwort.

___

Dokumente korrigieren, verbessern, überprüfen und optimieren

2.6 Einfügen von Symbolen und Sonderzeichen

Symbole und Sonderzeichen, die auf der Tastatur nicht vorhanden sind, können Sie trotzdem in ein Dokument einfügen. Wollen Sie beispielsweise das ©-Zeichen, ¼ oder — schreiben, so ist dies kein Problem. Welche Sonderzeichen zur Verfügung stehen, ist abhängig von der gewählten Schriftart. Wahrscheinlich sind Ihnen die Symbolschriften Wingdings und Webdings bereits bekannt.

Sonderzeichen können Sie auf zwei Arten eingeben, in einer Auswahlbox oder mit Tastenkombinationen. Oft ist es auch praktisch, eingegebenen Text mithilfe der AutoKorrektur (siehe Kapitel 2.7 Nützliche Einstellungen) automatisch durch Sonderzeichen ersetzen zu lassen.

Register Symbole

Register	**Einfügen**
Gruppe	**Symbole**
Befehl	**Symbol**
Befehl	**Weitere Symbole**
Register	**Symbole**

Symbol einfügen

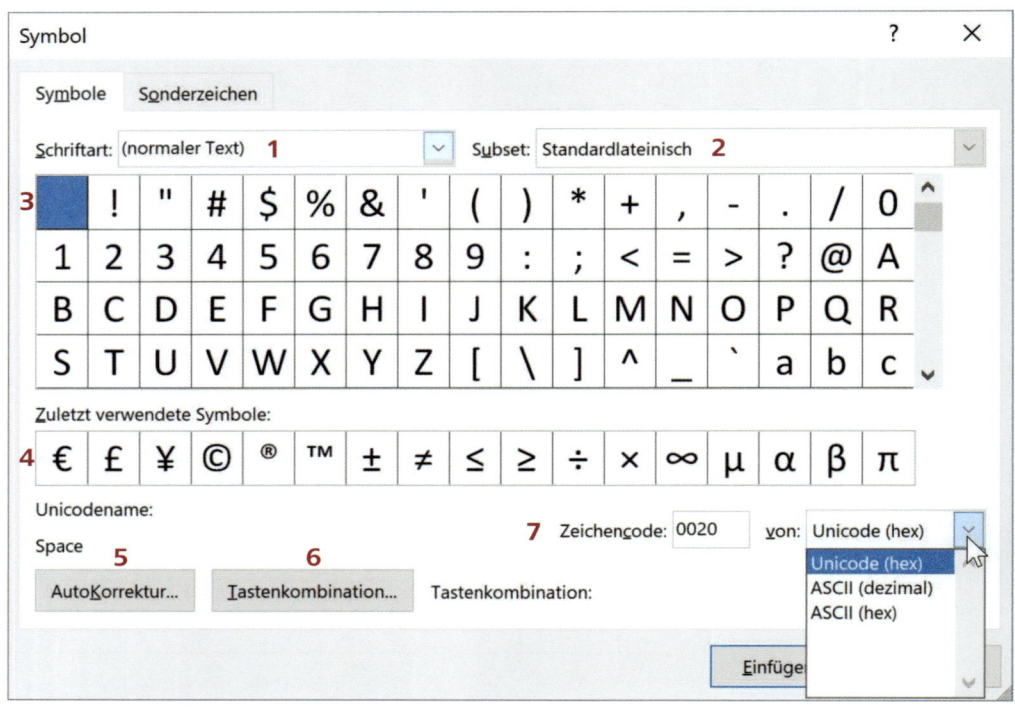

Symbole einfügen

1 Schriftart. Der Eintrag **(normaler Text)** bedeutet, dass der Zeichensatz der im Dokument aktiven Schrift angezeigt wird. Sie können den Zeichensatz anderer Schriften wählen.
2 Hier können Sie die Schriftwahl eingrenzen, indem Sie ein anderes Subset auswählen. Wird nur im Unicode angezeigt.
3 Anzeige des Zeichensatzes der gewählten Schriftart.
4 Die zuletzt verwendeten Symbole werden angezeigt.
5 Sie gelangen in das AutoKorrektur-Dialogfeld und können das Zeichen direkt einer AutoKorrektur zuordnen.
6 Wenn Sie ein Sonderzeichen öfter verwenden, lohnt es sich, diesem eine Tastenkombination zuzuordnen. Sie können dies in einem Dialogfeld tun.
7 Zeichencode. Sie können ein Sonderzeichen auch erzeugen, indem Sie die Alt-Taste drücken und **im numerischen Block** die Zahlenkombination des ASCII-Codes mit einer vorangehenden 0 eintippen.

Unicode
Unicode (Einheitsschlüssel) ist ein alphanumerischer Zeichensatz. Es handelt sich um ein von der internationalen Standardisierungsorganisation ISO genormtes System zur Kodierung von Textzeichen (Buchstaben, Silbenzeichen, Ideogramme, Satzzeichen, Sonderzeichen, Ziffern).

Einfügen von Symbolen und Sonderzeichen

Register Sonderzeichen

In den Sonderzeichen findet man Zeichen, welche bei der Arbeit mit Word sehr häufig verwendet werden. Dazu gehören verschiedene Stricharten (Geviertstrich, Halbgeviertstrich, geschützter und bedingter Trennstrich).

Vielen Zeichen ist eine Tastenkombination bereits zugeordnet. Beachten Sie jedoch, dass diese bei Schweizer Tastaturen nicht immer funktionieren.

Register	**Einfügen**
Gruppe	**Symbole**
Befehl	**Symbol**
Befehl	**Weitere Symbole**
Register	**Sonderzeichen**

Sonderzeichen einfügen

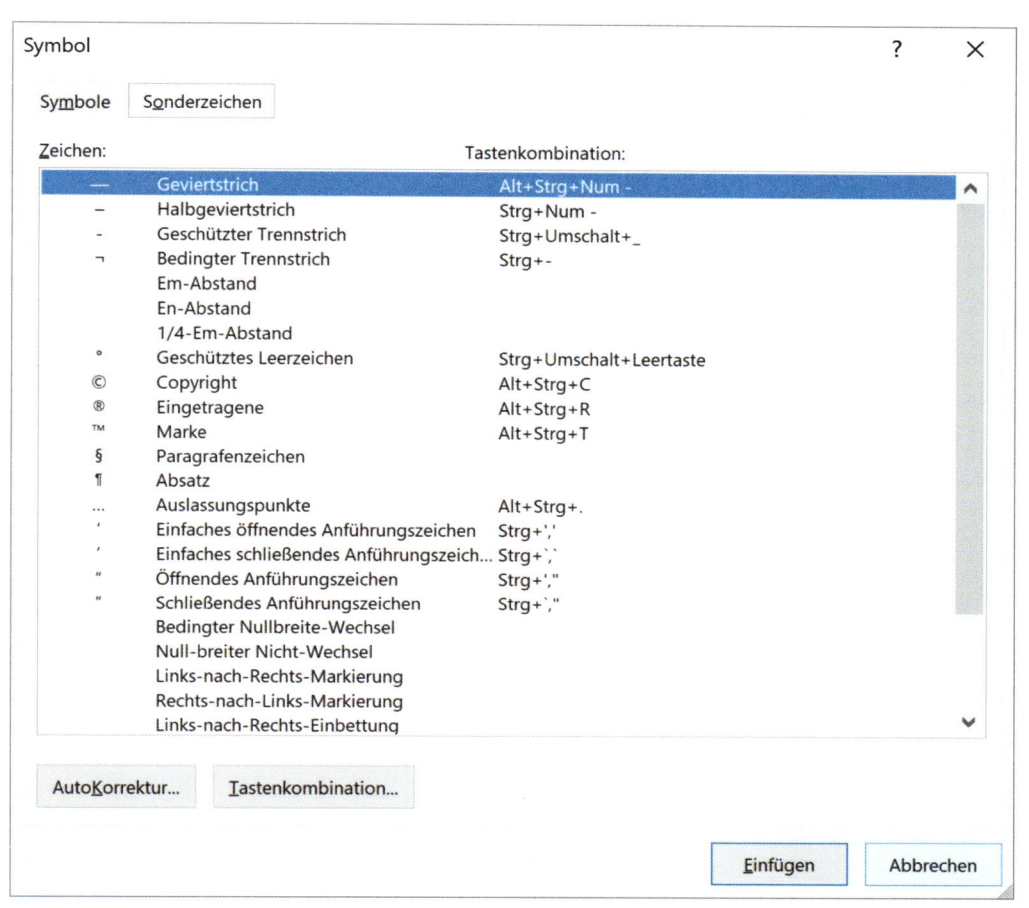

Tastenkombinationen wichtiger Sonderzeichen

Dokumente korrigieren, verbessern, überprüfen und optimieren

Formeln

Sie haben verschiedene Möglichkeiten, eine Formel in ein Dokument einzugeben oder einzufügen:

Register	**Einfügen**
Gruppe	**Symbole**
Befehl	**Formel Dropdown-Menü**

Formel wählen

- Auswählen aus einer Liste mit regelmässig verwendeten oder vorformatierten Formeln. Selber erstellte Formeln können Sie zur Liste der regelmässig verwendeten Formeln hinzufügen.

Register	**Einfügen**
Gruppe	**Symbole**
Befehl	**Formel**

Formel einfügen

- Einfügen oder Eingeben von Symbolen oder häufig verwendeten mathematischen Strukturen. Nach dem Aufruf des Befehls **Formel** steht Ihnen zur Bearbeitung das Menüband **Formeltools** zur Verfügung.

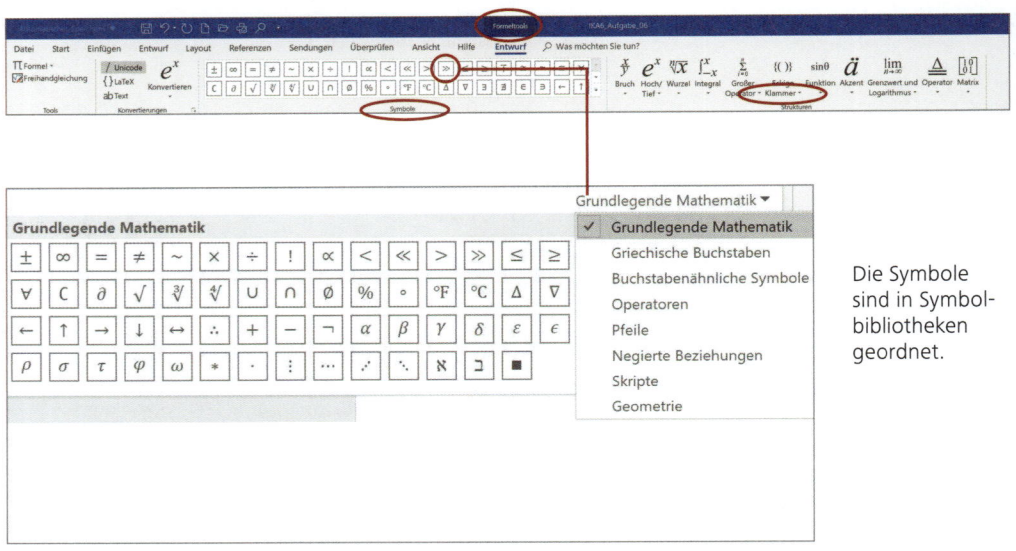

Die Symbole sind in Symbolbibliotheken geordnet.

Mit Formeln arbeiten

Beim Eingeben einer Formel wird diese in Word automatisch in eine professionell formatierte Formel konvertiert.

Aufgabe 9

Tragen Sie so weit als möglich den ASCII-Code (dezimal), den Unicode (hex), die Schriftart und die Tastenkombination ein.

Zeichen	ASCII (dezimal)	Schriftart	Tastenkombination
€	128	normaler Text	Alt+Ctrl+E
—			
–			
©			
☺			
«			
»			
Ø			

2.7 Nützliche Einstellungen

Hier finden Sie weitere nützliche Korrektur-Einstellungen und Recherchefunktionen sowie Grundeinstellungen für die Dokumentprüfung. Dazu gehören unter anderem Korrekturhilfen wie die **AutoKorrektur**, **AutoFormat** und **AutoFormat während der Eingabe**. Eine wichtige Rolle spielen dabei auch die Spracheinstellungen und das Synonymwörterbuch **Thesaurus**.

2.7.1 Grundeinstellung für die Dokumentprüfung

Register	**Datei**
Befehl	**Optionen**
Eintrag	**Dokument-prüfung**

Grundeinstellungen der Dokumentprüfung

Die Grundeinstellungen für die Überprüfung der Rechtschreibung und Grammatik von Dokumenten können Sie in den Word-Optionen vornehmen:

Grundeinstellungen der Dokumentprüfung

1 Benutzerwörterbücher anlegen
2 Rechtschreibung festlegen
3 **Rechtschreibprüfung während der Eingabe überprüfen**
4 **Grammatikfehler während der Eingabe** markieren
5 Lesbarkeitsstatistik anzeigen

Benutzerwörterbuch

Neben einem Hauptwörterbuch können Sie in Word eines oder mehrere Benutzerwörterbücher anlegen. Beim Aufruf der Benutzerwörterbücher erhalten Sie dieses Dialogfeld:

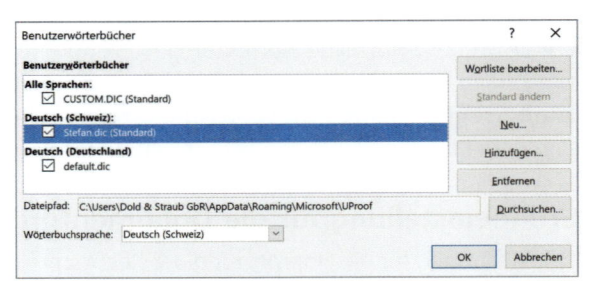

Benutzerwörterbuch anlegen

In die Datei CUSTOM.DIC werden die Wörter aus dem Benutzerwörterbuch eingetragen. Wenn Sie Wörter bei der Rechtschreibprüfung hinzufügen, werden sie in diese Datei eingetragen, und Sie können sie löschen oder Falscheinträge wiederum korrigieren (**Wortliste bearbeiten…**). Mit **Hinzufügen** können Sie weitere Wörterbücher anlegen. Ein Eintrag erfolgt immer im Standardwörterbuch. Wenn Sie also in unserem Beispiel einen Eintrag ins Wörterbuch **Stefan.dic** aufnehmen wollen, so müssen Sie dieses Wörterbuch als Standard wählen. Überprüft wird immer in allen Wörterbüchern, bei denen ein Häkchen gesetzt ist.

Rechtschreibung und Grammatik

Sie können in den Grundeinstellungen bestimmen, ob nach der traditionellen (alten) oder nach der neuen Rechtschreibung geprüft werden soll. Auch die Akzeptanz beider Formen ist möglich (traditionelle und neue Rechtschreibung).

Ferner können Sie bestimmen, ob die Rechtschreibung während der Eingabe geprüft werden soll oder nicht. Wenn Sie die Rechtschreibung während der Eingabe prüfen, so werden Wörter, die nicht in den Wörterbüchern aufgeführt sind, durch eine rote Wellenlinie gekennzeichnet.

Beispiel:

und Tierwohl und der zögerliche Umbau von
ung von echten ökologischen Leistungen. Beinahe skan
schaft die Gesamtbetrieblichkeit erfolgreich angegriffen.

Grammatikfehler werden mit einer blauen Doppelunterstreichung markiert, wobei diese Funktion nicht überschätzt werden darf: Viele Grammatikfehler werden nicht erkannt.

Beispiel eines erkannten Fehlers:

Grammatikfehler zu Finden ist mit Word

Lesbarkeitsstatistik

Sie können am Ende der Rechtschreibprüfung eine Lesbarkeitsstatistik aufrufen. Die Anzahl Wörter pro Satz kann interessante Aussagen liefern. Auch die Statistik für Absätze oder einzelne Sätze ist möglich, wenn Sie den Text zuerst markieren.

Wie lang ist der ideale Satz? In der Regel sind 14 Wörter genug. Vermeiden Sie Schachtelsätze, je kürzer ein Satz, desto besser kann ihn der Leser aufnehmen. Halten Sie sich aber nicht sklavisch an diese Regel, Sie dürfen auch mal längere Sätze schreiben. Mehr als 20 Wörter sollten Sätze aber nicht haben, dann wird es unverständlich.

2.7.2 Autokorrektur
Registerkarte AutoKorrektur

Register	**Datei**
Befehl	Optionen
Befehl	Dokument-prüfung
Eintrag	AutoKorrektur-Optionen
Befehl	AutoKorrektur-Optionen…
Register	**AutoKorrektur**

Aufruf des Dialogfelds **Auto-Korrektur**

Wenn der Text nach einer Abkürzung automatisch mit einem Grossbuchstaben weiterfährt, kann das sehr störend sein. In einigen Fällen sind die AutoKorrekturen jedoch nicht nur störend, sondern sie produzieren ihrerseits Fehler. So macht Word aus einer IDE-Festplatte ganz automatisch DIE-Festplatte. Schuld dafür ist der Eintrag unter **Ersetzen ide durch die** in der AutoKorrektur. Welche Einstellungen Sie vornehmen wollen, müssen Sie natürlich selbst entscheiden.

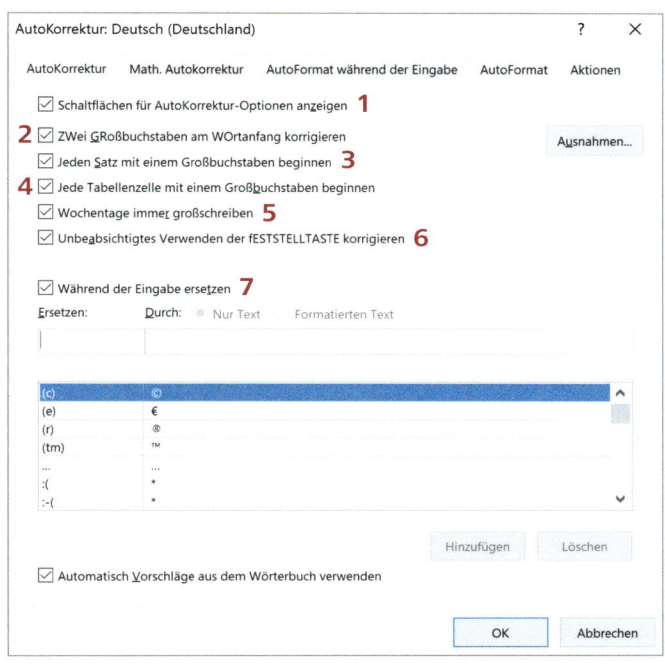

Die Registerkarte **AutoKorrektur**

1. Wenn ein Wort im Text automatisch korrigiert wird, erscheint ein kleiner, blauer Balken. Beim Anklicken erhalten Sie dieses Auswahlmenü. Empfehlung: einschalten.
2. Dieser Umschaltfehler passiert Ihnen bestimmt auch gelegentlich. Die Funktion ist wertvoll. Empfehlung: einschalten.
3. Meist ärgert diese Funktion, weil Word grundsätzlich nach einem Punkt gross weiterschreibt. Empfehlung: ausschalten.
4. Ob in Tabellenzellen gross oder klein begonnen werden soll, sollten Sie entscheiden. Empfehlung: ausschalten.
5. Eine seltsame Funktion, welche nur für Wochentage Gültigkeit hat. Empfehlung: ausschalten.
6. Dass irrtümlich die Caps-Lock-Taste gedrückt wird, kommt immer wieder vor. Empfehlung: einschalten.
7. Die in dieser Liste aufgeführten Wörter oder Texte werden automatisch bei der Texteingabe ersetzt. So lassen sich Tippfehler automatisch korrigieren. Die Einrichtung kann aber auch benutzt werden, um kurze Textbausteine zu automatisieren. Beispielsweise **mfg** ersetzen durch **Freundliche Grüsse**. Dort, wo Einträge stören, empfiehlt es sich, sie zu entfernen. Anderseits können zusätzliche Einträge die Arbeit erleichtern.

Dokumente korrigieren, verbessern, überprüfen und optimieren

AutoFormat

Optionen in der Registerkarte **AutoFormat** wendet Word dann an, wenn ein komplettes Dokument automatisch formatiert werden soll. Die Befehle dafür finden Sie ebenfalls in den Word-Optionen.

AutoFormat während der Eingabe

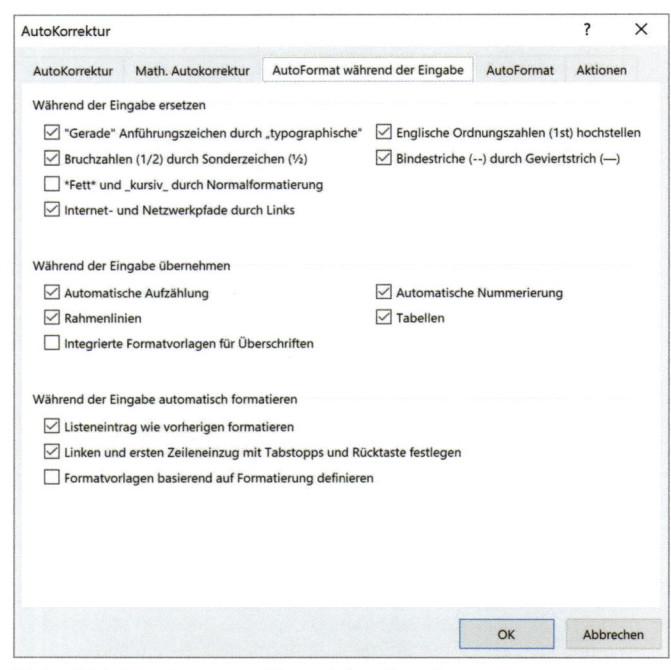

Das Dialogfeld **AutoFormat während der Eingabe** ist dem Dialogfeld **AutoFormat** ähnlich. Es empfiehlt sich auch hier, die meisten Automatismen, die standardmässig eingeschaltet sind, auszuschalten. Besonders störend sind die Befehle **Gerade Anführungszeichen durch typografische** und **Bindestriche (--) durch Geviertstrich — ersetzen**. Solche automatische Funktionen sind oft sehr ärgerlich.

Register	**Datei**
Befehl	Optionen
Befehl	Dokumentprüfung
Eintrag	AutoKorrektur-Optionen
Befehl	AutoKorrektur-Optionen...
Register	**AutoFormat während der Eingabe**

AutoFormat-Optionen

Dialogfeld **AutoFormat während der Eingabe**

Wir empfehlen Ihnen, alle Befehle in den beiden Dialogfeldern **AutoFormat** und **AutoFormat während der Eingabe** zu entfernen. Suchen Sie bei ungewollten Automatismen, die Sie stören, immer in diesen Dialogfeldern und ändern Sie die entsprechenden Einträge.

2.7.3 Befehle des Registers Überprüfen

Word verfügt über verschiedene Arbeitshilfen, um Dokumente zu prüfen und zu überarbeiten. Diese Tools starten Sie in der Registerkarte **Überprüfen**.

Register	**Überprüfen**
Gruppe	Rechtschreibung
Befehl	Thesaurus

Synonymwörterbuch

Thesaurus

Thesaurus ist das Synonymwörterbuch in Word. Dieser Befehl hilft Ihnen, interessante, abwechslungsreiche und aussagekräftige Dokumente zu erstellen. Sie können durch Klicken mit der rechten Maustaste auf dem Wort das Kontextmenü öffnen und dann den Befehl **Synonyme** wählen. Falls Ihnen keines der vorgeschlagenen Wörter zusagt, klicken Sie auf Thesaurus (am Ende der Liste). Sie können Thesaurus auch direkt öffnen: Markieren Sie ein Wort und wählen Sie dann den Befehl **Thesaurus** im Register **Überprüfen**.

Nützliche Einstellungen

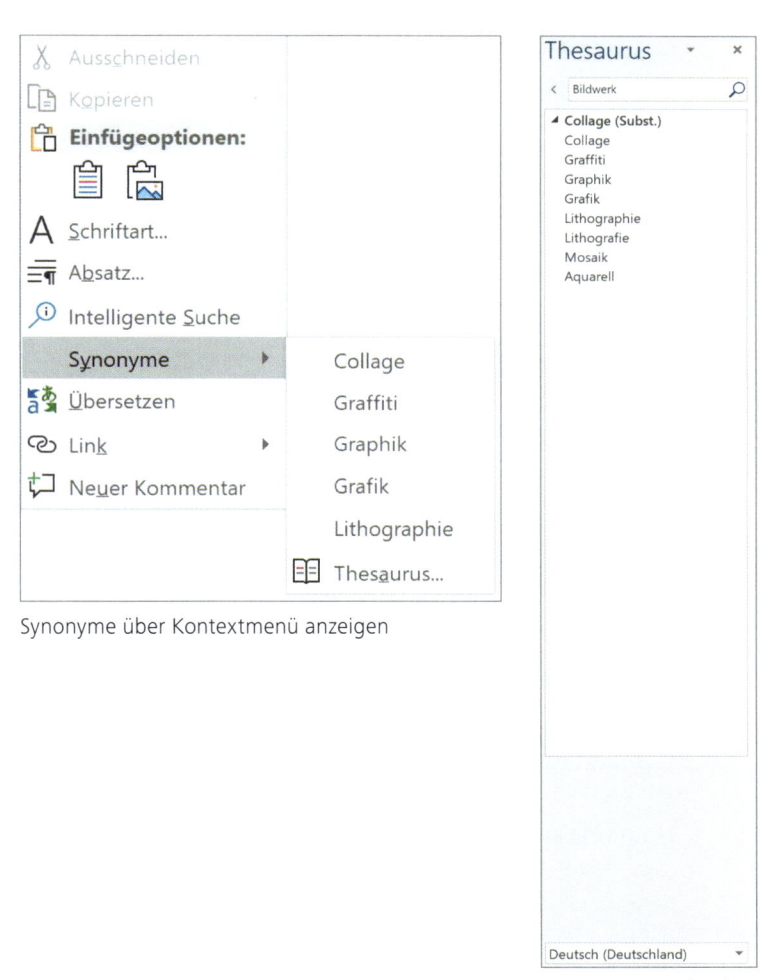

Synonyme über Kontextmenü anzeigen

Synonymwörterbuch

Register	**Überprüfen**
Gruppe	**Rechtschreibung**
Befehl	**Wörter zählen**

Wörter zählen

Wörter zählen

Sie können die Anzahl Wörter und andere Informationen in Ihrem Dokument anzeigen. Wenn Sie die Wortanzahl auf einen Blick sehen möchten, finden Sie diese Angabe in der Statusleiste.

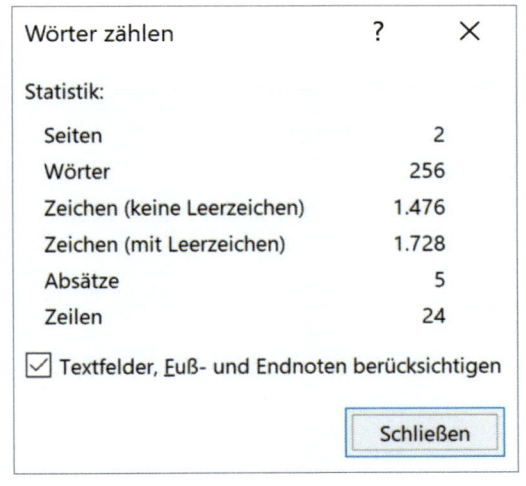

Statistik: Wörter zählen

Statusleiste

53

Dokumente korrigieren, verbessern, überprüfen und optimieren

Register	**Referenzen**
Gruppe	**Recherchieren**
Befehl	**Intelligente Suche**

Intelligente Suche

Intelligente Suche

Die **Intelligente Suche** ermöglicht es, direkt in Word eine Internetsuche zu starten. Dazu markieren Sie ein Wort, klicken mit der rechten Maustaste darauf und wählen im Kontextmenü **Intelligente Suche** (oder klicken im Register **Referenzen in der Gruppe Recherchieren** auf die Schaltfläche **Intelligente Suche**). Daraufhin erscheint am rechten Rand eine Leiste mit Wikipedia- und Bing-Treffern. Das spart den Umweg über den Browser.

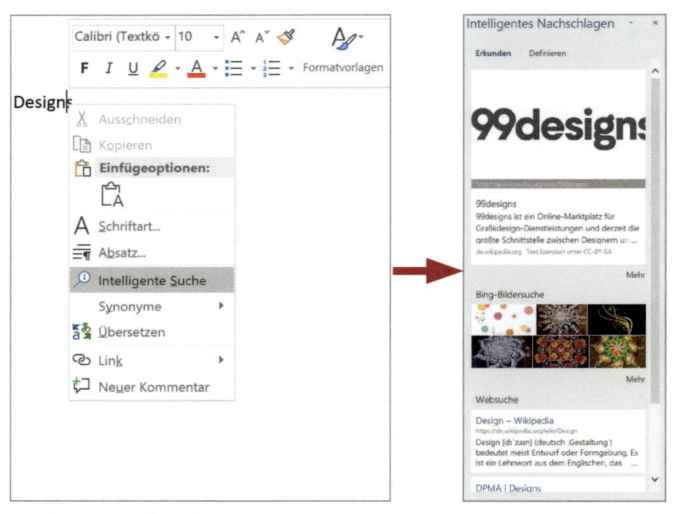

Intelligente Suche über das Kontextmenü

Register	**Überprüfen**
Gruppe	**Sprache**
Befehl	**Übersetzen**
Befehl	**Sprache**

Text übersetzen

Übersetzen und **Sprache** wählen

Übersetzen und Sprache

Sie können einen Text in einer anderen Sprache mit Word übersetzen. Dabei kann es sich um Ausdrücke oder Absätze, einzelne Wörter (mit der Übersetzungshilfe) oder die ganze Datei handeln. Für einige Sprachen müssen für die Übersetzung bestimmte Betriebssystemanforderungen erfüllt sein (beispielsweise ist für Rechts-nach-links-Sprachen eine spezielle Unterstützung erforderlich).

Sie können ein Dokument auch in einer Sprache erstellen und dann einen Dienst für die maschinelle Übersetzung nutzen, um das Dokument in eine andere Sprache zu übersetzen.

Sie können unterschiedliche Sprachen für die Bearbeitungs-, Anzeige-, QuickInfo- und Hilfesprache der Office-Programme angeben. Die jeweils verfügbaren Sprachen sind von der Sprachversion von Microsoft Office sowie gegebenenfalls von zusätzlichen Sprachpaketen, Benutzeroberflächen-Sprachpaketen oder QuickInfo-Sprachen abhängig, die auf dem Computer installiert sind. Wenn die gewünschte Sprache für die Korrekturhilfen oder die gewünschte Anzeige- oder Hilfesprache nicht verfügbar ist, müssen Sie ein Sprachpaket oder Benutzeroberflächen-Sprachpaket erwerben und installieren.

Formatierung festlegen

3

Formatierung festlegen

3.1 Einführung

Das A und O der Textverarbeitung ist die Formatierung. Immer, wenn Sie Text erstellen, sind Formatierungsfunktionen aktiv. Ein Text wird automatisch in einer in Word definierten Schriftart und in einer in Word definierten Schriftgrösse gesetzt. Jeder Text besteht mindestens aus einem Absatz, und jeder Text, den Sie erstellen, wird durch Seitenformate (Seitenränder) beeinflusst. Diese grundsätzlichen Formatierungen kann man natürlich ändern und Text umgestalten. Das Arbeiten an einem Text mit einem Textprogramm ist etwas Faszinierendes, sofern man die Möglichkeiten von Textprogrammen gut kennt.

Register	**Start**
Gruppe	**Schriftart**
Befehl	**Startprogramm für das Dialogfeld**

Aufruf der Zeichenformatierungen

Innerhalb der Formatierungsfunktionen werden drei Grundformatierungen unterschieden:
- Zeichenformatierungen (Sie werden in Word neu als **Schriftart** bezeichnet.)
- Absatzformatierungen
- Seitenformatierungen (In Word werden sie als **Layout** bezeichnet.)

Register	**Start**
Gruppe	**Absatz**
Befehl	**Startprogramm für das Dialogfeld**

Aufruf der Absatzformatierungen

Zum erweiterten Kreis der Formatierungen gehören auch:
- Abschnittformatierungen
- Tabellen
- Seitenumbruch

Das folgende Beispiel zeigt die Formatierungen an einem einfachen Brieftext. Für Brieftexte wählen Sie folgende Einstellungen:

Register	**Layout**
Gruppe	**Seite einrichten**
Befehl	**Seitenränder**
Befehl	**Benutzerdefinierte Seitenränder**

Aufruf der Seitenformatierung

Seitenformat

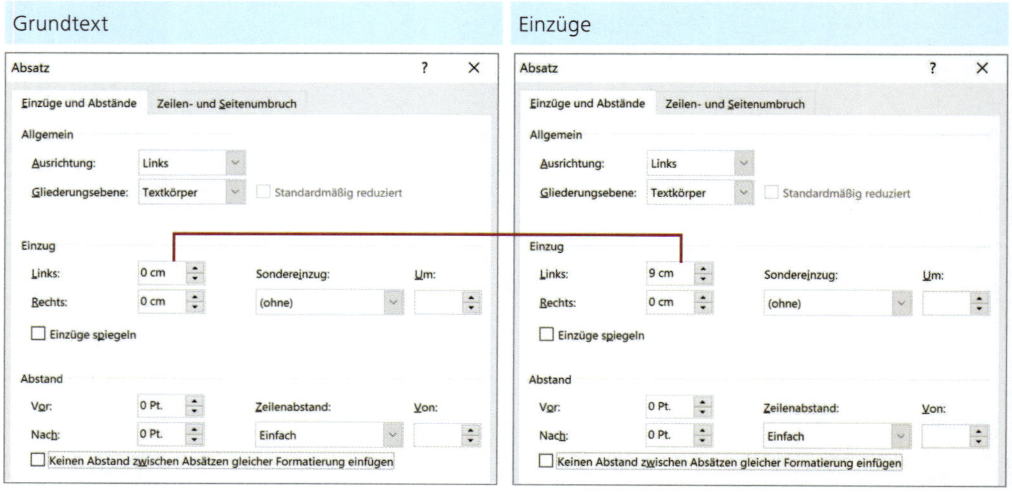

Grundtext | Einzüge

Absatzformate

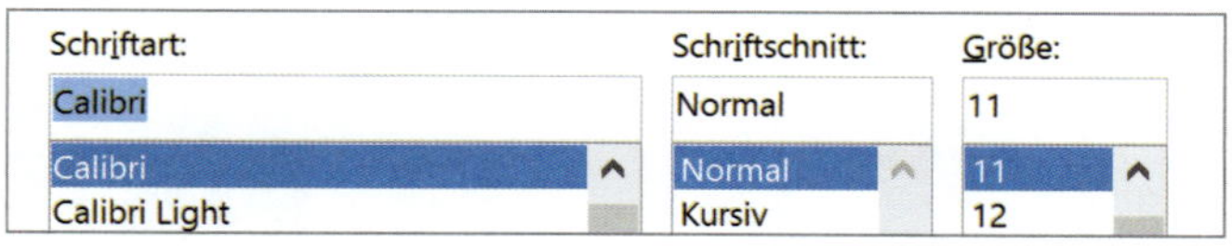

Zeichenformate (Schriftformate)

56

Einführung

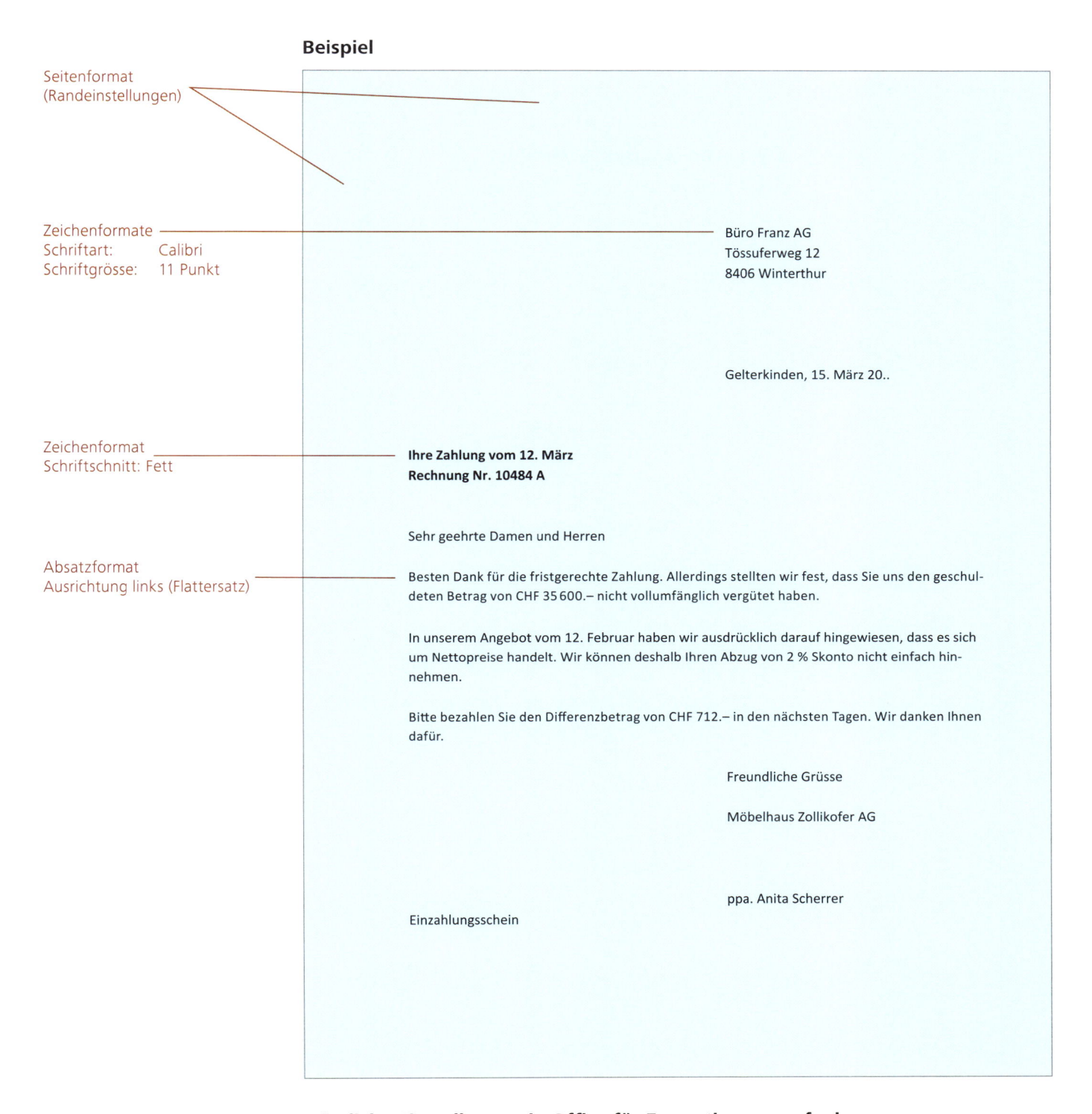

Beispiel

Seitenformat (Randeinstellungen)

Zeichenformate
Schriftart: Calibri
Schriftgrösse: 11 Punkt

Büro Franz AG
Tössuferweg 12
8406 Winterthur

Gelterkinden, 15. März 20..

Zeichenformat
Schriftschnitt: Fett

Ihre Zahlung vom 12. März
Rechnung Nr. 10484 A

Sehr geehrte Damen und Herren

Absatzformat
Ausrichtung links (Flattersatz)

Besten Dank für die fristgerechte Zahlung. Allerdings stellten wir fest, dass Sie uns den geschuldeten Betrag von CHF 35 600.– nicht vollumfänglich vergütet haben.

In unserem Angebot vom 12. Februar haben wir ausdrücklich darauf hingewiesen, dass es sich um Nettopreise handelt. Wir können deshalb Ihren Abzug von 2 % Skonto nicht einfach hinnehmen.

Bitte bezahlen Sie den Differenzbetrag von CHF 712.– in den nächsten Tagen. Wir danken Ihnen dafür.

Freundliche Grüsse

Möbelhaus Zollikofer AG

ppa. Anita Scherrer

Einzahlungsschein

Nützliche Einstellungen in Office für Formatierungsaufgaben

Wenn Sie Office installieren, gibt Microsoft eine Grundinstallation vor. Somit hat jeder Word-Benutzer die gleiche Oberfläche, und bei jedem sind die gleichen Funktionen eingeschaltet. Diese Voreinstellungen sind nicht immer besonders hilfreich. Bevor Sie sich Formatierungsaufgaben zuwenden, lohnt es sich deshalb, einige Einstellungen in Office selber vorzunehmen.

3.2 Zeichenformatierung

3.2.1 Die Gruppe Schriftart
Die nachstehende Übersicht zeigt den Aufbau der Zeichenformatierungen in Word.

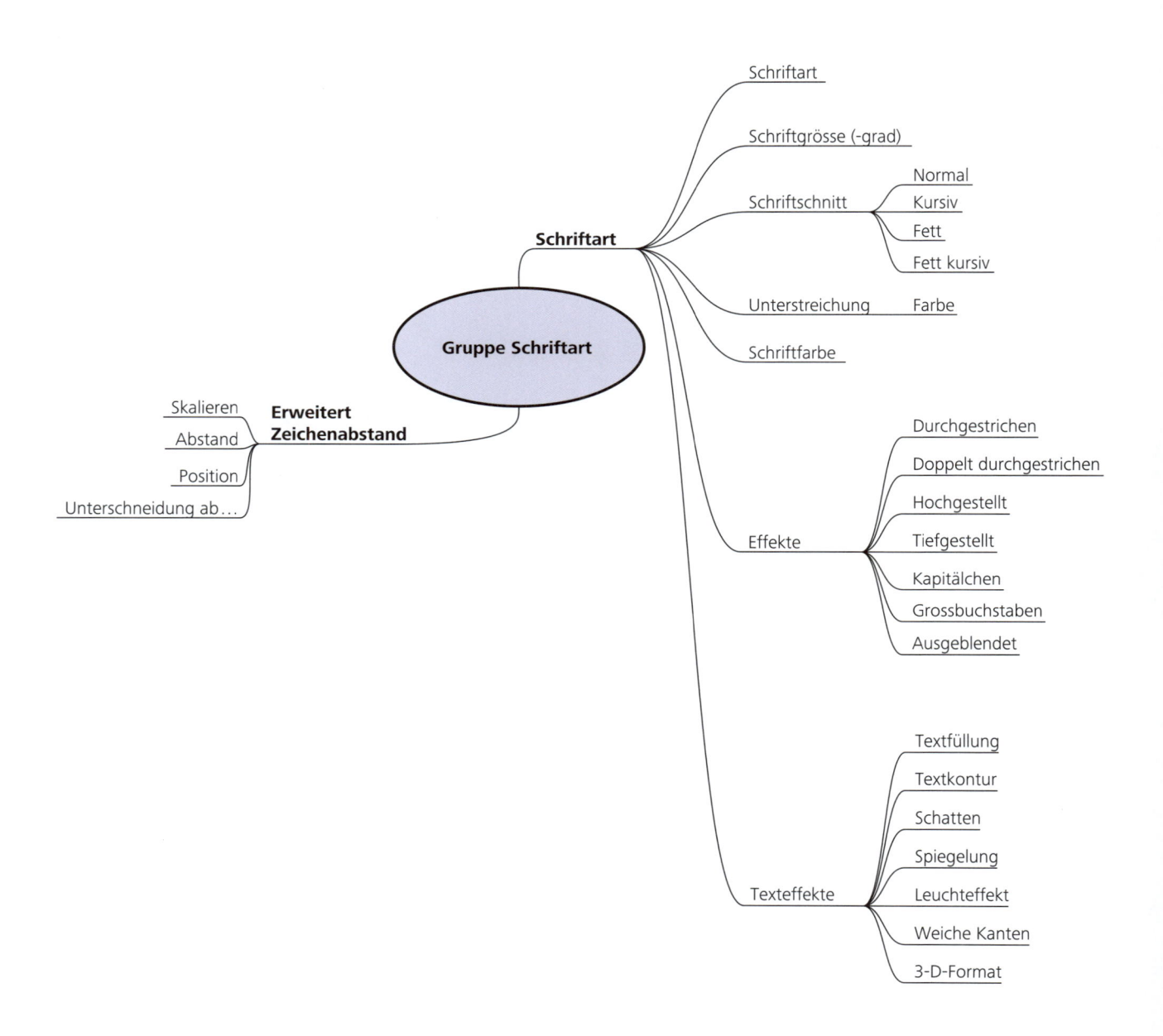

- **Gruppe Schriftart**
  - **Schriftart**
    - Schriftart
    - Schriftgrösse (-grad)
    - Schriftschnitt
      - Normal
      - Kursiv
      - Fett
      - Fett kursiv
    - Unterstreichung — Farbe
    - Schriftfarbe
  - **Erweitert Zeichenabstand**
    - Skalieren
    - Abstand
    - Position
    - Unterschneidung ab…
  - **Effekte**
    - Durchgestrichen
    - Doppelt durchgestrichen
    - Hochgestellt
    - Tiefgestellt
    - Kapitälchen
    - Grossbuchstaben
    - Ausgeblendet
  - **Texteffekte**
    - Textfüllung
    - Textkontur
    - Schatten
    - Spiegelung
    - Leuchteffekt
    - Weiche Kanten
    - 3-D-Format

Zeichenformatierungen vornehmen

Sie haben in Word drei Möglichkeiten, Zeichenformatierungen vorzunehmen und die Schrift einzustellen:

Schriftwahl in der Minisymbolleiste

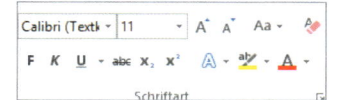

- über die **Minisymbolleiste**: Sie enthält die am häufigsten benutzten Formatierungsbefehle. Beim Rechtsklick wird sie oberhalb des Kontextmenüs angezeigt. Wird im Text eine Markierung vorgenommen, erscheint sie automatisch im Hintergrund und kann mit dem Cursor sichtbar gemacht werden.

Gruppe **Schriftart**

- In der Gruppe **Schriftart** im Menüband haben Sie sofort die wichtigsten Zeichenformate zur Verfügung. Die in der Gruppe vorhandenen Symbole sind nicht ganz identisch mit der Minisymbolleiste.

- Mit dem Pfeil rechts unten in der Gruppe verzweigen Sie in das Dialogfeld **Schriftart** mit den Registern **Schriftart** und **Erweitert**. In diesem Dialogfeld haben Sie sämtliche Zeichenformatierungen zur Verfügung.

Überlegungen zur Wahl der Hervorhebungsart

Eine Textstelle hervorzuheben, bezeichnet man in der Fachsprache als **Auszeichnung**. Beachten Sie, dass die dem Text folgenden Interpunktionszeichen wie Komma, Punkt, Klammern usw. nicht mit ausgezeichnet werden.

Auszeichnung dient immer zur besseren Leseführung. Wählen Sie deshalb die Hervorhebungsart bewusst aus.

- **Fettschrift (Bold)**
  Der Fettdruck ist eine kontrastreiche Hervorhebung. Verwenden Sie ihn vor allem in Titelzeilen und Überschriften. Die fetten Textstellen springen sofort ins Auge, und man findet sich in der Struktur des Dokuments rasch zurecht.

- **Kursivschrift (Italic)**
  Diese Hervorhebungsart ist schlichter als der Fettdruck. Die Grauwirkung des Textes bleibt unverändert, und der Leser nimmt die Hervorhebung erst während des Lesens wahr. Kursivschrift eignet sich deshalb besonders für Hervorhebungen im Fliesstext.

- **Unterstreichen**
  Unterstreichen ist eine schlechte Hervorhebungsart. Die Unterlängen werden durchgestrichen. In der Regel wählen Sie mit Vorteil Fett- oder Kursivschrift.

GROSSBUCHSTABEN

- **Grossbuchstaben (Versalien)**
  Versalien sind schlecht lesbar und oft eine ungünstige Auszeichnungsart. Dort, wo Lesbarkeit eine wenig wichtige Rolle spielt, z. B. bei kurzen Haupttiteln, können Sie diese Hervorhebungsart einsetzen. Im Fliesstext haben Versalien nichts zu suchen.

KAPITÄLCHEN

- **Kapitälchen**
  Kapitälchen sind zwei unterschiedliche Grössen von Versalbuchstaben. Wie Versalien sind sie grundsätzlich schlecht lesbar. Sie fügen sich aber wie die Kursivschrift gut ins Satzbild ein.

Formatierung festlegen

Elemente der Gruppe Schriftart

In der Gruppe Schriftart haben Sie folgende Möglichkeiten:

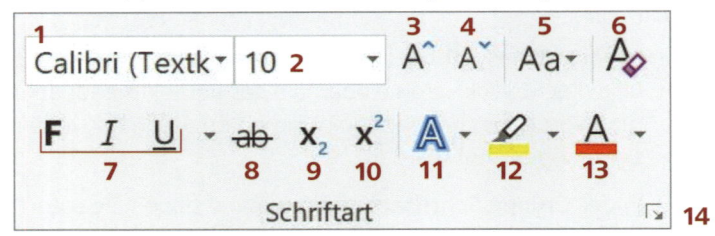

1 Schriftwahl (**Ctrl+Shift+A**)
2 Schriftgrösse (**Ctrl+Shift+P**)
3 Schrift vergrössern (**Ctrl+>**)
4 Schrift verkleinern (**Ctrl+<**)
  Schriftart vergrössern und verkleinern: Die Schriftart wird jeweils um 2 pt vergrössert bzw. verkleinert. Wenn Sie die Schrift lediglich um 1 pt vergrössern wollen, drücken Sie **Ctrl+9**, bzw. **Ctrl+8**, um die Schrift wieder um 1 pt zu verkleinern.
5 Gross-/Kleinschreibung ändern
6 Zeichenformatierung löschen (**Ctrl+Leertaste**)
  Formatierung löschen: Gelöscht werden sämtliche Formatvorlagen, Texteffekte, sodass nur der Text übrig bleibt.
7 Einschalten von **Fett**, *Kursiv (Italic)* oder <u>Unterstreichen</u>
8 Einen Text durchstreichen
9 Einen Text tieferstellen (verkleinert unterhalb der Basislinie)
10 Einen Text höherstellen (verkleinert oberhalb der Basislinie)
11 Texteffekte. Sie können das Aussehen von Text ändern, indem Sie Fülleffekte oder Konturen ändern oder Effekte wie z. B. Kontur, Schatten, Spiegelung, Leuchteffekt, Zahlenformatvorlagen, Ligaturen, Stil-Sets hinzufügen.
12 Texthervorhebungsfarbe. Sie können aus verschiedenen Farben wählen und die Hervorhebungen auch wieder zurücksetzen (Markierstift).
13 Wahl der Schriftfarbe (Designfarben oder Standardfarben)
14 Öffnet das Dialogfeld **Schriftart** mit zusätzlichen Zeichenformatierungen (**Ctrl+D**)

Schriftwahl

Beim Öffnen der Schriftwahl werden Ihnen die Schriften in drei Abteilungen angezeigt:

- **Designschriftarten**, welche Sie im Register **Entwurf**, Gruppe **Dokumentformatierung**, **Schriftarten** definiert haben
- **Zuletzt verwendete Schriftarten**
- **Alle Schriftarten**

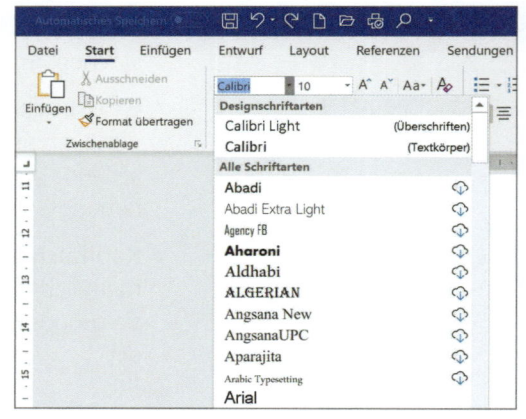

Auswahl von Schriften

Nicht alle Schriften sind vorinstalliert. Um eine verfügbare, aber nicht installierte Schrift zu laden, klicken Sie einfach auf das Wolkensymbol, das rechts neben der Schrift angezeigt wird.

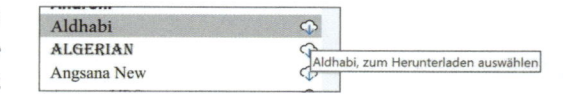

Zeichenformatierung

Das Dialogfeld Schriftart, Register Schriftart

Register	**Start**
Gruppe	**Schriftart**
Befehl	**Startprogramm für das Dialogfeld**

Auswahl des Dialogfelds **Schriftart**

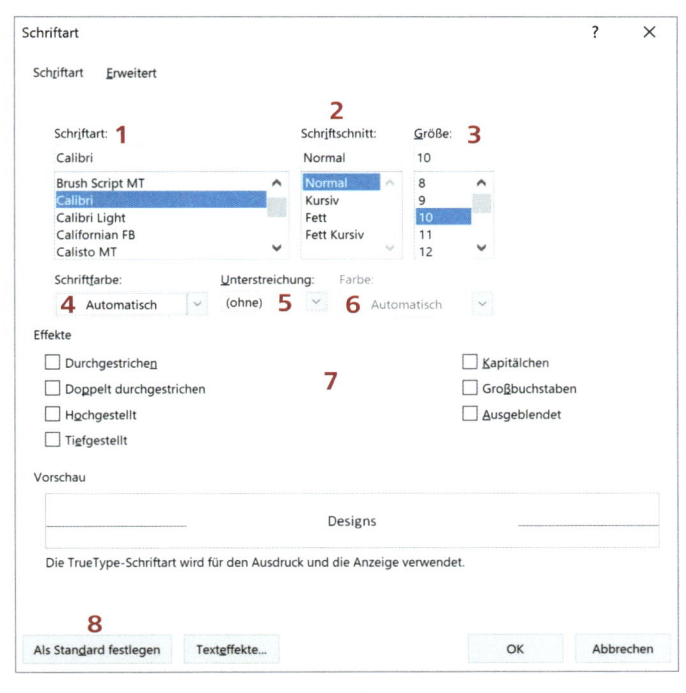

Dialogfeld **Schriftart**, Register **Schriftart**

1. Verwenden Sie nicht mehr als zwei Schriftarten im Dokument. Strukturieren Sie den Text mit Fettdruck oder Kursivschrift.
2. Normalschrift ist immer am besten lesbar, Abweichungen verschlechtern die Lesbarkeit. Als Auszeichnung (Hervorhebung) eignen sich Fett- und Kursivschnitt gut. Achten Sie darauf, dass Sie Hervorhebungen von Elementen auf gleicher hierarchischer Stufe immer gleichartig wählen.
3. Die Schriftgrösse für die Grundschrift beträgt in der Regel zwischen 10 pt und 12 pt. Wählen Sie im Zweifelsfall immer **die kleinere Schrift**.
4. Farbige Texte lassen sich schlechter lesen als schwarze Texte. Wählen Sie eine dunkle Farbe, wenn Sie ausnahmsweise die Schriftfarbe wechseln.
5. Sie können aus vielen Stricharten auswählen. In der Regel sollten Sie jedoch auf das Unterstreichen verzichten.
6. Dieser Eintrag dient für die Farbe der Unterstreichung, nicht für die Schriftfarbe.
7. Effekte: Weitere Effekte finden Sie unter der Schaltfläche **Texteffekte und Typografie** in der Gruppe **Schriftart**.
8. Mit dieser Taste können Sie die gewählten Einstellungen als Standardschriftart festlegen, welche in jedem neuen Dokument verwendet wird.

Formatierung festlegen

Texte skalieren

Beim Skalieren werden die Zeichenbreiten und damit auch die Zwischenräume prozentual geändert, also die Form angepasst. Sie können Text skalieren, indem Sie ihn strecken oder komprimieren. Die Einstellungen dazu nehmen Sie im Dialogfeld **Schriftart** im Register **Erweitert** vor.

Register	**Start**
Gruppe	**Schriftart**
Befehl	**Startprogramm für das Dialogfeld**

Auswahl des Dialogfelds **Schriftart**

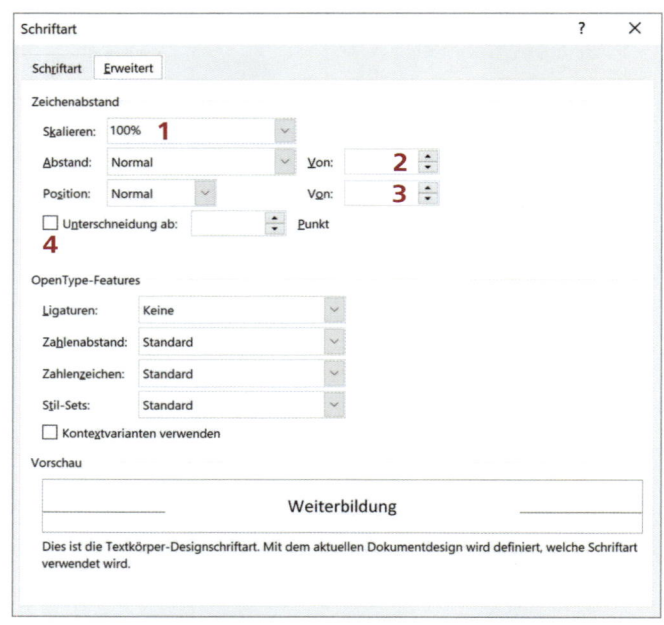

Dialogfeld **Schriftart**, Register **Erweitert**

Weiterbildung
Normal 12 Punkt Calibri

Weiterbildung
Erweitert (1 pt)

Weiterbildung
Schmal (1 pt)

Beispiele: Abstand (Laufweite)

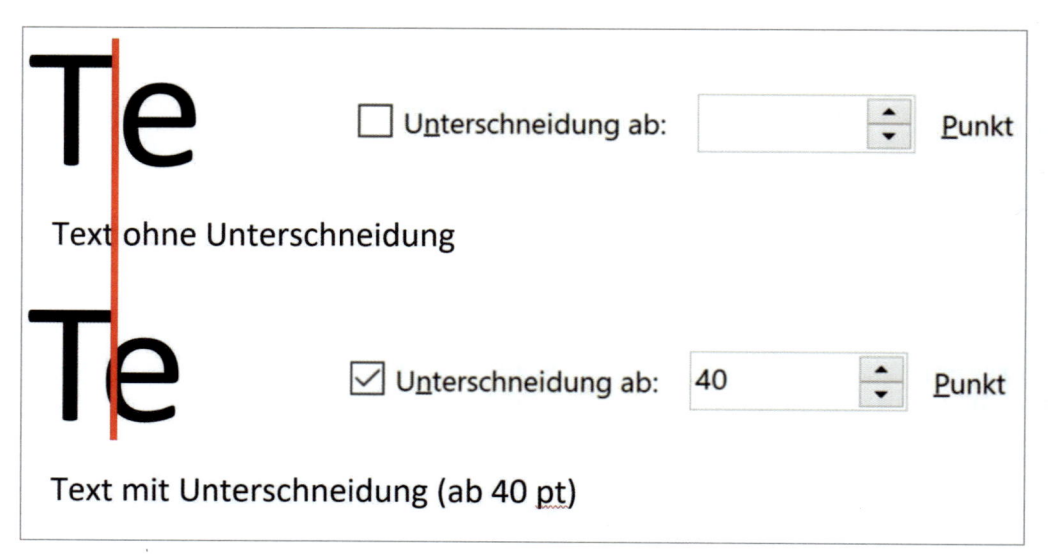

1 Sie können in diesem Feld auch Zwischenwerte eingeben. Wir empfehlen Ihnen allerdings, mit dieser Funktion vorsichtig umzugehen.

2 Hier wird der Abstand zwischen den Buchstaben verändert. In der Fachsprache spricht man vom Ändern der Laufweite. In der Regel können Sie die Laufweite einer Schrift unverändert lassen. Die Laufweite wird in Punkten eingegeben. Sie können den Text etwas sperren oder zusammenziehen. Je mehr Sie die Laufweite verändern, umso weniger lesbar wird die Schrift.

3 Sie können Zeichen höher- oder tieferstellen. Im Gegensatz zum Eintrag **Hochgestellt** im Register **Schriftart** wird dabei das Zeichen nicht verkleinert.

4 Die Unterschneidung verringert den Abstand bei gewissen Buchstabenkombinationen. Sie können angeben, ab welcher Punktzahl die Unterschneidung wirken soll. Je grösser die Schrift, umso wichtiger wird es, die Unterschneidung einzuschalten, denn der Abstand wird bei grösseren Schriften immer deutlicher sichtbar.

Beispiel Unterschneidung

Aufgabe 10

Öffnen Sie die Aufgabe 10. Darin befindet sich ein kurzer Brieftext.

Sie suchen ein geräumiges Einfamilienhaus in Stadtnähe. Wir freuen uns, Ihnen zwei interessante Objekte anbieten zu können:

5-Zimmer-Einfamilienhaus in Adligenswil

Grundstücksfläche 720 m2, an ruhiger Lage, freistehend, Baujahr 1998, 5 Minuten von Bushaltestelle

Preis CHF 1300000.--

6-Zimmer-Einfamilienhaus in Ebikon

mit allem erdenklichem Komfort, Baujahr 1999, Grundstücksfläche 830 m2, Wohn-/Esszimmer mit Cheminee, 2 Badezimmer, sep. WC mit Dusche, Keller mit grossem Bastelraum, Doppelgarage

Preis CHF 2350000.--

Besichtigung   während den Geschäftszeiten von Montag bis Freitag. Unser Prokurist, Herr Müller, wird Ihnen die Objekte gerne zeigen.

Bearbeiten Sie den Text gemäss den folgenden Angaben und beantworten Sie die Fragen.
▶ In welcher Schrift ist dieser Text gesetzt?

___

▶ Wie beurteilen Sie die Wahl der Schrift in diesem Brieftext? Begründen Sie Ihre Antwort.

___

___

___

___

___

▶ Setzen Sie den Text in einer modernen serifenlosen Schrift 12 Punkt gross.
▶ Fügen Sie sinnvolle Auszeichnungen (Hervorhebungen) ein, sodass der Text eine Struktur erhält und leserlicher erscheint.
▶ Setzen Sie die Titel «5-Zimmer-…» und «6-Zimmer-…» in Grossbuchstaben und erhöhen Sie die Laufweite um 0,5 pt.
▶ Ersetzen Sie m2 durch m^2.
▶ Gruppieren Sie die Zahlen korrekt.
▶ Setzen Sie die richtigen Rappenstriche. (Beachten Sie Seite 68.)
▶ Schreiben Sie die Abkürzung sep. aus.
▶ Bei der Umformatierung des Textes besteht die Gefahr, dass sich unschöne Zeilenumbrüche ergeben, so wie das im Beispiel bei «2 Badezimmer» vorkommt. Setzen Sie an den entsprechenden Stellen ein geschütztes Leerzeichen mit der Tastenkombination **Ctrl+Shift+Leertaste**.

Formatierung festlegen

Aufgabe 11

Öffnen Sie die Aufgabe 11.

▶ Im ersten Teil wenden Sie sämtliche Zeichenformatierungen an bzw. testen Sie die verschiedenen Auszeichnungen aus. Typografische Richtlinien können Sie im ersten Teil dieser Aufgabe ausser Acht lassen.

▶ Ziel dieser Übung ist, dass Sie sämtliche Zeichenformatierungen kennenlernen und entsprechend anwenden können.

▶ Testen Sie neben den verschiedenen Schriftarten, -grössen, -effekten auch die Texteffekte wie Kontur, Schatten, Spiegelung, Leuchteffekt usw.

▶ Wechseln Sie ins Register **Erweitert** und testen Sie Skalierung, Abstand, Position usw. aus.

▶ Löschen Sie sämtliche Formatierungen wieder. Wie gehen Sie vor?

_____

_____

_____

_____

_____

▶ Gestalten Sie nun den Text mit einer modernen serifenlosen Schrift.

▶ Fügen Sie sinnvolle Auszeichnungen (Hervorhebungen) ein, sodass der Text eine Struktur erhält und leserlich erscheint.

▶ Achten Sie auch auf die Schreibregeln sowie unschöne Zeilenumbrüche (gem. Aufgabe 10).

▶ Ändern Sie sämtliche Anführungszeichen in Guillemets («»). Wie gehen Sie vor?

_____

_____

_____

_____

_____

_____

Zeichenformatierung

3.2.2 Die Wahl der Schriftart

Die Wahl irgendeiner Schrift in einem Textprogramm ist keine Kunst; die Wahl einer geeigneten Schrift hingegen schon. Die richtige oder falsche Schriftwahl gibt es nicht. Aber nicht alle Schriften sind für jeden Zweck gleich gut geeignet. Die Schriftwahl richtet sich vor allem nach der Art des Schriftstücks – sie kann je nach Schriftstück zweckmässig oder unzweckmässig, lesefreundlich oder nicht lesefreundlich, schwerfällig oder leichtfüssig sein.

«Schrift ist die sichtbare Wiedergabe des gesprochenen Wortes. Ihre Aufgabe ist in erster Linie, dass ein Text ohne Mühe, ohne Umwege und ohne den Lesefluss hemmende unnötige Verzierungen dem Leser übermittelt wird.»
Hermann Zapf (1918–2015, Schriftdesigner)

Adrian Frutiger
Adrian Frutiger war einer der bedeutendsten Typografen der Schweiz. Er hat viele Schriften entworfen. Seine beiden bekanntesten sind die Univers und die Frutiger, welche er für den Flughafen Charles de Gaulle entwickelt hat.

Corporate Design

Das Corporate Design beinhaltet das gesamte visuelle Erscheinungsbild eines Unternehmens. Bei jedem Kontakt mit dem Unternehmen gilt es, einen Wiedererkennungseffekt zu erreichen. Dabei spielt auch die Schrift eine grosse Rolle. Grosse Unternehmen verwenden oft eine Hausschrift. Die Frutiger beispielsweise wird von der Deutschen Post und von Die Post eingesetzt.

Aufgabe 12

Welche Faktoren finden Sie neben der Schrift für ein einheitliches visuelles Erscheinungsbild eines Unternehmens wichtig?

_____

_____

_____

_____

_____

_____

_____

_____

Formatierung festlegen

Serifen

Serifenschriften sind Schriften mit kleinen «Füsschen» an den Buchstaben. Die Serifen erleichtern dem Auge, einer Zeile entlangzugleiten. Serifenschriften werden deshalb vor allem bei langen Texten gewählt.

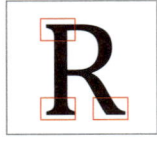

Cambria (Serifenschrift)

Calibri (serifenlose Schrift)

Proportional-Schriften und Monospace-Schriften

Proportional-Schriften sind Schriften, bei denen die Zeichen verschiedene Zeichenbreiten haben. In fast allen Schriftstücken im kaufmännischen Alltag werden sie heute eingesetzt.

Monospace-Schriften sind Schriften, bei denen alle Zeichen die gleiche Breite haben. Das Schriftbild wirkt unausgeglichen. Die Schriften werden nur noch selten verwendet, z. B. bei der Programmierung oder bei E-Mails.

Cambria (proportional)

Consolas (nicht proportional)

Leserlichkeit der Schrift

Die Leserlichkeit eines Textes ist von vielen Faktoren abhängig, unter anderem von der Schriftart, dem Zeilenabstand und sogar vom Umfang des weissen Randes. Eine Rolle spielt auch das Trägermaterial: Es ist nicht das Gleiche, ob Ihr Dokument auf dem Bildschirm oder auf Papier ausgegeben wird, und selbstverständlich spielt auch die Farbwahl eine Rolle.

Besonders grosse Beachtung muss der Leserlichkeit dann geschenkt werden, wenn Dokumente eine grosse Textmenge umfassen. Bei Titeln und Kurztexten spielt die Leserlichkeit hingegen eine untergeordnete Rolle.

Serifen- und serifenlose Schriften

Schriften kann man unter anderem danach unterscheiden, ob sie Serifen haben oder nicht. Ausserdem unterscheidet man bestimmte Sonderschriften wie Schreibschriften oder spezielle Dekorschriften, wie wir sie in Office von WordArt her kennen.

Allgemein wird angenommen, dass Serifenschriften bei gedruckten Texten (auf Bildschirmtexte trifft dies aufgrund der geringen Auflösung nicht zu) besser lesbar seien als serifenlose Schriften. Dies ist heute umstritten. Es gibt gut lesbare Schriften mit und ohne Serifen. Zu den bekanntesten serifenlosen Schriften gehören die Arial und die Helvetica, die bekannteste Serifenschrift ist die Times bzw. Times New Roman.

Drei Schriften stellen wir Ihnen etwas näher vor. Grundsätzlich können Sie alle diese Schriften in Dokumenten verwenden, wobei bei der Monospace-Schrift Consolas in Dokumenten etwas Vorsicht geboten ist.

Calibri

Microsoft hat Calibri als Standardschrift im Office-Paket bestimmt. Die Calibri hat eine warme, freundliche Erscheinung und kann sowohl für Titel als auch für Fliesstexte eingesetzt werden. Die abgerundeten Ecken bewirken ein angenehmes Lesen. Sie gehen kaum fehl, wenn Sie diese Schrift für Dokumente und E-Mails wählen.

Auf der Registerkarte ‚Einfügen' enthalten die Kataloge Elemente, die mit dem generellen Layout des Dokuments koordiniert werden sollten. Mithilfe dieser Kataloge können Sie Tabellen, Kopfzeilen, Fusszeilen, Listen, Deckblätter und sonstige Dokumentbausteine einfügen. Wenn Sie Bilder, Tabellen oder Diagramme erstellen, werden diese auch mit dem aktuellen

Cambria

Die Cambria ist eine der Serifenschriften, die zur Office-Familie gehören. Sie ist besonders geeignet für lange Dokumente (Mengensatz). Im Gegensatz zur Ungezwungenheit der Calibri ist die Cambria formell und stabil. Die Cambria können Sie auch gut für Dokumente aller Art im Büro einsetzen.

Auf der Registerkarte ‚Einfügen' enthalten die Kataloge Elemente, die mit dem generellen Layout des Dokuments koordiniert werden sollten. Mithilfe dieser Kataloge können Sie Tabellen, Kopfzeilen, Fusszeilen, Listen, Deckblätter und sonstige Dokumentbausteine einfügen. Wenn Sie Bilder, Tabellen oder Diagramme erstellen, werden diese auch mit dem aktuellen

Consolas

Consolas ist eine Monospace-Schrift, die – wie die Courier – grösstenteils von Programmierern benutzt wird. Interessant ist, dass im Gegensatz zur Courier die Consolas eine gestrichene Null hat: 0. Diese Schrift sollten Sie in Dokumenten nicht unbedingt einsetzen.

```
Auf der Registerkarte
‚Einfügen' enthalten die
Kataloge Elemente, die
mit dem generellen Layout
des Dokuments koordiniert
werden sollten. Mithilfe
dieser Kataloge können
Sie Tabellen, Kopfzeilen,
Fusszeilen, Listen,
Deckblätter und sonstige
Dokumentbausteine einfügen.
Wenn Sie Bilder, Tabellen
```

Zeichenformatierung

Aufgabe 13

▶ Nennen Sie drei Serifenschriften.

▶ Welche Schrift ersetzte die aus früheren Office-Versionen bekannte Courier New?

Weniger ist oft mehr

Dies ist vielleicht der wichtigste typografische Grundsatz bei Ihrer Arbeit an Texten. Eine einfache Gestaltung ist viel wirkungsvoller als ein komplexes Gebilde. In der Regel genügt deshalb **eine** Schrift in einem Dokument.

Sind mehrere Gliederungsstufen, unterschiedliche Titel und viele typografische Elemente wie Tabellen, Kästchen, Diagramme, Linien usw. vorhanden, dürfen Sie von diesem Grundsatz gelegentlich abweichen. Mit zwei verschiedenen Schriften können Sie in diesem Fall die einzelnen Elemente optisch unterscheiden. Setzen Sie die zweite Schrift für die Titel, Tabellen und Kästchen ein.

Die beiden Schriften müssen einen starken Kontrast bilden. Serifen- und serifenlose Schriften können Sie gut kombinieren, da sie sich klar voneinander unterscheiden.
Schreib- und Zierschriften sind für lange Texte ungeeignet. Sie sind nicht lesefreundlich. Dies kommt daher, dass die Schrift selber als Gestaltungselement eingesetzt wird. Schreib- und Schmuckschriften eignen sich vielleicht im privaten Bereich. In kaufmännischen Schriftstücken haben sie in der Regel nichts verloren.

Formatierung festlegen

3.2.3 Zeichen und Ziffern richtig setzen

Die Einhaltung der wichtigsten Richtlinien erhöht die Lesbarkeit eines Schriftstücks wesentlich. Ihr Produkt wirkt sofort viel professioneller. Wir erwähnen hier nur die wichtigsten Regeln und empfehlen Ihnen für den Alltag das Buch «Regeln für das Computerschreiben» (Verlag SKV AG, Zürich).

Register	**Einfügen**
Gruppe	**Symbole**
Befehl	**Symbol**
Befehl	**Weitere Symbole**
Markieren	«
	(ASCII-Code 174)
Befehl	**Tastenkombination**
Befehl	**Neue Tastenkombination**
Geben Sie die neue Tastenkombination ein (z. B. **Ctrl-Alt-1**) und ersetzen Sie damit die bisherige, welche sich für die Schweizer Tastatur nicht eignet. Genau gleich verfahren Sie für das Zeichen » (ASCII-Code 175).	
Zuweisen einer Tastenkombination für die Guillemets	

Zeichen	Regel	Beispiele
Anführungszeichen (Guillemets) « »	Anders als in Deutschland und Österreich («...«) werden im schweizerischen Schriftsatz die Anführungszeichen im Stil der französischen Schriftsprache verwendet, also mit den Spitzen nach aussen («...»). Dies gilt nicht nur für Deutsch, sondern für alle in der Schweiz verwendeten Sprachen. Verwenden Sie in der Regel als Anführungszeichen in Ihren Texten Guillemets. Damit liegen Sie immer richtig.	«Nein», sagte sie. Polstergruppe Modell «Zürich»

Bedingter Trennstrich	Ctrl+-
Eingabe eines bedingten Trennstrichs	

Strichsetzung Divis	Das Divis ist der kurze Strich auf der Tastatur neben der rechten Shift-Taste. Er wird auch als Bindestrich bezeichnet. Er wird als Bindestrich, Trennungsstrich oder Ergänzungsstrich verwendet. Oft wird er **fälschlicherweise** als Minuszeichen, als Gedankenstrich, als Bis-Strich oder als Streckenstrich geschrieben. **Trennungsstrich:** Der Trennungsstrich wird in der Regel in Textprogrammen automatisch gesetzt, möglich sind jedoch auch manuelle Eingaben. Mit dem «bedingten Trennungsstrich», der auch als «weicher Trennungsstrich» bezeichnet wird, geben Sie die Trennstelle innerhalb eines Wortes vor. Wird das Wort nicht umbrochen, bleibt das weiche Trennzeichen in der Ausgabe (Druck oder Bildschirm) unsichtbar.	Druck-Erzeugnis 100-prozentig i-Punkt 3-Zimmer-Wohnung S-Bahn-Wagen Haupt- und Nebeneingang

Halbgeviertstrich	Ctrl+- (im Ziffernblock)
Eingabe eines Halbgeviertstrichs	

Strichsetzung Halbgeviertstrich	Der Halbgeviertstrich ist ein Strich, der als Gedankenstrich, Bis-Strich, Streckenstrich, als Minuszeichen und bei Geldbeträgen verwendet wird. Der Halbgeviertstrich kann auch als Spiegelstrich in Aufzählungen verwendet werden. Achtung: In Betragskolonnen verwendet man für fehlende Rappen zwei Nullen, gelegentlich auch den Geviertstrich.	In diesem Jahr – dem schlechtesten des Jahrzehnts – stand er vor dem Konkurs. Die Strecke Luzern–Zürich CHF 40.– CHF –.50 10–12 Uhr 3 – 2 = 1

Geviertstrich	Ctrl+Alt+- (im Ziffernblock)
Eingabe eines Geviertstrichs	

Strichsetzung Geviertstrich	In den meisten Anwendungen ist der Geviertstrich zu breit. Richtig ist der Geviertstrich in Betragskolonnen (Tabellen), weil die Breite zwei Ziffern entspricht.	CHF 50.— CHF 18.30

Zeichenformatierung

Geschütztes Leerzeichen	Crtl+Shift+ Leertaste	

Eingabe eines geschützten Leerzeichens

Zeichen	Regel	Beispiele
Prozent- und Promillezeichen	Im professionellen Bereich wird vor dem Prozentzeichen ein Spatiumabstand eingefügt. Ein Spatium ist ein Abstand, der kleiner ist als ein normaler Wortzwischenraum. Mit Word setzen wir vor dem Prozentzeichen ein geschütztes Leerzeichen (in der Praxis wird das Prozentzeichen auch direkt an die Ziffern gestellt).	4 % 10 % Steigung 1 ‰ nicht 1 0/00
Gliederung von Zahlen	Zahlen gliedert man von hinten in Dreiergruppen. Vierstellige Zahlen gliedert man nicht.	43 000 100 000 1 000 000 CHF 22 000.– CHF 4000.50
Brüche	In manchen Fonts finden Sie Brüche als einzelnes Zeichen. Wenn dies zutrifft, wählen Sie am besten das entsprechende Zeichen. Sonst müssen Sie die Brüche zusammensetzen (3/8).	¼ ½ ¾ 3/8 4½-Zimmer-Wohnung ½ Portion

Register	**Einfügen**
Gruppe	**Symbol**
Befehl	**Symbol einfügen**

Im Zeichensatz vorhandene Brüche einfügen

Formatierung festlegen

3.3 Absatzformatierung

3.3.1 Grundlagen

In der Textverarbeitung unterscheidet man klar zwischen Absätzen und Abschnitten. Was Abschnitte sind, erfahren Sie im Kapitel 3.4 Seitenformatierung.

Diese Grafik hängt an der Absatzmarke. Der Anker zeigt, an welcher Absatzmarke ein Bild verankert ist.

Unter einem Absatz versteht man den Beginn einer neuen Zeile in einem geschriebenen oder gedruckten Text. Oft bezeichnet man einen Absatz auch als Abschnitt. Aber aufgepasst: Für Word ist ein Absatz alles, was mit einer Absatzmarke (¶) endet. Das können mehrere Zeilen, ein Titel oder nur eine Leerzeile sein. Jedes neue Dokument enthält mindestens eine Absatzmarke. Wenn Sie Text eintippen und **Enter** drücken, setzt Word eine Absatzmarke.

In Word haben Absatzmarken eine ganz wichtige Bedeutung, weil in der Absatzmarke (¶) das Absatzformat definiert ist. Zudem werden eingefügte Objekte wie Onlinegrafiken, Bilder und andere grafische Objekte an der Absatzmarke befestigt.

Der folgende Text stammt aus einem Geschäftsbrief. Der Verfasser hat zur guten Lesbarkeit den Text sinnvoll gegliedert, die gedankliche Struktur wird sichtbar. Der Text besteht deshalb aus drei Absätzen. Im Sinne der Textverarbeitung allerdings hat dieser Text fünf Absätze, denn so viele Absatzmarken befinden sich im Text. Bei jedem Absatz sind nämlich zwei Zeilenschaltungen eingefügt.

> Seit·einiger·Zeit·durften·wir·Sie·nicht·mehr·beliefern.·Gibt·es·einen·bestimmten·Grund·dafür?·Informieren·Sie·uns·bitte·darüber,·denn·Kundenzufriedenheit·ist·uns·wichtig.¶
> ¶
> Zurzeit·bereiten·wir·eine·Aktion·vor,·in·der·wir·Ihnen·unsere·Trend-Gartenmöbel·der·kommenden·Saison·besonders·günstig·anbieten.·Wir·möchten·vor·allem·unseren·langjährigen·Kundinnen·und·Kunden·Gelegenheit·geben,·dieses·aussergewöhnliche·Angebot·zu·nutzen.·In·beiliegendem·Prospekt·finden·Sie·dazu·ausführliche·Produktbeschreibungen·und·die·Preisangaben.¶
> ¶
> Übrigens:·Im·Internet·präsentieren·wir·Ihnen·die·ganze·Bandbreite·unseres·Angebots.·Schauen·Sie·doch·einmal·unter·www.moebelzentrum-basel.ch·vorbei·und·lassen·Sie·sich·inspirieren.¶

Wenn Sie einen einzelnen Absatz formatieren wollen, müssen Sie ihn nicht markieren. Es genügt, wenn sich der Cursor im Absatz befindet. Aufgrund der Absatzmarke erkennt Word automatisch selbst, wo ein Absatz beginnt und wo er endet. Sofern Sie jedoch mehrere Absätze gleichzeitig formatieren wollen, ist die Markierung selbstverständlich notwendig.

Befehl	Shift+Enter

Einfügen einer weichen Zeilenschaltung (Zeilenumbruch)

Tipp
Verwenden Sie den Zeilenumbruch nur, wenn Sie ihn auch begründen können. In Tabellen beispielsweise können Formatierungsvorteile entstehen, wenn Sie den Zeilenumbruch wählen. Wenn es keinen Grund für den Zeilenumbruch gibt, fügen Sie mit Vorteil eine Absatzmarke ein.

Feste und weiche Zeilenschaltung

Eine Zeilenschaltung, die mit einer Absatzmarke auf dem Bildschirm dargestellt wird, nennt man auch feste Zeilenschaltung.

Gelegentlich ist es bei der Texterstellung vorteilhaft, wenn anstelle einer Absatzmarke eine sogenannte weiche Zeilenschaltung, auch Zeilenumbruch genannt, eingefügt wird. Dies kann unter Umständen die weitere Formatierung vereinfachen, weil eben kein Absatz erwünscht ist. Das Zeichen auf dem Word-Bildschirm sieht in diesem Fall so aus:

> Sie·uns·mit,·wenn·wir·Sie·irgendwie·enttäuscht·haben.↵
> ↵

Absatzformatierung

Aufgabe 14

Die nachstehende Übersicht zeigt den Aufbau der Absatzformatierungen in Word. Ergänzen Sie bitte dieses Mindmap.

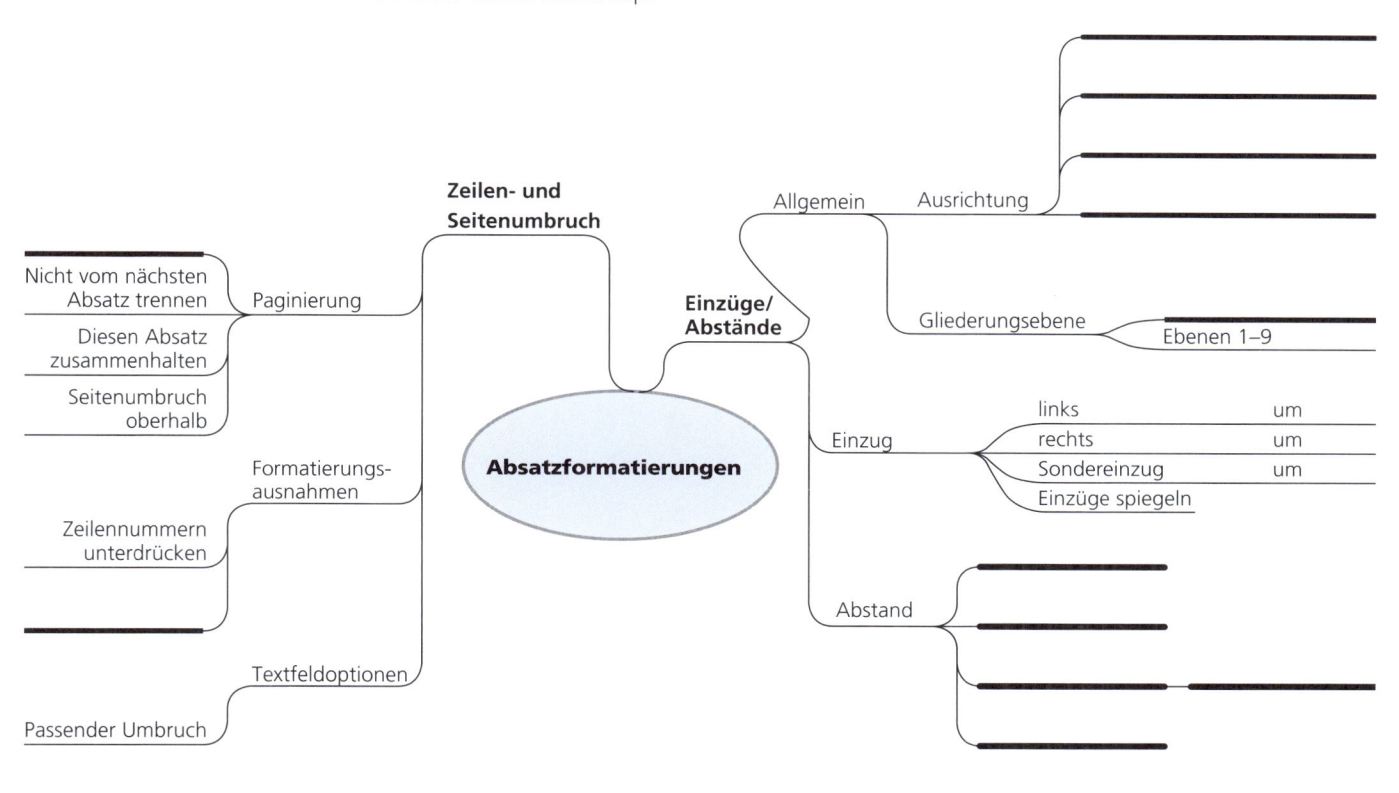

Mindmap: Absatzformatierungen

- **Zeilen- und Seitenumbruch**
  - Paginierung
    - Nicht vom nächsten Absatz trennen
    - Diesen Absatz zusammenhalten
    - Seitenumbruch oberhalb
    - _____
  - Formatierungsausnahmen
    - Zeilennummern unterdrücken
    - _____
  - Textfeldoptionen
    - Passender Umbruch
- **Einzüge/Abstände**
  - Allgemein
    - Ausrichtung
      - _____
      - _____
      - _____
      - _____
    - Gliederungsebene
      - Ebenen 1–9
  - Einzug
    - links — um _____
    - rechts — um _____
    - Sondereinzug — um _____
    - Einzüge spiegeln
  - Abstand
    - _____
    - _____
    - _____
    - _____

Aufgabe 15

Beantworten Sie die folgenden Fragen mithilfe der Hilfefunktionen oder des Internets:

Ihr Kollege sieht in seinem Dokument keine Absatzmarken und bittet Sie um Rat.

_____

_____

_____

Wie erzeugen Sie innerhalb eines Absatzes einen Zeilenumbruch?

_____

_____

Anstatt einer Zeilenschaltung empfiehlt es sich oft, einen Absatzabstand zu definieren und nur einmal zu schalten. Wo wird dieser Abstand in Word definiert?

_____

_____

Formatierung festlegen

Die Gruppe Absatz

In der Gruppe **Absatz** werden die häufigsten Befehle für Absatzformatierungen zusammengefasst.

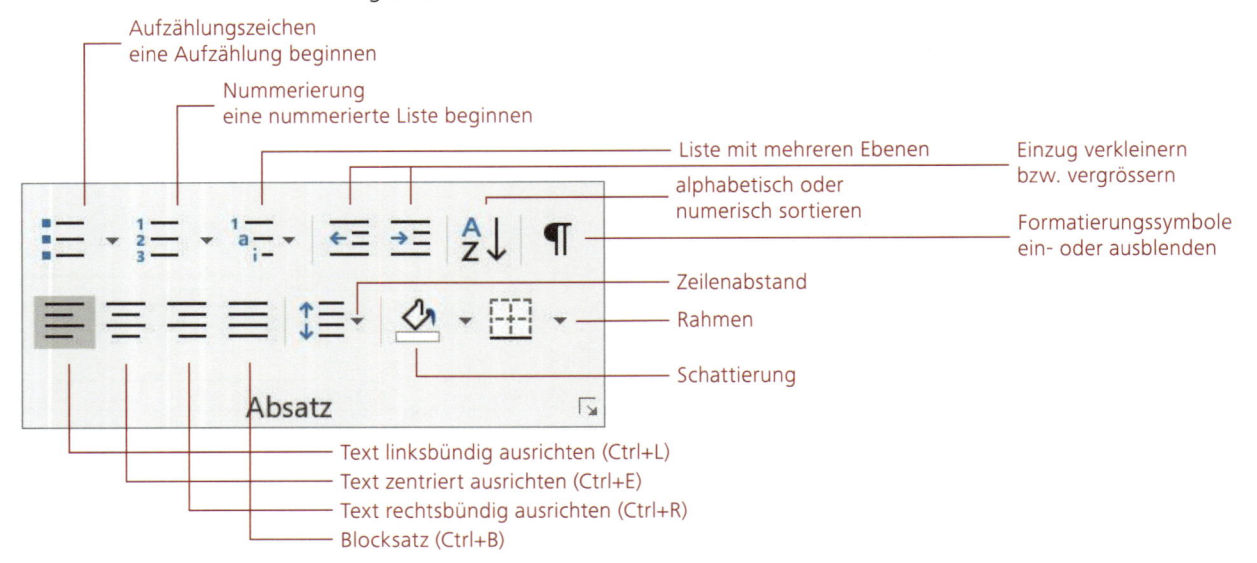

- Aufzählungszeichen – eine Aufzählung beginnen
- Nummerierung – eine nummerierte Liste beginnen
- Liste mit mehreren Ebenen
- alphabetisch oder numerisch sortieren
- Einzug verkleinern bzw. vergrössern
- Formatierungssymbole ein- oder ausblenden
- Zeilenabstand
- Rahmen
- Schattierung
- Text linksbündig ausrichten (Ctrl+L)
- Text zentriert ausrichten (Ctrl+E)
- Text rechtsbündig ausrichten (Ctrl+R)
- Blocksatz (Ctrl+B)

Register	Layout
Gruppe	Seite einrichten
Befehl	Seitenränder

Seitenränder einrichten

3.3.2 Textausrichtung

Wenn Sie einen Text erfassen, so sind zuerst einmal die Einstellungen der Seitenränder dafür massgebend, wie der Text auf der Seite angeordnet wird. Mit den Textausrichtungen und anderen Absatzformaten können Sie die Anordnung der einzelnen Absätze dann anpassen.

Linksbündig

Die Linksausrichtung – auch linksbündig oder Flattersatz genannt – ist die einfachste Darstellung von Texten. Dabei wird die Zeile so lange aufgefüllt, bis das nächste Wort oder die nächste Silbe nicht mehr in die Zeile passt. Der Rest der Zeile bleibt leer. Flattersatz ohne Trennungen erzeugt oft sehr unregelmässige Zeilenenden, das Einschalten der Trennung ist jedoch im Flattersatz nicht zwingend. Bei Geschäftsbriefen empfiehlt es sich in der Regel, die Trennung einzuschalten. In folgenden Fällen sollten Sie grundsätzlich Flattersatz anwenden:

- bei Zeilenlängen unter 35 Zeichen. Wenn Sie derart kurze Zeilen im Blocksatz setzen, entstehen grosse, hässliche Zwischenräume;
- bei kleineren Textmengen, z. B. in Überschriften oder Bilderklärungen;
- in Aufzählungen;
- in Brieftexten. Der Briefcharakter kommt besser zum Ausdruck.

Register	Start
Gruppe	Absatz
Befehl	Text linksbündig
Tastenkombination	Ctrl+L

Text linksbündig anordnen

> Gute und schlechte Briefe unterscheiden sich nicht nur in Inhalt und Sprache, sondern auch in der Gestaltung. Ein Brief mit einem harmonischen Erscheinungsbild wirkt sympathischer, spricht an und lässt sich leicht lesen.

Ausrichtung linksbündig, der rechte Rand flattert. Die Silbentrennung ist eingeschaltet.

Blocksatz

Blocksatz ist die Bezeichnung für Satz, der die volle Satzbreite ausfüllt. Die glatte rechte Satzkante wird erreicht, indem der Weissraum zwischen den Wörtern angepasst wird. Das führt dazu, dass sich die Wortzwischenräume von Zeile zu Zeile verändern. Bei schmalem Satz eignet sich der Blocksatz nicht. Die Trennung muss unbedingt eingeschaltet werden, damit die Wortzwischenräume nicht zu unregelmässig und breit werden.

Register	**Start**
Gruppe	Absatz
Befehl	Blocksatz
Tastenkombination	Ctrl+B

Blocksatz

> Gute und schlechte Briefe unterscheiden sich nicht nur in Inhalt und Sprache, sondern auch in der Gestaltung. Ein Brief mit einem harmonischen Erscheinungsbild wirkt sympathischer, spricht an und lässt sich leicht lesen.

Ausrichtung Blocksatz, die volle Satzbreite wird ausgefüllt.

Rechtsbündig

Rechtsausrichtung kommt im Normalfall nur in Tabellen, in rechten Marginalien (Randspalten) oder gelegentlich in einzeiligen Absätzen vor. In Tabellen wird die Rechtsausrichtung häufig zum Ausrichten von Zahlenkolonnen verwendet, wenn die Zahlen keine Nachkommastellen haben oder wenn die Anzahl der Ziffern nach dem Komma gleich bleibt. Dies ist in Betragskolonnen meist der Fall. Verwenden Sie vor allem in Tabellen wenn möglich die Rechtsausrichtung statt den Tabulator.

Register	**Start**
Gruppe	Absatz
Befehl	Text rechtsbündig ausrichten
Tastenkombination	Ctrl+R

Rechtsbündig

> CHF 500.80
> CHF 300.50
> CHF 190.30

Ausrichtung rechtsbündig (bei ungleicher Anzahl Stellen benötigen Sie für diese Darstellung Tabulatoren).

Zentriert (Mittelachsensatz)

Die Zeilen werden zwischen den linken und rechten Rand mittig gesetzt. Man wendet das Zentrieren z. B. bei Überschriften, kurzen Texten auf Deckblättern, in Gedichten und in Bild- oder Tabellentiteln an. Schreiben Sie keine langen Texte im Mittelachsensatz. Das wirkt langweilig.

Achten Sie auch darauf, dass Titel **optisch** in der Mitte stehen.

Register	**Start**
Gruppe	Absatz
Befehl	Zentriert
Tastenkombination	Ctrl+E

Zentriert

> **Einladung**
> zur ordentlichen Generalversammlung
> vom Freitag, 20. Januar 20.., 20:15 Uhr
> im Hotel Rössli, Kreuzlingen

Zentriert (Mittelachsensatz)

Formatierung festlegen

Einer der häufigsten Fehler bei der Textgestaltung ist, dass Titel optisch nicht in der Mitte stehen. Zentriert wird immer über die gesamte Satzbreite. Der optische Rand entsteht beim Flattersatz aber links vom Textrand. Es ist immer besser, in solchen Fällen auf das Zentrieren zu verzichten. Im folgenden Beispiel ist der Titel auf den Satzspiegel eingemittet und steht damit viel zu weit rechts:

Schweizerlied
Uf'm Bergli
Bin i gesässe,
Ha de Vögle
Zugeschaut;
Hänt gesunge,
Hänt gesprunge,
Hänt's Nästli
Gebaut.
(Goethe)

3.3.3 Einzug verändern

Unter **Einzug** versteht man einen Leerraum zu Beginn der ersten Zeile oder für einen ganzen Absatz links oder rechts. Der richtige Einsatz der Einzugsfunktionen erleichtert die Arbeit mit Textsoftware enorm. Es gibt verschiedene Möglichkeiten, Text links oder rechts einzuziehen. Wer mit Einzügen arbeitet, muss zwingend auch die Tabulatorgrundfunktionen verstehen. Wir erklären diese hier nur so weit, als sie für Einzüge im Zusammenhang mit Nummerierung und Gliederung notwendig sind. Weitere Tabulatorfunktionen stellen wir Ihnen später vor.

Mit dieser Funktion können Sie einen Einzug um eine Einzugsebene erweitern bzw. verringern. Word benutzt dazu die Standardtabulatoren oder selbst eingefügte Tabulatorstopps. Bei der Aktivierung des Befehls **Aufzählungszeichen** und **Nummerierung** setzt Word automatisch einen Erstzeileneinzug und zusätzlich einen linken, hängenden Einzug. Wenn Sie den Erstzeileneinzug nicht wünschen, klicken Sie einfach auf den Befehl **Einzug verkleinern**.

So verschieben Sie das Einzugssymbol mit der Maus.

Symbol **Einzug verkleinern**

Die Einzugsfunktionen im Lineal

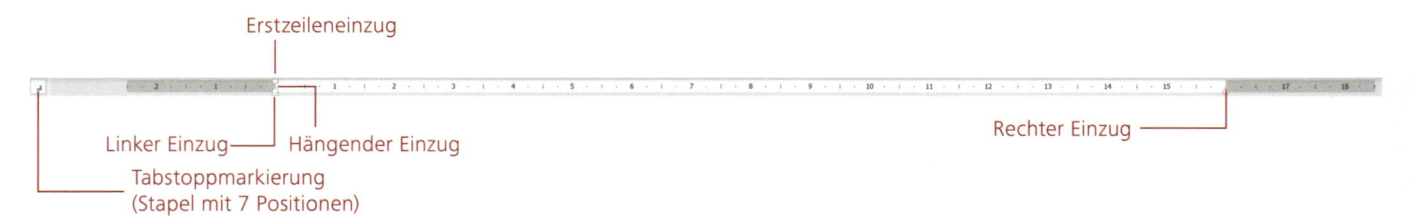

Erstzeileneinzug

Linker Einzug — Hängender Einzug

Tabstoppmarkierung
(Stapel mit 7 Positionen)

Rechter Einzug

Absatzformatierung

Erstzeileneinzug

Wie der Name sagt, bestimmt dieser Einzug die Stellung der ersten Zeile. Den Erstzeileneinzug benötigen Sie beispielsweise, um die erste Zeile bei Absätzen einzuziehen – eine häufige Gestaltungsart, um den Text zu strukturieren.

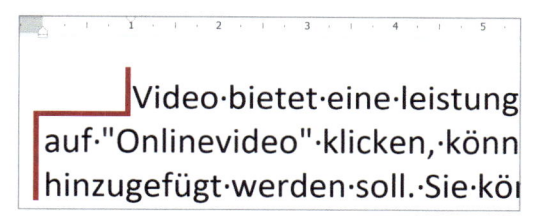

Erstzeileneinzug

Hängender Einzug

Beim hängenden Einzug wird die erste Zeile eines Absatzes auf volle Breite gesetzt, während alle weiteren Zeilen eingerückt werden – die erste Zeile «hängt» somit links aus dem Textrand des Absatzes heraus. Diese Formatierung benötigen Sie sehr häufig, beispielsweise um Stichwörter am linken Rand zu schreiben oder um Nummerierungen und Gliederungen zu gestalten.

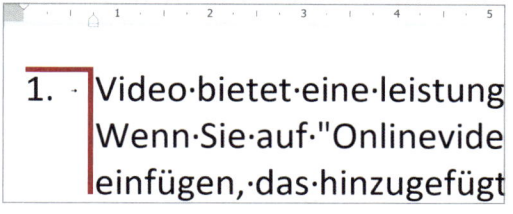

Diese Einzugsmarke ist gleichzeitig automatisch ein Tabstopp, sofern dies in den Grundeinstellungen von Word nicht verändert wurde.

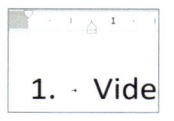

Einzug und Tabstopp

Tipp
Das Fassen und Verschieben des Reiters **Hängender Einzug** mit der Maus ist – vor allem bei kleinen Bildschirmen – nicht immer ganz einfach. Wenn Sie den Reiter **Linker Einzug** ziehen und gleichzeitig die Shift-Taste drücken, entsteht ebenfalls ein **hängender Einzug**. Das ist oft der einfachere Weg.

Hängender Einzug

Linker Einzug

Der linke Einzug dient dazu, den ganzen Absatz vom linken Seitenrand einzuziehen (möglich, aber selten, ist auch ein Einzug nach links vom Seitenrand).

Achtung: Verwenden Sie den Einzug nicht, um im ganzen Dokument einen grösseren linken Rand zu setzen. Dazu dient die Seitenformatierung (Registerkarte **Layout**, Befehl **Seitenränder**). Einen Einzug setzen Sie immer dann, wenn ein Absatz eben nicht auf den Satzspiegel ausgerichtet ist:

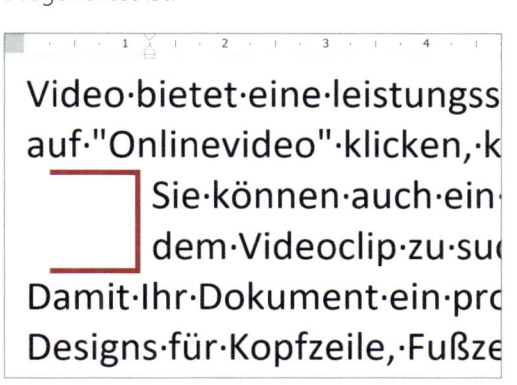

Einzug links

Formatierung festlegen

Tabstoppmarkierungen **Erstzeileneinzug** und **Hängender Einzug**

Register	**Datei**
Befehl	**Optionen**
Befehl	**Dokumentprüfung**
Befehl	**AutoKorrektur-Optionen**
Register	**AutoFormat während der Eingabe**

Dieses Häkchen bestimmt, ob Einzüge mit der Tabuliertaste funktionieren oder nicht.

Register	**Start**
Gruppe	**Absatz**
Befehl	**Startprogramm für das Dialogfeld**
Befehl	**Tabstopps...**
Wert	**Standardtabstopps**

Ändern der Standardtabstopps

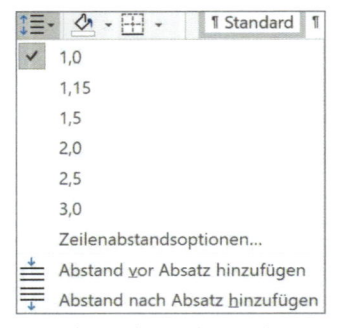

Den Abstand zwischen Zeilen ändern

Einzüge mithilfe der Tabstoppmarkierung

Die beiden letzten Optionen auf der Tabstoppmarkierung sind Einzugsmarken. Statt die Einzugsmarken auf dem Lineal zu verschieben, können Sie auch die entsprechende Marke auswählen und dann auf das Lineal klicken, um den Einzug an der gewünschten Stelle zu setzen.

Vorgehen:

▶ Setzen Sie den Cursor in den Absatz, den Sie formatieren möchten.

▶ Klicken Sie so lange auf die Tabstoppmarkierung, bis das Symbol für Erstzeileneinzug angezeigt wird.

▶ Klicken Sie nun auf die Stelle des Lineals, an der die erste Zeile des Absatzes beginnen soll.

Für hängende Einzüge verfahren Sie gleich.

Standardtabstopps

Ein neues Dokument enthält in Word automatisch Standardtabstopps. Sie sind in der Standardeinstellung alle 1,25 cm gesetzt und an den kleinen schwarzen Strichen im Lineal ersichtlich. Diese Standardtabstopps verwendet Word in der Normaleinstellung auch für Einzüge. Wenn Sie den Cursor an den Anfang eines Absatzes stellen und die Tabuliertaste anschlagen, entsteht automatisch ein Erstzeileneinzug bis zum ersten Standardtabstopp. Wenn Sie einen ganzen Absatz einziehen möchten, setzen Sie den Cursor links neben eine beliebige Zeile (mit Ausnahme der ersten Zeile) und drücken die Tabuliertaste.

Standardtabstopps können Sie auch in anderen Abständen definieren. Dazu tragen Sie einen anderen Wert im Dialogfeld **Tabstopps** ein.

Rechter Einzug

Diesen Einzug verwenden Sie, um den ganzen Absatz vom rechten Seitenrand einzuziehen (siehe auch linker Einzug).

3.3.4 Zeilenabstand

Word bietet im Drop-down-Menü für den Zeilenabstand Werte zwischen 1,0 und 3,0 an. Der Eintrag **Zeilenabstandoptionen** führt in das Dialogfeld **Absatz**, wo weitere Einstellungsmöglichkeiten bestehen und der Wert des Zeilenabstands bis auf 132 erhöht werden kann. Das macht allerdings wenig Sinn. Wichtig jedoch ist, dass auch Zwischenwerte, beispielsweise 1,1, im Dialogfeld eingetragen werden können.

Abstand vor und nach einem Absatz

Im Dialogfeld **Absatz** haben Sie die Möglichkeit, einen Abstand nach und/oder vor jedem Absatz zu definieren. Diese Technik ist vor allem bei längeren Texten wesentlich sinnvoller, als bei einem Absatz zwei Absatzmarken zu setzen. Word trägt die Werte in Schritten von 6 pt ein. Für Briefe eignet sich der Abstand von 12 pt recht gut.

Welchen Zeilenabstand wählt man?

Der Zeilenabstand in einem Fliesstext ist wichtig für die Lesbarkeit eines Textes. Dabei spielt die Wahl der Schrift aber eine wichtige Rolle. Betrachten wir die drei folgenden Beispiele von Blindtext in Word:

Auf der Registerkarte ‚Einfügen' enthalten die Kataloge Elemente, die mit dem generellen Layout des Dokuments koordiniert werden sollten. Mithilfe dieser Kataloge können Sie Tabellen, Kopfzeilen, Fusszeilen, Listen, Deckblätter und sonstige Dokumentbausteine einfügen. Wenn Sie Bilder, Tabellen oder Diagramme erstellen, werden diese auch mit dem aktuellen Dokumentlayout koordiniert.	Auf der Registerkarte ‚Einfügen' enthalten die Kataloge Elemente, die mit dem generellen Layout des Dokuments koordiniert werden sollten. Mithilfe dieser Kataloge können Sie Tabellen, Kopfzeilen, Fusszeilen, Listen, Deckblätter und sonstige Dokumentbausteine einfügen. Wenn Sie Bilder, Tabellen oder Diagramme erstellen, werden diese auch mit dem aktuellen Dokumentlayout koordiniert.	Auf der Registerkarte ‚Einfügen' enthalten die Kataloge Elemente, die mit dem generellen Layout des Dokuments koordiniert werden sollten. Mithilfe dieser Kataloge können Sie Tabellen, Kopfzeilen, Fusszeilen, Listen, Deckblätter und sonstige Dokumentbausteine einfügen. Wenn Sie Bilder, Tabellen oder Diagramme erstellen, werden diese auch mit dem aktuellen Dokumentlayout koordiniert.

Schriftart Calibri
Zeilenabstand 1
Schriftgrösse 11 pt

Schriftart Arial
Zeilenabstand 1
Schriftgrösse 11 pt

Schriftart Times
Zeilenabstand 1
Schriftgrösse 11 pt

Trotz gleicher Schriftgrösse und gleichem Zeilenabstand ist der Raum in der Standardschrift Calibri grösser als bei der in älteren Word-Versionen als Standardschrift verwendeten Arial. Die Times benötigt am wenigsten Raum, der Zeilenabstand wirkt aber ebenfalls kleiner als bei der Calibri. Beim Gestalten von Dokumenten kann es sinnvoll sein, in einem Fliesstext den Abstand auf 1,15 zu vergrössern. Die Leserlichkeit wird dadurch etwas besser.

Aufgabe 16

Öffnen Sie die Aufgabe 16. Sie finden darin vier Absätze mit vier verschiedenen Zeilenabständen. Welcher Absatz ist aus Ihrer Sicht mit dem besten Zeilenabstand formatiert worden? Begründen Sie:

_____

_____

_____

_____

_____

Formatierung festlegen

Aufgabe 17

Öffnen Sie die Aufgabe 17 und formatieren Sie den Text **genau nach Vorlage**. Überlegen Sie zuerst gut, welche Zeichen- und Absatzformate in diesem Text eingesetzt wurden. Lediglich der Zeilenumbruch darf von der Lösung abweichen.

Schrift	Calibri
Schriftgrösse, Zeilenabstand	Fliesstext 11 pt; Titel 14 pt, fett; Zeilenabstand Einfach
Abstand zwischen Absätzen	immer 12 pt. Definieren Sie diesen Wert (nicht zweimal schalten).

Textverarbeitung als Gestaltungsmittel

Textverarbeitung stellt Ihnen leistungsfähige Funktionen zur optischen Gestaltung Ihrer Texte zur Verfügung. Sie sollten diese Möglichkeiten kennen. Aber *setzen Sie die Mittel gezielt ein.* Bei jeder Hervorhebung sollten Sie begründen können, weshalb Sie diese und nicht jene Hervorhebungsart gewählt haben. Achten Sie auch darauf, dass Ihre Korrespondenz ein einheitliches Erscheinungsbild zeigt (Corporate Identity).

> Wählen Sie für Ihre Korrespondenz immer die gleiche Schrift, auch wenn Sie viele Schriftarten zur Verfügung haben. Wenn Ihre Kunden die Briefe einmal so und einmal so bekommen, ist das ungünstig.

Der sinnvolle Einsatz gestalterischer Mittel erleichtert das Lesen Ihrer Texte. Viele Texte werden deshalb nicht gelesen, weil sie optisch nicht ansprechen. Hier nochmals die wichtigsten Hervorhebungsmittel und deren Einsatzmöglichkeiten:

Fettdruck	Fettdruck kann fast überall als Hervorhebungsmittel eingesetzt werden. Aber gehen Sie sparsam damit um.
Unterstreichen	Das Unterstreichen sollten Sie mit grosser Zurückhaltung verwenden. Unterstreichen in Druckschriften wirkt hässlich.
Versalien	Versalien lassen sich schlecht lesen, die Lesegeschwindigkeit sinkt rapid. Vermeiden Sie deshalb Versalien in längeren Textpassagen. Müssen Sie trotzdem einmal Versalien setzen, nutzen Sie die Möglichkeiten der CAPS-LOCK-Taste.
Zentrieren	Mit der Zentrierfunktion können Sie auch mehrere Zeilen auf einmal zentrieren. Eine nützliche Funktion z. B. für Deckblätter und Titelgestaltung.
Einrücken	Das ist eine der leistungsfähigsten Funktionen der Absatzformatierung. Rücken Sie Texte nie mit der Leertaste ein, weil sonst eine Umformatierung nicht ohne Weiteres möglich ist.

Nehmen Sie sich ruhig etwas Zeit, sich intensiv mit der Textgestaltung auseinanderzusetzen. Prüfen Sie verschiedene Darstellungsformen. *Ihre Texte soll man bereits an der optischen Aufmachung erkennen.*

Absatzformatierung

3.3.5 Textfluss

Ungünstige Spalten- und Seitenumbrüche entstehen vor allem beim Erstellen längerer Texte. Beim automatischen Umbruch von Texten ergibt sich gelegentlich ein unharmonisches Seitenbild, was korrigiert werden muss. Meist genügt es nicht, wenn man beim Erstellen einen Seitenumbruch an einer günstigen Stelle organisiert. Werden nach der Eingabe noch Textbestandteile hinzugefügt oder gelöscht, verschiebt sich der Umbruch erneut, was zu unschönen Seitenumbrüchen führt. Schlecht sind insbesondere:

- einzelne Zeilen am Seiten- oder Spaltenanfang,
- einzelne Zeilen am Seiten- oder Spaltenende,
- das Auseinanderreissen einzelner Elemente.

Schlecht ist es beispielsweise, wenn Überschriften am Ende einer Seite gedruckt werden und der Text erst auf der nächsten Seite beginnt. Einer Überschrift sollten auf einer Seite immer zwei oder besser drei Zeilen folgen.

Deshalb verfügen Textprogramme über eine Absatzkontrolle. Damit wird vermieden, dass die letzte Zeile eines Absatzes am Anfang einer neuen Seite («Hurenkind») oder die erste Zeile eines Absatzes am Ende einer Seite erscheint («Schusterjunge»). Analog gilt diese Regel auch bei Spaltenumbruch.

In Word lassen sich mithilfe der entsprechenden Optionen unschöne Seitenumbrüche und Spaltenumbrüche von vornherein vermeiden.

Register	**Start**
Gruppe	**Absatz**
Befehl	**Startprogramm für das Dialogfeld**
Register	**Zeilen- und Seitenumbruch**

Aufruf der Befehle für Zeilen- und Seitenumbrüche

Register **Zeilen- und Seitenumbruch**

1 Paginierung
Absatzkontrolle: Eine Seite soll nie mit einer einzigen Zeile eines neuen Absatzes enden oder mit der letzten Zeile eines Absatzes von der vorherigen Seite beginnen. Das Aktivieren dieser Option verhindert den Fehler.

Nicht vom nächsten Absatz trennen: Sollen zwei Absätze nicht getrennt werden, so markieren Sie die Absätze, die auf einer Seite zusammengehalten werden sollen, und aktivieren Sie diese Option.

Diesen Absatz zusammenhalten: Klicken Sie in den Absatz, der nicht auf zwei Seiten aufgeteilt werden soll, und aktivieren Sie die Option.

Seitenumbruch oberhalb: Bei diesem Eintrag wird immer ein Seitenumbruch oberhalb des Absatzes eingefügt. Das ist beispielsweise sinnvoll bei Haupttiteln, die immer auf einer neuen Seite stehen müssen. Vermeiden Sie bei langen Schriftstücken feste Seitenumbrüche soweit als möglich.

Register	**Layout**
Gruppe	**Seite einrichten**
Befehl	**Startprogramm für das Dialogfeld**
Register	**Layout**
Befehl	**Zeilennummern …**

Einfügen von Zeilennummern

2 Formatierungsausnahmen
Zeilennummern unterdrücken: Markieren Sie die Zeilen, die keine Zeilennummerierung benötigen, und setzen Sie ein Häkchen. Damit wird die Zeilennummerierung unterdrückt.

Keine Silbentrennung: Sie können in Word die Silbentrennung nur für den ganzen Text ein- oder ausschalten. Um einen einzelnen Absatz nicht zu trennen, aktivieren Sie diese Option. Sie können dann immer noch im entsprechenden Absatz die Trennung manuell eingeben.

3 Textfeldoptionen: Zu dieser Funktion erfahren Sie mehr im Kapitel 5 Illustrationen einfügen und bearbeiten.

3.3.6 Nummerierung und Aufzählungen

Eine stichwortartige Auflistung stellt man mit Aufzählungszeichen dar, oder man nummeriert sie. In Word werden solche Elemente als «Liste» bezeichnet. Auch wenn der Grundtext im Blocksatz steht, werden solche Listen oft im Flattersatz dargestellt.

Als Aufzählungszeichen verwendet man vor allem den Halbgeviertstrich –. Der Divisstrich (Trennungsstrich) ist in Aufzählungen zu kurz. Geeignet ist auch der dicke Punkt oder das Quadrat. Gelegentlich und ausnahmsweise eignen sich bei kurzen Aufzählungen in Drucksachen auch Sonderzeichen wie Pfeile, Herzchen oder Hände.

Setzen Sie bei fortlaufenden Aufzählungen keine Interpunktionszeichen am Textende. Diese Funktion übernimmt das Aufzählungszeichen. Aufzählungen können Sie gross oder klein beginnen. Beginnen Sie jedoch nicht einmal gross und dann wieder klein.

Aufgabe 18

Beachten Sie bei der Briefdarstellung:	Beachten Sie bei der Briefdarstellung:
– Als Briefpapier wird DIN A4, ein Format mit einer Höhe von 29,7 cm und einer Seitenbreite von 21 cm, versendet. – Als Randeinstellung wählen Sie links 3 cm, rechts 2 cm, oben auf der ersten Seite 4,5 cm und unten 2 cm. – Das Adressfeld beginnt 4,5 cm vom oberen Blattrand. Das Datum schreiben Sie 9 cm vom oberen Blattrand.	- Als Briefpapier wird DIN A4, ein Format mit einer Höhe von 29,7 cm und einer Seitenbreite von 21 cm, versendet. - Als Randeinstellung wählen Sie links 3 cm, rechts 2 cm, oben auf der ersten Seite 4,5 cm und unten 2 cm. - Das Adressfeld beginnt 4,5 cm vom oberen Blattrand. Das Datum schreiben Sie 9 cm vom oberen Blattrand.

Begründen Sie bitte, warum die linke Darstellung vorzuziehen ist:

_____

_____

_____

_____

_____

_____

_____

_____

Absatzformatierung

Aufzählungszeichen einfügen

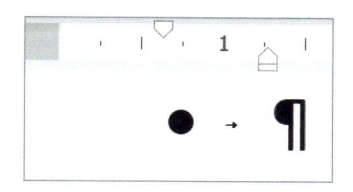

Ein Klick auf das Symbol **Aufzählungszeichen** setzt ein entsprechendes Zeichen und gleichzeitig einen linken Einzug von 0,63 cm sowie einen hängenden Einzug von 0,63 cm. Der Absatz wird durch den linken Einzug eingerückt. Wenn Sie den linken Einzug nicht wünschen, klicken Sie auf das Symbol **Einzug verkleinern**.

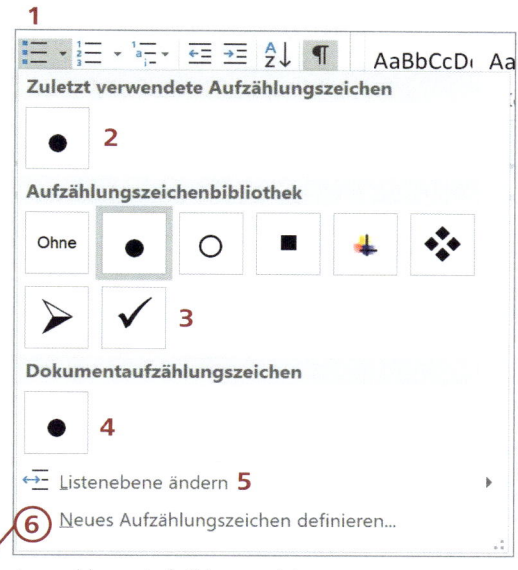

Register	**Start**
Gruppe	**Absatz**
Befehl	**Aufzählungszeichen**

Befehl zum Setzen eines Aufzählungszeichens

Auswahl von Aufzählungszeichen

1 Symbol **Aufzählungszeichen** mit dem Pfeil zum Ändern des aktiven Symbols.
2 Die zuletzt verwendeten Aufzählungszeichen werden gesondert aufgeführt.
3 Es lässt sich eine beliebige Aufzählungszeichenbibliothek von mehreren Aufzählungszeichen verwalten. Das Symbol **Ohne** stellt eine Aufzählung zurück.
4 Hier sind die Symbole eingetragen, die im aktiven Dokument vorkommen. Dieser Symboleintrag erscheint erst, wenn Sie einmal eine Aufzählung definiert haben.
5 Eine Liste kann über verschiedene Ebenen mit Aufzählungszeichen versehen werden. Es empfiehlt sich jedoch, nicht über mehrere Ebenen mit Aufzählungszeichen zu gliedern, da die Übersicht leidet.
6 Sie können auch sämtliche anderen Zeichen und grafische Elemente als Aufzählungszeichen definieren (siehe nebenstehendes Dialogfeld).

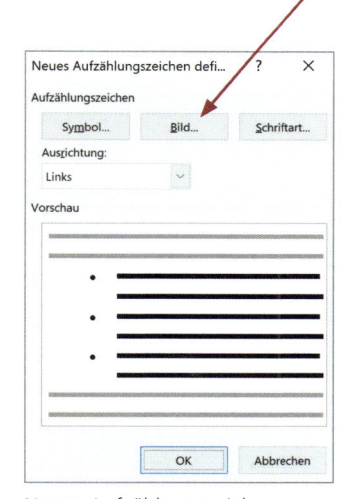

Eine Liste können Sie beenden, indem Sie auf das Symbol **Aufzählungszeichen** klicken oder zweimal die **Enter**-Taste anschlagen.

Neues Aufzählungszeichen definieren

Formatierung festlegen

Aufgabe 19

Erstellen Sie die folgenden Beispiele:

Der Systemstart

▶ Einschalten des Computers

▶ Einlesen der Systemdateien von der Festplatte, dem Laufwerk, der CD oder dem USB-Stick in den Arbeitsspeicher

▶ Starten der Hardwaredienste (Treiber)

▶ Starten der grafischen Oberfläche

▶ Abfragen des Benutzernamens und des Passworts

▶ Prüfung der Zugangsberechtigung

▶ weitere benutzerspezifische Programminitialisierungen

Datei-Explorer

▶ Strukturebenen ein-/ausblenden

▶ Ordner wählen/öffnen

▶ Inhaltsbereich aktualisieren

▶ Ordner/Datei

Das Symbol **Nummerierung**

Eine Nummerierung einfügen

Einstufige Nummerierung

Für eine einstufige Nummerierung klicken Sie auf das entsprechende Symbol. Das Nummerierungssystem können Sie auswählen, indem Sie auf den Pfeil neben dem Symbol klicken. Eine automatische Nummerierung erstellen Sie ähnlich wie eine Aufzählung. Die Ausführungen im vorangehenden Abschnitt sind deshalb auch für die einstufige Nummerierung gültig.

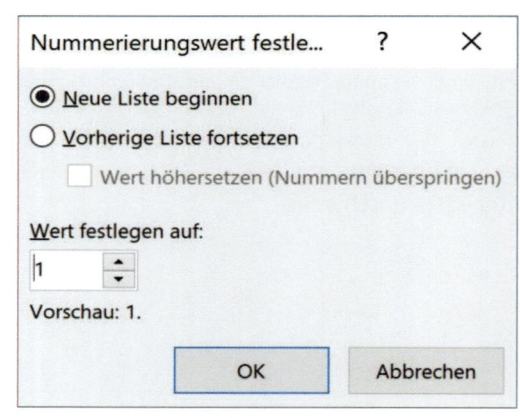

Nummerierungswerte festlegen

Einstufige Nummerierungssysteme

Listen mit mehreren Ebenen (numerische Gliederung)

Listen mit mehreren Ebenen sind etwas komplizierter als einfache Nummerierungen. Es ist wichtig, dass Sie sich mit diesen Besonderheiten vertraut machen.

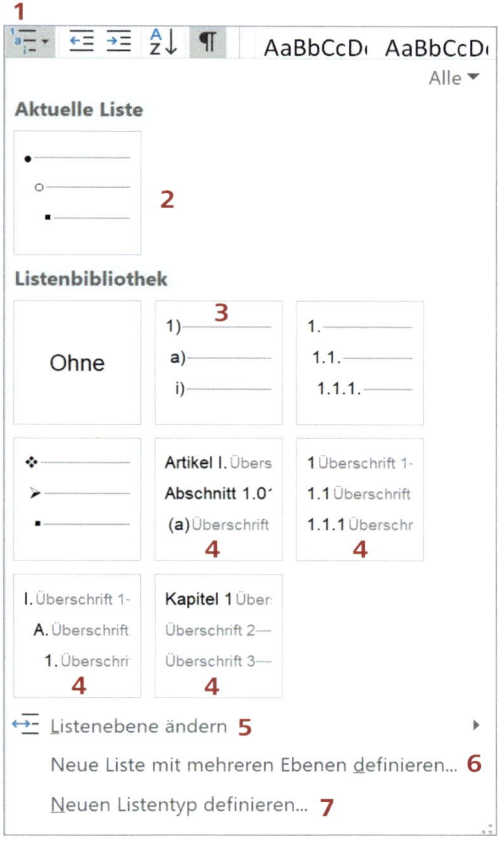

Liste mit mehreren Ebenen

1 Symbol für Listen mit mehreren Ebenen.

2 Zeigt das aktuell ausgewählte Nummerierungssystem.

3 Auswahl der Listen. Sie können weitere Listen unter dem Eintrag **Neue Liste mit mehreren Ebenen definieren** auswählen und organisieren.

4 **Achtung:** Bei diesen Nummerierungssystemen handelt es sich um Formatvorlagen für Listen mehrerer Ebenen. Solche Nummerierungen benötigen Sie beispielsweise für lange Dokumente (Diplomarbeiten, Prozesseinheiten usw.). Sie können damit automatisch Überschriften, Untertitel usw. nummerieren. Mehr erfahren Sie im Kapitel 8.2 Formatvorlagen.

5 Hier bestimmen Sie, in welcher Ebene die Nummerierung erfolgen soll.

6 Die Möglichkeiten, Listen zu definieren, sind fast unerschöpflich. Wir erklären Ihnen diesen Eintrag auf den folgenden Seiten.

7 Bei diesem Eintrag geht es wiederum um Formatvorlagen. Listentypen, die Sie immer wieder verwenden wollen, legen Sie in einer entsprechenden Vorlage ab. Das geht viel einfacher, als immer wieder Listen neu zu definieren. Mehr dazu erfahren Sie im Kapitel 8.2 Formatvorlagen.

Formatierung festlegen

Neue Liste mit mehreren Ebenen definieren
Anhand einer kleinen Übung lernen Sie diese Funktion kennen.

Aufgabe 20

Erstellen Sie die folgende Liste:

1 Sitzungen leiten
1.1 Vorbereitung
1.1.1 Warum? – Notwendigkeit prüfen
1.1.2 Wozu? – Sitzungsziel definieren
1.1.3 Wer? – Teilnehmerkreis definieren
1.1.4 Was? – Themen bekannt geben
1.2 Durchführung
1.2.1 Zeitmanagement
1.2.2 Spielregeln vereinbaren
1.2.3 Verbindlichkeit schaffen
...

Gehen Sie wie folgt vor:

1. Erfassen Sie die Liste ohne Gliederung.
2. Markieren Sie alle Zeilen.
3. Klicken Sie auf das Symbol **Liste mit mehreren Ebenen**.
4. Wählen Sie aus der Listenbibliothek die dritte Gliederung in der ersten Reihe aus (1., 1.1, 1.1.1).
5. Setzen Sie den Cursor in die zweite Zeile («Vorbereitung»).
6. Klicken Sie auf das Symbol **Einzug vergrössern**. Dadurch erhält diese Zeile die Nummerierung 1.1.
7. Wiederholen Sie das in der Zeile mit dem Wort «Durchführung».
8. Markieren Sie die übrigen Zeilen, die gemäss unserem Beispiel eine dreistufige Gliederung erhalten sollen. Klicken Sie **zweimal** auf das Symbol **Einzug vergrössern**. Die Liste sollte nun so aussehen:

1 Sitzungen leiten
   1.1 Vorbereitung
      1.1.1 Warum? – Notwendigkeit prüfen
      1.1.2 Wozu? – Sitzungsziel definieren
      1.1.3 Wer? – Teilnehmerkreis definieren
      1.1.4 Was? – Themen bekannt geben
   1.2 Durchführung
      1.2.1 Zeitmanagement
      1.2.2 Spielregeln vereinbaren
      1.2.3 Verbindlichkeit schaffen

Absatzformatierung

▶ Damit die Gliederung einerseits und der Text andererseits untereinander stehen, müssen wir die Einzüge der einzelnen Gliederungsstufen anpassen. Zudem entfernen wir den Punkt nach der letzten Ziffer:
1. Klicken Sie mit der rechten Maustaste irgendwo auf den Titel «Sitzungen leiten».
2. Wählen Sie im Kontextmenü **Listeneinzug anpassen.** Es erscheint folgendes Dialogfeld:

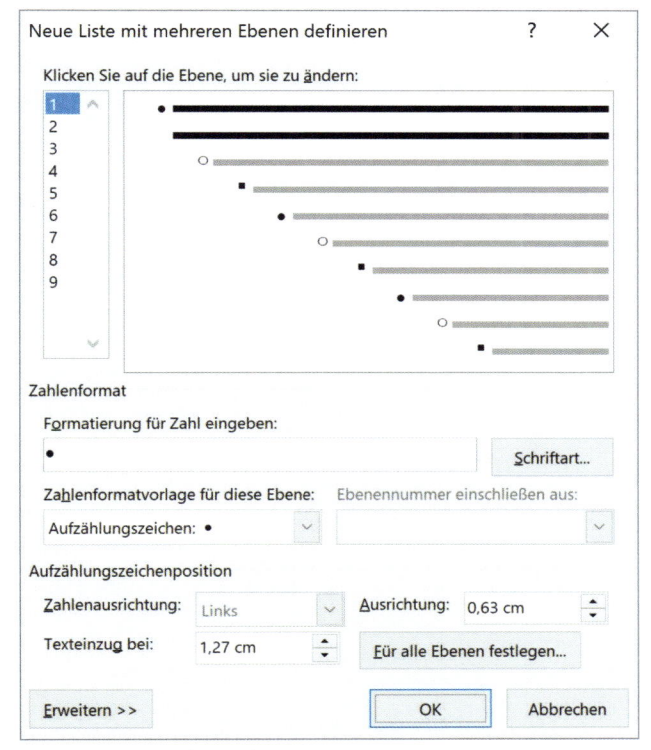

Neue Liste mit mehren Ebenen anpassen

In diesem Dialogfeld können Sie für jede Ebene das Zahlenformat, die Position, die Ausrichtung usw. bestimmen. Zuerst legen wir für die Ebene 1 die Formatierung fest.

3. Achten Sie darauf, dass die Ebene 1 im Dialogfeld markiert ist.
4. Löschen Sie im Feld **Formatierung für Zahl eingeben** den Punkt hinter der 1. Wichtig: Was grau markiert ist, ist ein Feld. Solche Einstellungen dürfen Sie nie manuell ändern.
5. Setzen Sie im Feld **Texteinzug bei** den Wert auf 1,4 cm. Die Ausrichtung belassen Sie bei 0 cm, da alle Ziffern am linken Rand stehen sollen.

▶ Nun passen wir die Einstellungen für die zweite und dritte Gliederungsebene an:
1. Klicken Sie auf die Ebene 2 im Dialogfeld.
2. Löschen Sie den Punkt hinter der letzten Ziffer im Feld **Formatierung für Zahl eingeben**.
3. Im Feld **Texteinzug bei** geben Sie erneut 1,4 cm ein, im Feld **Ausrichtung 0 cm**.
4. Klicken Sie auf die Ebene 3.
5. Löschen Sie erneut den Punkt hinter der letzten Ziffer und wählen Sie die gleichen Einstellungen für den Texteinzug und die Ausrichtung.
6. Klicken Sie auf **OK**.

Formatierung festlegen

Register	**Start**
Gruppe	**Absatz**
Befehl	**Sortieren**

Sortieren

Alphabetisch oder numerisch sortieren

Listen können Sie sortieren. In den Optionen bestimmen Sie, mit welchem Zeichen die Spalten getrennt sind (Tabulator, Semikolon oder andere Zeichen) und ob die Gross- und Kleinschreibung beachtet werden soll. Sie haben drei Sortierkriterien zur Verfügung und können auf- und absteigend sortieren. Um zu einem brauchbaren Ergebnis zu kommen, müssen Sie definieren, ob Ihre Liste eine Überschrift enthält oder nicht.

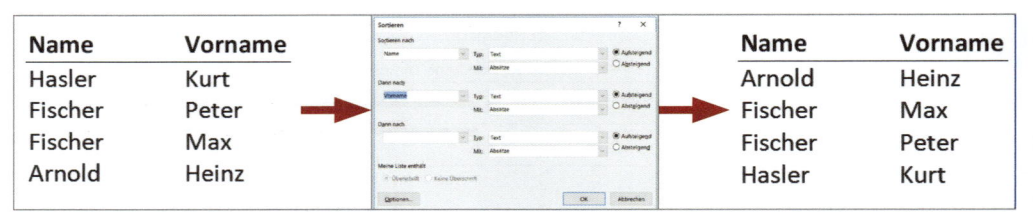

Name	Vorname
Hasler	Kurt
Fischer	Peter
Fischer	Max
Arnold	Heinz

→

Name	Vorname
Arnold	Heinz
Fischer	Max
Fischer	Peter
Hasler	Kurt

Beispiel eines Sortiervorgangs

Aufgabe 21

Erstellen Sie die Liste (linkes Beispiel) und nummerieren Sie automatisch. Erweitern Sie die Liste anschliessend um zwei Einträge (rechtes Beispiel) und gliedern Sie auf zwei Ebenen.

Traktanden

1. Feststellen der Beschlussfähigkeit
2. Protokoll der 4. ordentlichen Versammlung
3. Genehmigung der Jahresrechnung
4. Kostenvoranschlag 2.../2...
5. Wahl der Verwaltung auf 2 Jahre
6. Anträge der Stockwerkeigentümer
7. Verschiedenes

Traktanden

1. Feststellen der Beschlussfähigkeit
2. Protokoll der 4. ordentlichen Versammlung
3. Genehmigung der Jahresrechnung
4. Kostenvoranschlag 2.../2...
5. Wahl der Verwaltung auf 2 Jahre
6. Anträge der Stockwerkeigentümer
    a) Änderung der Hausordnung
    b) Pflichtenheft für den Hauswart
7. Verschiedenes

Aufgabe 22

Schreiben Sie das folgende Inhaltsverzeichnis. Verwenden Sie dazu die automatische Nummerierungsfunktion.

Sprache
1 Schreiben – aber wie?
   1.1 Vier Grundformen des Schreibens
      1.1.1 Erzählen
      1.1.2 Berichten
      1.1.3 Beschreiben
      1.1.4 Erörtern
   1.2 Vielgebrauchte Textsorten
      1.2.1 Kommentar
      1.2.2 Stellungnahme und kritische Besprechung
      1.2.3 Mitschrift und Protokoll
      1.2.4 Brief
      1.2.5 Stellenbewerbung
2 Was einen Text zusammenhält
   2.1 Was ist ein Text?
      2.1.1 Eigenschaften von Texten
      2.1.2 Innerer Zusammenhang eines Textes
      2.1.3 Sinnvolle Gliederung von Texten
   2.2 Wie verstehen wir Texte?
      2.2.1 Verstehen von Sachtexten
      2.2.2 Verstehen von Dichtung

Ändern Sie die Darstellungsform dieser Tabelle, sodass die Nummerierung am linken Rand erscheint:

1	Schreiben – aber wie?
1.1	Vier Grundformen des Schreibens
1.1.1	Erzählen

3.3.7 Rahmen und Schattierungen

Rahmen und Kästchen

Kästchen und Rahmen sind bei der Textgestaltung besonders heikel. Man kann sie ja so einfach auf dem Bildschirm erstellen. Und weil das so schnell und problemlos funktioniert, werden sie für alles und jedes, mit dicken und dünnen Linien, geraden und abgerundeten Ecken, mit und ohne Schatten verwendet.

Weniger ist mehr! Das gilt für Kästchen ganz besonders. Setzen Sie Kästchen dort, wo ganzheitliche, inhaltlich zusammengehörende Aussagen gemacht werden. Aber gebrauchen Sie die Kästchen nie, um eine einzelne Zeile, etwa einen Titel, einzurahmen. Wählen Sie eine Linienstärke, die zum Text passt. Im Zweifelsfall nehmen Sie eine dünnere Linie. Zu dicke Linien ergeben einen Trauerrand. Und achten Sie darauf, dass der linke Rand des Kästchens nicht über den linken Textrand hinausragt. Der Text im Kästchen benötigt etwas Abstand zum Rahmen (Weissraum). Links und rechts sollte gleich viel, unten darf auch etwas mehr Abstand sein.

Normales Kästchen. Strichstärke ist dem Text angepasst (0,5 pt)	Setzen Sie Kästchen dort, wo ganzheitliche, inhaltlich zusammengehörende Aussagen gemacht werden. Vermeiden Sie Trauerränder.
Linien zu fett (4 pt), Trauerrandeffekt	Setzen Sie Kästchen dort, wo ganzheitliche, inhaltlich zusammengehörende Aussagen gemacht werden. Vermeiden Sie Trauerränder.
Die 4-Punkt-Linie wirkt viel weniger hart, wenn der Farbton heller gewählt wird.	Setzen Sie Kästchen dort, wo ganzheitliche, inhaltlich zusammengehörende Aussagen gemacht werden. Vermeiden Sie Trauerränder.
Linien zu fein, wirkt wie ein Coupon	Setzen Sie Kästchen dort, wo ganzheitliche, inhaltlich zusammengehörende Aussagen gemacht werden. Vermeiden Sie Trauerränder.

Schattierungen

Meist sind Schattierungen (Füllungen) eleganter als Kästchen. Wenn die Füllung den Kasten abgrenzt, werden Rahmen als Begrenzung überflüssig. Lassen Sie die Linien weg. Als Füllungen kommen Flächen, Verläufe oder Bildhintergründe infrage. Füllungen sollten möglichst kontrastarm sein. Bei zu dunkler Füllung wird der Text schlecht lesbar.

Gutes Kästchen (5 % Deckkraft)	Setzen Sie Kästchen dort, wo ganzheitliche, inhaltlich zusammengehörende Aussagen gemacht werden. Vermeiden Sie Trauerränder.
Hintergrund zu dunkel (25 % Deckkraft)	Setzen Sie Kästchen dort, wo ganzheitliche, inhaltlich zusammengehörende Aussagen gemacht werden. Vermeiden Sie Trauerränder.

Formatierung festlegen

Register	Start
Gruppe	Absatz
Befehl	Rahmenlinie (Befehl [Symbol] kann sich verändern)

Rahmenlinien setzen und verändern

Rahmenlinien setzen

Ein grosses Anwendungsgebiet für Rahmen sind die Tabellen, aber nicht nur. Linien und Rahmen verwenden Sie selbstverständlich zur Strukturierung von Text auch ausserhalb von Tabellenfunktionen.

Wenn Sie Rahmen oder Linien setzen wollen, so starten Sie in der Gruppe **Absatz**. Hier finden Sie das Symbol mit den Rahmenlinien, wobei dieses Symbol je nach Auswahl wechseln kann.

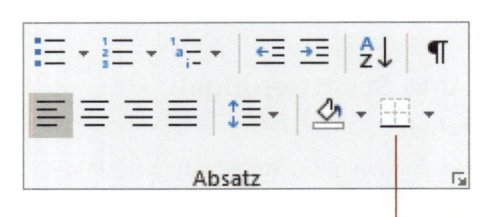

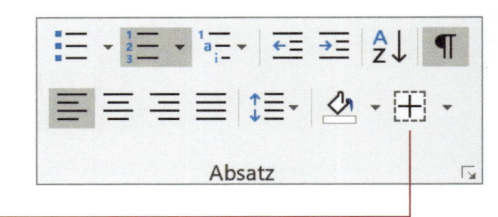

Dieses Symbol kann wechseln. Links ist die Rahmenlinie unten aktiv, auf der rechten Seite sind Rahmenlinien innen aktiv.

Wenn Sie rasch eine Linie oder einen Rahmen ziehen wollen, dann klicken Sie am besten auf den Pfeil neben dem Symbol. Dadurch öffnet sich eine Auswahl an Rahmenlinien. Massgebend für die Linienstärke, die Linienfarbe, die Abstände zum Text (Weissraum), die Schatten und Schattierungen sind jedoch immer die Einstellungen im Dialogfeld bzw. in den Optionen, die aus dem Dialogfeld aufgerufen werden. Um das Dialogfeld aufzurufen, wählen Sie in der Auswahl den letzten Eintrag **Rahmen und Schattierungen**.

Das Dialogfeld Rahmen und Schattierungen

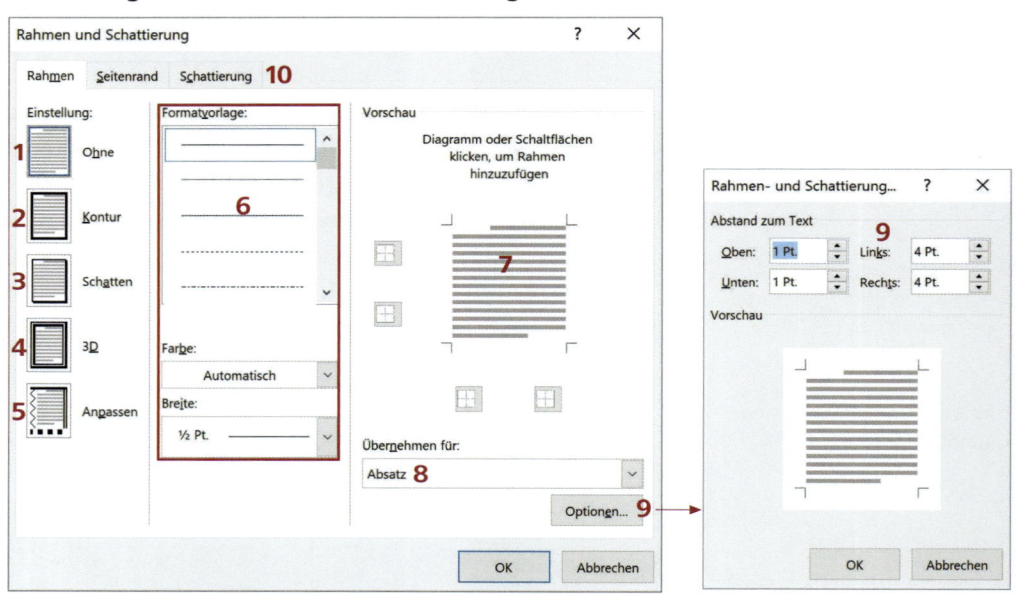

Das Dialogfeld **Rahmen und Schattierungen**, Register **Rahmen**

Befehl **Optionen**

Tipp

Absätze mit unterschiedlichen Einzügen können nicht in einen gemeinsamen Rahmen gestellt werden. Es ist vorher unbedingt nötig, die Einzüge aller beteiligten Absätze zu vereinheitlichen.

1 Klicken Sie auf **Ohne**, wenn Sie einen Rahmen entfernen wollen.
2 Setzt einen Rahmen auf allen vier Seiten.
3 Setzt einen Rahmen mit Schatten (mit Vorsicht anzuwenden).
4 Sollte eine dreidimensionale Linie setzen, was leider oft nicht funktioniert.
5 Mit der Option **Anpassen** können Sie Rahmen erstellen, bei denen die einzelnen Seiten des Rahmens unterschiedliche Linienstärken oder -farben aufweisen.
6 Wahl der Strichart, Farbe und Strichstärke in pt.
7 Vorschaufenster. Sie können direkt im Vorschaufenster Linien setzen.
8 Normalerweise setzt man einen Rahmen um einen oder mehrere Absätze. Sie können jedoch auch ein Wort oder mehrere Wörter markieren und den Text einrahmen. In diesem Fall wählen Sie im Feld **Übernehmen für** den Eintrag **Text**.
9 Hier definieren Sie den Weissraum zwischen Rand und Text.
10 In der Registerkarte **Schattierung** können Sie die Füllfarbe oder das Füllmuster bestimmen.

Aufgabe 23

Erstellen Sie den folgenden Text und verwenden Sie die notwendigen Zeichen- und Absatzformate (Achtun g: nicht Tabulatoren setzen!). Setzen Sie ein geeignetes Aufzählungszeichen.

Eröffnungsfest

**Sonntag, 21. Mai 20.., 10:00–17:00 Uhr
in unserem neuen Spezialbetrieb in Fällanden**

für Gross:

- Lassen Sie sich unter fachkundiger Führung den modernen und umweltgerechten Spezialbetrieb zeigen.
- Bestaunen Sie im exklusiven Wintergarten eine Vielfalt an exotischen Pflanzen.
- Geniessen Sie zwei Extra-Jazzkonzerte der bekannten «Old Time Jungle Cats»-Band.

und Klein:

- Clown Pepe, bekannt von der TV-Sendung «Spielhaus», überrascht die Kinder mit Kunststücken und Zaubertricks.
- Sieben Ponys erwarten die Kleinen zum Ritt in der gedeckten Manege.
- Wurstbraten an der offenen Feuerstelle.

Selbstverständlich bewirten wir alle im Festzelt mit Speis und Trank!

3.4 Seitenformatierung

3.4.1 Satzspiegel

Basis für die Gestaltung von Dokumenten ist der Satzspiegel. Er legt fest, wo auf einer Seite Texte, Grafiken und Bilder liegen. Häufig bezeichnet man den Satzspiegel auch als Layout einer Seite. Oder man könnte auch sagen: Der Satzspiegel ist die Fläche des Papiers, auf die Texte und Bilder platziert werden.

Bevor Sie einen Text auf dem Bildschirm erfassen, bestimmen Sie immer zuerst die Seitengrösse des Dokuments. In der kaufmännischen Praxis ist das in der Regel das Format A4. Gelegentlich kommt auch das Format A5 infrage.

Ist die Seitengrösse festgelegt, definieren Sie im nächsten Schritt den Satzspiegel, also jene Bereiche, die bedruckt werden. Dazu gehören hauptsächlich der eigentliche Textbereich, die Seitenzahl, die in der Fachsprache als Pagina bezeichnet wird, sowie die Kopf- und Fusszeilen.

Satzspiegel Geschäftsbrief, erste Seite

Satzspiegel Schulungsunterlagen, mit Marginalspalte und Seitenzahl

Publikation doppelseitig gespiegelt, zweispaltig, mit Seitenzahlen

Seitenformatierung

3.4.2 Die Gruppe Seite einrichten

In der Registerkarte **Layout**, Gruppe **Seite einrichten** werden die häufigsten Befehle für Seiteneinrichtungen zusammengefasst.

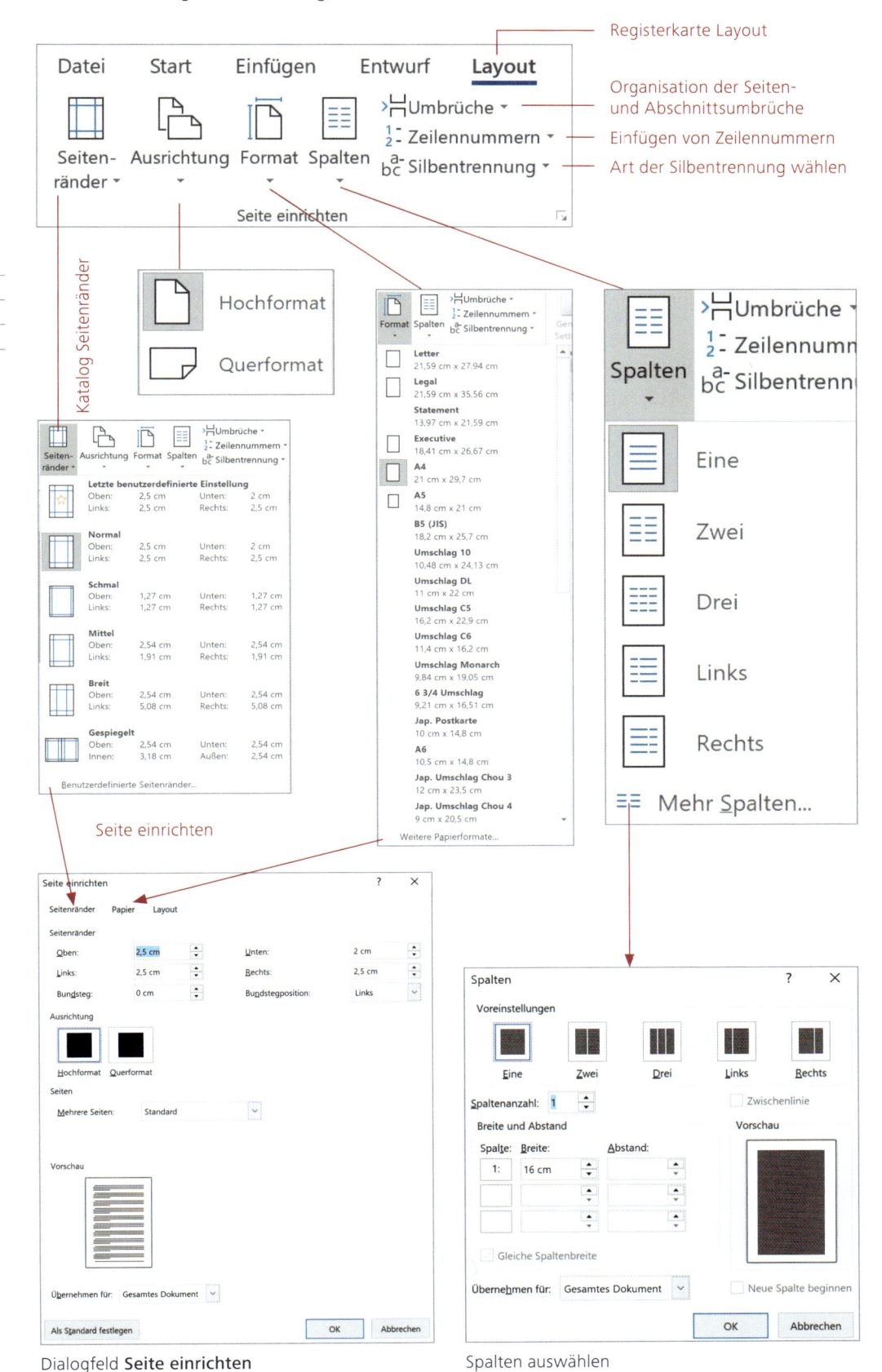

- Registerkarte Layout
- Organisation der Seiten- und Abschnittsumbrüche
- Einfügen von Zeilennummern
- Art der Silbentrennung wählen

Register	**Layout**
Gruppe	**Seite einrichten**
Befehl	**Format**

Seitengrösse bestimmen

Katalog Seitenränder

Seite einrichten

Dialogfeld **Seite einrichten**

Spalten auswählen

Formatierung festlegen

Register	**Layout**
Gruppe	Seite einrichten
Befehl	Seitenränder

Seitenränder bestimmen

Register	**Layout**
Gruppe	Seite einrichten
Befehl	Ausrichtung

Hoch- oder Querformat bestimmen

Register	**Layout**
Gruppe	Seite einrichten
Befehl	Format

Papierformat bestimmen

Tipp
Sie können zur besseren Übersicht die Randbegrenzungen auf dem Bildschirm einblenden. Diese Funktion wird in Word **Textbegrenzung** genannt. Damit werden die Ränder mit einer feinen Linie ausgezeichnet. So gehts:

Register	**Datei**
Befehl	Optionen
Befehl	Erweitert
Eintrag	Dokumentinhalt anzeigen
Kontrollkästchen	Textbegrenzungen anzeigen (aktivieren)

Textbegrenzungen anzeigen

Seitenränder

Sie finden sechs verschiedene Satzspiegel in einem Katalog. Vermeiden Sie einen Satzspiegel, der genau eingemittet ist. Das wirkt langweilig. Halten Sie sich bei der Wahl der Randeinstellungen in Briefen an die Normvorschrift Schweizer Norm NS 010 130. Näheres dazu finden Sie im Kapitel 6.2.2 Anordnung der Briefelemente.

Ausrichtung

Sie können zwischen Hoch- und Querformat wählen. Achten Sie darauf, dass Sie für Fliesstext nicht die ganze Breite eines Querformats nutzen. Das würde die Lesefreundlichkeit stark herabsetzen.

Format (Papierformat)

Für die Papierformate bietet Word einen Katalog an. Sie können aus verschiedenen Papierformaten auswählen. Mit wenigen Ausnahmen werden Sie A4 als Papiergrösse bestimmen. Beachten Sie, dass auch Ihr Drucker das gewählte Papierformat kennt; die Wahl eines Papierformats, welches Ihr Drucker nicht bedrucken kann, nützt Ihnen gar nichts.

Bei der Wahl einzelner Papiergrössen müssen Sie unter Umständen die Orientierung (damit ist die Papierausrichtung hoch oder quer gemeint) ändern. Wenn Sie also beispielsweise einen Briefumschlag C5 beschriften wollen, wählen Sie zuerst aus dem Katalog «Grösse» das Papierformat C5 und anschliessend unter Orientierung den Befehl «quer». Jetzt müssen Sie aber klären, in welches Druckerfach Sie den Briefumschlag einlegen müssen und wie der Umschlag für die korrekte Bedruckung ausgerichtet werden soll, sonst stehen die Angaben auf dem Umschlag am falschen Ort.

Spalten

Wie der Name sagt, können Sie Text in Spalten anordnen. Am einfachsten geht das wiederum über den Katalog. Verfügen Sie hier über zu wenig Möglichkeiten, verzweigen Sie in das Dialogfeld, wo Sie Breite und Abstände von Spalten bestimmen.

Achtung: Sofern Sie Text nebeneinander gestalten wollen, müssen Sie sich immer fragen, welche Funktionen von Word am geeignetsten sind. Spaltenartige Darstellungsformen können Sie nicht nur mit Spaltentext, sondern auch mithilfe der Tabellenfunktionen und mittels Textfeldern erreichen.

Seiten- und Abschnittsumbrüche

Bei den Umbrüchen unterscheidet man Seiten- und Abschnittsumbrüche. Einen festen Seitenumbruch können Sie auch mit der Tastenkombination **Ctrl+Enter** einfügen. Diese Technik ist aber nicht immer sinnvoll. Bei langen Dokumenten ist es meist vorteilhaft, wenn Sie den Seitenumbruch automatisch einfügen lassen und mit den Absatzformaten bestimmen, was auf einer Seite zusammengehalten werden soll (siehe Kapitel 3.3.5 Textfluss). Damit passt sich das Schriftstück dynamisch an. Sie müssen nicht ständig nachkorrigieren.

Anzeige eines festen Seitenumbruchs

Abschnittsumbruch (im Dokument als **Abschnittswechsel** angezeigt) auf nächster Seite. Der Abschnittsumbruch bewirkt, dass Seitenformate im folgenden Abschnitt gewechselt werden können: A4 > A4 quer.

Register	**Layout**
Gruppe	Seite einrichten
Befehl	Umbrüche

Manuelle Umbrüche einfügen

Die Wahl der Seitenumbrüche und Abschnittsumbrüche

Formatierung festlegen

3.4.3 Kopf- und Fusszeilen

Register	**Einfügen**
Gruppe	**Kopf- und Fusszeile**
Befehl	**Kopfzeile oder Fusszeile oder Seitenzahl**

Kopf- und Fusszeile einfügen

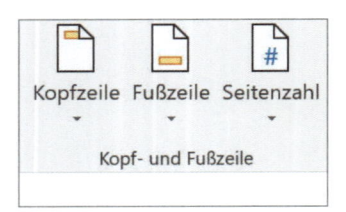

In Kopf- und Fusszeilen geben Sie Texte ein, die im gesamten Dokument oder in einem gewissen Bereich des Dokuments am oberen oder unteren Seitenrand gedruckt werden. Typische Anwendungen für die Kopfzeilen sind das Drucken von Kapitelüberschriften bzw. in der Fusszeile das Drucken von Seitenzahlen.

Word stellt viele Kataloge zur Gestaltung von Kopf- und Fusszeilen zur Verfügung. Sie können aber auch eigene Kopf- und Fusszeilen gestalten.

Ganz nach Wunsch wählen Sie, ob eine Kopf- oder eine Fusszeile entstehen soll, worauf der entsprechende Katalog aufgerufen wird.

Nach einem Klick auf **Seitenzahl** können Sie wählen, wo die Seitenzahl erscheinen soll, wiederum mit einem entsprechenden Katalog.

Die Gruppe **Kopf- und Fusszeile**

Kopf- und Fusszeilentools

Register, das sich bei Aktivierung von Kopf- oder Fusszeile öffnet

Wenn Sie sich im Kopf- oder Fusszeilenbereich befinden, öffnet sich ein neues Menüband unter der Zusatzregisterkarte **Kopf- und Fusszeilentools/Entwurf**. Sie haben folgende Gruppen zur Verfügung:

Gruppe Kopf- und Fusszeile

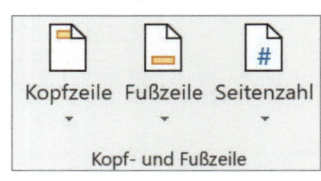

Die gleiche Gruppe befindet sich im Register **Einfügen**.

Gruppe Einfügen

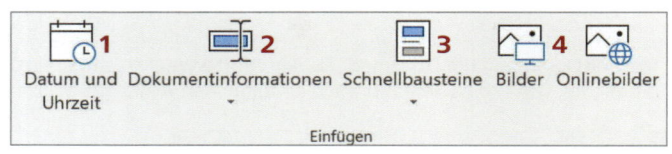

Verwechseln Sie diese Gruppe nicht mit dem Register **Einfügen**. Hier geht es darum, Elemente in die Kopf- oder Fusszeile einzufügen.

1 Sie erhalten verschiedene Datumsformate zur Auswahl. Setzen Sie ein Häkchen bei «automatisch aktualisieren», wenn das Datum immer beim Öffnen des Dokuments aktuell sein soll. In diesem Fall wird das Datum grau hinterlegt. Grau hinterlegte Einträge sind in Word immer sogenannte Felder, d. h., die Angaben können sich verändern.

2 Sie können Dokumentinformationen wie Autor, Dateiname, Dateipfad, Dokumenttitel sowie weitere Dokumenteigenschaften wie Betreff, Firma, Firmen-E-Mail-Adresse usw. einfügen.

3 Sie können Text oder Bilder aus Textkonserven (Schnellbausteine) in die Kopf- oder Fusszeile einfügen. Das könnte z. B. ein Logo oder ein Vereinsname sein.

4 Sie wollen grafische Elemente, Bilder oder Onlinegrafiken in eine Kopf- oder Fusszeile einlesen. Der Befehl führt Sie zu den entsprechenden Aufbewahrungsorten der Dateien.

Gruppe Navigation

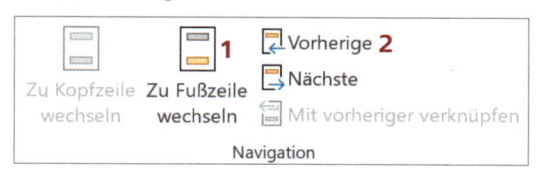

Sie können zwischen Kopf- und Fusszeile und den Textabschnitten wechseln. Für wechselnde Kopf- und Fusszeilen braucht es Abschnittsformatierungen, denn Kopf- und Fusszeilen sind ja Seitenformate.

1 Wechsel zwischen Kopf- und Fusszeile einer Seite.

2 In Kapitel 3.4.2 haben Sie erfahren, dass Dokumente in mehrere Abschnitte unterteilt werden können. Dies ist nötig, wenn man im selben Dokument beispielsweise verschiedene Fusszeilen haben möchte. Über die beiden Schaltflächen können Sie in den Kopf- oder Fusszeilenbereich der verschiedenen Abschnitte springen.

Gruppe Optionen

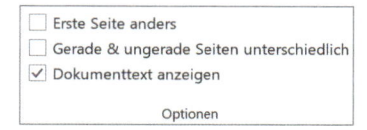

Oft haben Dokumente nur auf der ersten Seite einen Kopfzeileneintrag (beispielsweise einen Briefkopf), oder die Kopfzeile wechselt ab der zweiten Seite. In diesem Fall können Sie dies in den Optionen definieren. Ebenfalls in den Optionen definieren Sie, wenn gerade und ungerade Seiten unterschiedlich sind.

Gruppe Position

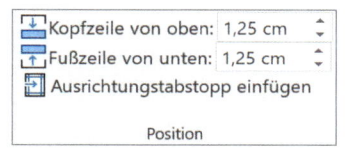

In dieser Gruppe bestimmen Sie, wie weit die Kopf- und Fusszeile vom oberen bzw. unteren Rand entfernt sein soll. Wenn Sie die Werte verändern, sehen Sie auf dem Blatt sofort die Anpassung.
In der Ausrichtungsregisterkarte finden Sie weitere Möglichkeiten.

Einstellungen betreffend die Kopf- und Fusszeilen können Sie auch ausserhalb der Kopf- und Fusszeilentools vornehmen. Dazu müssen Sie im Dialogfeld **Seite einrichten** ins Register **Layout** klicken.

Formatierung festlegen

3.4.4 Seitenhintergrund

Wasserzeichen

Sie können den Seitenhintergrund mit einem Wasserzeichen versehen. Unter **Wasserzeichen** versteht man einen hinter dem Dokumententext angezeigten Text oder ein grafisches Objekt.

Seitenfarbe

Eine Hintergrund- oder Seitenfarbe findet vor allem in elektronischen Dokumenten Verwendung, also beispielsweise, wenn Sie eine Webseite gestalten.

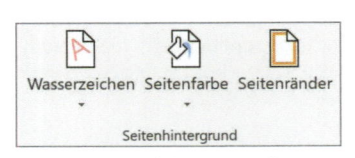

Register	**Entwurf**
Gruppe	Seitenhintergrund

Gruppe **Seitenhintergrund**

Gruppe **Seitenhintergrund**

Eine Seite mit einem Rahmen versehen

Gelegentlich kann es interessant sein, eine Seite mit einem Rahmen zu versehen – aber bitte mit Vorsicht und mit der notwendigen Zurückhaltung.

Register	**Layout**
Gruppe	Seite einrichten
Befehl	Startprogramm für das Dialogfeld
Register	**Layout**
Befehl	Ränder…

Den Seitenrand mit einem Rahmen versehen

Rahmen können auf allen Seiten, nur in einem Abschnitt oder auf einer einzelnen Seite erscheinen. Sie können Seitenränder mit einfachen Linien in verschiedenen Farben versehen oder aus vorgegebenen grafischen Elementen auswählen:

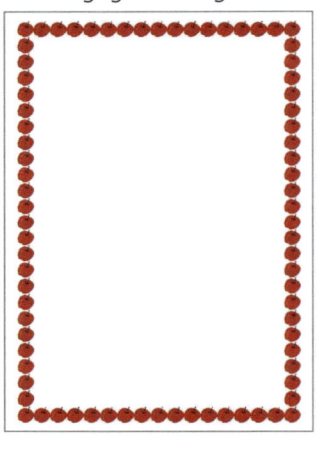

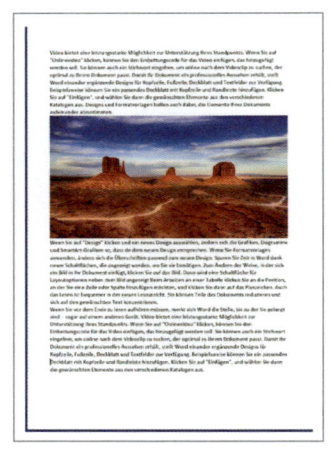

Beispiele von Seiten mit Zierrahmen

Aufgabe 24

▶ Setzen Sie die Randeinstellungen auf einem leeren A4-Blatt so:
- oben   6 cm
- links   4 cm
- unten   4 cm
- rechts   3 cm

▶ Erstellen Sie einen Blindtext mit etwa zehn Seiten. Bei Verwendung der Schriftart Calibri, 12 Punkt, lautet der Befehl etwa **=rand(12,15)**.

▶ Setzen Sie einen **Abschnittsumbruch fortlaufend** in der 4. Seite, sodass die Seite 5 dem 2. Abschnitt zugeordnet wird.

Fügen Sie Kopfzeilen so ein:
- 1. Seite   keine Kopfzeile
- ab 2. Seite   Kopfzeile mit Text: Kopfzeile 1. Abschnitt, Schrift dunkelblau, Rahmenlinie unten
- ab 5. Seite   Kopfzeile mit Text: Kopfzeile 2. Abschnitt, Schrift dunkelblau, Rahmenlinie unten

▶ Fügen Sie in der Fusszeile die Seitennummer ein, indem Sie eine Auswahl aus dem Katalog wählen. Jede Seite soll eine Seitennummer erhalten.

▶ Setzen Sie den ganzen Text zweispaltig.

▶ Setzen Sie als Wasserzeichen Ihren Namen und Vornamen in roter Schrift diagonal über die Seite.

Wenn Sie alles richtig gemacht haben, sieht die Seite 8 Ihres Textes etwa so aus:

Formatierung festlegen

Aufgabe 25

Öffnen Sie Aufgabe 25 oder erstellen Sie einen Abschnitt mit Blindtext und gestalten Sie mit Rahmen und Schattierungen:

Video bietet eine leistungsstarke Möglichkeit zur Unterstützung Ihres Standpunkts. Wenn Sie auf "Onlinevideo" klicken, können Sie den Einbettungscode für das Video einfügen, das hinzugefügt werden soll. Sie können auch ein Stichwort eingeben, um online nach dem Videoclip zu suchen, der optimal zu Ihrem Dokument passt.

Video bietet eine leistungsstarke Möglichkeit zur Unterstützung Ihres Standpunkts. Wenn Sie auf "Onlinevideo" klicken, können Sie den Einbettungscode für das Video einfügen, das hinzugefügt werden soll. Sie können auch ein Stichwort eingeben, um online nach dem Videoclip zu suchen, der optimal zu Ihrem Dokument passt.

Video bietet eine leistungsstarke Möglichkeit zur Unterstützung Ihres Standpunkts. Wenn Sie auf "Onlinevideo" klicken, können Sie den Einbettungscode für das Video einfügen, das hinzugefügt werden soll. Sie können auch ein Stichwort eingeben, um online nach dem Videoclip zu suchen, der optimal zu Ihrem Dokument passt.

Video bietet eine leistungsstarke Möglichkeit zur Unterstützung Ihres Standpunkts. Wenn Sie auf "Onlinevideo" klicken, können Sie den Einbettungscode für das Video einfügen, das hinzugefügt werden soll. Sie können auch ein Stichwort eingeben, um online nach dem Videoclip zu suchen, der optimal zu Ihrem Dokument passt.

Video bietet eine leistungsstarke Möglichkeit zur Unterstützung Ihres Standpunkts. Wenn Sie auf "Onlinevideo" klicken, können Sie den Einbettungscode für das Video einfügen, das hinzugefügt werden soll. Sie können auch ein Stichwort eingeben, um online nach dem Videoclip zu suchen, der optimal zu Ihrem Dokument passt.

Schattierungen können Sie auch direkt über das Symbol **Schattierungen** einfügen.

Register	**Start**
Gruppe	**Absatz**
Befehl	**Schattierung**

Eine Schattierung einfügen

Tabulatoren und Tabellen verwenden

4

Tabulatoren und Tabellen verwenden

4.1 Tabulatoren

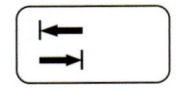

Tabuliertaste

Register	**Start**
Gruppe	**Absatz**
Befehl	Startprogramm für das Dialogfeld
Befehl	Tabstopps…

Aufruf des Dialogfelds **Tabstopps**

Tabstopps sind Positionen innerhalb einer Zeile bzw. von Absätzen, die durch Betätigen der Tabuliertaste angesprungen werden können. Im Text selbst wird die Tabuliertaste mit einem → angezeigt. Die in Word vorhandenen Tabulatorfunktionen ersieht man am besten aus dem Dialogfeld **Tabstopps**.

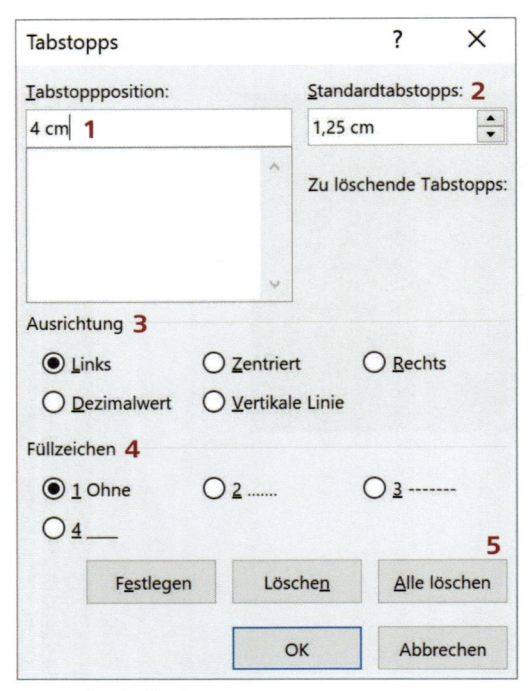

Das Dialogfeld **Tabstopps**

1 In diesem Feld geben Sie die Position ein, auf der ein Tabstopp gesetzt werden soll. Da in deutschen Programmversionen die Standardeinstellung in Zentimeter angegeben wird, genügt lediglich die Zahl. Das System rechnet automatisch mit Zentimeter.
Beispiel: 2,5.

2 Die Standardtabstopps sind im Lineal durch die feinen grauen Linien ersichtlich. 1,25 cm ist der vorgegebene Standardwert.

3 Sie haben fünf Ausrichtungsmöglichkeiten, wobei **Vertikale Linie** eigentlich keine wirkliche Ausrichtung beinhaltet, sondern eine senkrechte Trennungslinie in den einzelnen Spalten erzeugt.

4 Füllzeichen können die Lesbarkeit tabulatorischer Darstellungen verbessern. Sie sind beispielsweise in einem Inhaltsverzeichnis gelegentlich sinnvoll. Sollten Sie sich für Füllzeichen entscheiden, wählen Sie bitte ganz feine Linien. Wenn Sie bei Füllzeichen die Schriftgrösse heruntersetzen, wird die Linie feiner.

5 Alle Tabulatoreinträge zu löschen, ist eine häufig verwendete Funktion.

Tipp
Füllzeichen sind oft die beste Wahl, um Linien zu ziehen, beispielsweise in Formularen.

Tipp
Verwenden Sie die Tastenkombination **Ctrl+Q**, um alle gesetzten Tabstopps auf einmal zu löschen.

Gesetzte Tabstopps werden im Lineal angezeigt:

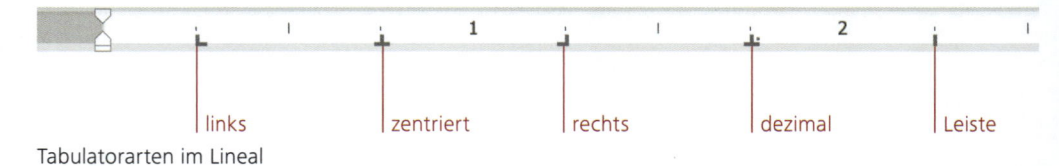

links | zentriert | rechts | dezimal | Leiste

Tabulatorarten im Lineal

Tabulatoren

So setzen Sie Tabstopps im Lineal

Sie finden ganz links im Lineal die Tabstoppmarkierung. Es handelt sich um einen Stapel: Mit jedem Klick auf diese Tabstoppmarkierung wird eine neue Tabstoppart angezeigt.

Tabstoppmarkierung

Tipp
Wenn Sie Tabstopps setzen oder verschieben, so wird ein Raster aktiv. Um diesen Raster auszuschalten, halten Sie die Alt-Taste gedrückt: Das Lineal ändert die Massangaben, und Sie können Tabstopps ganz präzise mit dem Lineal setzen.

Wenn der gewünschte Tabstopp aktiviert ist, klicken Sie mit der Maus an die Stelle des Lineals, an der Sie den Stopp setzen wollen.

So entfernen Sie Tabstopps aus dem Lineal

Fassen Sie das Symbol mit der linken Maustaste und schieben Sie es nach oben oder nach unten weg.

Textfluss bei Tabulatoren

Der Textfluss ist je nach dem gewählten Tabstopp verschieden. Beachten Sie immer den senkrechten und den waagrechten Strich des Symbols. Er zeigt an, wie der Text fliesst.

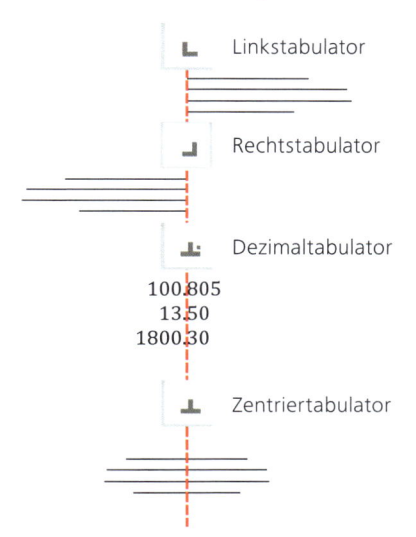

Linkstabulator

Rechtstabulator

Dezimaltabulator

100.805
13.50
1800.30

Zentriertabulator

Textausrichtung

Befehl	Windows-Startmenü Systemsteuerung
Befehl	Zeit und Region
Register	**Datums-, Uhrzeit- oder Zahlenformat ändern**
Befehl	Weitere Einstellungen…
Befehl	Symbol für Zifferngruppierung ändern (beispielsweise Leerschlag)

Ändern des Symbols für die Zifferngruppierung

Achtung:

Der Dezimaltabulator hat seine Tücken. Ob die Dezimalfunktion korrekt arbeitet, ist nämlich von der Einstellung der Zifferngruppierung im Betriebssystem abhängig. Dort ist standardmässig das Apostrophzeichen eingetragen. Wenn Sie anstelle dessen einen Leerschlag setzen, geht die Dezimaltabulatorfunktion deshalb verloren. Das Zeichen (Symbol) für die Zifferngruppierung kann zwar geändert werden, dies ist aber meist nicht sinnvoll, denn von dieser Einstellung sind auch andere Programme betroffen.

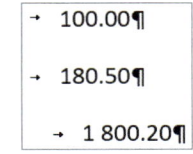

→ 100.00¶

→ 180.50¶

→ 1 800.20¶

Falsches Zahlenformat für Dezimaltabulator

Mit der Tabuliertaste springen Sie zu den einzelnen Tabstopps.

Tabulatoren und Tabellen verwenden

Falsche Verwendung der Tabulatorstopps (Standardtabstopps)

Es gilt als unprofessionell, von Standardstopp zu Standardstopp zu tabulieren, bis ungefähr die gewünschte Position erreicht ist. Setzen Sie besser einen individuellen Tabstopp und tabulieren Sie einmal. Denken Sie daran, dass Sie oft sinnvoller Einzugsfunktionen oder Tabellenfunktionen statt Tabulatorstopps einsetzen.

Hanspeter	Muster	6006	Luzern
Andrea	Affentranger	8008	Zürich
Franziska	Kerner	3001	Bern

So nicht, sondern *einen* Tabstopp setzen und einmal tabulieren.

Aufgabe 26

Erstellen Sie folgende Tabelle und verwenden Sie den Linkstabulator.

Adressliste

Steiner	Frieda	Riedgutstrasse 31	4053 Basel
Brantschen	Werner	Holzstrasse 60	9010 St. Gallen
Dossenbach	Jacques	Hohlweg 15	8640 Rapperswil
Scherrer	Sylvia	Bächli	3074 Muri

▶ Verändern Sie die Tabelle, indem Sie die Abstände zwischen den einzelnen Spalten korrigieren.
▶ Sortieren Sie die Tabelle nach den Namen.
▶ Erstellen Sie folgende Tabelle und verwenden Sie den Rechtstabulator.

13 285	5 829	4 328	5 847
400	10 000	12 300	15 000
640	420	1 000	6 750
380	23 650	19 800	430

▶ Erstellen Sie folgende Tabelle und verwenden Sie den Dezimaltabulator.

1'230.50	235.80	123.90
4'825.90	1'590.80	1'345.605
100.00	99.9958	10'350.00
6'590.238	1'000'000.00	55.00

Tipp

Mit Vorteil verwenden Sie bei Tabellen mit Zahlen den Rechts- statt den Dezimaltabulator. Dann spielt das Zahlenformat keine Rolle, und die Tabelle lässt sich leichter erstellen. Grundsätzlich empfehlen wir Ihnen, den Dezimaltabulator nur bei Aufstellungen mit unterschiedlicher Anzahl Dezimalstellen zu verwenden.

Damit der Dezimaltabulator in dieser Aufgabe funktioniert, müssen Sie als Gliederungszeichen einen Apostroph setzen.

Damit die Dezimaltabulatoren auch wirklich funktionieren, ist es wichtig, dass unter den Optionen **Während der Eingabe ersetzen** *"Gerade" Anführungszeichen durch «typografische»* deaktiviert wird. Sonst werden die Zahlen auf das Anführungszeichen statt auf den Dezimalpunkt ausgerichtet.

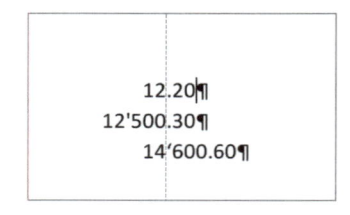

12.20	
12'500.30	
14'600.60	

Register	**Datei**
Befehl	Optionen
Befehl	Dokumentprüfung
Befehl	AutoKorrektur-Optionen
Register	**AutoFormat während der Eingabe**
Kontrollkästchen	"Gerade" Anführungszeichen durch «typografische» (deaktivieren)

Einstellung für Dezimaltabulator

Tipp

Falls automatisch das typografische 1000er-Trennzeichen kommt, kann man dies auch mit Ctrl+Z korrigieren.

Die nebenstehende Darstellung wirkt wie eine Vase. Ein Schriftsatz, welcher im Gesamtbild eine Figur oder eine Form ergibt, nennt man in der Fachsprache **Formsatz**. In kaufmännischen Schriftstücken hat diese Satzgestaltung kaum Bedeutung.

▶ Erstellen Sie folgende Tabelle und verwenden Sie den Zentriertabulator. Stellen Sie den Tabstopp auf 5 cm.

<pre>
                    Ein
                  Mensch
                erhofft sich
              fromm und still,
             dass er einst das
            kriegt, was er will. Bis
              er dann doch dem
                Wahn erliegt und
                 schliesslich das
                   will, was er
                     kriegt.
</pre>

▶ Erstellen Sie folgende Tabelle und verwenden Sie zweckmässige Tabulatorarten.

Nummer	Beschreibung	Menge	Stückpreis	Betrag
CW 1002/DB	Shorts, dunkelblau	2	27.50	55.00
CW 1004/DB	Shorts, schwarz	5	25.50	127.50

Aufgabe 27

Tabulatorfüllzeichen

Erstellen Sie das abgebildete Inhaltsverzeichnis mithilfe der Tabulatorfunktion. Die Füllzeichen finden Sie in im Dialogfeld **Tabulator** (Doppelklick auf einen Tabulator im Lineal oder **Absatz > Tabstopps…**).

Inhaltsverzeichnis

1	Word-Grundlagen anwenden	9
1.1	Der Word-Bildschirm	10
1.2	Text eingeben	13
1.3	Mit Dateien arbeiten	13
1.4	Anzeigemöglichkeiten (Statusleiste)	22
1.5	Das Lineal	23
1.6	Die Registerkarte Ansicht	24
1.7	Formatierungszeichen anzeigen	27
1.8	Symbolleiste für den Schnellzugriff	28
1.9	Word-Hilfe	29

Tabulatoren und Tabellen verwenden

Aufgabe 28 Erstellen Sie den abgebildete Anmeldetalon mithilfe der Tabulatorfunktion. Die Füllzeichen finden Sie im Dialogfeld **Tabulator**.

Golfclub Pilatus Kriens

ANMELDETALON – Weihnachtsfeier

Name _____ Vorname _____

Strasse/Nr. _____ PLZ/Ort _____

Tel. P _____ Tel. G _____

Mobile _____ Mail _____

☐ Ja, ich nehme gerne an der Weihnachtsfeier vom 18. Dezember 20.. teil.

☐ Leider kann ich an der Weihnachtsfeier nicht teilnehmen.

4.2 Tabellen

Tipp
Wozu Tabellen mit Word erstellen? Dafür gibt es doch Excel. Die Antwort ist einfach:
In einer Tabelle, in der keine Berechnungen ausgeführt werden, verwenden Sie mit Vorteil Word. Sie sind flexibler und verfügen über alle Formatierungsfunktionen von Word.

Word verfügt über mächtige Tabellenfunktionen für die Formatierung von Text. Ob Sie eine einfache Liste benötigen oder eine komplexe Tabellenstruktur zeichnen wollen, es gibt kaum etwas, was Sie nicht mithilfe der Tabellenfunktionen perfekt gestalten können. Egal, ob Sie Geschäftsbriefe, Protokolle, Rechnungen, Offerten oder Berichte mit oder ohne Zahlen schreiben, Tabellenfunktionen erleichtern Ihnen die Arbeit in jedem Fall.

Tabellenfunktionen ermöglichen Ihnen, den Text übersichtlich auf Papier zu bringen, vor allem aber bedeutet der Einsatz von Tabellenfunktionen ein leichteres, angenehmeres Arbeiten und gute Umformatierungsmöglichkeiten. Das einfache Einfügen von Linien, das farbige Hinterlegen von Zellen und vieles andere geht leicht von der Hand. Gerade weil es so einfach geht, besteht die Gefahr, dass man gestalterische Fehler begeht und zu viele Funktionen unüberlegt einsetzt, was die Leserlichkeit des Textes beeinträchtigt.

4.2.1 Tabellen erstellen

Die Gruppe Tabelle

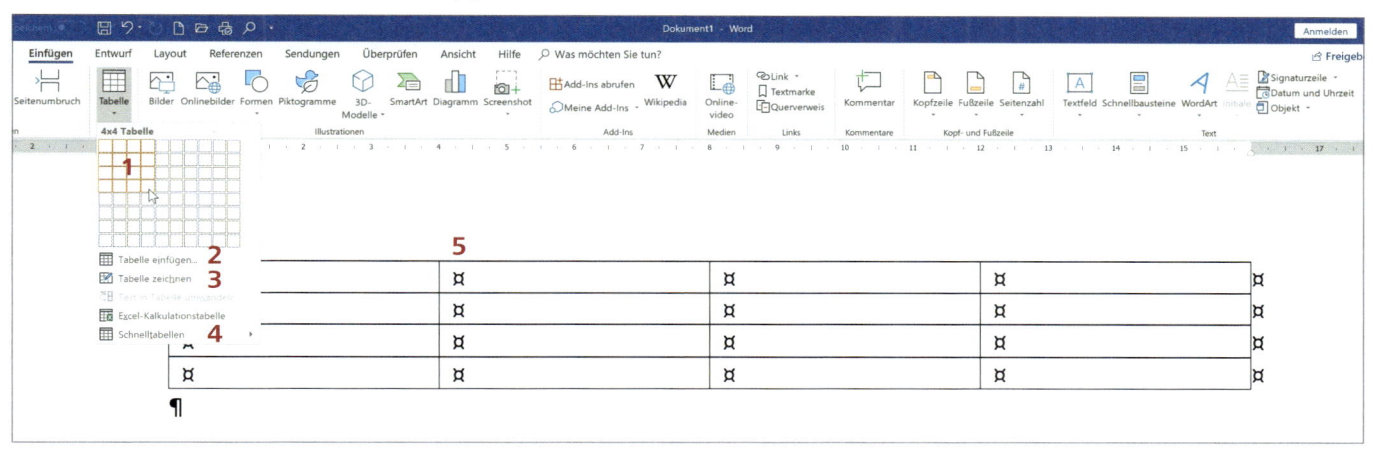

Tabelle einfügen

Register	**Einfügen**
Gruppe	**Tabellen**
Befehl	**Tabelle**

Einfügen einer neuen Tabelle

1 Mit der Maus können Sie in dieser Matrix einen Tabellenraster erstellen. 4×4 bedeutet vier Zeilen und vier Spalten.

2 Tabellen lassen sich auch durch Eingabe von Werten erstellen.

3 Komplexe Tabellen lassen sich mit einem Zeichenstift direkt ins Dokument zeichnen.

4 Schnelltabellen bestehen aus einem Katalog von Tabellenvorlagen, die anschliessend angepasst werden können.

5 In der Seitenlayoutansicht wird ständig eine Vorschau der Tabelle angezeigt.

Tabulatoren und Tabellen verwenden

Das Dialogfeld Tabelle einfügen

Register	**Einfügen**
Gruppe	**Tabellen**
Befehl	**Tabelle**
Befehl	**Tabelle einfügen…**

Aufruf des Dialogfelds **Tabelle einfügen**

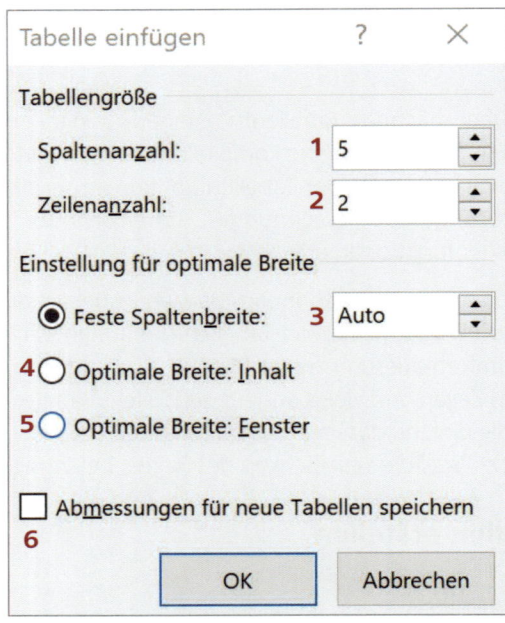

Dialogfeld **Tabelle einfügen**

1 Die maximale Spaltenzahl beträgt 63.
2 Die maximale Zeilenzahl beträgt 32 767.
3 Auto bedeutet, dass Word die Spalten gleichmässig auf den Satzspiegel verteilt.
4 Passt die Grössen der Spalten automatisch an den Inhalt der Zellen an.
5 Passt die Grösse der Tabelle automatisch an ein Webbrowser-Fenster an, wenn Sie die Grösse des Fensters verändern.
6 Eingegebene Werte als Standard speichern.

Es ist vorteilhaft, nicht zu viele Zeilen einzufügen, auch wenn Sie eine lange Tabelle erstellen wollen. Sie können jederzeit eine zusätzliche Zeile hinzufügen, indem Sie den Cursor in der letzten Zelle platzieren und dann die Tabuliertaste anschlagen.

4.2.2 Tabellentools

Für die weitere Arbeit an der Tabelle benötigen wir die Registerkarte **Tabellentools**. Sobald Sie auf eine Tabelle klicken, wird die Registerkarte angezeigt, und Sie haben die Wahl zwischen zwei **Registerkarten,** nämlich **Entwurf** und **Layout**.

Tabellentools mit den Registerkarten **Entwurf** und **Layout**

Registerkarte **Tabellentools/Entwurf**

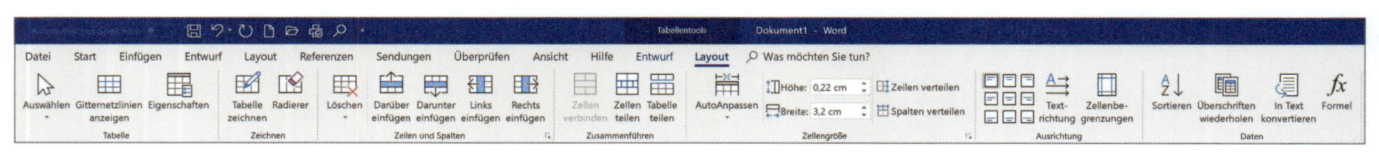

Registerkarte **Tabellentools/Layout**

Die Gruppe Tabelle

Die Gruppe **Tabelle**

1 Sie haben die Möglichkeit, einzelne Elemente der Tabelle zu markieren.
   Einfacher jedoch geht dies mit der Maus. Wenn Sie auf eine Spalte zeigen, erscheint oberhalb der Spalte ein kleiner schwarzer Pfeil, und mit einem Linksklick können Sie die Spalte markieren. Bei gedrückter Ctrl-Taste können Sie so auch mehrere Spalten gleichzeitig markieren.

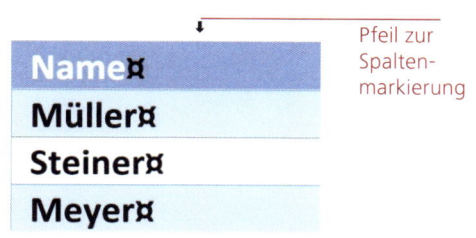

Pfeil zur Spaltenmarkierung

Markieren von Spalten. Der Cursor wird zu einem Pfeil.

2 Wenn Sie die Gitternetzlinien einer Tabelle anzeigen, lässt es sich einfacher arbeiten. Die Übersicht wird besser. Diese Einstellung beeinflusst lediglich die Anzeige auf dem Bildschirm und nicht den Druck von Linien.

3 Es öffnet sich das Dialogfeld **Tabelleneigenschaften** mit den fünf Registerkarten **Tabelle, Zeile, Spalte, Zelle** und **Alternativtext**. Einige der in den Eigenschaften vorhandenen Einstellungen können Sie direkt im Menüband verändern (beispielsweise die Zeilenhöhe).

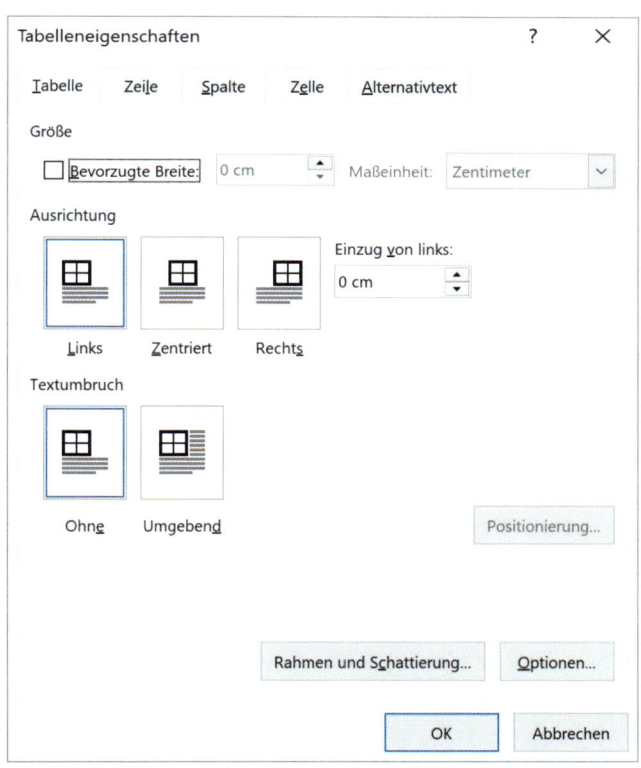

Tabelleneigenschaften

Tipp
Eine Tabelle ist immer auch ein grafisches Element und kann mit dem Doppelpfeil oberhalb der Tabelle auf dem Blatt verschoben werden. In den **Tabelleneigenschaften** definieren Sie, wie der Text um die Tabelle fliessen soll, und können entsprechende Optionen wählen. Wählen Sie **Textumbruch > Ohne**, wenn Sie die Tabelle aus Versehen verschoben haben.

Tabulatoren und Tabellen verwenden

Die Gruppe Zeilen und Spalten

Die Gruppe **Zeilen und Spalten** beinhaltet die Befehle, um Zeilen und Spalten zu löschen oder einzufügen. Beachten Sie aber, dass dies mit dem Kontextmenü (Klick mit rechter Maustaste auf die Tabelle) oft einfacher geht.

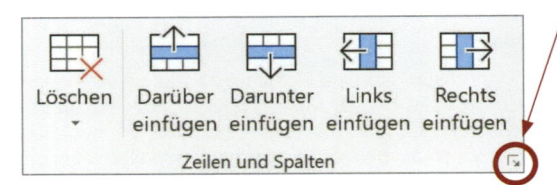

Mit dem Klick auf den Pfeil **Startprogramm** für das Dialogfeld **Zellen einfügen** sind Eintragungen aktiv, welche Zellen anstatt Zeilen und Spalten betreffen.

Die Gruppe **Zeilen und Spalten**

Die Gruppe Zusammenführen

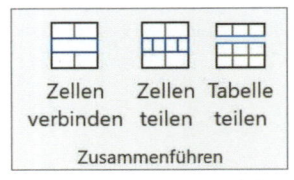

Die Gruppe **Zusammenführen**

Eine Tabelle muss nicht zwingend aus einem gleichmässigen Tabellennetz bestehen, Zellen lassen sich verbinden oder teilen:

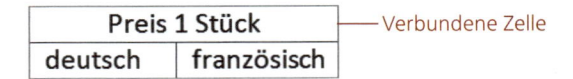

— Verbundene Zelle

Gelegentlich kommt es vor, dass man aus einer längeren Tabelle sinnvollerweise zwei Tabellen erstellt. Dies geschieht mit dem Befehl **Tabelle teilen**.

Die Gruppe Zellengrösse

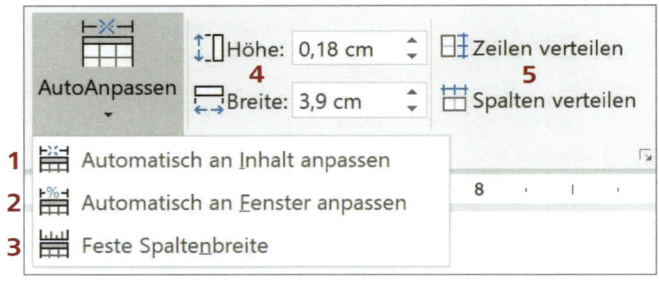

Die Gruppe **Zellengrösse**

1. Die Zellengrösse verändert sich automatisch je nach Umfang des Zelleninhalts.
2. Das Fenster passt sich automatisch dem Satzspiegel an, die Tabelle reicht also vom linken bis zum rechten Rand.
3. Ausschalten des automatischen Anpassens von Zellen. Word verwendet wieder die aktuelle Spaltenbreite als feste Spaltenbreite.
4. Eingabe von Werten, um die Zeilenhöhe und Spaltenbreite zu bestimmen.
5. Gleichmässiges Verteilen von Zeilen und Spalten.

Höhe und Breite von Zeilen und Spalten lassen sich auch mit der Maus in ihrer Grösse anpassen. Sobald der Cursor auf eine Gitternetzlinie zeigt, entsteht auf dem Bildschirm ein Doppelpfeil, und Sie können die Linien verschieben, oder Sie verschieben die Spalten im Tabellenlineal.

Tipp
Oft lassen sich Zellen nicht verkleinern, weil Absatzmarken nach dem Text vorhanden sind. In diesem Fall müssen Sie diese Absatzmarken zuerst löschen.

Die Gruppe Ausrichtung

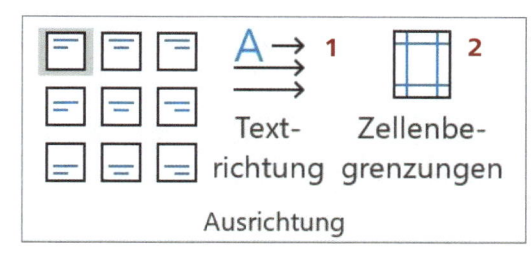

Die Gruppe **Ausrichtung**

Tabellle mit senkrechten Tabellenköpfen

1 In dieser Gruppe bestimmen Sie die Textausrichtung und die Textrichtung innerhalb einer Zelle. Im Spaltenkopf kann die Textrichtung von unten nach oben gewählt werden, wenn Platznot herrscht und der Tabellenkopf länger ist als der Spalteninhalt.

2 In der Zellenbegrenzung bestimmen Sie den Abstand von Linien oder Schattierungen zum Text. Achten Sie darauf, dass der Text nicht an der Linie klebt. Der Abstand sollte aber auch nicht zu gross sein. Zudem sollten Linien nicht über den Satzspiegel hinausragen.

Die Gruppe Daten

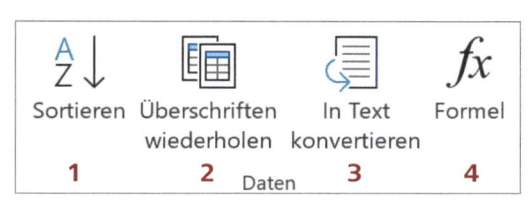

Die Gruppe **Daten**

1 Sie können bis zu drei Sortierkriterien eingeben, um eine Tabelle zu sortieren.

2 Bei Tabellen, die länger als eine Seite sind, wird die Kopfzeile wiederholt. Bevor Sie diesen Befehl anklicken, müssen Sie die Tabellenüberschrift markieren.

3 Eine Tabelle kann wieder in einen Standardtext umgewandelt werden. Sie können das Trennzeichen auswählen.

4 In Tabellen können Sie auch rechnen. Das ist vor allem bei Seriendruck interessant, wo Werte aus Datenbanken automatisch im Schriftstück berechnet werden. Word ist nicht Excel, und Excel ist nicht Word. Wenn Sie ausserhalb von komplexen Schriftstücken etwas berechnen wollen, ist Excel das richtige Programm.

Tabulatoren und Tabellen verwenden

Beispiel: Spaltenüberschriften auf jeder Seite anzeigen
Sie müssen die erste Zeile der Tabelle markieren oder den Cursor auf die erste Zeile platzieren und dann den Befehl **Überschriften wiederholen** im Register **Tabellentool/Layout** in der Gruppe **Daten** aktivieren.

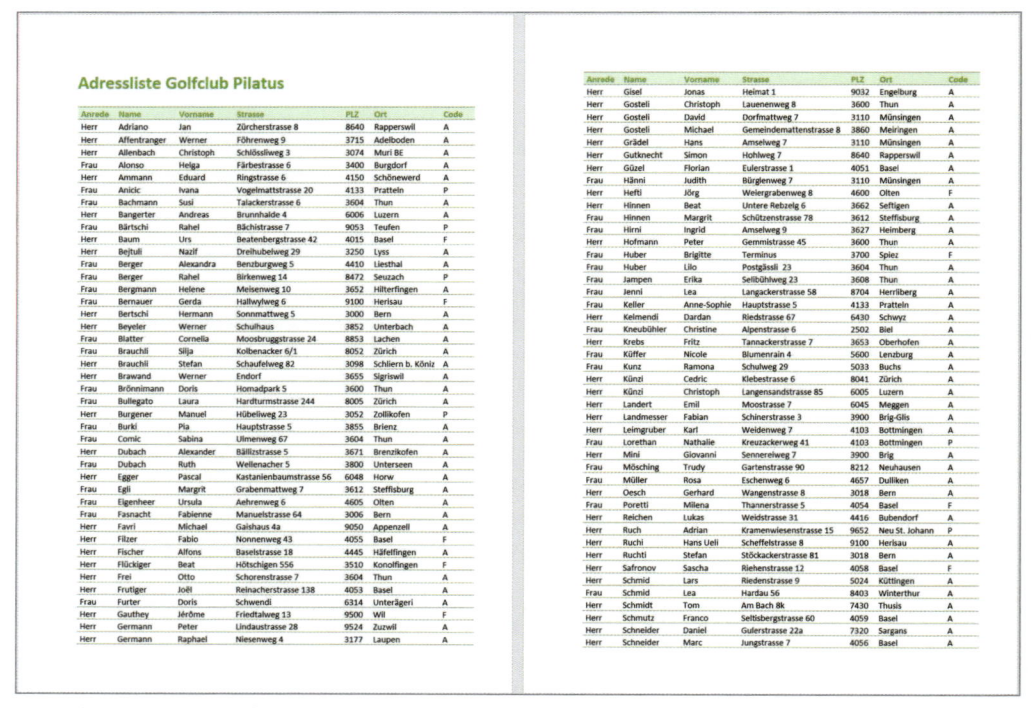

Beispiel Spaltenüberschriften

Beispiel: Tabelle in Text konvertieren (umwandeln)
Wenn Sie eine Tabelle in Standardtext umwandeln, können Sie das Trennzeichen selber wählen. Sie müssen die Tabelle markieren oder den Cursor in der Tabelle platzieren und dann den Befehl **In Text konvertieren** im Register **Tabellentool/Layout** in der Gruppe **Daten** wählen. Sie können dann im entsprechenden Dialogfeld das Trennzeichen auswählen und bestätigen. Falls Sie nur einzelne Zeilen konvertieren möchten, müssen Sie die betreffenden Zeilen markieren.

Register	Tabellentools/Layout
Gruppe	Daten
Befehl	In Text konvertieren

Tabelle in Text umwandeln

Tabelle in Text umwandeln

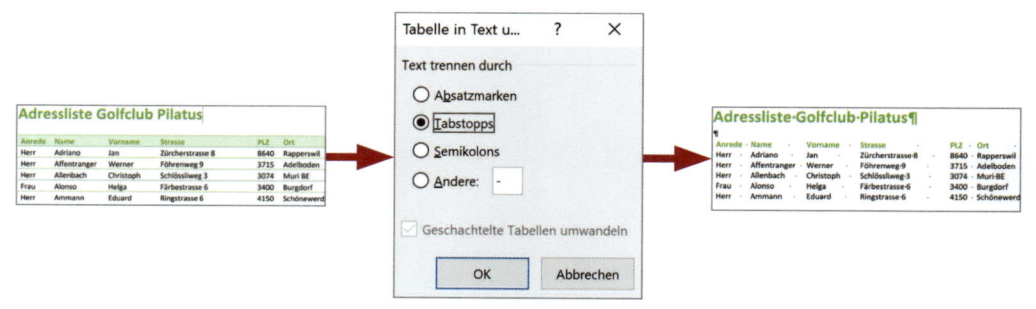

Tabellen

Beispiel: Text in Tabelle umwandeln

Wenn Sie Text in eine Tabelle umwandeln möchten, muss der Text mit Trennzeichen strukturiert sein oder strukturiert werden. Als Trennzeichen können Sie z. B. Kommas, Semikolons, Tabstopps oder auch andere Zeichen verwenden. Fügen Sie die Trennzeichen an den Positionen ein, an welchen der Text in Spalten unterteilt werden soll. Mithilfe von Absatzmarken können Sie den Beginn einer neuen Zeile angeben.

Wichtig: Markieren Sie den Text, den Sie umwandeln möchten.

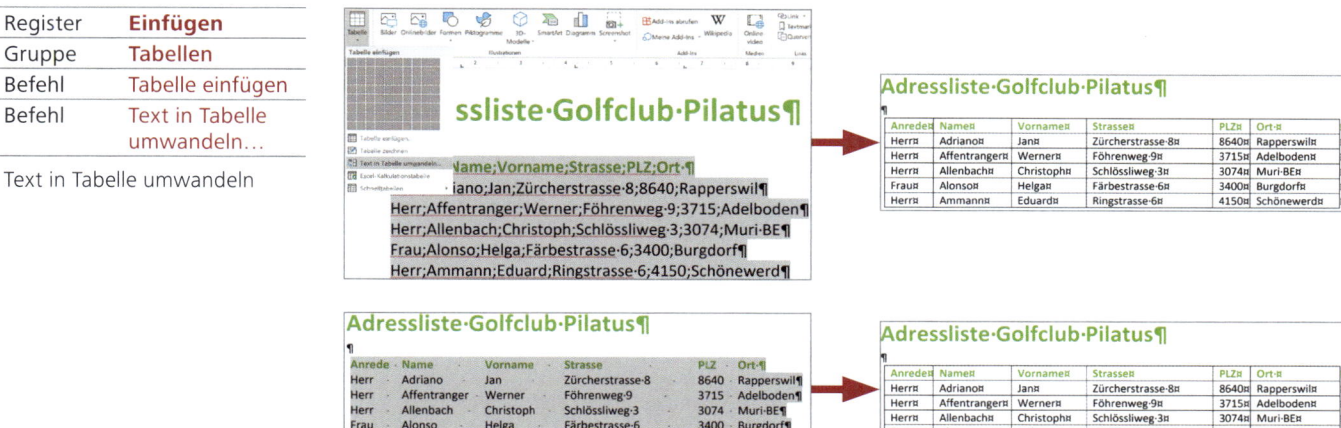

Register	**Einfügen**
Gruppe	**Tabellen**
Befehl	Tabelle einfügen
Befehl	Text in Tabelle umwandeln…

Text in Tabelle umwandeln

Text in Tabelle umwandeln

Tabulatorfunktionen innerhalb von Tabellen

Bekanntlich springen Sie mit der Tabuliertaste von Zelle zu Zelle. Wenn Sie innerhalb einer Zelle tabulieren möchten, müssen Sie die Tastenkombination **Ctrl+Tab** drücken. Grundsätzlich können Sie Formatierungsfunktionen, welche Sie ausserhalb von Tabellen zur Verfügung haben, auch innerhalb von Tabellen verwenden. Einzüge über mehrere Zellen können Sie einfach erreichen, wenn Sie Spalten markieren.

Eine besondere Funktion innerhalb von Tabellen hat der Dezimaltabulator. Wenn Sie eine Tabelle lediglich mit Zahlen füllen wollen, so setzen Sie am besten einen Dezimaltabulatorstopp. Ein Tabulieren in der Zelle ist dann nicht mehr notwendig. Die Zahlen werden automatisch korrekt stellenrichtig dargestellt. Versuchen Sie es!

Tipp

Immer, wenn die Tabuliertaste nicht die erwartete Funktion ausführt, verwenden Sie die Tastenkombination **Ctrl+Tab**. Oft funktioniert dann die Tab-Taste so, wie Sie dies erwartet haben.

4.2.3 Typografische Hinweise

Anhand einer einfachen Tabelle lernen Sie die wichtigsten typografischen Regeln für Tabellen kennen.

Die folgende Tabelle wurde anhand der Adressliste aus Aufgabe 26 erstellt.
In den Grundeinstellungen von Word sieht eine Tabelle zuerst einmal so aus:

Steiner¤	Frieda¤	Riedgutstrasse·31¤	4053·Basel¤	¤
Brantschen¤	Werner¤	Holzstrasse·60¤	9010·St.··Gallen¤	¤
Dossenbach¤	Jacques¤	Hohlweg·15¤	8640·Rapperswil¤	¤
Scherrer¤	Sylvia¤	Bächli¤	3074·Muri¤	¤
¶				

Die Tabelle wirkt schwerfällig und überladen. Die Zellen wirken wie Blocksteine. Linien haben in Texten zwar eine wichtige Bedeutung, denn damit lassen sich Textgruppen und Absätze gliedern, auch ausserhalb von Tabellen. In unserem Beispiel aber haben vor allem die senkrechten Linien nichts zu suchen. Lassen Sie in Tabellen alle Linien weg, welche die Leserlichkeit, die Struktur der Tabelle nicht verbessern.

So präsentiert sich die Tabelle, nachdem die senkrechten Linien und der äussere Rahmen weggelassen wurden:

Register	**Start**
Gruppe	Absatz
Befehl	Rahmenlinien

Rahmenlinien ausschalten

Steiner¤	Frieda¤	Riedgutstrasse·31¤	4053·Basel¤	¤
Brantschen¤	Werner¤	Holzstrasse·60¤	9010·St.··Gallen¤	¤
Dossenbach¤	Jacques¤	Hohlweg·15¤	8640·Rapperswil¤	¤
Scherrer¤	Sylvia¤	Bächli¤	3074·Muri¤	¤
¶				

Nun fügen wir eine Tabellenüberschrift hinzu. Für die Formatierung verwenden wir eine Tabellenformatvorlage.

Name¤	Vorname¤	Strasse¤	Ort¤	¤
Steiner¤	Frieda¤	Riedgutstrasse·31¤	4053·Basel¤	¤
Brantschen¤	Werner¤	Holzstrasse·60¤	9010·St.··Gallen¤	¤
Dossenbach¤	Jacques¤	Hohlweg·15¤	8640·Rapperswil¤	¤
Scherrer¤	Sylvia¤	Bächli¤	3074·Muri¤	¤

- Die Linien sind etwas zu fett. Sie sollten nie dicker sein als die Schrift. Als Referenz dient das kleine l.
- Die schwarze Schrift in der Überschrift ist schlecht lesbar.
- Die Linien ragen links und rechts über den Satzspiegel hinaus.

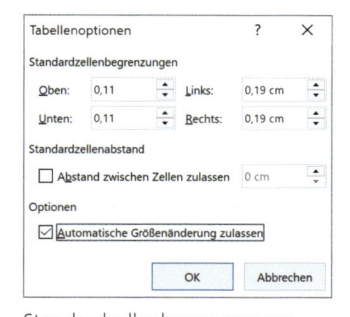

Standardzellenbegrenzungen für nebenstehende Tabelle. Zwischen den Zeilen entsteht Weissraum (0,11 cm unten und oben). Die Linien gehen nicht über den linken Rand hinaus (links und rechts 0 cm).

Im letzten Schritt sollen die Linienstärke, die Schrift und die Schattierung angepasst sowie die Standardzellenbegrenzung geändert werden.

Name	Vorname	Strasse	Ort
Steiner	Frieda	Riedgutstrasse 31	4053 Basel
Brantschen	Werner	Holzstrasse 60	9010 St. Gallen
Dossenbach	Jacques	Hohlweg 15	8640 Rapperswil
Scherrer	Sylvia	Bächli	3074 Muri

Die feinen Linien, die fast nicht zu sehen sind, genügen, die Tabelle sinnvoll zu gliedern. Sie sind lediglich ¼ pt gross und punktiert.

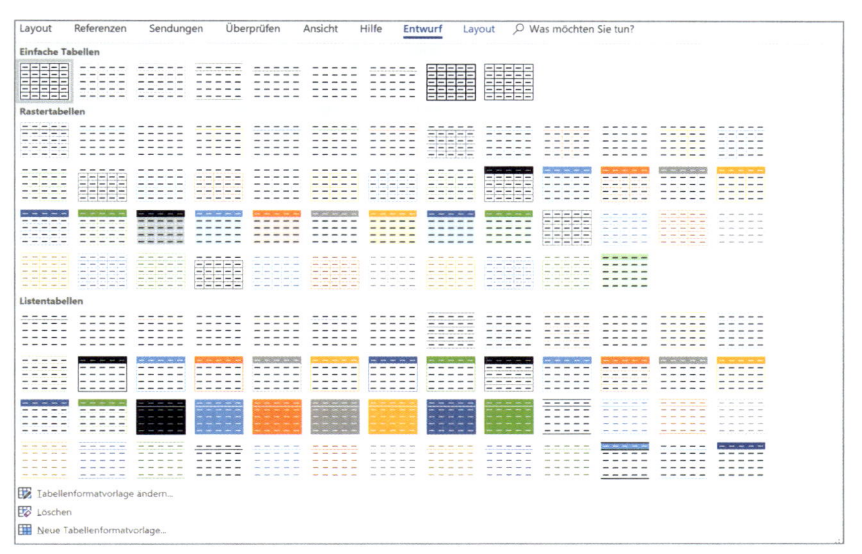

Tabellenformatvorlagen

Name	Vorname	Strasse	Ort
Steiner	Frieda	Riedgutstrasse 31	4053 Basel
Brantschen	Werner	Holzstrasse 60	9010 St. Gallen
Dossenbach	Jacques	Hohlweg 15	8640 Rapperswil
Scherrer	Sylvia	Bächli	3074 Muri

Testen Sie auch die verschiedenen Tabellenformatvorlagen.

Tabulatoren und Tabellen verwenden

Aufgabe 29 Gestalten Sie die folgende Tabelle:

Englischkurse					
Kurs	Tag	Datum	Zeit	Lekt.	Preis
Anfänger Tageskurse	MO	04.01.20..	17:10	12×1	220.–
	DI	05.01.20..	09:00	12×1	220.–
	DO	07.01.20..	15:00	12×1	220.–
Anfänger Abendkurse	MO	04.01.20..	18:15	12×2	320.–
	DI	05.01.20..	18:15	12×2	320.–
	DI	05.01.20..	20:15	12×2	320.–
	DO	07.01.20..	20:15	12×2	320.–
Intensiv Anfänger	MO	04.01.20..	09:00	12×2	350.–
	DO	07.01.20..	09:00	12×2	350.–
Powerkurs	DO	07.01.20..	09:00	12×2	460.–
	DO	07.01.20..	20:15	12×2	460.–
Grammatik	MO	04.01.20..	18:15	12×2	330.–
	MO	04.01.20..	20:15	12×2	330.–
Business	DI	05.01.20..	18:15	12×2	350.–
	DI	05.01.20..	20:15	12×2	350.–

Aufgabe 30 Gestalten Sie folgenden Text und verwenden Sie die Tabellenfunktionen:

Zimmerausstattung

Hotel Crest'Agüzza *** (Stammhaus)	Hotel Résidence Crest'Agüzza ****
• gemütliche, moderne Zimmer, fast alle kürzlich renoviert und mit Bad oder Dusche und WC ausgestattet • hochwertige Betten mit höchstem Schlafkomfort • Selbstwahltelefon • Radio mit Info-Sender «Piz Corvatsch» • Farbfernseher mit 60 Kanälen	• rustikal-elegant, Wohn- und Schlafteil • eigens entworfene Möbel, Textilien, Bodenbeläge und Beleuchtungskörper • hochwertige Betten mit höchstem Schlafkomfort • Bad, extra Dusche, geheizter Fussboden, separates WC • Signallampe für Mitteilungen • Selbstwahltelefon, Radio und Weckuhr • Satelliten-Farbfernseher mit Fernbedienung • alle Zimmer verfügen über Balkon oder gedeckten Gartensitzplatz

In unserer neu konzipierten Hotelanlage stehen unseren Gästen zur Verfügung

• Halle mit offenem Kamin und Hallenbar • Schwimmbad 7 × 11 m, 28 Grad, Gegenstromanlage, Whirlpool 36 Grad, Fitness-Ecke • Kinderspielzimmer • Aufenthaltsraum für Jugendliche mit diversen Automaten, Fernsehspielen usw. • Tischtennis-Raum • Squash-Halle • Solarium	• Sauna mit Kneipptretbecken und Kaltwasserbecken • Liegeraum • Massageraum • Hotelrestaurants mit 130 Plätzen • Grillroom mit 60 Plätzen • Bündnerstübli mit 35 Plätzen • Crest'Agüzza-Hallenbar mit 30 Plätzen • Résidence-Hallenbar mit 60 Plätzen • kostenfreies WLAN

Aufgabe 31

Gestalten Sie die folgende Tabelle:

		Durchmesser in Zentimeter				
Holzart	Ausführung	80	90	100	110	120
Eiche	roh	110.00	126.50	145.50	167.50	192.50
	mattiert	118.00	135.50	156.00	179.50	206.50
	poliert	125.50	144.50	166.00	191.00	219.50
Kirschbaum	roh	140.00	161.00	185.00	213.00	245.00
	mattiert	152.50	175.50	202.00	232.50	267.50
	poliert	163.00	187.50	215.50	248.00	285.00
Buche	roh	158.00	181.50	208.50	240.00	276.00
	mattiert	175.50	202.00	232.50	267.50	307.50
	poliert	192.80	221.50	254.50	292.50	336.50

Aufgabe 32

Gestalten Sie die folgende Tabelle:

Infolge endgültiger Schliessung muss das gesamte Warenlager innert kürzester Frist total liquidiert werden. Handgeknüpfte ausgesuchte Einzelstücke und exklusive Sammlerteppiche werden mit Liquidationsrabatten von 50–80 % verwertet. Einige Beispiele:

	Mass			Ladenpreis	Liquidationspreis
Vorlagen					
Feiner Isfahan auf Seide	17	x	68 cm	7 200.–	1 490.–
Pangmeraba	130	x	85 cm	420.–	80.–
Gebetsteppich	122	x	78 cm	2 100.–	690.–
Hamedan semi alt	153	x	95 cm	3 000.–	780.–
Brücken					
Hosseinabad	218	x	160 cm	2 200.–	750.–
Feiner Estfahan	180	x	20 cm	5 300.–	1 250.–
Bochara super	343	x	79 cm	2 100.–	490.–
Kasak um 1920	120	x	167 cm	17 800.–	7 900.–
Kasak Kars	186	x	137 cm	2 450.–	670.–
Läufer					
Bochara super	343	x	79 cm	2 400.–	720.–
Ning Hsia	650	x	80 cm	4 700.–	1 260.–
Hamedan	283	x	76 cm	3 020.–	750.–
Mud Birdschend	400	x	80 cm	5 110.–	1 410.–

Aufgabe 33

Öffnen Sie die Aufgabe 33. Konvertieren Sie die Tabellen in Texte oder wandeln Sie die Texte in Tabellen um. Folgen Sie dazu den Anweisungen im Dokument.

a) · Wandeln·Sie·den·folgenden·Text·in·eine·Tabelle·um.¶
¶
Name;·Vorname;·Strasse;·PLZ;·Ort¶
Arnold;·Sarah;·Sonnengrund·3;·6210;·Sursee¶
Etter;·Urs;·Gulp·4;·6003;·Luzern¶
Wicki;·Petra;·Ringfeld·7;·8005;·Zürich¶
¶

Tabulatoren und Tabellen verwenden

Aufgabe 34

Öffnen Sie die Aufgabe 34.

▶ Wandeln Sie den Text in eine Tabelle um.

▶ Sortieren Sie dann die Tabelle nach folgenden Kriterien:
1. nach Name   Text   aufsteigend
2. nach Vorname Text   aufsteigend
3. nach Ort   Text   aufsteigend

▶ Definieren Sie die erste Zeile (Anrede, Name, Vorname usw.) als Überschrift, damit sie auf sämtlichen Seiten automatisch gedruckt wird.

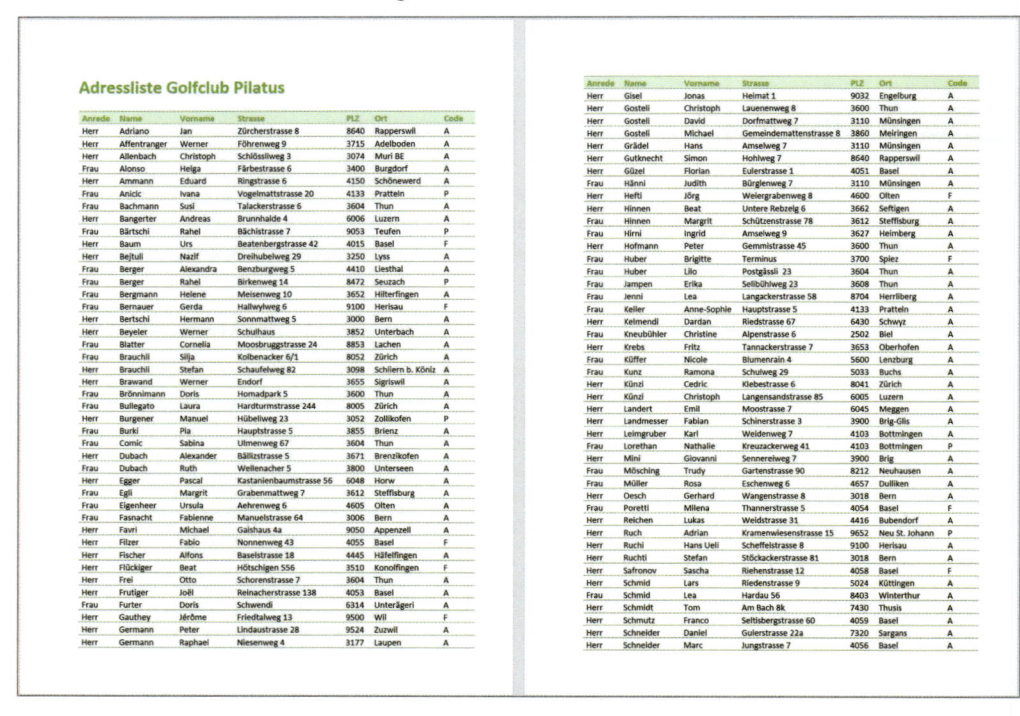

Illustrationen einfügen und bearbeiten

5

Illustrationen einfügen und bearbeiten

5.1 Einfügen von Illustrationen und grafischen Elementen

5.1.1 Einführung

In diesem Kapitel besprechen wir Funktionen, die Sie für Layouts benötigen, die mit grafischen Elementen versehen sind. Zudem sollen Sie erfahren, welche Überlegungen bei der Arbeit mit grafischen Elementen wichtig sind. Word besitzt leistungsfähige Funktionen, mit denen Sie grafische Elemente in Ihr Dokument einbinden.

Register	**Einfügen**
Gruppe	**Illustrationen**

Einfügen von Illustrationen

Das Einfügen von Illustrationen und grafischen Elementen starten Sie über das Register **Einfügen**. Hier wählen Sie die Gruppe **Illustrationen**. WordArt-Elemente befinden sich in der Gruppe **Text** im Register **Einfügen**.

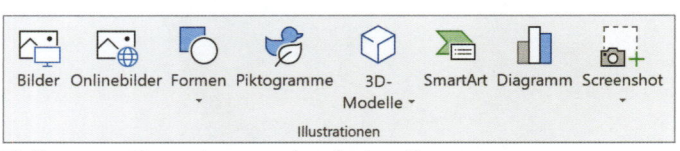

Register	**Einfügen**
Gruppe	Text
Befehl	WordArt

Einfügen von WordArt-Objekten

Einfügen von Illustrationen und grafischen Elementen

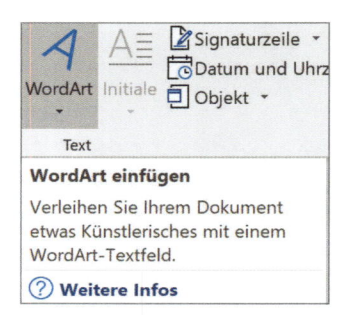

Einfügen von WordArt-Objekten

Einfügetechnik

Das Einfügen von Bildern, Onlinegrafiken, SmartArts und Diagrammen geschieht immer durch Doppelklick in der Auswahl des entsprechenden Dialogfelds.

Beachten Sie die Möglichkeit, Bilder verknüpft einzufügen. Damit bleibt die Word-Datei kleiner, allerdings fehlt das Bild dann, wenn das Programm die Verknüpfung nicht mehr findet, weil das Word-Dokument nicht mehr auf dem gleichen System oder Netzwerk verwendet wird.

Einfügen von Illustrationen und grafischen Elementen

5.1.2 Elemente der Gruppe Illustrationen
Aufbau der Objekte

Bilder
Wenn Sie ein Bild aus einer Datei einfügen möchten, suchen Sie das Bild in der Dateiablage. Im Dialogfeld **Grafik einfügen** werden Ihnen die Bilder als Vorschau angezeigt, und Sie können sie mit einem Doppelklick einfügen.

Onlinebilder
(siehe Kapitel 5.3)
Sie können Bilder aus dem Internet herunterladen. Zur Auswahl stehen Bilder aus dem eigenen OneDrive-Ordner und die Bing-Bildersuche.

Formen
(siehe Kapitel 5.4)
Sie können aus einer grossen Auswahl von Linien, Standardformen, Pfeilen, Flussdiagrammsymbolen, Legenden, Sternen und Bannern auswählen.

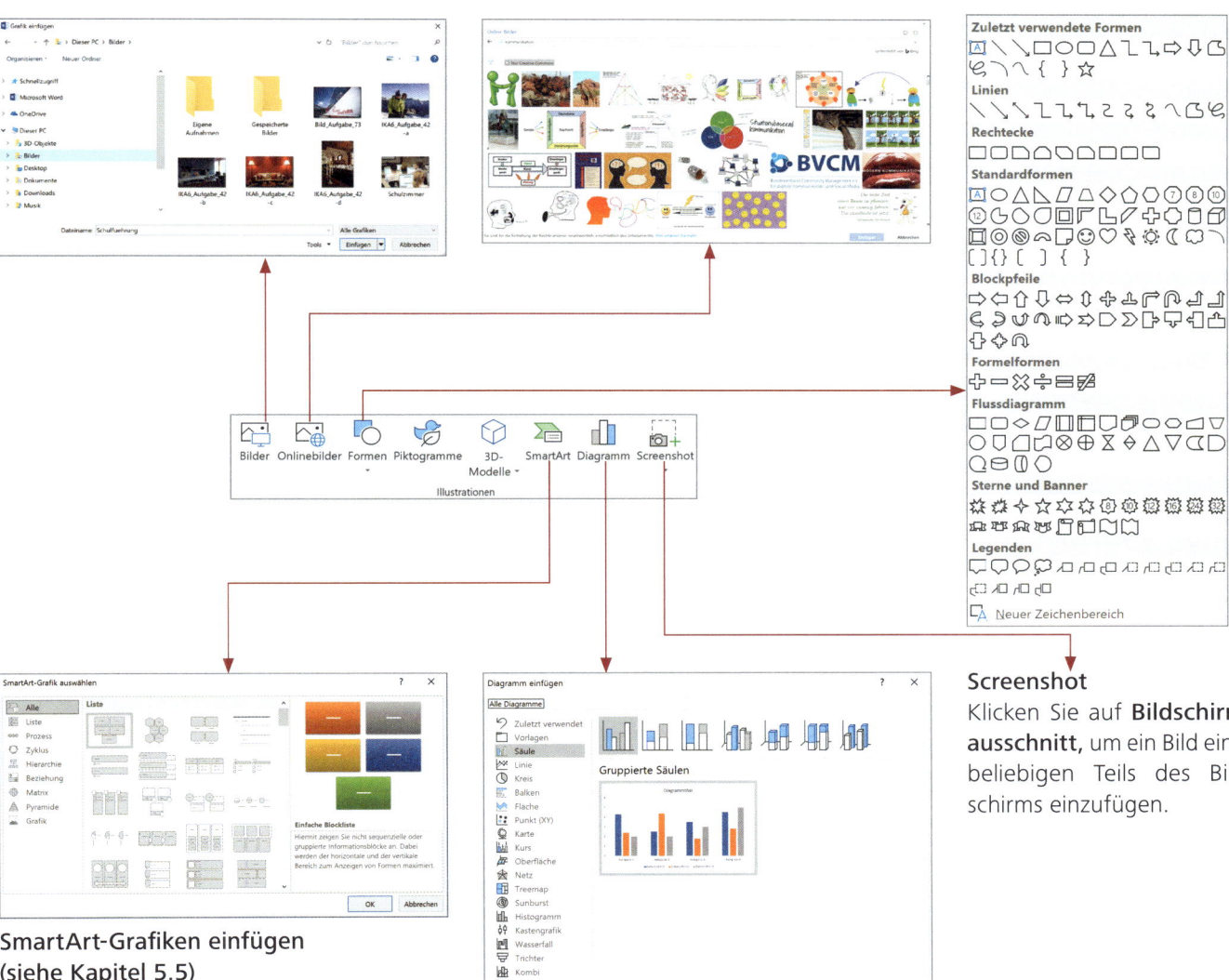

SmartArt-Grafiken einfügen
(siehe Kapitel 5.5)
Eine SmartArt-Grafik ist eine visuelle Darstellung Ihrer Informationen, die Sie aufgrund von Vorlagen schnell und einfach erstellen können. Sie können dabei zwischen vielen verschiedenen Layouts wählen und so Ihre Botschaft oder Ihre Ideen effektiv vermitteln.

Diagramme einfügen (siehe Kapitel 5.7)
Sie können Daten, die in einer Excel-Tabelle verwaltet werden, grafisch darstellen. Es stehen Ihnen Dutzende von Diagrammarten und viele Formatierungsmöglichkeiten zur Verfügung.

Screenshot
Klicken Sie auf **Bildschirmausschnitt,** um ein Bild eines beliebigen Teils des Bildschirms einzufügen.

Illustrationen einfügen und bearbeiten

5.1.3 Grafische Elemente auf mehreren Ebenen

Grafische Elemente können sich überlappen. Markierte Elemente lassen sich in den Vordergrund oder in den Hintergrund stellen, und zwar über die Menübänder oder durch Anklicken mit der rechten Maustaste.

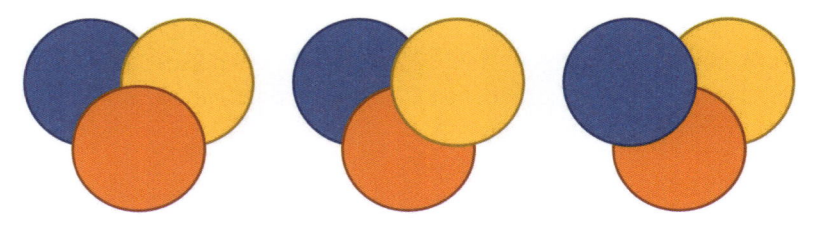

Befehl	Element markieren (anklicken)
Register	**Zeichentools/ Format**
Gruppe	**Anordnen**
Befehl	**In den Vordergrund oder In den Hintergrund**

Objekte anordnen

Unterschiedliche Reihenfolge grafischer Elemente

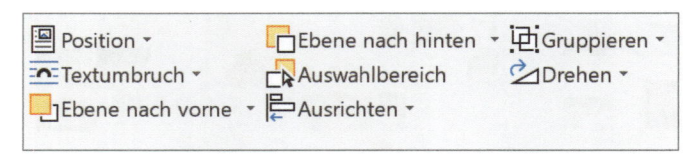

Objekte mit rechter Maustaste gruppieren oder anordnen

5.1.4 Skalieren von Objekten

Eingefügte Objekte lassen sich beliebig mit den Ziehpunkten (Anfassern) skalieren. Die Ziehpunkte werden angezeigt, wenn das Objekt markiert ist. Klicken Sie dazu mit der Maus auf das Bild. Die Cursors erscheinen, sobald Sie mit der Maus auf einen Ziehpunkt fahren.

Befehl	Bild markieren (anklicken)
Register	**Bildtools Format**
Gruppe	**Anpassen**

Bilder anpassen

Eingefügtes Bild mit verschiedenen Bearbeitungsmöglichkeiten

- Damit die Mitte des Bildes am selben Ort bleibt, halten Sie die Ctrl-Taste gedrückt.
- Sollen die Proportionen des Bildes beibehalten werden, drücken Sie beim Ziehen die Shift-Taste.
- Gleichzeitiges Drücken der Ctrl- und der Shift-Taste ermöglicht es, die beiden genannten Funktionen miteinander auszulösen.
- Eine exakte Höhe und Breite können Sie in der Registerkarte **Bildtools Format**, Gruppe **Grösse**, einstellen.
- SmartArt-Objekte können Sie genauso im Folienbereich skalieren, sie werden aber je nach Textumfang auch automatisch skaliert.

5.2 Formatierung

Bei allen grafischen Elementen und Zeichnungen haben Sie grundsätzlich zwei Möglichkeiten, sie zu formatieren:

- Beim Anklicken der Grafik (einfacher Klick oder Doppelklick, je nach Situation) öffnen sich situationsbezogene Menübänder:

Bilder	Onlinegrafiken	Formen	SmartArt	Diagramm	Screenshot
Bildtools Format	**Bildtools** Format	**Zeichentools** Format	**SmartArt-Tools** Entwurf Format	**Diagrammtools** Entwurf Format	**Bildtools** Format

- Beim Klick mit der rechten Maustaste auf ein Objekt können Sie direkt in das Dialogfeld zur Formatierung des Objekts verzweigen. Dies gilt bei SmartArts und Diagrammen sogar für einzelne Elemente der Objekte.

Aufgabe 35, Teil 1	
Register	**Einfügen**
Gruppe	Illustrationen
Befehl	Onlinebilder
Bild einfügen	

Register	**Bildtools Format**
Gruppe	Grösse
Befehl	Startprogramm für das Dialogfeld
Register	Grösse
Bildgrösse anpassen	

Probieren Sie die vielen Möglichkeiten der Bildgestaltung aus.

▶ Erstellen Sie ein neues Dokument.

▶ Fügen Sie ein Bild in das Dokument ein. Sie können beispielsweise ein Onlinebild aus der Bing-Bildersuche wählen.

▶ Achten Sie darauf, dass das Register **Bildtools Format** aktiv ist. Sonst klicken Sie zweimal auf das Bild.

▶ Stellen Sie die Höhe des Bildes so ein, dass sie 10 cm beträgt. Die Breite sollte sich automatisch anpassen, sofern Sie das entsprechende Häkchen gesetzt haben:

```
Skalierung
Höhe:  10          Breite:  10 %
☑ Seitenverhältnis sperren
☑ Relativ zur Originalbildgröße
```

Das Ansichtverhältnis von Bildern bleibt immer gleich, wenn das **Seitenverhältnis** gesperrt ist.

▶ Lesen Sie dieses Kapitel durch und wenden Sie die verschiedenen Funktionen anhand Ihres Beispiels gleich an.

Illustrationen einfügen und bearbeiten

5.2.1 Textumbruch

Die Einstellungen unter **Textumbruch** bestimmen, wie sich der Text zum Bild verhält. Nach dem Einlesen eines Bildes ist immer **Mit Text in Zeile** aktiv. Damit wird ein Bild wie Text behandelt. Das Bild befindet sich also auf der gleichen Ebene wie der Text und kann nicht auf dem Blatt verschoben werden. Wenn Sie ein Bild in eine Zelle einer Tabelle oder in ein Textfeld einlesen, ist nur die Einstellung **Mit Text in Zeile** möglich.

Bei allen anderen Möglichkeiten wird das Bild vom Blatt gelöst und damit frei auf dem Blatt verschiebbar. Unter **Weitere Layoutoptionen…** können Sie Optionen zum Textfluss und zu Textabständen eingeben.

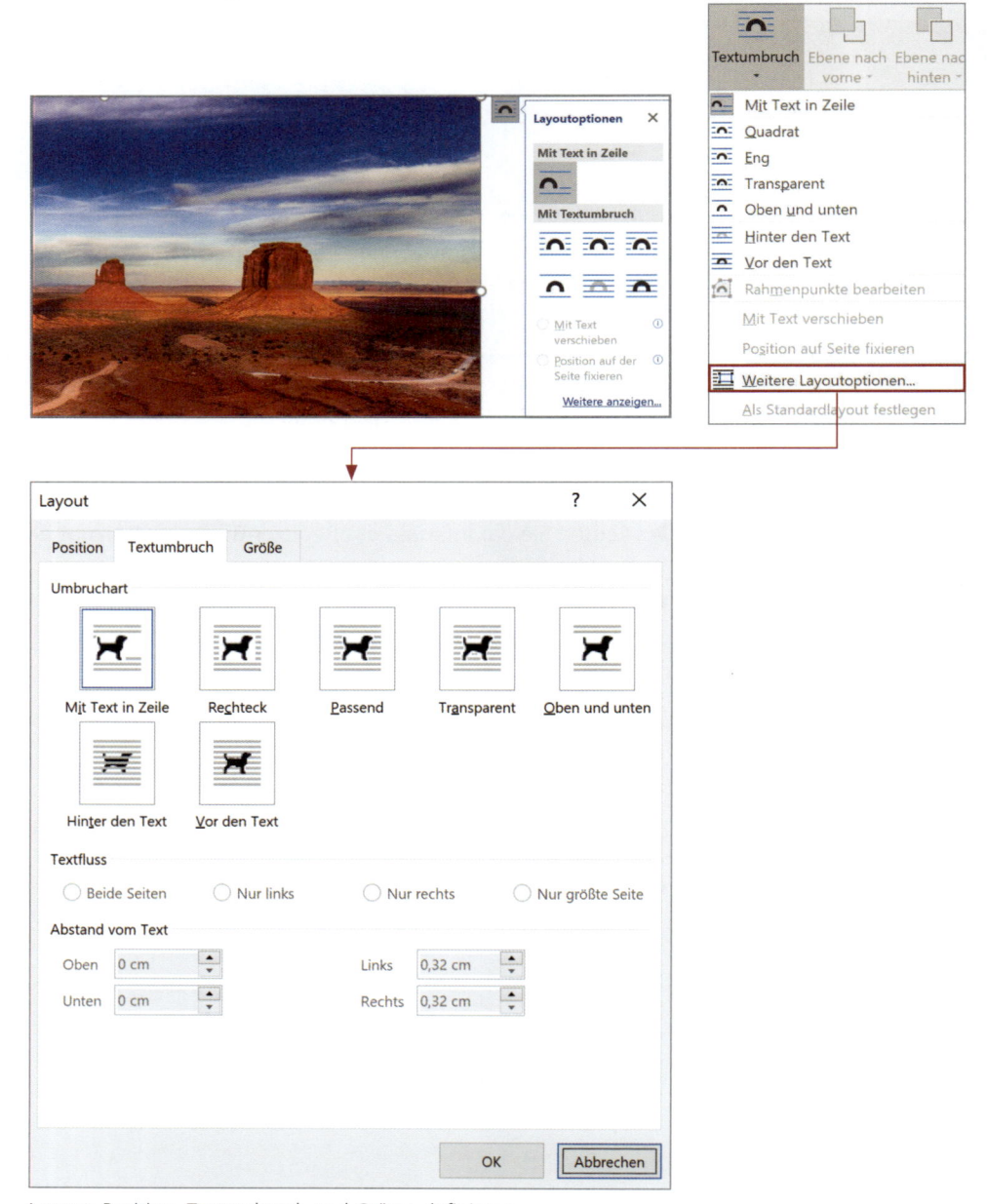

Layout: Position, Textumbruch und Grösse definieren

Formatierung

Register	**Layout**
Gruppe	**Anordnen**
Befehl	Position
Befehl	Weitere Layoutoptionen…
Register	Position
Auswahl	Verankern

Verschieben der Verankerung verhindern

Ein sogenanntes «schwebendes Bild» braucht immer eine Verankerung an einer Absatzmarke. Mit welcher Absatzmarke das Bild verankert ist, ersehen Sie durch den Anker am linken Rand, wenn Sie die Formatierungssymbole einschalten. Sie können diesen Anker verschieben. Dies ist vor allem dann notwendig, wenn Sie eine Absatzmarke mit einem verankerten Bild löschen. Dann wird nämlich immer auch das verankerte Bild entfernt. Mit dem Verschieben des Bildes wechselt auch die Verankerung, was unter Register **Layout** > Gruppe **Anordnen** > Befehl **Position** > Befehl **Weitere Layoutoptionen…** verhindert werden kann. In diesem Fall wird dem Anker ein Schloss hinzugefügt.

Anzeige der Bildverankerung an einer Absatzmarke   Verankertes Objekt (mit Schloss)

5.2.2 Weitere Formatierungen

Gruppe Bildformatvorlagen: Bildformatvorlagen

Mit den Bildformatvorlagen, den Bildlayouts, den Grafikrahmen und den Bildeffekten stehen Ihnen Hunderte von Möglichkeiten zur Verfügung, ein Bild zu formatieren. Zusätzliche Möglichkeiten bestehen, wenn Sie mit der rechten Maustaste auf das Bild klicken. Probieren Sie die vielen Möglichkeiten einfach aus.

Gruppe Anpassen: Bild zurücksetzen

Beim Formatieren hat das Bild durch die vorgenommenen Einstellungen vielleicht rasch nicht mehr die Gestaltung, die Sie eigentlich beabsichtigt haben. Hier hilft, dass Sie das Bild auf den ursprünglichen Zustand zurücksetzen können. Allenfalls müssen Sie die Grösse des Bildes dann wieder anpassen.

Gruppe Grösse: Bild zuschneiden

Wenn Sie **Bild zuschneiden** aktivieren, ändern sich die Formen der Ziehpunkte, und Sie können Teile des Bildes wegradieren. Wenn Sie das Bild endgültig nur noch in zugeschnittener Form wünschen, können Sie mit dem Befehl **Bild komprimieren** die abgeschnittenen Elemente endgültig entfernen.

Gruppe Anpassen: Bild komprimieren

Bilder benötigen relativ viel Speicherplatz. Deshalb können Sie die Bilder einzeln oder alle Bilder miteinander komprimieren. Selbstverständlich verliert das Bild durch die Komprimierung an Qualität. Beachten Sie hier die Möglichkeiten der Komprimierungsoptionen.

Illustrationen einfügen und bearbeiten

Aufgabe 35, Teil 2

▶ Geben Sie nun einen Blindtext ein mit dem Befehl **=rand(1,10)**.
▶ Gestalten Sie Ihre Seite auf folgende Arten:

1 Abstand rechts bzw. oben: 0,8 cm

2 Abstand unten: 0,8 cm

5.3 Onlinebilder

Über den Befehl **Onlinebilder** fügen Sie Bilder aus dem Internet ein. Mithilfe der Bing-Bildersuche können Sie entweder über die Suchfunktion oder über die Themenkataloge das passende Bild auswählen. Bei Bildern aus dem Internet müssen Sie zuerst prüfen, ob Sie diese in Ihrem Dokument nutzen dürfen. Möchten Sie ein eigenes Foto aus Ihrer OneDrive-Cloud einfügen, klicken Sie auf den OneDrive-Button am unteren Fensterrand.

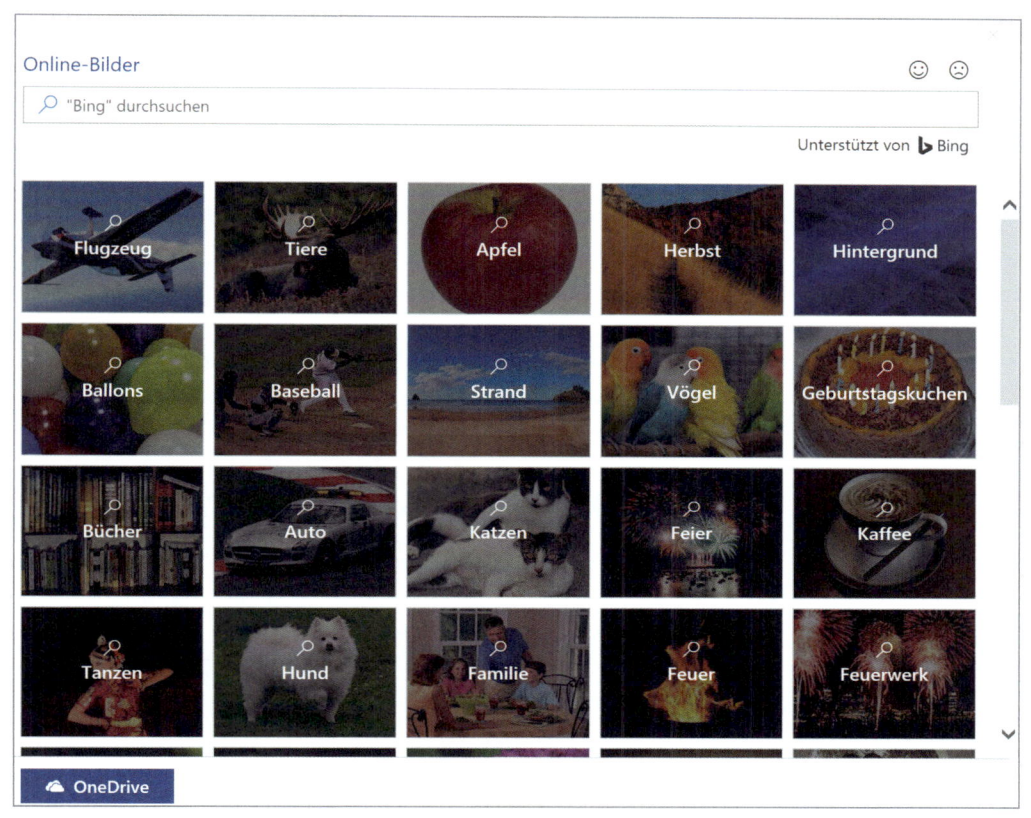

Onlinebilder einfügen

Aufgabe 36

▶ Suchen Sie Onlinebilder mit dem Begriff **Segelboot**.

▶ Erstellen Sie einen Flyer, mit dem Sie dieses Boot verkaufen möchten. Informieren Sie sich im Internet über realistische Verkaufspreise.

5.4 Formen

5.4.1 Eine Form einfügen und bearbeiten

Mit dem Werkzeug **Formen** können Sie in Word einfache Formen wie Linien, geometrische Formen, Pfeile, Flussdiagramme, Sterne, Banner und Beschriftungen einfügen. Dabei haben Sie die Möglichkeit, komplexe Zeichnungen zu erstellen.

Einfügen einer Form
Bei den Formen verändert sich der Cursor in ein Kreuz, und Sie können die Form auf den Bildschirm zeichnen.

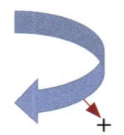

Zeichnen einer Form

Sie markieren eine Form, indem Sie auf die Form klicken. Wenn Sie mehrere Formen markieren wollen, müssen Sie die Ctrl-Taste drücken und die einzelnen Formen anklicken. Im Register **Start**, Gruppe **Bearbeiten** können Sie zum Markieren auch den Cursor-Pfeil **Markieren** aktivieren.

Sobald eine Form markiert ist, verschieben Sie sie an die neue Position. Die Ausrichtung kann auch mit den Tasten **Pfeil oben**, **Pfeil unten**, **Pfeil rechts** oder **Pfeil links** erfolgen. Die Grafik bewegt sich in kleinen Einzelschritten auf dem Bildschirm um einen Schritt im unsichtbaren Raster.

Wenn Sie mehrere Formen verschieben möchten, klicken Sie auf die erste Form, drücken Sie die Ctrl-Taste und halten Sie die Taste gedrückt, während Sie auf weitere Formen klicken. Das gleichzeitige Drücken der Shift-Taste verhindert, dass sich das Objekt horizontal oder vertikal verschiebt.

5.4.2 Einen neuen Zeichenbereich einfügen

Register	**Einfügen**
Gruppe	**Illustrationen**
Befehl	**Formen**
Befehl	**Neuer Zeichenbereich**

Einfügen eines Zeichenbereichs

In Word können sogenannte Zeichenbereiche definiert werden. Damit entsteht ein Rahmen, in dem mehrere Objekte ein gemeinsames grafisches Objekt bilden. Auf diese Art können Sie die einzelnen Zeichnungsobjekte oder das Objekt als Ganzes formatieren. Sofern Sie nur ein einzelnes Objekt, z. B. einen Pfeil oder eine Ellipse, im Dokument zeichnen möchten, brauchen Sie den Zeichenbereich nicht. Für komplexe Zeichnungen hat der Zeichenbereich aber wesentliche Vorteile. Verbindungslinien können Sie beispielsweise nur innerhalb eines Zeichenbereichs automatisch erstellen.

Formenelemente müssen in einem Dokument sauber ausgerichtet werden. Abstände sollten gleichmässig sein. Word verfügt über ein Hilfsmittel, um diese Einstellungen vorzunehmen. Dazu markieren Sie die auszurichtenden Elemente. Im Register **Zeichentools Format** oder **Textfeldtools Format** finden Sie in der Gruppe **Anordnen** den Befehl **Ausrichten.** Hier sind die Werkzeuge, um solche Einstellungen vorzunehmen.

Elemente ausrichten

Formen

Aufgabe 37	Erstellen Sie ein neues Dokument und zeichnen Sie folgende Formen:

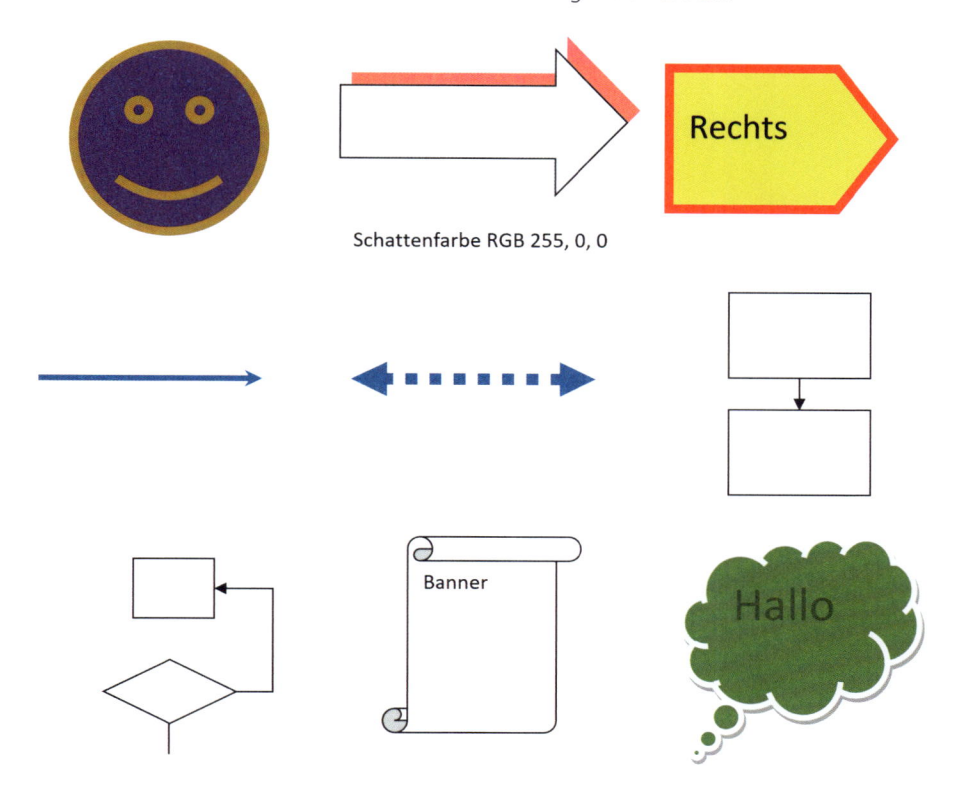

Fülleffekte (Farbwert)
In den Fülleffekten können benutzerdefinierte Farben eingegeben werden:

Register	**Zeichentools/ Formen**
Gruppe	**Formenarten**
Befehl	**Fülleffekt**
Befehl	**Weitere Füllfarben…**
Register	**Benutzerdefiniert**

Eingabe von Füllfarben mit RGB- (Rot, Grün, Blau) oder HSL-Werten. RGB-Farbwerte können Sie auf folgender Webseite ermitteln: https://color.adobe.com/de/create/color-wheel/

Schattenfarbe RGB 255, 0, 0

Texteingabe in Formen
Viele Formen sind auch Textfelder, in die Sie Text eingeben und in denen Sie Text formatieren können. Klicken Sie mit der rechten Maustaste auf die Form und wählen Sie **Text hinzufügen**.

Aufgabe 38	Erstellen Sie ein neues Dokument und zeichnen Sie die Organisationsansicht in einem Zeichenbereich:

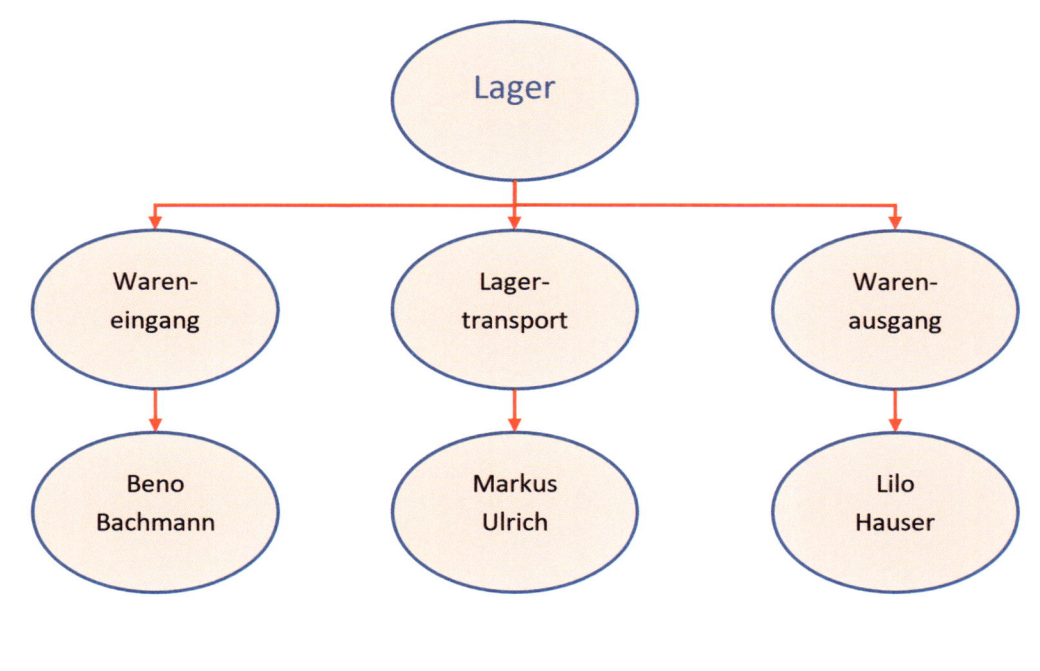

Zeichenbereich formatieren
Sie können im Zeichenbereich verschiedene Einstellungen vornehmen. Klicken Sie dazu mit der rechten Maustaste auf den Rahmen des Zeichenbereichs.

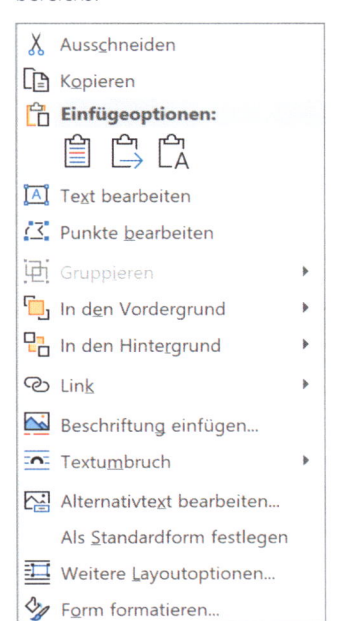

Formatieren des Zeichenbereichs

Aufgabe 39 Erstellen Sie den folgenden Prozess mithilfe eines Zeichenbereichs.

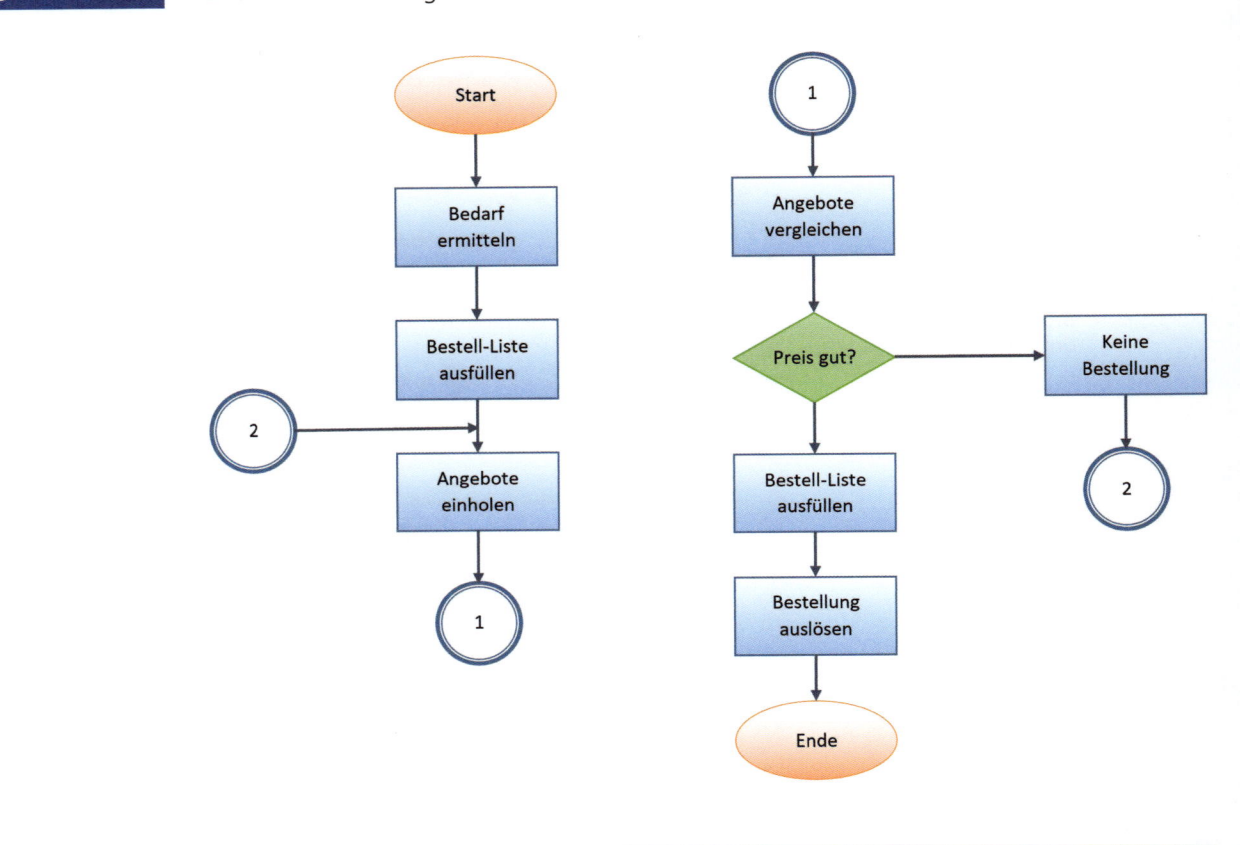

5.5 SmartArt-Grafiken

SmartArt beinhaltet Kataloge mit fertigen Diagramm- und Grafikformen, die in Office-Programme eingelesen und dann konfiguriert werden können. Dabei kann die Grösse der Grafiken automatisch angepasst werden. Die Ausrichtung der Elemente geschieht ebenfalls automatisch und kann rasch verändert werden.

Die Kataloge sind inhaltlich gruppiert, das Einfügen einer SmartArt-Grafik erfolgt über folgendes Dialogfeld:

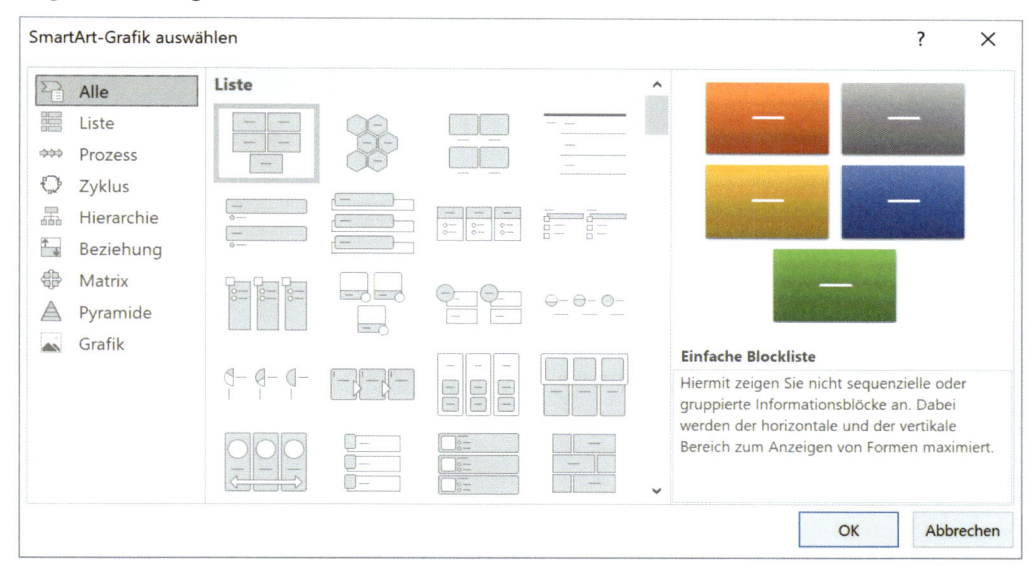

Register	**Einfügen**
Gruppe	**Illustrationen**
Befehl	**SmartArt**

Aufruf des Dialogfelds **SmartArt-Grafik auswählen**

Dialogfeld zum Auswählen von SmartArt-Grafiken

Wahl des SmartArt-Typs aufgrund der Funktion

Funktion	SmartArt-Typ
Anzeigen von nicht sequenziellen Informationen	Liste
Schritte in einem Prozess oder auf einer Zeitachse anzeigen	Prozess
Kontinuierlichen Prozess anzeigen	Zyklus
Organigramm erstellen	Hierarchie
Entscheidungsstruktur anzeigen	Hierarchie
Verbindungen veranschaulichen	Beziehung
Anzeigen von Beziehungen von Teilen auf ein Ganzes	Matrix
Anzeigen proportionaler Beziehungen mit der grössten Komponente auf der Ober- oder Unterseite	Pyramide
Verwenden Sie Bilder, um Inhalte zu vermitteln oder hervorzuheben	Grafik

Bei der Wahl der geeigneten SmartArt müssen Sie ebenfalls die Textmenge berücksichtigen. Die Textmenge und die Anzahl der erforderlichen Formen bestimmen oftmals, welches Layout am besten aussieht.

Wenn Sie nicht genau das Layout finden, welches Sie suchen, können Sie Formen hinzufügen oder entfernen. Dabei wird die Anordnung der Formen automatisch aktualisiert.
Viele Formen verfügen über sogenannte Platzhalter. Platzhaltertext wird nicht ausgedruckt, Sie müssen ihn durch Ihren eigenen Inhalt ersetzen.

Eingeben von Text und Bearbeiten von SmartArt-Grafiken

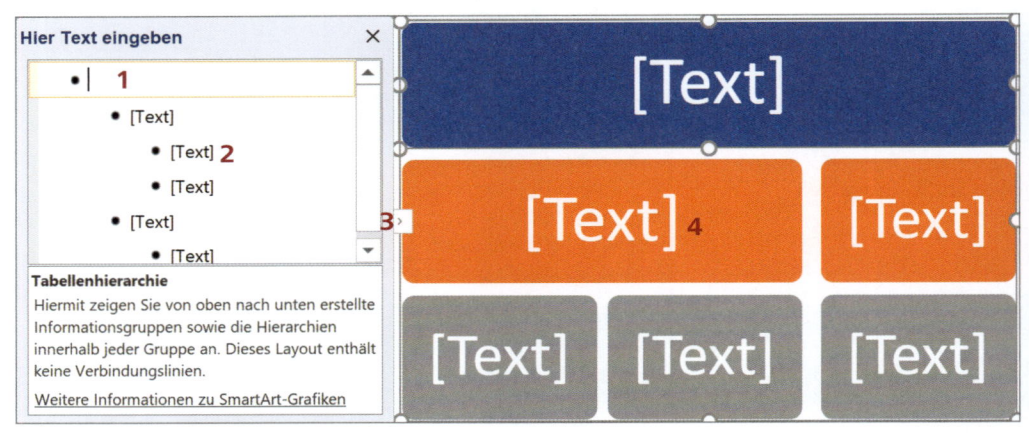

SmartArt-Grafik anpassen

1 **Textbereich**. In diesem Bereich können Sie Ihren Text eingeben und bearbeiten. Dabei wird die SmartArt-Grafik automatisch aktualisiert. Formen werden nach Bedarf hinzugefügt oder entfernt.
2 Drücken Sie die Eingabetaste, um im Textbereich eine **Zeile mit Aufzählungstext** zu erstellen. Sie können eine Zeile im Textbereich einrücken, indem Sie die entsprechende Zeile markieren und dann unter SmartArt-Tools auf der Registerkarte **Entwurf** in der Gruppe **Grafik erstellen** auf **Tiefer stufen** klicken. Klicken Sie für einen negativen Einzug einer Zeile auf **Höher stufen**. Sie können auch für einen Einzug die Tabuliertaste oder die Shift- plus die Tabuliertaste für einen negativen Einzug im Textbereich drücken.
3 Raster zum **Ein- und Ausschalten des Textbereichs**. Nur der Folienbereich bleibt sichtbar.
4 **Folienbereich**

In der Registerkarte **SmartArt-Tools > Entwurf** befinden sich zwei Kataloge, mit deren Hilfe Sie das Erscheinungsbild Ihrer SmartArt-Grafik rasch ändern können: **SmartArt-Formatvorlagen** und **Farben ändern**. Wenn Sie Ihren Cursor auf eine Miniaturansicht in einem dieser Kataloge setzen, sehen Sie, wie sich eine SmartArt-Formatvorlage oder eine Farbvariation auf Ihre SmartArt-Grafik auswirkt, ohne diese tatsächlich anzuwenden.

SmartArt-Formatvorlagen umfassen Fülleffekte, Kanten, Schatten, Linienarten, Farbverläufe und dreidimensionale Perspektiven (3-D) und werden auf die gesamte SmartArt-Grafik angewendet.

Der zweite Katalog, **Farbe ändern**, bietet eine Vielzahl an unterschiedlichen Farboptionen für eine SmartArt-Grafik, von denen jede eine oder mehrere Designfarben auf unterschiedliche Weise auf die Formen in Ihrer SmartArt-Grafik anwendet. (Farbdesign: eine Gruppe von Farben, die in einer Datei verwendet werden. Ein Farbdesign, ein Schriftartendesign und ein Effektdesign bilden ein Design.)

Aufgabe 40 — Stellen Sie die Organisationsansicht aus Aufgabe 38 in einer SmartArt-Grafik dar.

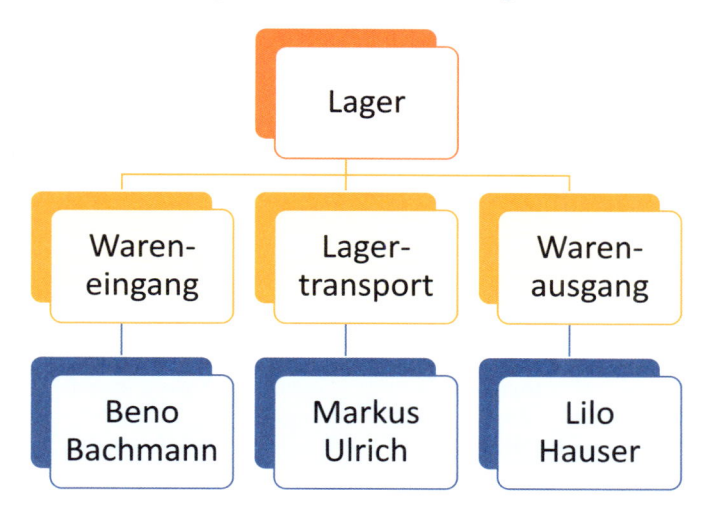

```
                    Lager
         ┌────────────┼────────────┐
    Waren-        Lager-        Waren-
    eingang      transport      ausgang
       │             │             │
     Beno         Markus          Lilo
    Bachmann      Ulrich         Hauser
```

Aufgabe 41 — Erstellen Sie die folgenden SmartArt-Grafiken.

IPERKA

Informieren → Planen → Entscheiden → Realisieren → Kontrollieren → Auswerten

Kreislauf: Planung → Duchführung → Kontrolle → Entscheid → (Planung)

Handlungskompetenz:
- Selbstkompetenz
- Sozialkompetenz
- Fachkompetenz
- Methodenkompetenz

5.6 Textfelder

Register	**Einfügen**
Gruppe	Text
Befehl	Textfeld
Auswahl	Aus Katalog oder Textfeld erstellen

Einfügen eines Textfeldes

Zeichentools
Format

Register mit dem Menüband zur Formatierung von Textfeldern

Register	**Zeichentools/ Format**
Gruppe	Text
Befehl	Verknüpfung erstellen oder Verknüpfung aufheben

Textfelder verknüpfen

Textfelder sind Zeichnungsobjekte, in die sich Texte und grafische Elemente einfügen und dann frei auf dem Bildschirm platzieren lassen. Texte in einem Textfeld lassen sich wie gewohnt formatieren. Word verfügt über eine grosse Auswahl im Textfeldkatalog. Sie können aber auch selber ein Textfeld erstellen. Dies geschieht, wie bei den Formen, indem der Cursor zu einem Kreuz wird und Sie das Textfeld dann mit dem Kreuz zeichnen.

| Video bietet eine leistungsstarke Möglichkeit zur Unterstützung Ihres Standpunkts. Wenn Sie auf "Onlinevideo" klicken, können Sie den Einbettungscode für das Video einfügen, das hinzugefügt werden soll. Sie können auch ein Stichwort eingeben, um online nach dem Videoclip zu suchen, der optimal zu Ihrem Dokument passt. | Damit Ihr Dokument ein professionelles Aussehen erhält, stellt Word einander ergänzende Designs für Kopfzeile, Fusszeile, Deckblatt und Textfelder zur Verfügung. Beispielsweise können Sie ein passendes Deckblatt mit Kopfzeile und Randleiste hinzufügen. Klicken Sie auf "Einfügen", und wählen Sie dann die gewünschten Elemente aus | den verschiedenen Katalogen aus. Designs und Formatvorlagen helfen auch dabei, die Elemente Ihres Dokuments aufeinander abzustimmen. Wenn Sie auf "Design" klicken und ein neues Design auswählen, ändern sich die Grafiken, Diagramme und SmartArt-Grafiken so, dass sie dem neuen Design entsprechen. Wenn Sie Formatvorlagen anwenden, |

In Textfeldern können Sie den Text von einem Feld ins andere fliessen lassen.

Aufgabe 42

Gestalten Sie den folgenden Flyer gemäss Vorlage. Die Bilder dazu finden Sie im Ordner **Data_Aufgaben**.

5.7 Diagramme

Word enthält viele Arten von Diagrammen, mit denen Sie Werte grafisch darstellen können. Wenn Sie Excel installiert haben, werden Diagramme automatisch mit den Werkzeugen aus Excel erstellt. Sie wählen aus dem Dialogfeld **Diagramm einfügen** die gewünschte Diagrammart. Mithilfe der Diagrammtools können Sie dann das Diagramm ändern und formatieren. Dabei werden Diagramme in Word eingebettet, die Daten aber in einem Excel-Tabellenblatt gespeichert, welches in die Word-Datei eingebunden ist.

Wenn Sie in Word im Kompatibilitätsmodus arbeiten oder Excel auf dem Computer nicht installiert ist, müssen Sie ein Diagramm statt mit Excel mithilfe von Microsoft Graph einfügen. Selbstverständlich können Sie ein Diagramm auch in Excel erstellen und dann die Grafik in Word einbetten oder mit Word verknüpfen.

Register	**Einfügen**
Gruppe	**Illustrationen**
Befehl	Diagramm

Diagramme einfügen

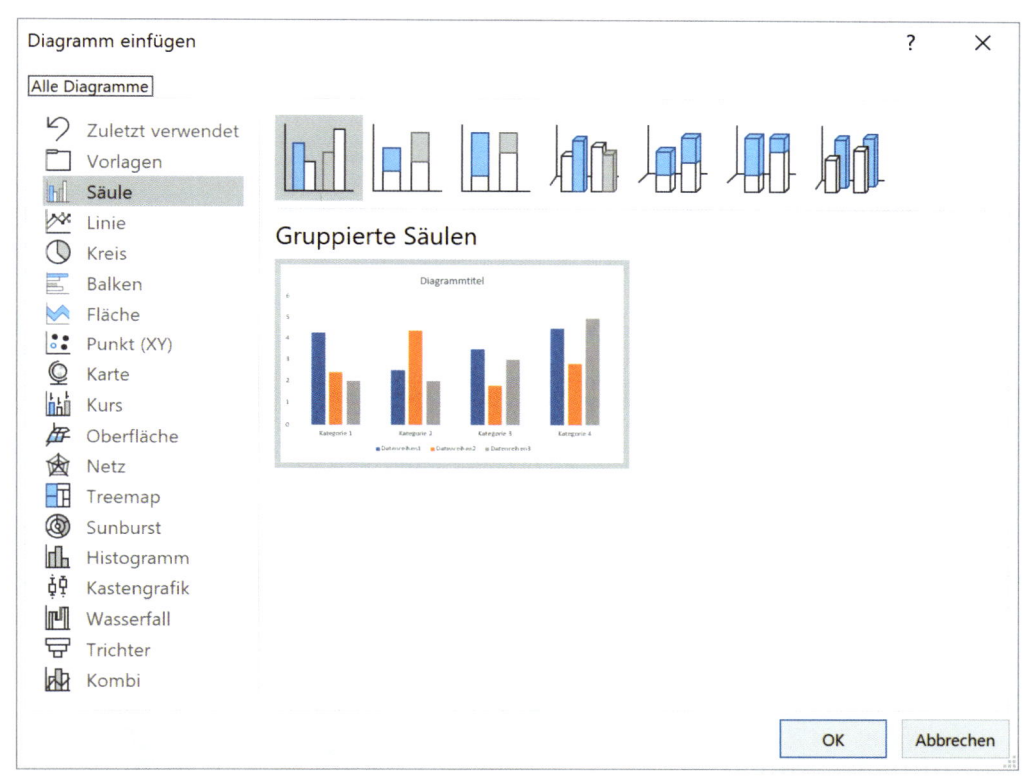

Diagramme einfügen

Mit einem Doppelklick auf die entsprechende Vorlage wird ein Diagramm in Word erstellt. Gleichzeitig öffnet sich Excel, und der Bildschirm wird geteilt, sodass Sie auf der linken Seite das Diagramm sehen und auf der rechten Seite die Daten in einem Excel-Tabellenblatt.

Illustrationen einfügen und bearbeiten

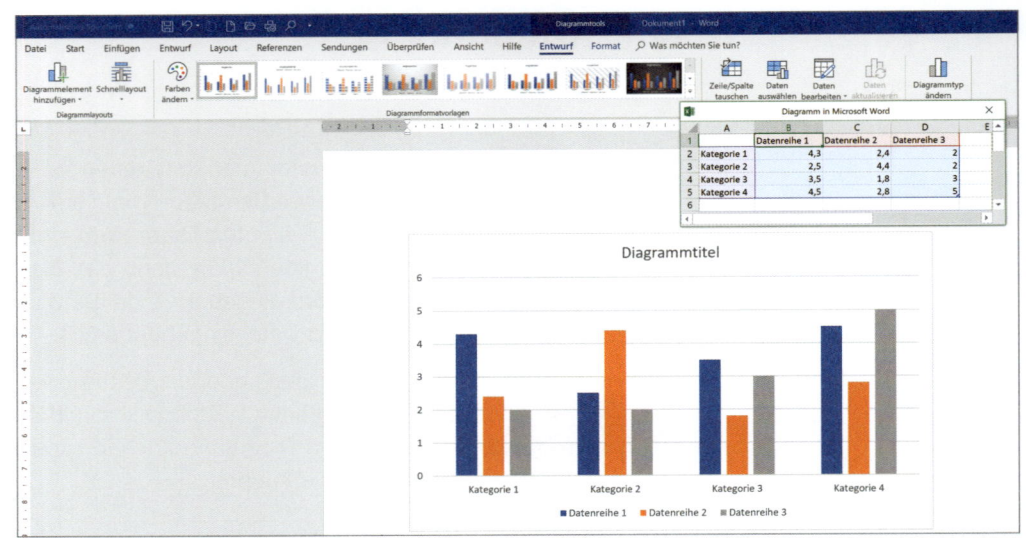

Diagramm mit Datentabelle

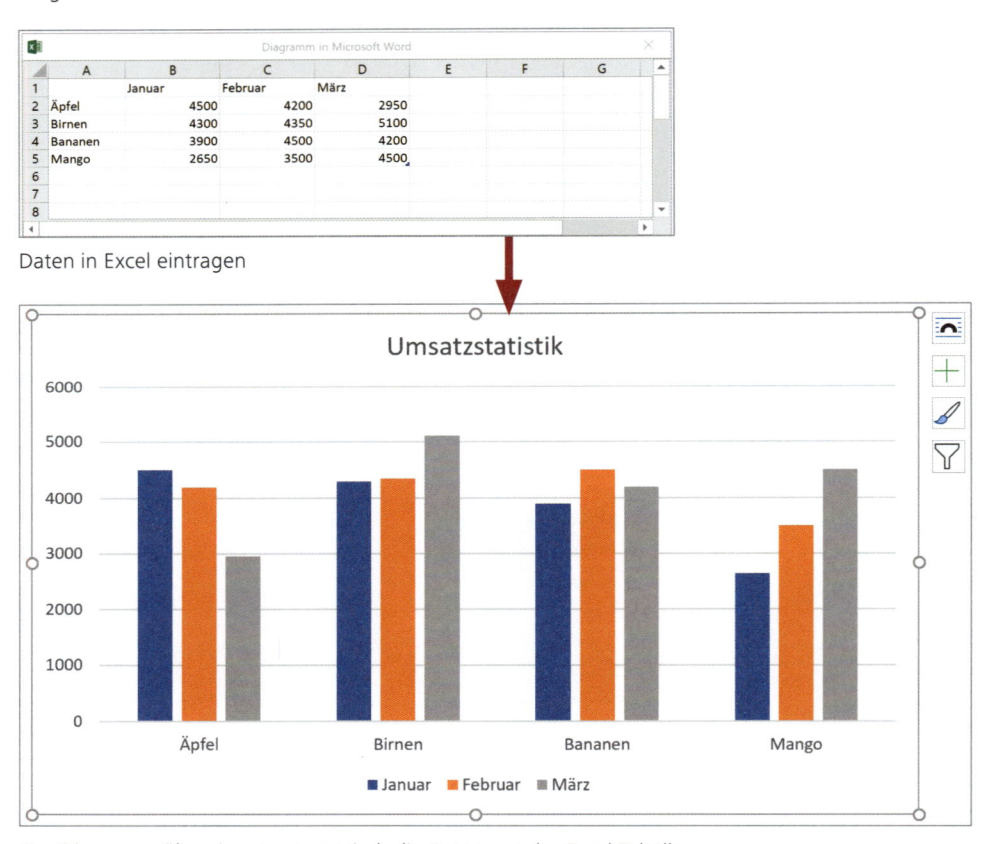

Daten in Excel eintragen

Das Diagramm übernimmt automatisch die Daten aus der Excel-Tabelle.

Werkzeuge zum Formatieren eines Diagramms

Mit den Diagrammtools können Sie nun das Diagramm formatieren und Elemente wie Diagrammtitel hinzufügen, bis die notwendige Aussagekraft des Diagramms gegeben ist und Ihnen das Diagramm gefällt. Zusätzlich haben Sie wieder die Möglichkeit, markierte Diagrammelemente mit einem Klick auf die rechte Maustaste in einem Dialogfeld zu formatieren.

Im Band 5 Tabellenkalkulation finden Sie viele Anwendungsbeispiele im Kapitel 5.3 Diagramme erstellen (einfügen).

5.8 WordArt

Die Schrifteffekte mit WordArt sind umstritten: Von Fachleuten werden sie rundweg abgelehnt, von Anfängern jedoch gerne verwendet. Sie sind kaum mit anderen Schriften zu kombinieren und wirken immer etwas billig. Suchen Sie in der Regel nach anderen Ideen und verwenden Sie WordArt nur in Ausnahmefällen.

Register	**Einfügen**
Gruppe	**Text**
Befehl	WordArt

Ein WordArt-Objekt einfügen

Mit einem Klick auf WordArt öffnet sich ein Katalog von WordArt-Vorlagen.

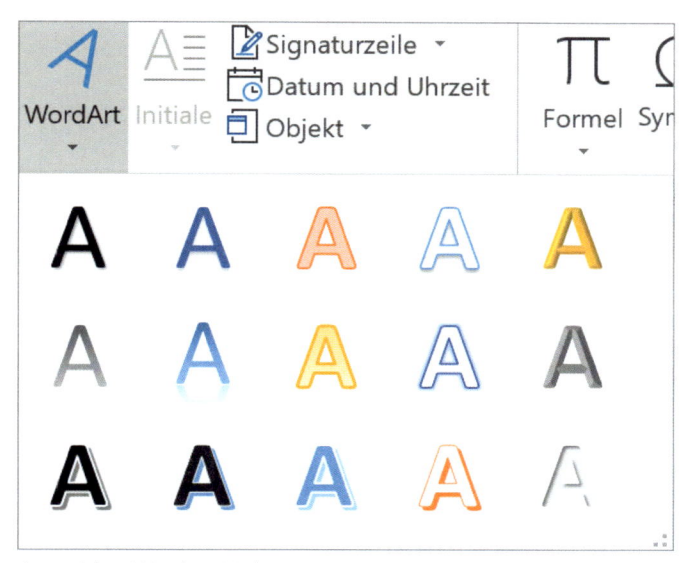

Auswahl an WordArt-Vorlagen

WordArt-Beispiele

Sie können WordArt verwenden, um spezielle Texteffekte zu Ihren Dokumenten hinzuzufügen. So können Sie beispielsweise eine Überschrift dehnen, den Text schräg setzen, ihn in eine vorgefertigte Form einpassen oder dem Text eine graduelle Füllung zuweisen.
Bei professioneller Gestaltung sollten Sie auf WordArt verzichten oder nur selten – dann jedoch sehr bewusst – einsetzen.

Geschäftsdokumente gestalten

6

Geschäftsdokumente gestalten

6.1 Dokumentvorlagen

Wer mit Word arbeitet, verwendet Dokumentvorlagen. Anders geht es nicht. Jedem Text liegt also eine Dokumentvorlage zugrunde.

Dokumentvorlagen sind Muster für Schriftstücke aller Art, z. B. für Briefe, Faxe oder Rechnungen. Dokumentvorlagen können Texte (z. B. den Briefkopf), Grafiken oder Makros (Befehlsfolge) und anderes mehr enthalten. Passende Dokumentvorlagen erleichtern das Erstellen ähnlicher Dokumente. Es ist doch praktisch, wenn man für einen Brief eine Vorlage mit den wichtigsten Einstellungen benutzen kann und nicht jedes Mal mit einem leeren Dokument beginnen muss.

Wie bereits oben angedeutet: Jedes Dokument, das Sie in Word erstellen, basiert auf einer Dokumentvorlage. Das ist vielen Anwendern nicht bewusst. Wenn Sie Dokumente speichern, werden Sie gelegentlich gefragt, ob auch die veränderte Dokumentvorlage gespeichert werden soll, und dann wissen viele nicht so recht, was jetzt zu tun ist.

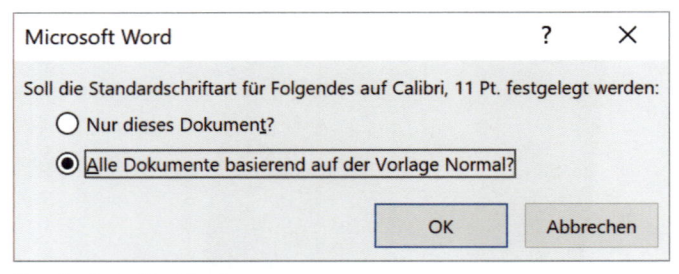

Standardschriftart festlegen

In diesem Beispiel muss entschieden werden, ob Calibri 11 pt nur im aktuellen Dokument oder in der Vorlage Normal als Standardschriftart von Word gespeichert werden soll. Doch welche Konsequenzen hat diese Entscheidung? Was ist die **Vorlage Normal**?

Die Standarddokumentvorlage Normal.dotm

Immer, wenn Sie Word starten oder ein neues Dokument erstellen, wird das Dokument automatisch mit der Dokumentvorlage **Normal.dotm** verbunden. Word speichert alle Grundeinstellungen in dieser Datei. Diese Datei wird angelegt, wenn ein unter Windows angemeldeter Benutzer Word erstmals startet. Dabei fragt Word nach den Benutzerinformationen, und es wird erstmals etwas in die Normal.dotm eingetragen. Sollten Sie diese Datei einmal löschen, wird sie von Word automatisch beim nächsten Programmstart angelegt.

Unterschied zwischen DOTX und DOTM
Vorlagen, in denen Makros integriert sind, erhalten die Bezeichnung DOTM. Ohne Makros lautet die Erweiterung bei Vorlagen DOTX.

Normal.dotm des Users Stefan.Fries

Die Normal.dotm ist benutzerspezifisch, d. h., jeder, der sich an einem PC anmeldet, hat eine eigene Vorlagendatei. Im oben stehenden Auszug aus dem Explorer ist die Normal.dotm des Benutzers Stefan.Fries abgebildet. In dieser Datei sind also die Grundeinstellungen wie Standardschriftart, Standardschriftgrösse oder das Papierformat gespeichert.

Änderungen in der Normal.dotm nehmen Sie in der Regel vor, indem Sie Standardwerte setzen. Wenn Sie also beispielsweise eine andere Schrift als Calibri als Standardschrift bestimmen wollen, so ändern Sie das im Dialogfeld **Schriftart** und wählen den Befehl **Standard**.

Als Standard festlegen

Ein Klick auf diesen Knopf im Dialogfeld **Schriftart** ändert die Standardschrift und bewirkt einen Eintrag in der Normal.dotm.

Bereits vorhandene Vorlagen verwenden

Sie erleichtern sich die Arbeit wesentlich, wenn Sie für wiederkehrende Dokumentarten spezielle Dokumentvorlagen anlegen. Dies kann beispielsweise eine Brief-, eine Fax-, eine Protokollvorlage oder es können Vorlagen für viele andere Schriftstücke sein. Solche Dokumentvorlagen sind Muster, die uns Einstellungen wie Ränder, Zeichenformatierungen, Formatvorlagen, Schnellbausteine, Makros (Befehlsfolge) und vieles andere für ein bestimmtes Dokument einstellen oder aktivieren.

Eine Dokumentvorlage unterscheidet sich äusserlich von einem normalen Word-Dokument durch die Dateierweiterung. Die Dokumentvorlage hat die Erweiterung DOTM oder DOTX, ein normales Word-Dokument die Erweiterung DOCX. Auch der Speicherort ist unterschiedlich. Word-Dokumente können Sie an beliebigen Orten speichern. Damit Sie jedoch Vorlagen aufrufen können, sollten sie so gespeichert sein, dass Word die Vorlagen auch findet. So haben Sie auf die vorhandenen Vorlagen schnell Zugriff. Viele Vorlagen sind von Microsoft bereits vorbereitet. Leider sind sie sehr auf Deutschland abgestimmt und eignen sich für uns nicht immer. Sie werden kaum darum herumkommen, eigene Vorlagen zu erstellen.

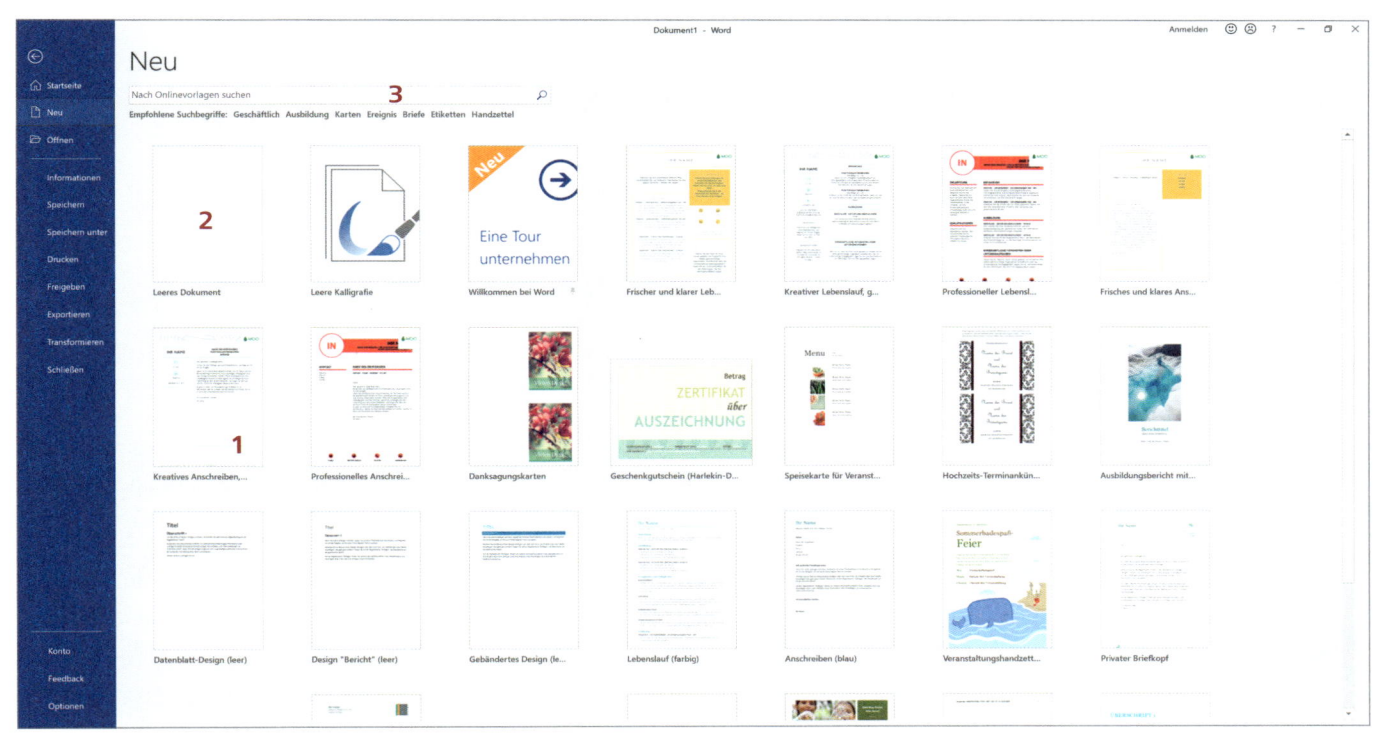

Dokument erstellen

1 Sie können aus vielen bereits vorgegebenen Vorlagen auswählen, die sich jedoch teilweise auf dem Internet zum Download befinden (templates.office.com). Die Vorlagen sind thematisch geordnet.
2 Leeres Dokument bedeutet nichts anderes, als dass ein neues Dokument, basierend auf Nomal.dotm, erstellt wird.
3 Sie können durch Eingabe von Begriffen Onlinevorlagen suchen.

Um eine Vorlage genauer anzusehen, klicken Sie auf das gewünschte Miniaturbild. Es öffnet sich folgendes Vorschaufenster:

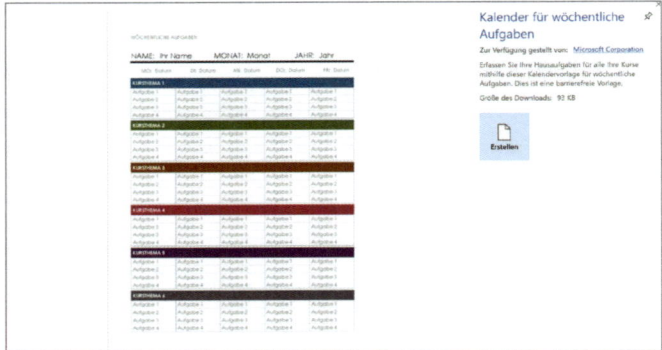

Sie können in dieser Vorschauansicht durch die einzelnen Vorlagen blättern. Haben Sie sich für eine Vorlage entschieden, klicken Sie auf **Erstellen**.

Persönliche Vorlagen

Wenn Sie **PERSÖNLICH** anklicken, öffnet sich ein Dialogfeld, in dem Sie Ihre selbst entwickelten Vorlagen finden. Angezeigt werden jedoch auch Vorlagen, die Sie heruntergeladen haben.

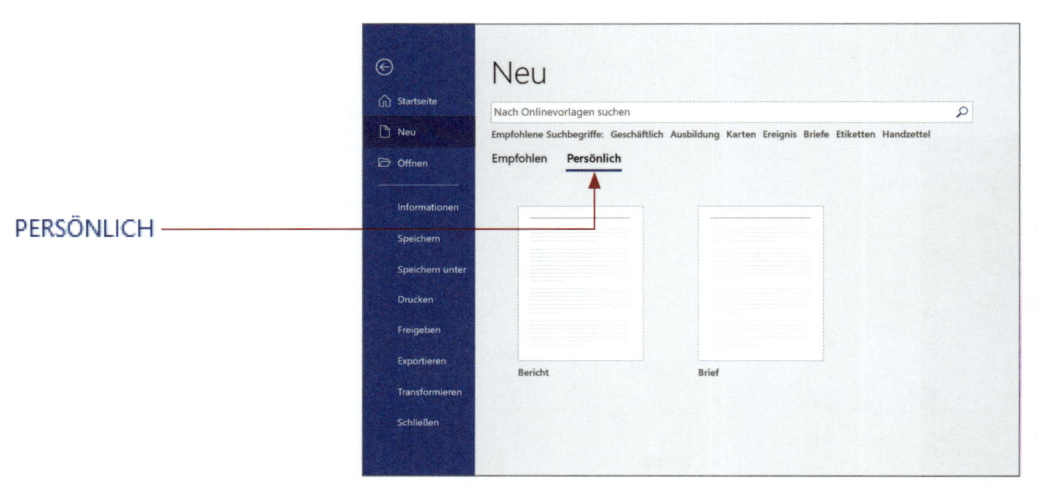

PERSÖNLICH

Hier finden Sie Ihre eigenen Vorlagen.

Über den oben beschriebenen Weg erstellen Sie auch Ihre eigenen Vorlagen. Wissen muss man, dass eine neu erstellte Vorlage immer auf einer bereits vorhandenen Vorlage aufbaut. Meist ist dies die Normal.dotx (dotm), die auch als **Leeres Dokument** bezeichnet wird.

Sie können auch eine Vorlage erzeugen, indem Sie zunächst ein gewöhnliches Word-Dokument erstellen, es dann aber als Dokumentvorlage speichern. Wählen Sie dazu einfach im Dialogfeld **Speichern unter** als Dateityp **Word-Vorlage(*.dotx)**.

Es kann durchaus Sinn machen, eine andere Vorlage als Basis für eine neue Vorlage zu wählen. Nehmen wir an, Sie schreiben das Protokoll für Abteilungssitzungen in Ihrem Betrieb und übernehmen nun neu auch die Aufgabe, das Protokoll bei Direktionssitzungen zu verfassen. In diesem Fall besitzen Sie vermutlich eine zweckmässige Vorlage für die Protokolle der Abteilungssitzungen. Diese Vorlage können Sie nun wiederum zur Erstellung einer neuen Vorlage für die Protokolle der Direktionssitzungen verwenden. Sie nehmen einfach noch die Anpassungen vor.

Dokumentvorlagen

Aufgabe 43

Erstellen Sie eine ganz einfache Vorlage für Ihren Privatbrief. Dabei sollen die Absenderangaben in der Kopfzeile (Achtung: nur auf der ersten Seite) erscheinen. Zudem stellen Sie die Ränder für den Brief ein: links 3 cm, oben 5,2 cm (erste Adresszeile), rechts 2 cm und unten 3 cm. Speichern Sie die Datei als Vorlage (dotx), und zwar unter dem Namen Privatbrief.dotx.

Beispiel:

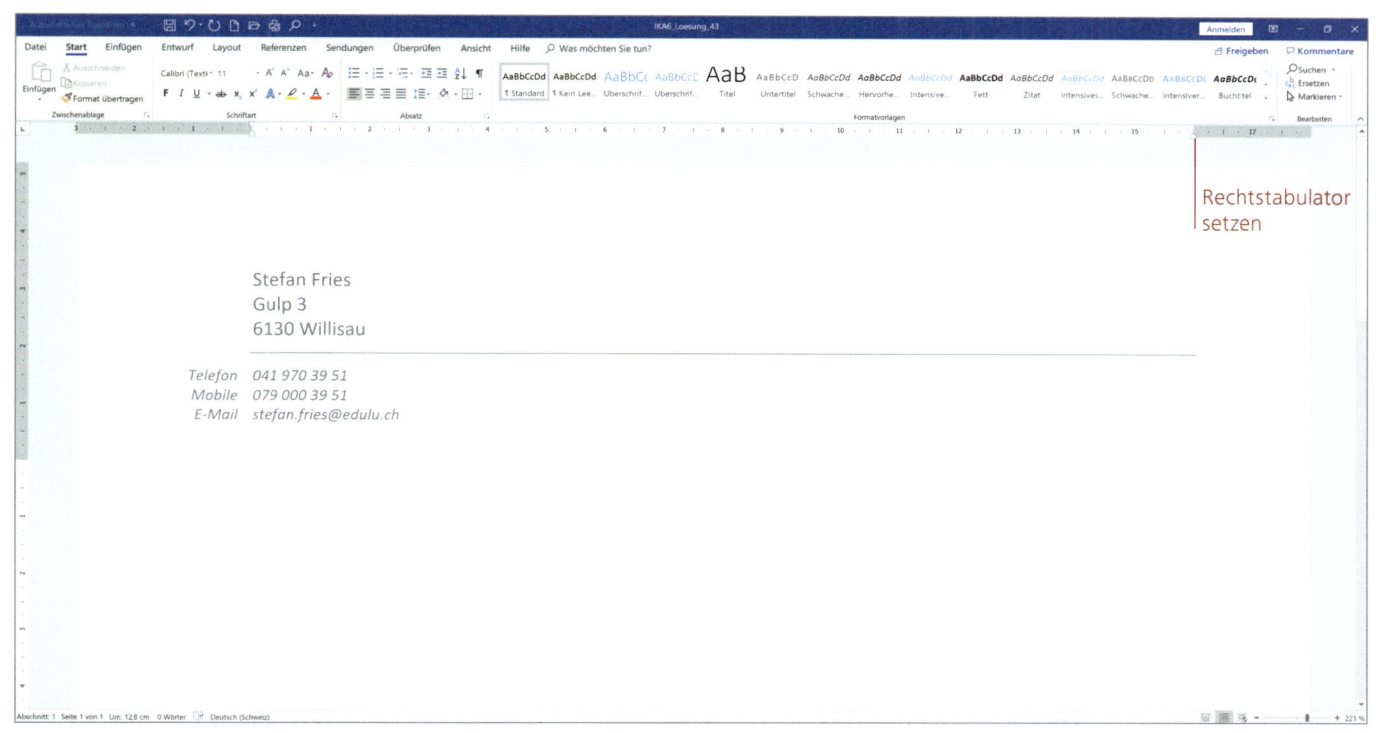

Beispiel Vorlage Privatbrief

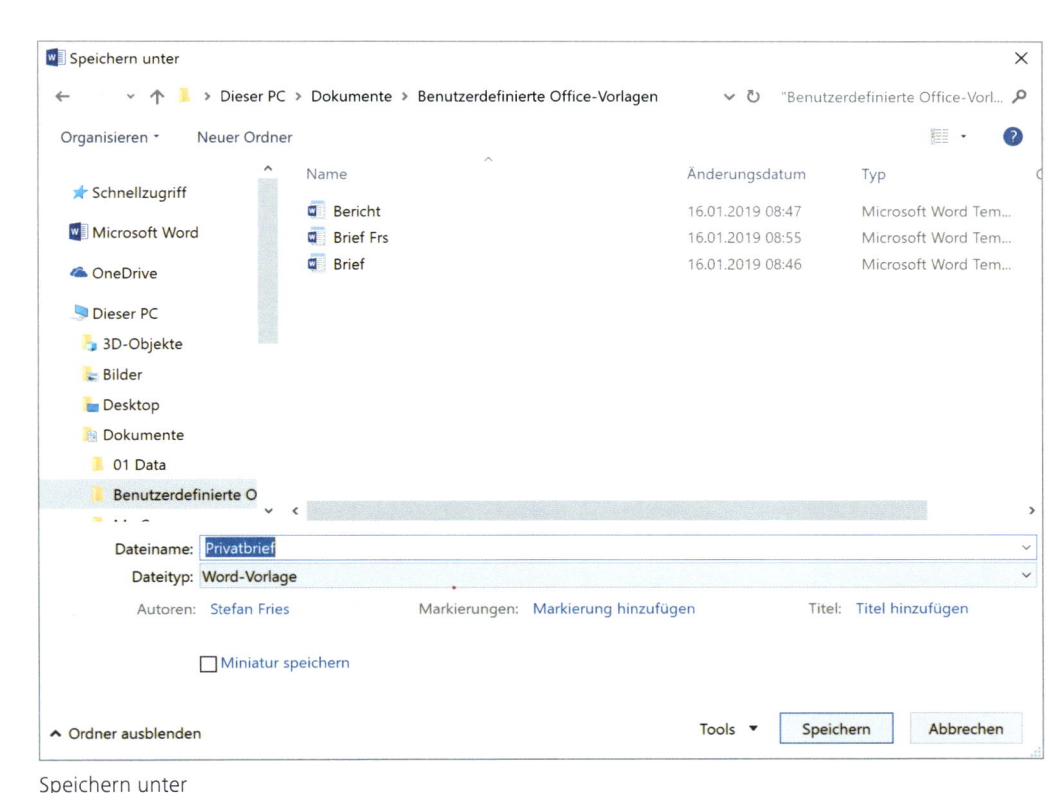

Tipp

Kontrollieren Sie beim Speichern der Vorlage, wo diese abgelegt wird. Das erleichtert Ihnen das erneute Öffnen der Vorlage, wenn Sie diese verändern wollen.

Speichern unter

141

6.2 Briefe

6.2.1 Einführung

Zur Hauptsache hat ein Brief die Aufgabe, Informationen von einer Stelle an die andere zu übermitteln. Inhalt und Sprache sind für einen guten, überzeugenden Brief besonders wichtig. Aber auch die Gestaltung, die Form eines Briefes, hat ihre Bedeutung. Alle Personen, die sich mit einem Brief beschäftigen, müssen die für sie wichtigen Informationen rasch erkennen und verarbeiten können.

Ganz ehrlich: Haben Sie nicht auch gelegentlich ein ungutes Gefühl, wenn Sie Briefe darstellen? Sind Sie sicher, dass Ihre Bewerbungsunterlagen die formalen Anforderungen erfüllen? Stehen Adresse und Datum am richtigen Ort? Wie oft schaltet man zwischen den Abschnitten? Um wie viele Zentimeter wird der Gruss eingezogen? In diesem Kapitel beantworten wir nebst diesen noch viele weitere gestalterische Fragen.

Für die Gestaltung eines Briefes gibt es Regeln. Aber es gibt auch einen Spielraum. Es ist nicht so, dass alle Unternehmen ihre Briefe genau gleich darstellen. Oft bestehen interne Weisungen zur Briefdarstellung, oder die Darstellung ist weitgehend in Dokumentvorlagen bestimmt. Briefe sind Imageträger. Sie spielen für die Corporate Identity (Erscheinungsbild, Unternehmensbild) eines Unternehmens eine wichtige Rolle. Und denken Sie daran: Auch Privatbriefe sind Imageträger.

Wenn wir Ihnen in diesem Kapitel viele Regeln für eine gute Briefdarstellung mitgeben, tun wir dies nicht in der Meinung, dass nicht auch eine andere Form zweckmässig sein kann. Vielmehr hoffen wir, dass Sie dank diesen Regeln das Gespür für eine zweckmässige Darstellung erhalten und dass Sie künftig grobe Formfehler vermeiden. Ihre Botschaften sollen nicht nur inhaltlich und sprachlich überzeugen, sondern Sie sollen sie auch lese- und normgerecht aufs Papier bringen. In diesem Kapitel helfen wir Ihnen, diese Ziele zu erreichen.

6.2.2 Anordnung der Briefelemente

Die Anordnung der Briefelemente ist im Normblatt SN 010 130 geregelt. Darin festgehalten sind unter anderem folgende Normen (A4-Blatt, Rechtsadressierung):

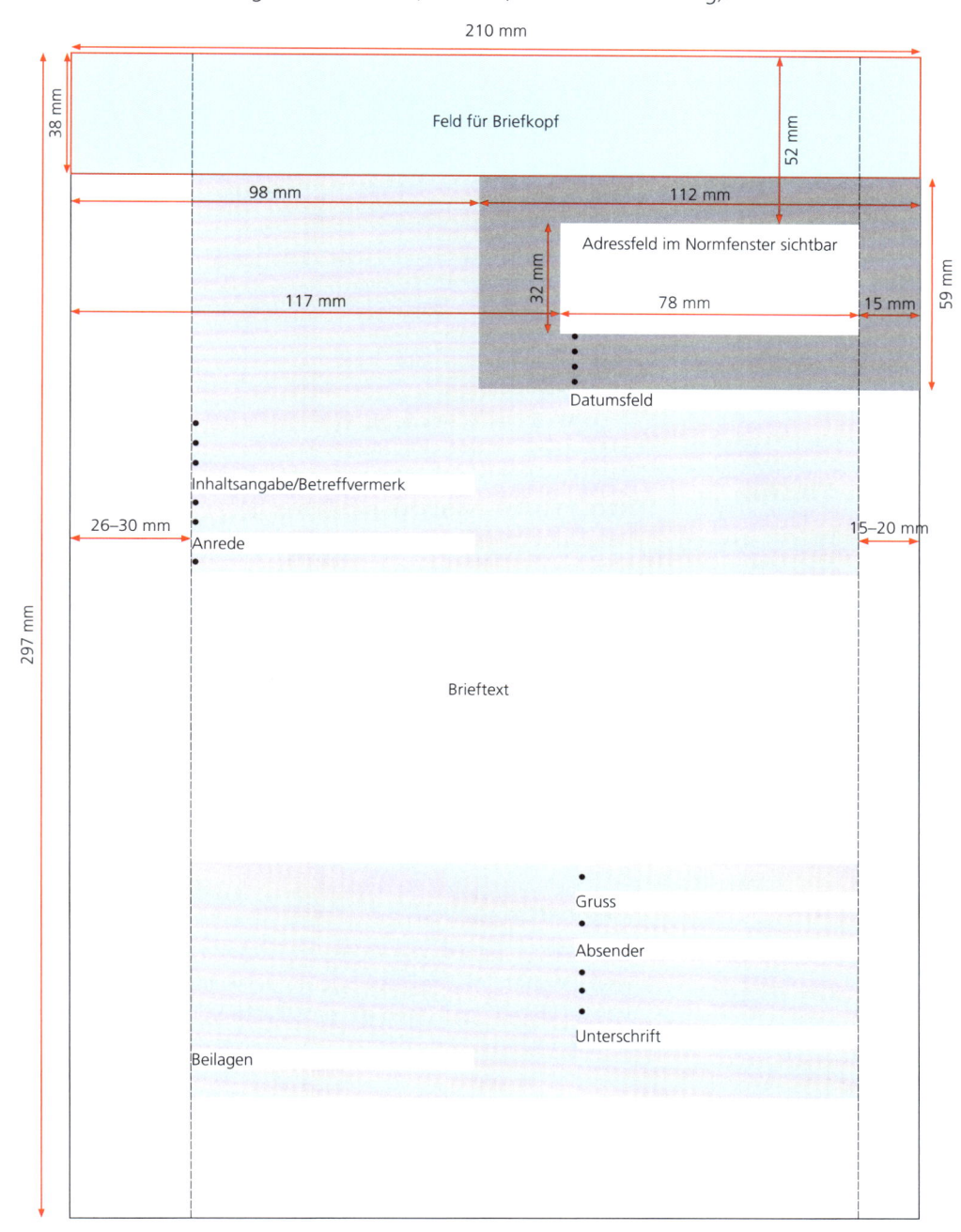

```
                                    210 mm
   ┌─────────────────────────────────────────────────────────┐
   │                                                         │
38 │              Feld für Briefkopf                         │ 52 mm
mm │                                                         │
   │         98 mm                    112 mm                 │
   │                       ┌─────────────────────────┐       │
   │                       │ Adressfeld im Normfenster sichtbar │
   │                  32mm │                         │       │ 59 mm
   │         117 mm        │       78 mm             │ 15 mm │
   │                       └─────────────────────────┘       │
   │                             Datumsfeld                  │
   │                                                         │
   │          Inhaltsangabe/Betreffvermerk                   │
   │   26–30 mm                                      15–20 mm│
   │          Anrede                                         │
297│                                                         │
mm │                                                         │
   │                         Brieftext                       │
   │                                                         │
   │                                                         │
   │                           Gruss                         │
   │                                                         │
   │                          Absender                       │
   │                                                         │
   │                         Unterschrift                    │
   │          Beilagen                                       │
   └─────────────────────────────────────────────────────────┘
```

Ausführliche Darstellungsregeln für die einzelnen Briefteile finden Sie in den «Regeln für das Computerschreiben», Verlag SKV AG, Zürich.

Geschäftsdokumente gestalten

Adresse links oder rechts?
Beides ist möglich. Wenn die Adresse links steht, stehen auch Grussformel, Absender und Unterschrift links. Bei der Rechtsadressierung stehen diese Elemente rechts. Ob links oder rechts, ist natürlich auch eine Frage des verwendeten Briefumschlags.

Für die Linksadressierung (A4-Blatt) gilt:

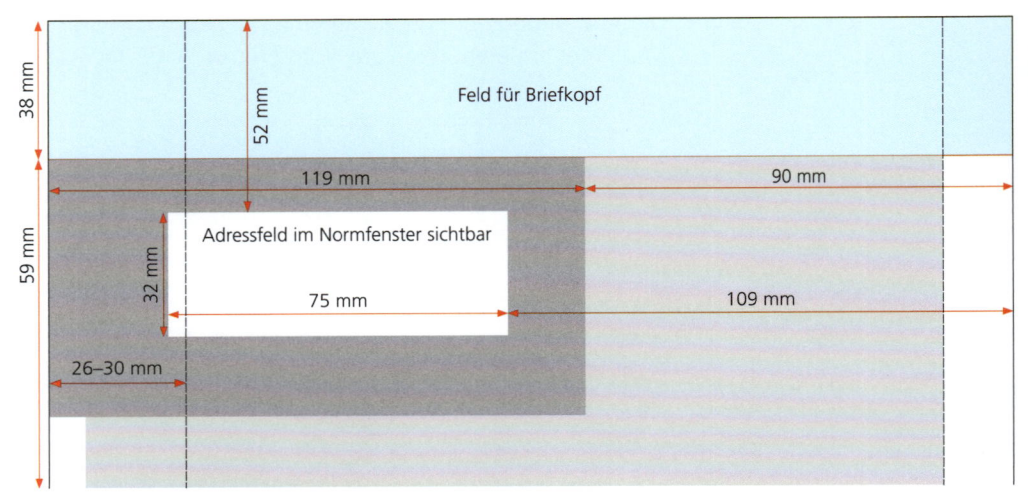

Darstellungsregeln für die Linksadressierung

Register	**Einfügen**
Gruppe	**Kopf- und Fusszeile**
Befehl	**Kopfzeile**
Befehl	**Kopfzeile bearbeiten**
Register	**Kopf- und Fusszeilentools/Entwurf**
Gruppe	**Optionen**
Kontrollkästchen	**Erste Seite anders (aktivieren)**

Kopfzeileneinstellung für Dokumentvorlage

Selbstverständlich gestaltet man für Geschäftsbriefe eine Dokumentvorlage. Ob der **Briefkopf** mit dem Ausdruck aufs Papier gedruckt oder Papier mit bereits vorhandenem Briefkopf verwendet wird, ist in der Praxis unterschiedlich. Wenn die Angaben wie Briefkopf, Geschäftsangaben, Bezugszeichen, Falz- und Lochmarken beim Ausdruck aufs Papier gebracht werden, sollten Sie diese in einer Kopfzeile **(Erste Seite anders!)** definieren.

Bezugszeichen

Als Bezugszeichen bezeichnet man Angaben wie **Ihr Zeichen, Ihre Nachricht vom** und **Unser Zeichen.** Auf der gleichen Zeile steht auch vorgedruckt der Ort. Alle Angaben werden unter dieser Zeile angegeben. Dort, wo Angaben nicht vorhanden sind, setzt man einen Halbgeviertstrich:

Ihr Zeichen	**Ihre Nachricht vom**	**Unser Zeichen**	**4051 Basel**
–	–	hb-sm	15.03.20..

Geschäftsangaben

Geschäftsangaben wie Adresse, Telefon- und Faxnummern, E-Mail-Adressen, Webadresse usw. können im Briefkopf oder in der Fusszeile angebracht werden, wobei bei der Fusszeile wieder darauf zu achten ist, dass **Erste Seite anders** aktiviert ist. Sonst haben Sie bei mehrseitigen Briefen die Geschäftsangaben auf jeder Seite, was ja keinen Sinn ergibt.

Loch- und Falzmarken

Loch- und Falzmarken werden am linken Rand mit einem kleinen Strich angebracht. Sie erleichtern uns, wie der Name sagt, das Lochen und das Falzen von Schriftstücken. Ein A4-Bogen ist bekanntlich 29,7 cm hoch. Um diesen Bogen exakt für einen Briefbogen im Format C6/5 (langer Briefumschlag) falzen zu können, müssten Sie also bei 9,9 cm einen Strich setzen. Das ist genau 1/3 der Höhe. Besser setzen Sie die Marke jedoch auf 10,6 cm. Damit wird das Papier zwar nicht exakt gedrittelt, aber der Brief rutscht nicht im Umschlag herum, sondern sitzt fest.

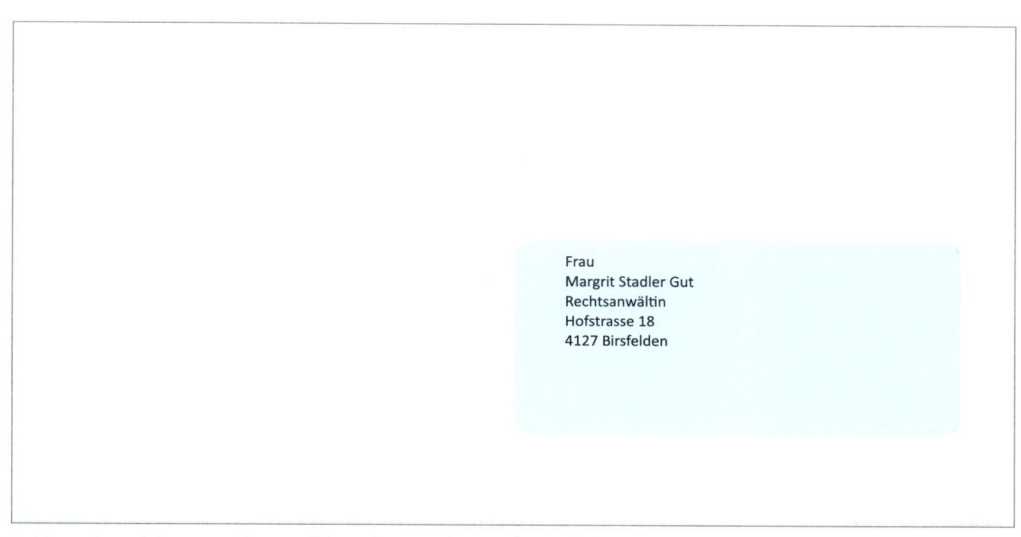

Briefe

Frau
Margrit Stadler Gut
Rechtsanwältin
Hofstrasse 18
4127 Birsfelden

Bei korrekter Adressposition und korrektem Falzen aufgrund der Falzmarke passt die Adresse perfekt in den Fensterbriefumschlag.

| Aufgabe 44 | Erstellen Sie eine Dokumentvorlage für einen Geschäftsbrief mit Rechtsadressierung des Möbelzentrums Basel. Folgende Arbeitsschritte sind notwendig: |

▶ Schritt 1
Sie erstellen eine Vorlage, die auf der Vorlage **Leeres Dokument** aufbaut.

▶ Schritt 2
Sie geben die Randeinstellungen gemäss den Normvorschriften ein:

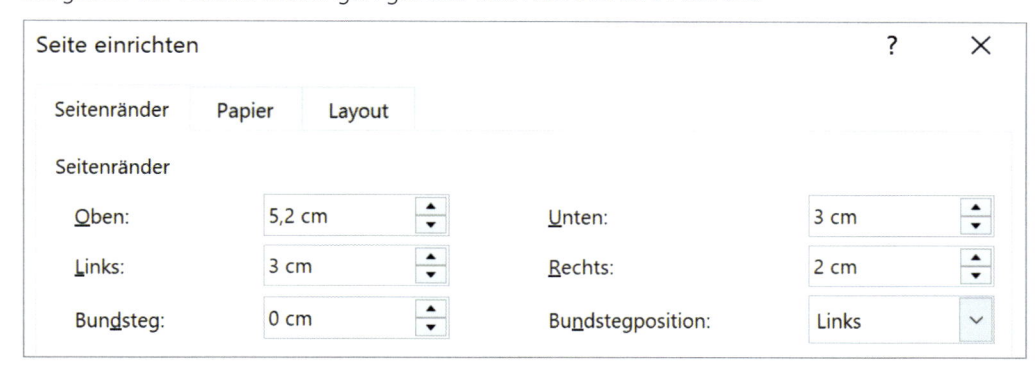

Tipp
Das Adressfeld beginnt auf 5,2 cm vom oberen Blattrand. Bei einem zweiseitigen Brief ist der Rand von Seite 2 dann allerdings ebenfalls 5,2 cm. Dies müssen Sie dann allenfalls durch Einfügen eines **Abschnittumbruchs nächste Seite** korrigieren.

Word verfügt mit leistungsfähigen Feldfunktionen über elegante Möglichkeiten, solche Probleme zu lösen. Wer in der Praxis oft Vorlagen erstellt, sollte die Möglichkeiten von Feldfunktionen gut studieren.

Seite einrichten

Seitenränder | Papier | Layout

Seitenränder

Oben:	5,2 cm	Unten:	3 cm
Links:	3 cm	Rechts:	2 cm
Bundsteg:	0 cm	Bundstegposition:	Links

Seitenränder einstellen

▶ Schritt 3
Wählen Sie als Briefschrift Calibri, 11 pt, und definieren Sie die Schrift als Standardschrift, was nur für diese Vorlage gilt.

Wie die Vorlage nun weiter erstellt wird, zeigen wir Ihnen auf den nächsten beiden Seiten.

Geschäftsdokumente gestalten

▶ **Schritt 4**
Richten Sie die Dokumentvorlage gemäss nachstehenden Angaben ein und speichern Sie die Vorlage unter dem Namen **Möbelzentrum.dotx**.

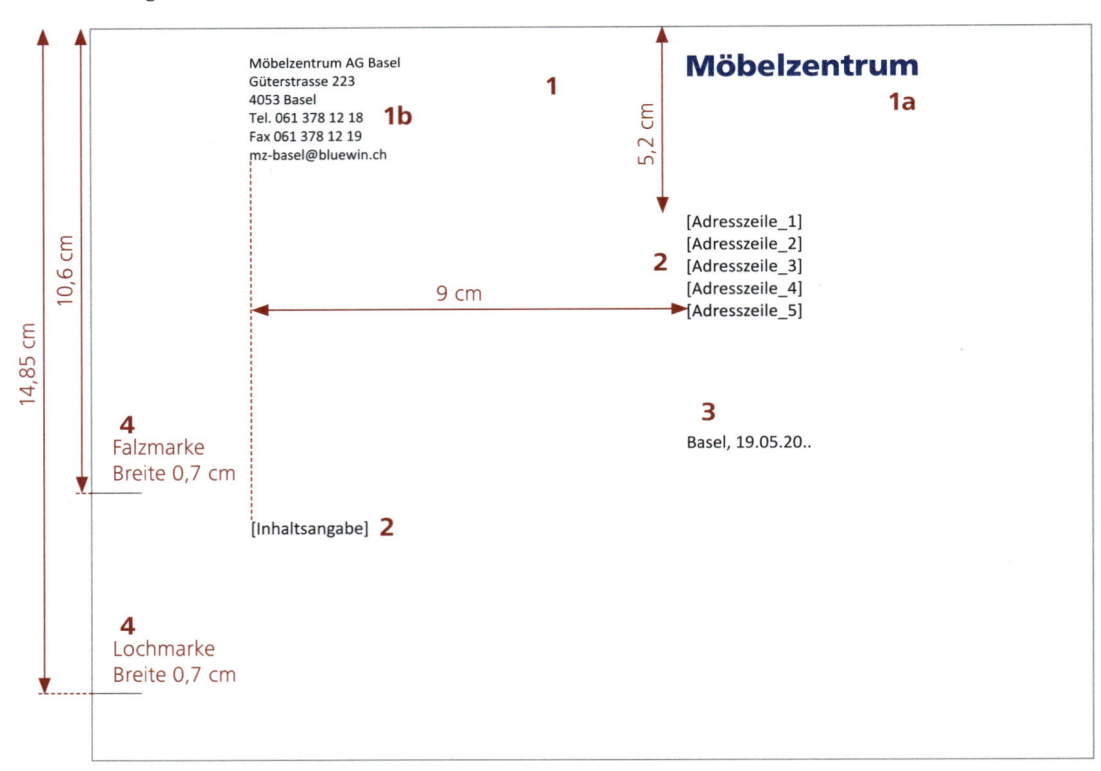

```
                    Möbelzentrum AG Basel
                    Güterstrasse 223              1         Möbelzentrum
                    4053 Basel                                              1a
                    Tel. 061 378 12 18    1b
                    Fax 061 378 12 19                5,2 cm
                    mz-basel@bluewin.ch

                                                        [Adresszeile_1]
                                                        [Adresszeile_2]
                                                      2 [Adresszeile_3]
                              9 cm                      [Adresszeile_4]
                                                        [Adresszeile_5]

                                                      3
                                                      Basel, 19.05.20..
              10,6 cm
  14,85 cm    4
              Falzmarke
              Breite 0,7 cm

                                   [Inhaltsangabe] 2

              4
              Lochmarke
              Breite 0,7 cm
```

Register	**Einfügen**
Gruppe	Kopf- und Fusszeile
Befehl	Kopfzeile
Befehl	Kopfzeile bearbeiten
Register	**Kopf- und Fusszeilentools/Entwurf**
Gruppe	Optionen
Kontrollkästchen	Erste Seite anders (aktivieren)

Kopf- und Fusszeilenoptionen

Register	**Einfügen**
Gruppe	Text
Befehl	Textfeld
Befehl	Textfeld erstellen

Textfeld einfügen

1 Kopfzeile
Fügen Sie die Kopfzeile für die erste Seite ein. Setzen Sie ein Häkchen bei **Erste Seite anders**.

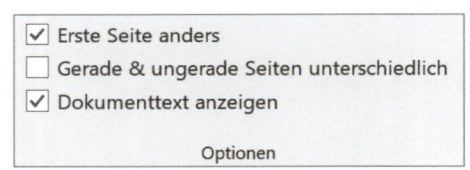

☑ Erste Seite anders
☐ Gerade & ungerade Seiten unterschiedlich
☑ Dokumenttext anzeigen

Optionen

Kopf- und Fusszeilenoptionen

1a Schreiben Sie das Logo in ein Textfeld. Wählen Sie eine geeignete Schrift für das Logo.
1b Geben Sie die Geschäftsangaben in die Kopfzeile ein.

Briefe

Register	**Einfügen**
Gruppe	**Text**
Befehl	**Schnellbausteine**
Befehl	**Feld…**
Auswahl	**MacroButton**

Feld einfügen

2 Die einzelnen Zeilen für die Empfängeradresse und die Inhaltsangabe sind durch das Feld **MacroButton** definiert. Beim Benutzen der Vorlage können die Felder angeklickt oder durch Drücken von F11 angesprungen werden. Der Inhalt wird automatisch gelöscht, und die korrekte Eingabe wird ermöglicht. Leere Zeilen sind gegebenenfalls zu löschen. Den Inhalt von Feldern können Sie mit der Tastenkombination **Alt+F9** auf dem Bildschirm anzeigen. Hinter der Adresszeile 1 befindet sich folgendes Feld: **{MacroButton Abbrechen [Adresszeile_1]}**

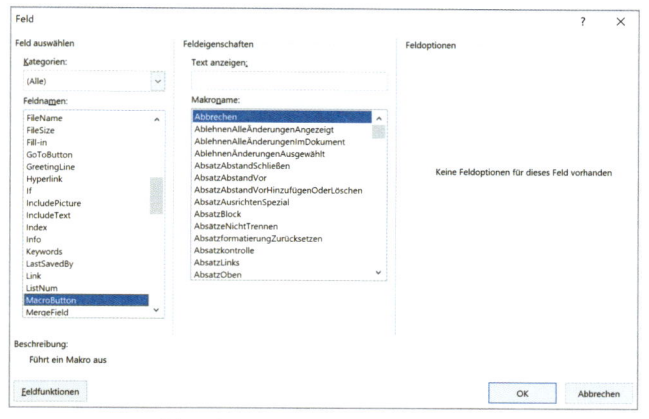

MacroButton-Feld einfügen

Register	**Einfügen**
Gruppe	**Text**
Befehl	**Schnellbausteine**
Befehl	**Feld…**
Auswahl	**CreateDate**

Erstelldatum einfügen

3 Das Datum wird mit der Feldfunktion **CreateDate** automatisch eingesetzt. Dabei ist das Datumsformat zu bestimmen.

4 Falz- und Lochmarke werden in der Kopfzeile eingetragen.

Definieren Sie die genaue Position von Falz- und Lochmarke. Dazu wird die Linie markiert (anklicken). Anschliessend wählen Sie **Zeichentools**.

Register	**Einfügen**
Gruppe	**Illustrationen**
Befehl	**Formen**
Auswahl	**Linie**

Linien einfügen

Zeichentools

Kopf- und Fusszeilentools

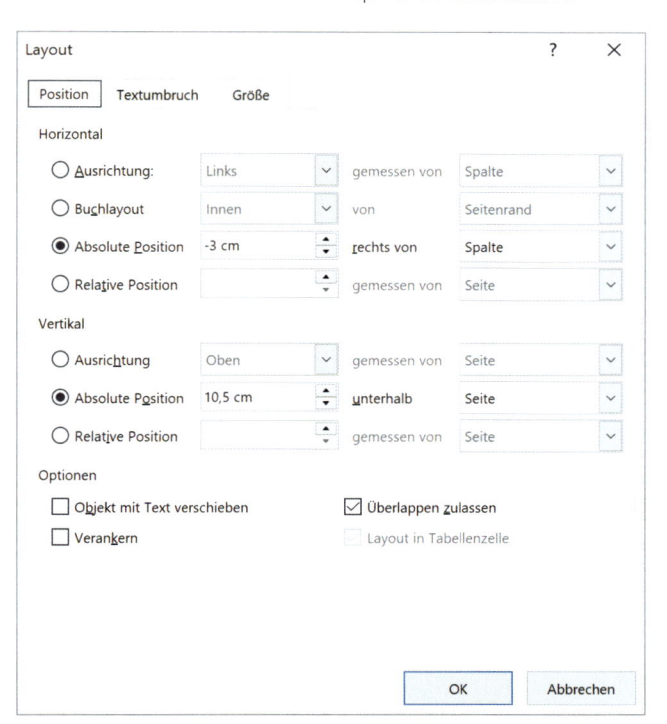

Register	**Zeichentools/ Format**
Gruppe	**Anordnen**
Befehl	**Position**
Befehl	**Weitere Layoutoptionen…**

Layoutoptionen

Layoutoptionen

147

Aufgabe 45 — Erstellen Sie aufgrund der Vorlage folgenden Brief.

Möbelzentrum AG Basel
Güterstrasse 223
4053 Basel
Tel. 061 378 12 18
Fax 061 378 12 19
info@mz-basel.ch
www.mz-basel.ch

Frau
Margrit Stadler Gut
Rechtsanwältin
Hofstrasse 18
4127 Birsfelden

Basel, 19. Mai 20...

Aktion «Trend-Gartenmöbel 20..»

Sehr geehrte Frau Stadler Gut

Seit einiger Zeit durften wir Sie nicht mehr beliefern. Gibt es einen bestimmten Grund dafür? Informieren Sie uns bitte darüber, denn Kundenzufriedenheit ist uns wichtig.

Zurzeit bereiten wir eine Aktion vor, in der wir Ihnen unsere Trend-Gartenmöbel der kommenden Saison besonders günstig anbieten. Wir möchten vor allem unseren langjährigen Kundinnen und Kunden Gelegenheit geben, dieses aussergewöhnliche Angebot zu nutzen. In beiliegendem Prospekt finden Sie dazu ausführliche Produktbeschreibungen und die Preisangaben.

Übrigens: Im Internet präsentieren wir Ihnen die ganze Bandbreite unseres Angebots. Schauen Sie doch einmal unter www.moebelzentrum-basel.ch vorbei und lassen Sie sich inspirieren.

Wir freuen uns auf Ihren Besuch!

Freundliche Grüsse

Möbelzentrum Basel

Kathrin Walser

Prospekt «Trend-Gartenmöbel 20..»

Hervorhebungen

Verzichten Sie in einfachen Brieftexten auf Hervorhebungen (Auszeichnungen). Sie erhöhen damit die Lesbarkeit. Merken Sie sich folgenden Grundsatz: «Je einfacher die Gestaltung, umso besser die Lesbarkeit.» Den Betreff sollten Sie jedoch fett drucken.

Einfache Briefe in Textabschnitte gliedern

Gliedern Sie Ihre Brieftexte in Abschnitte. Eine sachlich gegliederte Struktur des Textes hilft dem Leser, den Inhalt rascher zu erfassen. Fügen Sie jeweils einen Absatz ein, wenn ein neuer Gedanke im Brief auftaucht. Oft wird der Fehler begangen, dass zu viele Absätze eingefügt werden. Auch damit bremsen Sie den Lesefluss, und das rasche Erfassen des Inhalts wird erschwert. Achten Sie bei jedem Brief, den Sie darstellen, auf Briefaufbau und -struktur.

Aufgabe 46

Gestalten Sie den folgenden Brieftext des Möbelzentrums Basel so, dass ein postfertiges Schriftstück entsteht. Verwenden Sie die Briefvorlage des Möbelzentrums.

Frau Margrit Peterhans Käppeliweg 31 4132 Muttenz 4051 Basel, 15. März 20.. Angebot Polstergruppe Sehr geehrte Frau Peterhans Letzte Woche durften wir Sie an der Ausstellung «Schöneres Wohnen» an unserem Stand beraten. Vielen Dank für Ihren Besuch. Wegen der grossen Nachfrage konnten wir Ihnen keinen Katalog aushändigen. Jetzt ist er wieder druckfrisch vorrätig. So, wie Sie uns Ihre Wohnungseinrichtung und Ihre Wohnstube geschildert haben, empfehlen wir Ihnen besonders die Polstergruppe Modell «Zürich». Sie finden die Beschreibung und das Bild auf Seite 55 im Katalog. Wünschen Sie ein Stoffmuster? Herr Affentranger, intern 061 486 31 00, berät Sie gerne. Überzeugen Sie sich von unseren Leistungen. Sie werden bestimmt begeistert und zufrieden sein. Freundliche Grüsse Möbelzentrum Basel Kathrin Walser Katalog

Die folgenden Briefaufgaben repetieren die wichtigsten Formatierungsfunktionen. Dabei verzichten wir bei Geschäftsbriefen auf das Erstellen von Briefköpfen. Hingegen lohnt es sich, eine Vorlage zu erarbeiten, die Ihnen grundsätzlich ermöglicht, die Briefe rationell zu gestalten. Erstellen Sie zudem eine Vorlage für Privatbriefe mit Ihrem Absender.

Aufgabe 47

Entwerfen Sie eine Briefvorlage für Geschäftsbriefe.

Aufgabe 48

Schreiben Sie den folgenden Brief und verwenden Sie Ihre Geschäftsbriefvorlage.

Herr Anton Fischer Gstaldenstr. 6 8810 Horgen 8025 Zürich, 11. April 20.. Pilatus-Küchen – alles aus einer Hand Sehr geehrter Herr Fischer Vielen Dank für Ihr Interesse an unseren Pilatus-Küchen. Lassen Sie sich von unserem Prospekt «Küchenideen» inspirieren – vielleicht haben Sie dann schon Ihre Wunschküche klar vor Augen. Was aber ist bei der Auswahl und beim Kauf einer neuen Küche zu beachten? Einen ersten Überblick erhalten Sie in unserem Leitfaden «In 5 Schritten zur Traumküche». Unser zusätzliches Angebot: Pilatus baut nicht nur perfekte Küchen, sondern auch die passenden Einbaugeräte dazu. Sie bekommen wirklich alles aus einer Hand, alles in bester Pilatus-Qualität! Unser Vorschlag: Besuchen Sie unsere Ausstellungsräume an der Limmatstrasse in Zürich. Sie finden bei uns nicht nur interessante Vorschläge zeitgemässer Küchenplanung; unsere Experten zeigen Ihnen unverbindlich, wie Sie sich mit Ihrer Pilatus-Küche das Leben so angenehm wie möglich machen können. Viel Spass beim Aussuchen Ihrer Pilatus-Küche! Freundliche Grüsse PILATUS-KÜCHEN AG Irma Döbler 2 Prospekte

Geschäftsdokumente gestalten

Aufgabe 49

Der folgende Brief ist ein privater Brief, eine Stellenbewerbung. Verwenden Sie dazu die Privatbriefvorlage, die Sie in Aufgabe 43 erstellt haben.

Frau Monika Dürr Zürich Tourismus Postfach 8023 Zürich Brügg BE, 7. April 20.. Bewerbung als Agentin im Fremdenverkehr Sehr geehrte Frau Dürr Sie suchen über das Anschlagbrett der Höheren Fachschule für Tourismus eine Agentin im Fremdenverkehr. Die Präsentation Ihres Unternehmens auf Ihrer Website und die daraus sprechende zukunftsorientierte Haltung stimmen mit meinen Vorstellungen von einem zeitgemässen Arbeitsplatz überein. Meine berufliche Tätigkeit soll anspruchsvoll und abwechslungsreich sein. Deshalb bewerbe ich mich um diese Stelle. Im Sommer beende ich meine kaufmännische Lehre bei der Holiday Tours AG in Bern. Um meine Kenntnisse zu erweitern, werde ich ab Anfang Herbst die Höhere Fachschule für Tourismus in Zürich besuchen. Während dieser zweijährigen Phase kann ich mit einem 80-%-Pensum für Sie tätig sein. Was dürfen Sie von mir erwarten? Seit Lehrbeginn arbeite ich am Schalter und berate mit grossem Engagement unsere vielseitige Kundschaft. Dabei profitiere ich auch von meinen Sprachkenntnissen. Ich verfüge ausserdem über eine gute Informatikausbildung. Mit meiner Zuverlässigkeit, meiner Einsatzbereitschaft und der raschen Auffassungsgabe werde ich Ihren Anforderungen bestimmt entsprechen. Ihre freue mich auf eine Einladung zu einem persönlichen Gespräch. Freundliche Grüsse Lebenslauf Zeugniskopien

6.2.3 Gliederungstechniken

Um Brieftexte zu strukturieren, verwendet man verschiedene Gestaltungsmittel. Die wichtigsten werden in diesem Kapitel vorgestellt.

Aufzählungszeichen oder Nummerierungen

Aufzählungen können gut mit Aufzählungszeichen gegliedert werden. Dabei verwendet man in der Regel den Halbgeviertstrich (–). Das Divis (-) ist für die Aufzählung zu kurz. Andere Aufzählungszeichen kommen in Brieftexten weniger infrage. Der Halbgeviertstrich wirkt schlichter als der Aufzählungspunkt und genügt völlig, um die Gliederung sichtbar zu machen. In Briefen sollten Sie mehrere Aufzählungsebenen vermeiden.

Der Abstand zwischen Aufzählungszeichen und Text richtet sich nach der Schriftgrösse. Wenn Sie den Brief in der Schrift Calibri, Schriftgrösse 11 Punkt, schreiben, genügen etwa **0,5 cm**. Die Aufzählung bekommt dann etwa folgendes Aussehen:

- Lore feugiat. Ut autpat iureetuer sed dio corero coreetum zzriure velisis acillaor at, sim zzrit aliquat. Ut ad min ut lore facil iure magnim qui te conse velisisit vel ulputem velesecte vel ulla augait ing ent er sequamcon henissi.
- Lore dolor aciduip ustin henit amet, con verilit ad dolent ver senis acilismolor sum

Bei einer Aufzählung kommt auch die Nummerierung infrage. Achten Sie darauf, dass der Abstand zwischen der Nummer und dem Text nicht zu gross ausfällt. Etwa **0,75 cm** sind in einem Brief richtig.

1. Lore feugiat. Ut autpat iureetuer sed dio corero coreetum zzriure velisis acillaor at, sim zzrit aliquat. Ut ad min ut lore facil iure magnim qui te conse velisisit vel ulputem velesecte vel ulla augait ing ent er sequamcon henissi.
2. Lore dolor aciduip ustin henit amet, con verilit ad dolent ver senis acilismolor sum
3. Loreet, con ulluptatio conum zzrit exeriure magnism dolore verosto eros nullutatuer si tatum ercipsuscil ullan velisi blan ullaoreet irit vero commodo oborpercil dipsummodip.

Aufgabe 50

Schreiben Sie den folgenden Brief. Als Absender setzen Sie Ihre persönliche Adresse ein. Verwenden Sie wiederum die Briefvorlage für Privatbriefe.

Christian Häfelin
Alpstrasse 23
6020 Emmenbrücke

Telefon 041 373 18 22
Mobile 079 233 67 56
Mail chrhaefelin@bluewin.ch

Frau
Edith Bühlmann
Sonnweg 12
6024 Hildisrieden

Emmenbrücke, 7. April 20..

Schaden an meinem Fahrzeug LU 53165

Sehr geehrte Frau Bühlmann

Ihr Sohn Cyrill hat am 5. April vor der Lichtsignalanlage am Seetalplatz in Emmenbrücke mein Auto bei Auffahrkollision beschädigt. Als Fahrzeughalterin und Versicherungsnehmerin habe ich Ihnen gestern den den Unfallhergang telefonisch geschildert. Sie wollen den geringfügigen Schaden an meinem Fahrzeug bezahlen, ohne dies der Versicherung zu melden.

Wir haben Folgendes festgehalten:

– Aufgrund der Schätzung der Garage Schmid in Rain belaufen sich die Kosten für die Instandsetzung meines Fahrzeuges Audi A4 zwischen CHF 400.– und CHF 500.–.

– Ich bin bereit, den Schaden nicht beheben zu lassen. Für den Minderwert an meinem Fahrzeug überweisen Sie mir jedoch CHF 200.–.

– Mit der Überweisung erlöschen weitere Ansprüche an Sie oder an Ihre Versicherung.

Ich bitte Sie, mir den Betrag mit beiliegendem Einzahlungsschein auf mein Konto 128.508.53-12 bei der UBS Luzern zu überweisen. Besten Dank.

Freundliche Grüsse

Einzahlungsschein

Aufgabe 51 — Schreiben Sie den folgenden Brief und verwenden Sie die automatische Nummerierung.

i't
magazin für informationstechnologie

Heimgartner Informatik AG
Herr Peter Heimgartner
Dreilindenstrasse 20
6006 Luzern

Olten, 7. September 20..

i't magazin für informationstechnologie

Sehr geehrter Herr Heimgartner

Kürzlich erhielten Sie von uns das gewünschte Probeheft der Zeitschrift i't magazin für informationstechnologie.

Sicherlich haben Sie so einen kleinen Vorgeschmack darauf erhalten, was Sie alle 14 Tage von i't erwarten dürfen.

Drei Gründe sprechen für ein i't-Jahresabonnement:

1. i't berichtet praxisnah und herstellerunabhängig über Trends und Facts rund um den Computer.
2. i't ist bei Lesern und Herstellern für konstruktive Kritiken und sorgfältige Tests bekannt.
3. Sie sparen im Jahresabonnement 40% gegenüber dem Ladenverkaufspreis und erhalten jährlich 26 Ausgaben von i't für nur CHF 117.–.

Falls Sie sich heute noch nicht festlegen möchten, dann probieren Sie es doch mit dem Schnupperabo – drei Ausgaben zum Preis von CHF 12.–. Füllen Sie einfach die beiliegende Bestellkarte aus. Oder noch schneller: Bestellen Sie übers Internet: www.it.ch/abo. Wir freuen uns!

Viele Grüsse aus Olten

i't
magazin für informationstechnologie

Hans Spiller
Vertriebsleiter   Bestellkarte

Aufgabe 52

Schreiben Sie den folgenden Brief und verwenden Sie die automatische Gliederung «Liste mit mehreren Ebenen» (eher selten in einem Brief: Gliederung auf zwei Ebenen!).

Neue Luzerner Zeitung

Frau
Romilda Furrer
Sprachlehrerin
Matthofring 12
6005 Luzern

Luzern, 29. September 20..

«Neue Luzerner Zeitung» – eine wertvolle Lektüre

Guten Tag Frau Furrer

Möchten Sie die «Neue Luzerner Zeitung» 30 Tage kostenlos und unverbindlich prüfen? Gute Gründe sprechen dafür:

1. Kritische Kommentare und Berichte von 12 Redaktoren und vielen namhaften Publizisten stehen für einen unabhängigen Journalismus.

2. Kurze, prägnante Artikel informieren Sie jederzeit in kompakter Weise.

3. Im stark ausgebauten und verbesserten Regionalteil berichten unsere Lokalredaktoren über alles, was Sie von Ihrer Region wissen müssen:
   a) Stadt Luzern und Umgebung
   b) Nidwalden, Obwalden, Uri und Zug

4. Als Abonnentin erhalten Sie Zugang zu unserem News Portal «eNLZ». Dieses digitale Angebot können Sie auf PC, Laptop, Tablet und Smartphone nutzen.

Wir meinen: Von diesem Angebot können Sie nur profitieren. Senden Sie die beiliegende Antwortkarte zurück und erhalten Sie die NLZ als Probenummer **bis Ende Jahr** gratis. Wir wünschen Ihnen viele angenehme Stunden bei der Lektüre Ihrer «Neuen Luzerner Zeitung».

Freundliche Grüsse

Neue Luzerner Zeitung

Antwortkarte   ppa. Heinz Zenger

Seitenkommentar:

Das Beispiel zeigt eine Gliederung mit Ziffern und Buchstaben in zwei Gliederungsebenen (bei Briefen eher selten).

Beachten Sie die korrekten Abstände nach den Buchstaben und den Ziffern.

Geschäftsdokumente gestalten

Aufgabe 53

Schreiben Sie den folgenden Brief und erwähnen Sie die Vorzüge (sie sind im Text kursiv gesetzt) in Form einer Aufzählung.

Frau Beate Schwerzmann Landschaustrasse 32 6006 Luzern Luzern, 29. August 20.. Erholung im Kurhaus Sonnmatt Sehr geehrte Frau Schwerzmann Besten Dank für Ihren Anruf von heute Mittag. Ob ferienhalber, erholungssuchend oder klinikbedürftig – bei uns sind Sie in guten Händen. Das Kurhaus Sonnmatt bietet Ausserordentliches: *eine ländliche, ruhige Atmosphäre inmitten von Wald und Wiesen, direkt über dem Vierwaldstättersee und trotzdem gut erreichbar; gute Luft, die Ruhe der Natur und ein einzigartiges Panorama; eine Umgebung, die Sie zu ausgiebigen Spaziergängen in der traumhaft schönen Parkanlage rund um das Kurhaus einlädt; ein gut eingespieltes Pflegeteam unter der Leitung unseres Hausarztes Dr. med. Paul Limacher. Er steht Ihnen Tag und Nacht zur Seite.* Lassen Sie sich körperlich, kulinarisch – auch mit Diät – und kulturell verwöhnen! Unser Prospekt informiert Sie über unsere Leistungen und Angebote. Für weitere Auskünfte sind wir für Sie da. Haben wir Ihr Interesse geweckt? Dann reservieren Sie bitte frühzeitig, damit wir Ihre individuellen Wünsche erfüllen können. Wir freuen uns auf Sie. Freundliche Grüsse SONNMATT KURHAUS/PRIVATKLINIK Manuela Kübler, Direktorin Prospekt

Aufgabe 54

Gestalten Sie den folgenden Brief postfertig. Schreiben Sie die Empfehlungen (Nummern 1–3) in Form einer Aufzählung (Nummerierung).

Herr Hans Meier Freiestrasse 45 3604 Thun Thun, 29. August 20.. Vorsicht vor E-Mails mit gefälschtem Absender der Thunerbank AG Sehr geehrter Herr Meier Unsere Kundinnen und Kunden wurden Zielobjekte einer E-Mail-Aktion mit betrügerischer Absicht. Dabei wurden in englischer Sprache verfasste E-Mails mit gefälschten Absenderadressen verschickt und die Empfänger aufgefordert, einen Link anzuklicken und dort ihre persönlichen Daten bekannt zu geben. Diese E-Mails stammen nicht von der THUNERBANK AG. Bitte beachten Sie, dass wir Sie niemals über E-Mail zur Bekanntgabe Ihres Passwortes oder Ihrer Sicherheitselemente (E-Banking-Nummer, Passwort und Sicherheitscode) auffordern. Falls Sie bereits eine solche E-Mail erhalten haben, empfehlen wir Ihnen Folgendes: 1. Klicken Sie nicht auf den Link in der E-Mail und geben Sie Ihre Sicherheitselemente keinesfalls bekannt. 2. Sollten Sie Ihre Sicherheitselemente bereits bekannt gegeben haben, ändern Sie sofort Ihr Passwort und kontaktieren Sie uns (Hotline 0844 335 700 oder ebanking@thunerbank.ch). 3. Benutzen Sie für das Login nur die Internetadresse www.thunerbank.ch. Unser E-Banking-Angebot ist sicher. Wichtig ist allerdings, dass Sie als Benutzer mit den drei Sicherheitselementen sorgfältig umgehen – dann kann kein Schaden entstehen. Freundliche Grüsse THUNERBANK AG Rolf Zahnd

Aufgabe 55

Gestalten Sie den folgenden Brief postfertig. Schreiben Sie die Ziele (Nummerierung a–d) in Form einer Aufzählung (Nummerierung).

Herr Peter Lang Schlossblick 12 6210 Sursee Ebikon, 15. Mai 20.. «Management-Workshop» Sehr geehrter Herr Lang Die Märkte werden immer umfassender und unübersichtlicher. Neue Ideen und praktische Starthilfen unterstützen Sie darin, den Überblick zu bewahren. Mit unserem Ausbildungsseminar «Management-Workshop» erreichen Sie gemeinsam mit den weiteren Teilnehmenden folgende Ziele: a) Sie können sich – trotz steigendem Druck – täglich professionell und unternehmerisch motivieren. b) Sie entwickeln eine klare Vorstellung von den Anforderungen an Ihre künftige Führungsaufgabe. c) Sie überwinden die Widersprüche zwischen Leistungs- und Beziehungsorientierung. Weitere Informationen sowie Kurszeiten und Kursorte können Sie dem Prospekt «Management-Workshop» entnehmen. Ich freue mich auf Ihre Antwort und nehme gerne Ihre Fragen auf. Freundliche Grüsse IKA-Learning GmbH Franziska Dobler Leiterin Ausbildung Prospekt «Management-Workshop»

Betragskolonnen

Die Betragskolonne gehört an den Schreibrand rechts. Wichtig bei den Betragskolonnen ist der korrekte Umgang mit den Tabulatoren oder mit den Tabellenfunktionen. Sie müssen beide Arbeitstechniken beherrschen. Bei Betragskolonnen mit kleinen Beträgen, wo auch Rappen vorkommen (z. B. CHF 13.60), kann bei geraden Beträgen auch «00» (anstelle des Geviertstriches) geschrieben werden. Bei Betragskolonnen mit Beträgen von ganzen Zahlen sollen die Rappen nicht mit «00» angegeben werden, denn dies wirkt unübersichtlich. Hier wird der Gedankenstrich (Halbgeviert) angewendet (siehe Beispiel).

Beispiel:

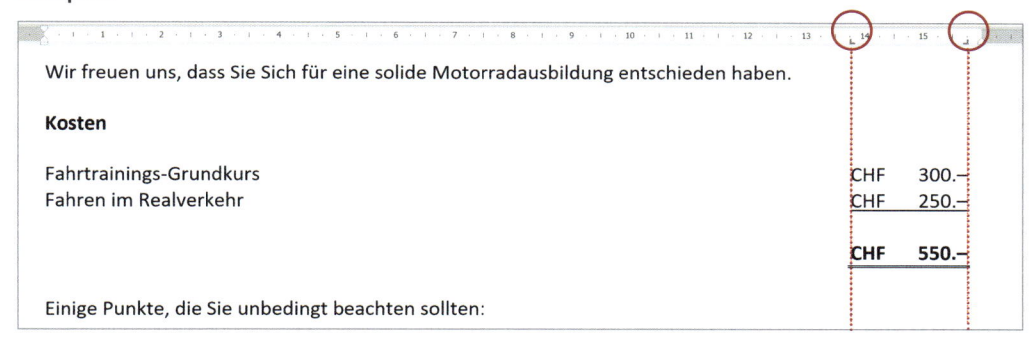

Wir freuen uns, dass Sie Sich für eine solide Motorradausbildung entschieden haben.

Kosten

Fahrtrainings-Grundkurs	CHF	300.–
Fahren im Realverkehr	CHF	250.–
	CHF	**550.–**

Einige Punkte, die Sie unbedingt beachten sollten:

Aufgabe 56 — Schreiben Sie den folgenden Brief.

VONWIL FAHRSCHULE
professionell + dynamisch

Herr
Stefan Kleeb
Schlossfeldstrasse 33
6218 Ettiswil

6130 Willisau, 14. März 20..

Fahrtrainings-Grundkurs

Sehr geehrter Herr Kleeb

Wir freuen uns, dass Sie sich für eine solide Motorradausbildung entschieden haben.

Kosten

Fahrtrainings-Grundkurs	CHF 300.–
Fahren im Realverkehr	CHF 250.–
Total	**CHF 550.–**

Einige Punkte, die Sie unbedingt beachten sollten:

- Die Kurse werden bei jedem Wetter durchgeführt (Regenkombi unentbehrlich).
- Fahren Sie im Fahrtraining, wenn möglich, auf Ihrem eigenen Motorrad.
- Die Kurskosten bezahlen Sie am 2. Kurstag bar.

Übrigens: Um Sie umfassend auf die heutigen Anforderungen im Strassenverkehr vorzubereiten, haben wir auch dieses Jahr unser Ausbildungsprogramm erweitert. Sie finden sämtliche Kurse und Kurszeiten in unserem aktuellen Kursprogramm 20.. (siehe Beilage).

Ich freue mich auf Ihre Anmeldung und beantworte gerne Ihre Fragen.

Freundliche Grüsse

Fahrschule Vonwil

Erwin Vonwil

Kursprogramm 20..

Aufgabe 57 Schreiben Sie den folgenden Brief.

VONWIL FAHRSCHULE
professionell + dynamisch

Herr
Stefan Kleeb
Schlossfeldstrasse 33
6218 Ettiswil

6130 Willisau, 14. März 20..

Fahrtrainings-Grundkurs

Sehr geehrter Herr Kleeb

Wir freuen uns, dass Sie sich für eine solide Motorradausbildung entschieden haben.

Kosten

Fahrtrainings-Grundkurs	CHF 300.–
Fahren im Realverkehr	CHF 250.–
Zwischentotal	CHF 550.–
10 % Treuerabatt	CHF 55.–
Total	**CHF 495.–**

Einige Punkte, die Sie unbedingt beachten sollten:

– Die Kurse werden bei jedem Wetter durchgeführt (Regenkombi unentbehrlich).
– Fahren Sie im Fahrtraining, wenn möglich, auf Ihrem eigenen Motorrad.
– Die Kurskosten bezahlen Sie am 2. Kurstag bar.

Übrigens: Um Sie umfassend auf die heutigen Anforderungen im Strassenverkehr vorzubereiten, haben wir auch dieses Jahr unser Ausbildungsprogramm erweitert. Sie finden sämtliche Kurse und Kurszeiten in unserem aktuellen Kursprogramm 20.. (siehe Beilage).

Ich freue mich auf Ihre Anmeldung und beantworte gerne Ihre Fragen.

Freundliche Grüsse

Fahrschule Vonwil

Erwin Vonwil

Kursprogramm 20..

Geschäftsdokumente gestalten

Aufgabe 58

Schreiben Sie den folgenden Brief. Lösen Sie den Briefkern mit der Tabulatorfunktion.

Restaurant Krone Herr Urban Grossmann Obere Rütigasse 33 6010 Kriens Salgesch, 14. Oktober 20.. Top-Angebote für die Gastronomie Sehr geehrter Herr Grossmann Vielen Dank für Ihre Anfrage vom 12. Oktober 20.. . Die Phase im Rebberg war aussergewöhnlich schön, und wir freuen uns neu, diese einmalige Qualität zu verarbeiten. Ganz speziell freuen wir uns auf den Johannisberg: einen eleganten Weisswein mit einer ausgewogenen Fruchtigkeit und einem Hauch von Mandeln. Auch dieses Jahr haben wir wieder ein Topangebot «Gastro-Set» für Sie vorbereitet, das kaum zu übertreffen ist. Unser Topangebot «Gastro-Set»: 60 Flaschen Johannisberg CHF 740.– 60 Flaschen Chardonnay AOC CHF 845.50 60 Flaschen Bacchus Pinot noir CHF 835.– 60 Flaschen Rhone-blut Eichenfass CHF 770.50 CHF 3 191.– abzüglich 10 % Einführungsrabatt CHF 319.10 Total inkl. MWST. CHF 2 871.10 Wir freuen uns sehr, wenn Sie wieder von unserem Herbstangebot profitieren. Falls Sie andere Mengen bestellen möchten oder Fragen haben, berät unser Team Sie gerne.

Stichwortangaben und Bedingungen am Schreibrand links

Nach den Stichwortangaben oder Bedingungen kommt **kein Doppelpunkt**.

Den Abstand zwischen den Stichwörtern (Mengenrabatt, Lieferung, Zahlung, Garantie) und dem dazugehörigen Text sollten Sie nicht zu eng und nicht zu weit wählen. Der Text muss optisch dem Stichwort zugeordnet werden.

Grundsatz: Abstand zwischen längster Stichwortangabe und dem Text: **0,5 bis 1,0 cm**.

Zwischen den Stichwortangaben **kann eine Leerzeile** oder auch nur eine halbe stehen (wird mit Absatzfunktion Abstand «Vor» oder «Nach» erreicht).

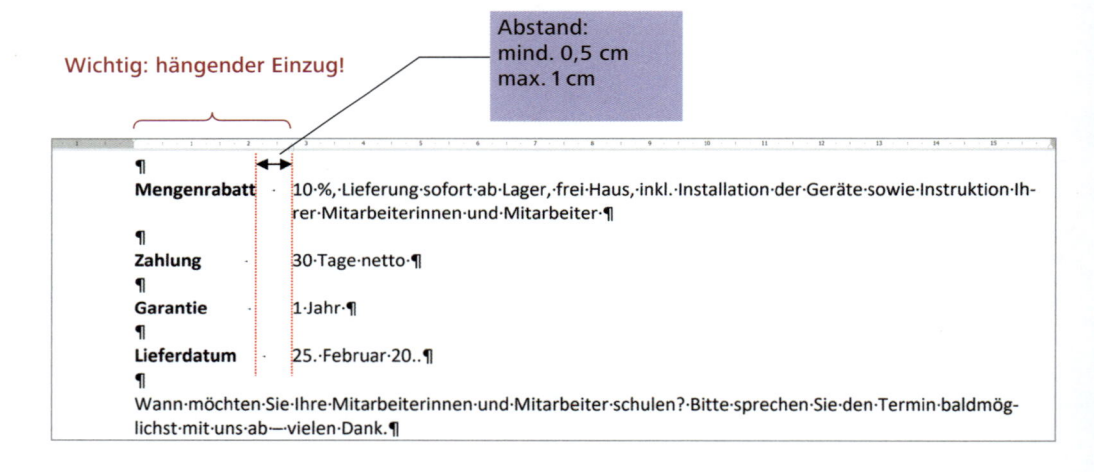

Wichtig: hängender Einzug!

Abstand: mind. 0,5 cm max. 1 cm

¶
Mengenrabatt 10 %, Lieferung sofort ab Lager, frei Haus, inkl. Installation der Geräte sowie Instruktion Ihrer Mitarbeiterinnen und Mitarbeiter ¶
¶
Zahlung 30 Tage netto ¶
¶
Garantie 1 Jahr ¶
¶
Lieferdatum 25. Februar 20.. ¶
¶
Wann möchten Sie Ihre Mitarbeiterinnen und Mitarbeiter schulen? Bitte sprechen Sie den Termin baldmöglichst mit uns ab — vielen Dank. ¶

Aufgabe 59

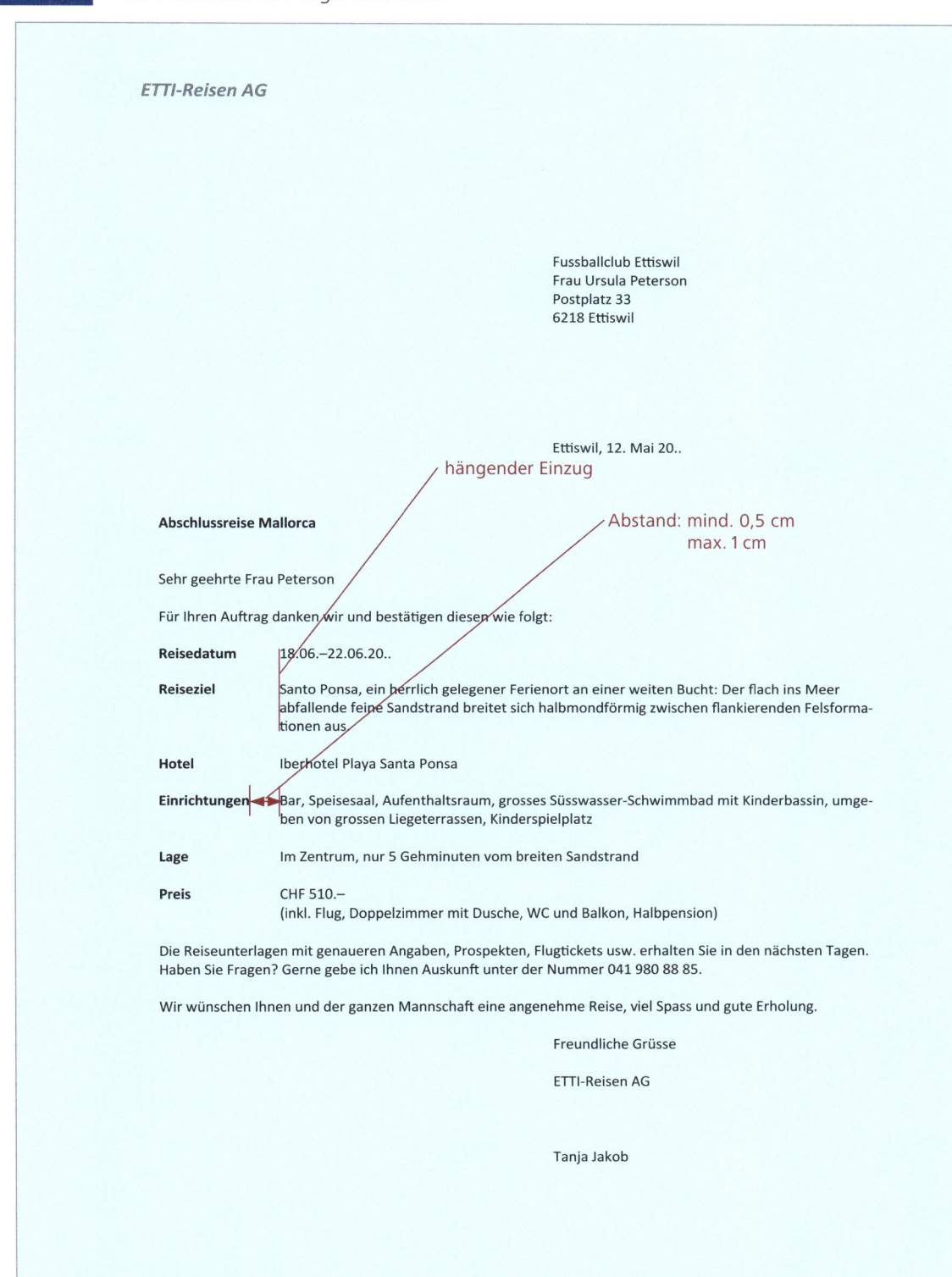

Schreiben Sie den folgenden Brief.

ETTI-Reisen AG

Fussballclub Ettiswil
Frau Ursula Peterson
Postplatz 33
6218 Ettiswil

Ettiswil, 12. Mai 20..

Abschlussreise Mallorca

Sehr geehrte Frau Peterson

Für Ihren Auftrag danken wir und bestätigen diesen wie folgt:

Reisedatum	18.06.–22.06.20..
Reiseziel	Santo Ponsa, ein herrlich gelegener Ferienort an einer weiten Bucht: Der flach ins Meer abfallende feine Sandstrand breitet sich halbmondförmig zwischen flankierenden Felsformationen aus.
Hotel	Iberhotel Playa Santa Ponsa
Einrichtungen	Bar, Speisesaal, Aufenthaltsraum, grosses Süsswasser-Schwimmbad mit Kinderbassin, umgeben von grossen Liegeterrassen, Kinderspielplatz
Lage	Im Zentrum, nur 5 Gehminuten vom breiten Sandstrand
Preis	CHF 510.– (inkl. Flug, Doppelzimmer mit Dusche, WC und Balkon, Halbpension)

Die Reiseunterlagen mit genaueren Angaben, Prospekten, Flugtickets usw. erhalten Sie in den nächsten Tagen. Haben Sie Fragen? Gerne gebe ich Ihnen Auskunft unter der Nummer 041 980 88 85.

Wir wünschen Ihnen und der ganzen Mannschaft eine angenehme Reise, viel Spass und gute Erholung.

Freundliche Grüsse

ETTI-Reisen AG

Tanja Jakob

Hinweise:
- hängender Einzug
- Abstand: mind. 0,5 cm max. 1 cm

Geschäftsdokumente gestalten

Aufgabe 60 Schreiben Sie den folgenden Brief.

Herr Erwin Wenger Dorfstrasse 9 4051 Basel Hallau, im Dezember 20.. Wein-Entdeckungen für die Festtage Sehr geehrter Herr Wenger Genussvoll möchten wir mit Ihnen in die Winter- und Weihnachtszeit starten. Von Italien über Frankreich nach Portugal. Unsere Entdeckungen aus diesen begnadeten Weinbauländern werden Sie begeistern. Jeder dieser Weine steht für exklusive Momente. Kräftig, samtig-weich und gehaltvoll – so präsentieren sich die Neuzugänge. Sie empfehlen sich als ausgezeichnete Begleiter für Ihr Weihnachtsmenü sowie für entspannte Geniesserstunden zu zweit und im Kreis der Familie. Unser Festtagsangebot enthält zwei Flaschen Prosecco La Tordera, Italien, zwei Flaschen Château Chauvin, Grand Cru Classé, Frankreich, und zwei Flaschen Syrah Reserva, VR Alentejo Herdade Dos Lagos, Portugal. Näheres erfahren Sie im beiliegenden Flyer. Lieferung: 5 Tage nach Bestellungseingang Zahlung: 30 Tage netto Preis: CHF 360.–. Profitieren Sie vom Festtagsrabatt von über CHF 160.– und ergänzen Sie jetzt Ihren Weinkeller! Freundliche Grüsse Müller Weine GmbH Urs Müller Flyer Wein-Entdeckungen für Ihre Festtage Bestelltalon

Aufgabe 61 Schreiben Sie den folgenden Brief.

Kaiser GmbH Herr Rudolf Bucher Enterprise 22 6210 Sursee   Luzern, 18. Mai 20..   Hardwareumstellung Sommer 20.. Sehr geehrter Herr Bucher Besten Dank für Ihre Anfrage sowie das Interesse an unserer Firma. Es freut uns sehr, dass Sie aus Ihrem Umfeld positives Feedback zu unserem Betrieb erhalten haben. Für die geplante Umstellung der Hardware- und Software-Infrastruktur im Sommer haben wir uns Ihrer Wünsche angenommen. Wir unterbreiten Ihnen folgendes Angebot: 5 HP ProDesk 600 G2 CHF 5 595.– 5 HP Monitor Z24n, 24" LED IPS Monitor mit schmaler Blende CHF 2 045.– 3 OKI C822n, Netzwerkfähiger Farb-Laserdrucker für Papierformate bis A3 CHF 2 697.– Installation und Vernetzung CHF 1 000.– Total CHF 11 337.–   Lieferung sofort ab Lager, inkl. Installation und Vernetzung der Geräte Zahlung 10 Tage mit 2 % Skonto; 30 Tage netto Garantie 2 Jahre In den beiliegenden Prospekten und Datenblättern finden Sie sämtliche Details zu den angebotenen Geräten. Wir setzen vor allem auf die Marken HP und OKI und haben damit sehr gute Erfahrungen gemacht. Gerne führen wir diesen Auftrag für Sie aus. Ich freue mich auf Ihren Bescheid. Freundliche Grüsse Meyer-Informatik AG Petra Müller Leiterin Verkauf Prospekte Datenblätter

Gliederung des Brieftextes mit Titeln, Beschreibungen und Preis

Vor allem beim Gestalten von Angeboten und Auftragsbestätigungen ist die klassische Form mit Titeln und Beschreibungen zweckmässig. Durch ein lesergerechtes Anordnen der einzelnen Elemente erkennt man Warenbezeichnung, Preis und Bedingungen auf einen Blick.

Aufgabe 62

Schreiben Sie den folgenden Brief.

Kopomatic (Schweiz) AG

Stäubli AG
Geräte- und Maschinenbau
Herr Kurt von Ballmoos
Moosstrasse 25
8038 Zürich

Zug, 19. Februar 20..

Auftragsbestätigung

Sehr geehrter Herr von Ballmoos

Vielen Dank für Ihren Auftrag vom 18. Februar.

Ihre Bestellung:

6 Kopiergeräte TOP 10

der umweltfreundliche Duplex-Kopierer aus der neuen Serie: 40 randlose A4-Kopien je Minute; stufenloses Zoom von 50 bis 200 %; Papierzuführung aus Grossraumkassette mit 1100 Blatt A4; Stapeleinzug; Papierformate A5 bis A3; integrierte Duplex-Einheit für doppelseitiges Kopieren; geringer Lärmpegel; wenig Staubemissionen; kein Ozonausstoss; kurze Aufwärmzeit; Umschaltung nach 5 Minuten Nichtgebrauch auf Energiesparmodus; umfassendes Recyclingkonzept für Tonerpatronen und Trommeln; geeignet für Recyclingpapier | *Einzug rechts*

| *Tabulator links*
Preis je Gerät CHF 10 450.–
inkl. 7,7 % MWST

Hängender Einzug

Mengenrabatt	10 %
Lieferung	sofort ab Lager, frei Haus, inkl. Installation der Geräte sowie Instruktion Ihrer Mitarbeiterinnen und Mitarbeiter
Zahlung	30 Tage netto
Garantie	1 Jahr
Lieferung	25. Februar 20..

Wann möchten Sie Ihre Mitarbeiterinnen und Mitarbeiter schulen? Bitte sprechen Sie den Termin baldmöglichst mit uns ab – vielen Dank.

Freundliche Grüsse

Kopomatic (Schweiz) AG

Ursula Kunz

Bei jeder Briefdarstellung haben Sie die gleiche Ausgangslage – ein leeres Blatt. Ihre Aufgabe ist es, dieses Blatt so mit Text zu füllen, dass der Leser sich rasch orientieren kann. Dies geschieht nicht in erster Linie durch Auszeichnungen (Hervorhebungen). Viel wichtiger ist eine durchdachte Raumaufteilung. Der Briefkern eines Angebots besteht oft aus der Warenbezeichnung, der Warenbeschreibung und dem Preis. Anschliessend folgen die Bedingungen (Lieferbedingungen, Zahlungsbedingungen, Garantiebedingungen usw.). Folgende räumliche Aufteilung ergibt bei diesen Inhalten eine lesergerechte Struktur:

Tipp

Den Abstand zwischen den Stichwörtern (Lieferung, Garantie) und dem dazugehörigen Text sollten Sie nicht zu eng und nicht zu weit wählen. Der Text muss optisch dem Stichwort zugeordnet werden können.

Für den Informatikunterricht benötigen Sie ein leistungsfähiges Präsentationsmedium.

Wir bieten Ihnen an:

1 PT-VZ570E Panasonic

2 – Beamer mit integriertem LAN
– WUXGA-Auflösung (1920 x 1200 Pixel)
– 4800 ANSI-Lumen
– Kontrastverhältnis von 10 000:1
– Lampenlebensdauer von bis zu 5000 Stunden

3 CHF 1 700.–

20 % Schulrabatt   CHF   340.–

Preis inkl. 7,7 % MwSt.   CHF 1 360.–

4 Lieferung   sofort ab Lager

  Garantie   2 Jahre

---

1. **Warenbezeichnung.** Sie steht in der Regel auf einer besonderen Zeile, wird fett hervorgehoben und zur besseren Übersicht von der Beschreibung mit Weissraum abgesetzt (etwa 6 pt). Am Ende des Textes fällt das Satzzeichen weg. Anstelle einer Ware wird oft eine Dienstleistung angeboten, ohne dass sich die Darstellungsform ändern muss.
2. **Warenbeschreibung.** Stichwortartige Beschreibungen können gegliedert werden. Bei langen Beschreibungen ist es empfehlenswert, auf eine Gliederung zu verzichten (siehe Aufgabe 62). Sofern eine Betragskolonne vorhanden ist, bleibt der Raum oberhalb der Beträge frei. Übersichtlichkeit erreichen Sie vor allem dank einer durchdachten Raumaufteilung und überlegtem Umgang mit Weissraum.
3. **Preis.** Die Betragskolonne steht rechts aussen. Unterstreichen Sie die letzte Zahl vor dem Total. Den Totalbetrag formatieren Sie fett (das Unterstreichen eignet sich nicht, ausser Sie lösen es über die Rahmenfunktionen und Einfügen). Auf das doppelte Unterstreichen kann jedoch auch verzichtet werden!
4. **Bedingungen.** Sie stehen am linken Textrand. Der Text steht eingezogen. Zwischen der längsten Bedingung und dem Text fügen Sie etwas Weissraum ein. Zwischen den Bedingungen setzen Sie einen Abstand von etwa 6 pt.

Jetzt gilt es, die gelernten Formatierungstechniken gekonnt im Brief umzusetzen. Ihre Arbeitstechnik ist dann gut, wenn sich Schriftstücke rationell erstellen und problemlos umformatieren lassen. Nutzen Sie die Möglichkeiten des Textprogramms. Grundsätzlich können für die folgenden Darstellungen natürlich auch Tabellenfunktionen eingesetzt werden.

Aufgabe 63

Erstellen Sie den folgenden Briefkern:

Für den Informatikunterricht benötigen Sie ein leistungsfähiges Präsentationsmedium.

Wir bieten Ihnen an:

PT-VZ570E Panasonic

- Beamer mit integriertem LAN
- WUXGA-Auflösung (1920 x 1200 Pixel)
- 4800 ANSI-Lumen
- Kontrastverhältnis von 10 000:1
- Lampenlebensdauer von bis zu 5000 Stunden   CHF   1 700.–

20 % Schulrabatt   CHF   340.–

Preis inkl. 7,7 % MwSt.   **CHF   1 360.–**

Lieferung   sofort ab Lager

Garantie   2 Jahre

Aufgabe 64

Erstellen Sie folgenden Briefkern.

Ihre Anfrage freut uns sehr; vielen Dank für Ihr Vertrauen. Zur Deckung der Reiserisiken empfehlen wir Ihnen:

1. **Reisegepäckversicherung**

   Versicherungssumme CHF 2 000.– je Teilnehmer   CHF 25.60

2. **Haftpflicht allgemein und für Mietpferde**

   - Schäden an Pferden CHF 5 000.– je Pferd
   - Taggeld CHF 15.– je Pferd
   - CHF 1 000 000.– Haftpflicht je Teilnehmer und Unfallereignis   CHF 32.00

Dauer   10 Tage

Vorbehalt   Die Deckung gilt nur, wenn die Teilnehmer nicht schon bei einer anderen Gesellschaft gegen diese Risiken versichert sind.

Beachten Sie die beiliegenden «Allgemeinen Versicherungsbedingungen für Privathaftpflichtpolicen» und «Gepäckversicherungen».

Geschäftsdokumente gestalten

Aufgabe 65

Einen ähnlichen Briefaufbau wie das Angebot hat die Auftragsbestätigung. Den Stückpreis stellen Sie am besten als Vorkolonne mit kleinem Zwischenraum vor die Betragskolonne.

Schreiben Sie folgenden Briefkern:

> Vielen Dank für Ihren Auftrag, den unser Kundenberater Beat Oetiker am 23.11.20.. von Ihnen entgegengenommen hat.
>
> Wir bestätigen Ihnen folgende Ausführung:
>
> **Wollteppich BELOS in Schlafzimmer und Vorraum**
>
> | | | |
> |---|---|---|
> | Dessin 124/45 beige, 34,85 m² | zu CHF 64.00 | CHF 2 230.40 |
> | abzüglich 10 % Rabatt (Restposten) | | CHF 223.04 |
> | | | CHF 2 007.36 |
>
> **Verlegearbeit und -material**
>
> | | | |
> |---|---|---|
> | 34,85 m² | zu CHF 15.00 | CHF 522.75 |
> | 27,80 m Fussleisten, Eichen, geschraubt | zu CHF 12.30 | CHF 341.94 |
> | 5,60 m Plastikpatentschienen bei Türen | zu CHF 9.25 | CHF 51.80 |
> | | | CHF 2 923.85 |
>
> **Lieferfrist** 2 Wochen
>
> **Zahlung** 30 Tage, ohne Abzug
>
> Wir bedanken uns für Ihr Vertrauen und wünschen Ihnen viel Freude mit Ihrem neuen Wollteppich BELOS.

Aufgabe 66

Stellen Sie den folgenden Briefkern übersichtlich dar.

Sie suchen ein geräumiges Einfamilienhaus in Stadtnähe. Wir freuen uns, Ihnen zwei interessante Objekte in bevorzugter Lage anzubieten: 5-Zimmer-Einfamilienhaus in Adligenswil, Grundstücksfläche 720 m², an ruhiger Lage, frei stehend, Baujahr 1999, fünf Minuten von Bushaltestelle, Preis: CHF 1 300 000.–, 6-Zimmer-Einfamilienhaus in Ebikon mit allem Komfort, Baujahr 2000, Grundstücksfläche 830 m², Wohn-/Esszimmer mit Cheminée, zwei Badezimmer, sep. WC mit Dusche, Keller mit grossem Bastelraum, Doppelgarage, Preis: CHF 2 350 000.–. Besichtigung während der Geschäftszeiten von Montag bis Freitag. Unser Prokurist, Herr Beat Müller, zeigt Ihnen die Objekte gerne.

Aufgabe 67

Stellen Sie folgenden Brief postfertig dar.

Werbeagentur Kurt Dürr, Trendweg 18, 3033 Wohlen, Bern, 31. Januar 20.. Jubiläumsangebot Sehr geehrte Damen und Herren Seit fünf Jahren bieten wir im Bereich EDV hochwertige Qualität zu fairen Preisen an. Unser bewährter Grundsatz: Nur Artikel, die unsere Techniker geprüft und für gut befunden haben, nehmen wir ins Sortiment auf. Unser Jubiläum feiern wir mit einem besonderen Angebot: Personalcomputer INS 3700, mit INTEL-Prozessor Core i7-4460, 16 GB RAM, 256 GB SSD- und 1TB HDD-Festplatte, DVD-SM, Windows 10 64-bit, Grafikkarte nVidia GeForce GT720 mit 2 GB RAM, Giga-LAN, Multi-in-1 Cardreader, HDMI, DVI, 2x USB 3.0 und 4x USB 2.0, inkl. Maus, Tastatur und 24-Zoll-Breitbild-Flachbildschirm Samsung Syncmaster nur CHF 999.–. Garantie: 24 Monate auf PC, Laufwerke, Tastatur und Maus. Für den Samsung-Monitor beträgt die On-site-Garantie drei Jahre. Zahlung: innert 30 Tagen netto. Optionen zu diesem Gerät finden Sie im beiliegenden Prospekt. Unser Kundendienstteam berät Sie gerne über weitere Ausbaumöglichkeiten: Telefon 031 820 71 15. Wir freuen uns schon jetzt auf Ihre Bestellung und grüssen Sie freundlich. HANTRONIC AG ppa. Rolf Wechsler 1 Prospekt PS: Auch nach dem Kauf sind wir für Sie da.

Aufgabe 68 Stellen Sie folgenden Brief postfertig dar.

Frau Ruth Thierstein, Rosenstrasse 13, 2540 Grenchen Solothurn, 5. März 20.. Angebot Badezimmereinrichtung Sehr geehrte Frau Thierstein Vielen Dank für Ihren gestrigen Besuch in unserer Ausstellung. Es freut uns, dass Ihnen unsere Badezimmerkollektion LIBERO gefällt und wir Ihnen aus diesem Programm die folgenden Elemente anbieten dürfen: Spiegelschrank Schneider flexline, Aluminiumprofil, Höhe 80 cm, Tiefe 15,5 cm, Breite 90 cm, CHF 1 686.–. Schubladenelement Variella Decor, mit Chromleiste, drei Schubladen, ein Kosmetikeinsatz, 20 × 48 × 55 cm, weiss, CHF 565.–. Total CHF 2 251.–. Die Preise verstehen sich bei Abholung der Möbel in unseren Lagerräumen an der Muttenstrasse 12 in Solothurn. Den Spiegelschrank und das Schubladenelement haben wir an Lager. Für Hauslieferung berechnen wir einen Zuschlag von CHF 150.–. Gerne führen wir diesen Auftrag für Sie aus. Ich freue mich auf Ihren Bescheid. Freundliche Grüsse SANITÄRMATERIAL AG Rudolf Schoch 1 Katalog

Gliederung des Brieftextes in Form einer Tabelle

Beim Angebot mehrerer Artikel oder verschiedener Dienstleistungen, vor allem auch bei vergleichenden Aufstellungen, empfiehlt sich in der Regel ein tabellenartiger Aufbau.
Verzichten Sie bei Briefdarstellungen auf alle Linien, die nicht zwingend zu einer besseren Übersicht und Struktur beitragen. Lassen Sie in der Regel das Gitternetz auf dem Ausdruck unsichtbar. Gelegentlich und ausnahmsweise können feine Linien die Übersicht etwas verbessern. Bei tabellenartigem Aufbau verwenden Sie die Tabellenfunktionen.

Aufgabe 69 — Schreiben Sie den folgenden Brief.

Brieflogo

Frau
Petra Zeller
Tannenboden
6020 Emmenbrücke

Luzern, 25. März 20..

Klassenreise nach London

Sehr geehrte Frau Zeller

Ihre Diplomreise führt Sie und Ihre Klassenkameraden vom 15. bis 18. Juni nach London. Den Flug und den dortigen Aufenthalt haben Sie gestern bei uns gebucht – besten Dank. Ihre Unterlagen senden wir Ihnen innerhalb der nächsten 14 Tage zu.

Für die gewünschten Rundfahrten und Ausflüge schlagen wir Ihnen vor:

Tour Nr. 1	London	halber Tag vormittags	Montag bis Samstag	CHF 32.–
Tour Nr. 2	London	ganzer Tag	Montag bis Samstag	CHF 54.–
Tour Nr. 3	Themse-Fahrt	nachmittags	täglich	CHF 25.–
Tour Nr. 4	Hampton Court	vormittags (Sonntagnachmittag)	täglich	CHF 32.–
Tour Nr. 5	Windsor	nachmittags	täglich	CHF 34.–
Tour Nr. 6	Stratford	ganzer Tag	täglich	CHF 85.–

Tabelle mit Gitternetz

Bitte melden Sie uns spätestens zehn Tage vor der Abreise Ihre Wünsche. Wir reservieren für Sie die benötigte Anzahl an Plätzen bei unserem Partner in London und schicken Ihnen umgehend alle notwendigen Angaben zu diesen Ausflügen zu.

Wir wünschen Ihnen jetzt schon einen erlebnisreichen Aufenthalt in der Weltstadt an der Themse.

Freundliche Grüsse

REISEBÜRO WINDSOR-TOURS

Iris Keller
Reiseberaterin

Aufgabe 70

Gestalten Sie den folgenden Text gemäss Vorlage. Verwenden Sie die Tabellenfunktionen. Feine Linien verbessern hier die Übersicht.

Aufgrund unserer langjährigen Erfahrung empfehlen wir Ihnen unser preisgünstiges Anbaustecksystem PROGRESS 500 ST. Diese Schränke lassen sich beliebig kombinieren. Der Aufbau ist einfach; er erfolgt minutenschnell im Stecksystem ohne Schrauben.

PROGRESS-Systemwand

Alle Teile dauerstabil aus Möbelstahl. Hochwertige Polyester-Pulverbeschichtung in blend- und reflexfreier Feinstruktur. Farbton lichtgrau RAL 7035

	Grundfeld	**Anbaufeld**	**Türenanbausatz**	**Garderobenstange**
960 mm breit	CHF 557.–	CHF 433.–	CHF 189.–	CHF 28.–
750 mm breit	CHF 546.–	CHF 428.–	CHF 185.–	CHF 28.–

Selbstverständlich handelt es sich hier nur um die Grundkombination. Der beiliegende Prospekt zeigt Ihnen, wie Sie dieses System weiter ausbauen können.

Aufgabe 71

Stellen Sie den folgenden Brief postfertig dar.

ADI Immobilien GmbH, Herr Franz Gabathuler, Rigistrasse 15, 6006 Luzern Luzern, 28. Februar 20.. Überbauung an der Seeburgstrasse 20–22 in Luzern Sehr geehrter Herr Gabathuler Folgende Wohnungen haben wir ab sofort zu vermieten: 3-Zimmer-Wohnungen: 80,85 m², ab CHF 1 480.–. 4½-Zimmer-Wohnungen: 100,93 m², ab CHF 1 720.–. 5½-Zimmer-Wohnungen: 140,32 m², ab CHF 2 280.–. Die Mietzinse verstehen sich ohne Nebenkosten. Vorzüge dieser Appartements: Ein Stellplatz ist im Mietzins inbegriffen Lift ist vorhanden Sämtliche Zimmer und der Korridor sind mit Parkett ausgestattet Küche und WC verfügen über einen fugenlosen Kunstharzboden Nur 5 Minuten von der Bushaltestelle entfernt Sind Sie an einer dieser Wohnungen interessiert? Dann rufen Sie mich an und verlangen Sie die Dokumentation. Freundliche Grüsse City Treuhand AG Emil Amrein Grundrissskizze

6.3 Flyer

Gutes Design unterscheidet sich von schlechtem Design dadurch, dass zum richtigen Zeitpunkt die richtigen Entscheidungen getroffen werden.

Es ist reizvoll, sich bei einer Gestaltungsaufgabe sofort an den PC zu setzen, den Text einzutippen und am Gerät Gestaltungsmöglichkeiten zu suchen. Trotzdem: Der Weg ist falsch. Ihre Schriftstücke werden besser, wenn Sie sich erst einmal in die Denkarbeit stürzen. Suchen Sie zuerst im Kopf nach einer Gestaltungsidee. Wenn möglich, skizzieren Sie Ihre Idee auf einem Blatt Papier. Dann konzentrieren Sie sich auf die Umsetzung dieser einen Idee. Wenn Sie eine überzeugende gestalterische Lösung gefunden haben, setzen Sie sich an den Bildschirm.

Zum Schluss prüfen Sie aufgrund der nachstehenden Überlegungen Ihre Arbeit. Die acht Regeln sollen Richtschnur sein. Sie gelten auch für die Bewertung Ihrer gestalterischen Arbeiten. In der Gestaltung sind Regeln aber nie absolut. Gestalten ist etwas Kreatives. Da kann man mit gutem Grunde auch schon mal eine Regel verletzen, und vielleicht wird gerade deshalb die Gestaltung wunderbar. Aber das soll die Ausnahme bleiben. Über eine gewählte Gestaltung eines Textes können die Ansichten durchaus unterschiedlich ausfallen. Gewisse typografische Grundregeln aber sollten Sie beachten, sie sind allgemeingültig. Die grosse Kunst beim Gestalten von Flyern liegt in der Beschränkung. Am Anfang möchte man zu viele Elemente mit einbeziehen. Lassen Sie den Raum wirken, überladen Sie das Blatt nicht.

Die acht Gestaltungsregeln

Regel 1: Idee	
Faustregeln	**Überlegungen**
Bleiben Sie bei einer Idee und versuchen Sie nicht, verschiedene Ideen im gleichen Schriftstück umzusetzen. Die Idee ist wichtiger als die perfekte Gestaltung!	• Welche Idee steckt hinter meiner Gestaltung? • Ist eine einzige Idee umgesetzt?

Regel 2: Schriftwahl	
Faustregeln	**Überlegungen**
Stellen Sie sich einen fein gedeckten Tisch vor. Aber alle Plätze haben unterschiedliches Geschirr, unterschiedliches Besteck und unterschiedliche Gläser – ein schreckliches Durcheinander. Genauso verhält es sich mit der Schriftwahl. Vermeiden Sie mehrere Schriften. Das erzeugt Unruhe. Dasselbe gilt für unterschiedliche Schriftgrössen. Wählen Sie im Zweifelsfalle die kleinere Schrift. Grosse Schriften wirken grob und machen unruhig. Verzichten Sie so weit als möglich auf Versalien, Kapitälchen, Schatten und Verzerrungen.	• Haben Sie die Schrift bewusst ausgelesen? • Passt die Schrift zum Schriftstück? • Ist die Schrift gut lesbar? • Haben Sie im Grundtext schwarze Schrift auf weissem Grund gewählt? • Haben Sie Versalien, Kapitälchen, Schatten und Verzerrungen verwendet? Könnte man darauf verzichten?

Regel 3: Struktur

Faustregeln

Ein logischer, klarer Aufbau ist wichtig. Wichtiges muss sofort erfassbar sein. Was zusammengehört, halten Sie auf dem Blatt zusammen. Was getrennt sein soll, trennen Sie durch Weissraum. Alle Titel sind hierarchisch geordnet, immer in der gleichen Grösse. Abstände sind gleichmässig.

Überlegungen

- Ist ein logischer Aufbau erkennbar?
- Steht Zusammengehörendes auch wirklich beisammen?
- Ist das Schriftstück klar gegliedert (Weissraum)?
- Sind gleichartige Titel immer gleich gross?
- Sind die Abstände gleichmässig?

Regel 4: Weissraum schaffen

Faustregeln

Ein feines Mittagessen in einem exklusiven Restaurant und ein übervoller Teller, das passt nicht zusammen. Genauso verhält es sich, wenn Sie ein Schriftstück gestalten. Unter Weissraum versteht man unbedruckte Flächen auf einem Papier (Leerraum). Setzen Sie Textblöcke nahe zusammen, sodass ein Kontrast zwischen weisser und bedruckter Fläche entsteht. Wählen Sie den Abstand zwischen Absätzen nicht zu gross.

Ein gut gesetzter Weissraum verbessert die Lesbarkeit und steigert die Konzentration des Lesers.

Überlegungen

- Ist auf dem Schriftstück Weissraum vorhanden?
- Entsteht ein guter Kontrast zwischen weisser und bedruckter Fläche, oder wirkt die Gestaltung «fleckig»?
- Sind Textabstände bei zusammenhängendem Text nicht zu gross?

Regel 5: Optische Achsen bilden

Faustregeln

Optische Achsen sind beispielsweise Satzkanten und Ränder von Bildern. Texte und Bilder gehen immer eine Verbindung ein. Achten Sie darauf, dass Sie nicht zu viele optische Achsen einbauen. Flächen und Linien richten Sie ebenfalls nach optischen Achsen aus. Gitternetze von Tabellen dürfen nicht über die linke oder rechte Satzkante hinausragen.

Überlegungen

- Sind optische Achsen vorhanden und nachvollziehbar?
- Stehen Bilder, Linien, Raster usw. korrekt ausgerichtet?

Geschäftsdokumente gestalten

Tipp
Definieren Sie in Word Abstände (Abstand vor, Abstand nach), statt mehrmals **Enter** zu drücken. Die Umformatierung geht leichter, und Sie können so ungleichmässige Abstände vermeiden.

Regel 6: Gleiches gleich gestalten

Faustregeln	**Überlegungen**
Eine Logik entsteht dann, wenn Sie gleiche Elemente auch gleich gestalten. Dazu gehören auch Abstände, Einzüge oder Spaltenabstände.	• Sind gleiche Elemente gleich gestaltet?

Regel 7: Weniger ist mehr

Faustregeln	**Überlegungen**
Verzichten Sie auf alles, was nicht wirklich nötig ist. Dies gilt für Schriften (Regel 2), aber auch für Linien, Bilder, Kästchen mit Linienumrandung, Farbverläufe, ClipArts und andere Schmuckelemente. Linien können in einer Drucksache sehr wichtig sein und zur Gliederung von Textelementen oder zur Visualisierung sinnvoll eingesetzt werden. Dann haben sie ihre Berechtigung, sonst überlegen Sie, ob man sie nicht auch weglassen könnte. Verzichten Sie auf Linien um ein Kästchen herum, wenn das Kästchen eine Füllung aufweist.	• Ist alles, was auf dem Blatt steht, auch notwendig? • Haben alle Elemente wie Linien, Bilder usw. eine Funktion, oder erreiche ich ohne diese Elemente eine bessere Übersicht?

Tipp
Bei der Gestaltung von Flyern sollten Sie in Word mit Textfeldern arbeiten. Das erleichtert die Arbeit wesentlich und ermöglicht erst, die Ideen sinnvoll umzusetzen.

Regel 8: Flattersatz statt Blocksatz, linksbündig statt zentriert

Faustregeln	**Überlegungen**
Blocksatz verwendet man nur bei längeren Lesetexten, z. B. in Büchern. Meist ist der Flattersatz die beste Textausrichtung. Verzichten Sie in der Regel auf das Zentrieren von Text. Sie erhalten dadurch lediglich eine zusätzliche Achse, welche das Gesamtbild des Dokuments oft stört.	• Ist der Text im Flattersatz gesetzt, oder gibt es einen Grund, Blocksatz zu verwenden? • Habe ich keine Texte eingemittet (Mittelachsensatz)? Gibt es tatsächlich einen Grund für das Zentrieren des Textes?

Aufgabe 72

Verbessern Sie den Flyer; beachten Sie die acht Regeln, verwirklichen Sie aber Ihre eigene Idee.

Vorher

Finden Sie die vielen Verstösse gegen die acht Regeln?

Schenken macht Freude
mit Weihnachtsköstlichkeiten der Buongiorno Confiseure

Weihnachtsstimmung vermitteln, Danke sagen, Freude schenken

Das gelingt besonders gut mit Weihnachtsköstlichkeiten der Confiserie BUONGIORNO Lugano/Locarno. Unsere Produkte werden nach überlieferten Originalrezepten mit besten Zutaten, ohne Konservierungsmittel und mit viel Liebe zum Handwerk hergestellt. Sie sind das ideale Geschenk für Freunde, Mitarbeiter, Kunden – oder für sich selbst!

Nach feiner Butter duftet der lange haltbare
BUONGIORNO CHRISTSTOLLEN
in der traditionell-festlichen Weihnachtsengelverpackung

Luftig und mit dem zarten Duft feinster Zutaten ist unser
WEIHNACHTSPANETTONE
ein typischer Festtagsgruss aus dem Süden

Vollfruchtig mit Aprikosen, Kirschen, Feigen und ausgewählten Nüssen ist der
PANETTONE NATALE
die echte Tessiner Spezialität

Herzlich
Ihre Confiserie Buongiorno
Lugano/Locarno
Peter Kaufmann, Direktor

Confiserie Buongiorno, Piazza Grande 15, 6900 Lugano, Telefon 093 657 05 85, Fax 093 657 35 43, info@buongiorno.ch

Nachher
In diesem Beispiel wurden die acht Regeln beachtet.

Confiserie Buongiorno

**Schenken macht Freude
mit Weihnachtsköstlichkeiten der
Buongiorno Confiseure**

* Weihnachtsstimmung vermitteln
* Danke sagen
* Freude schenken

Das gelingt besonders gut mit Weihnachtsköstlichkeiten der Confiserie Buongiorno Lugano/Locarno.

Unsere Produkte werden nach überlieferten Originalrezepten mit besten Zutaten, ohne Konservierungsmittel und mit viel Liebe zum Handwerk hergestellt. Sie sind das ideale Geschenk für Freunde, Mitarbeiter, Kunden – oder für sich selbst!

Nach feiner Butter duftet der lang haltbare
BUONGIORNO-CHRISTSTOLLEN
in der traditionell-festlichen Weihnachtsengelverpackung.

Luftig und mit dem zarten Duft feinster Zutaten ist unser
WEIHNACHTSPANETTONE
ein typischer Festtagsgruss aus dem Süden.

Vollfruchtig mit Aprikosen, Kirschen, Feigen und ausgewählten Nüssen ist der
PANETTONE NATALE
die echte Tessiner Spezialität.

Herzlich
Ihre
Confiserie Buongiorno
Lugano/Locarno
Peter Kaufmann, Direktor

Confiserie Buongiorno
Piazza Grande 15
6900 Lugano
Telefon 093 657 05 85
Fax 093 657 35 43
info@buongiorno.ch

Aufgabe 73

Verbessern Sie den Flyer; beachten Sie die acht Regeln, verwirklichen Sie aber Ihre eigene Idee.

Vorher
Finden Sie die vielen Verstösse gegen die acht Regeln?

reisen für geniesser

**Herbstaktion
aus unserem Sommerkatalog
19.10.–30.11.20..
Glacier-Express ab CHF 246.–**

**Glacier-Express
St. Moritz–Zermatt (3 Tage)
405.–**

**Glacier-Express
Chur–Zermatt (2 Tage)
258.–**

**Glacier-Express
Brig–St. Moritz (2 Tage)
246.–**

**Abendunterhaltung
Übernachtung im 4-Stern-Hotel
alles inbegriffen
Fachkundige Beratung und Buchung
bei Ihrem Bahnhof**

Geschäftsdokumente gestalten

Nachher
In diesem Beispiel wurden die acht Regeln beachtet.

reisen für geniesser

Herbstaktion
aus unserem Sommerkatalog
19.10.–30.11.20..
Glacier-Express

ab CHF 246.–

Glacier-Express
St. Moritz–Zermatt (3 Tage)   405.–

Glacier-Express
Chur–Zermatt (2 Tage)   258.–

Glacier-Express
Brig–St. Moritz (2 Tage)   246.–

Abendunterhaltung
Übernachtung im 4-Stern-Hotel
alles inbegriffen

**Fachkundige Beratung und Buchung
bei Ihrem Bahnhof**

matterhorn gotthard bahn

Aufgabe 74

Das Hotel Hauser in St. Moritz legt einem Werbebrief einen Flyer mit nachstehendem Text bei. Gestalten Sie diesen Flyer und beachten Sie die acht Darstellungsregeln.

Hausers Skiwochen
SKI APRIL
Für alle Skifans: Schneesichere Pisten auch im April!
Unser Ski-April-Pauschalangebot:
2 Übernachtungen im Hauser
inklusive:

- Frühstücksbuffet
- Hallenbad- und Saunabenützung im Hotel Steffani nebenan
- 2-Tage-Skipass für über 40 Anlagen im gesamten Oberengadin, gültig vom 13.04.20.. bis 04.05.20..

Zum Pauschalpreis von CHF 290.–

Zusätzliche Übernachtung CHF 145.– (inkl. Skipass)
5 Tage CHF 724.– (inkl. Skipass)
Die Preise verstehen sich je Person im Standarddoppelzimmer
Kein Einzelzimmerzuschlag
Zuschlag für Superiordoppelzimmer CHF 25.– pro Person und Tag
Hotel Hauser
Familie Hauser   7500 St. Moritz, Tel. 082 833 44 02, Fax 082 833 10 29

Aufgabe 75

Wählen Sie zwei der folgenden Anlässe und laden Sie mit einem Flyer ein:

- Ihre Klassenkameraden zu einem Sommernachtsfest
- Ihre Kundinnen und Kunden zu einem Firmenjubiläum
- Ihre Kundinnen und Kunden zu einer Ausstellung
- Ihre Arbeitskolleginnen und -kollegen zu einem Abschiedsfest (z. B. Lehrabschluss)
- die Öffentlichkeit zu einem Tag der offenen Tür

Aufgabe 76

Teilen Sie Ihren Kundinnen und Kunden auf einem Flyer mit, dass das Geschäft, in dem Sie arbeiten, während der Betriebsferien geschlossen bleibt.

6.4 Protokolle

Ein Protokoll ist einen Sitzungsbericht oder eine schriftliche Zusammenfassung einer Verhandlung. Protokollieren bedeutet demnach: den Verhandlungsverlauf einer Sitzung mehr oder weniger genau zusammengefasst wiederzugeben. Für weniger formelle Angelegenheiten werden heute oft Aktennotizen verfasst. Als Grundlage für definitive Niederschriften bzw. die Schlussfassung von Aktennotizen und Protokollen dienen in der Regel Notizen.

Aufgabe 77

Öffnen Sie die Aufgabe 77 und gestalten Sie das folgende Protokoll. Verwenden Sie dazu korrekte und sinnvoll gewählte Arbeitstechniken.

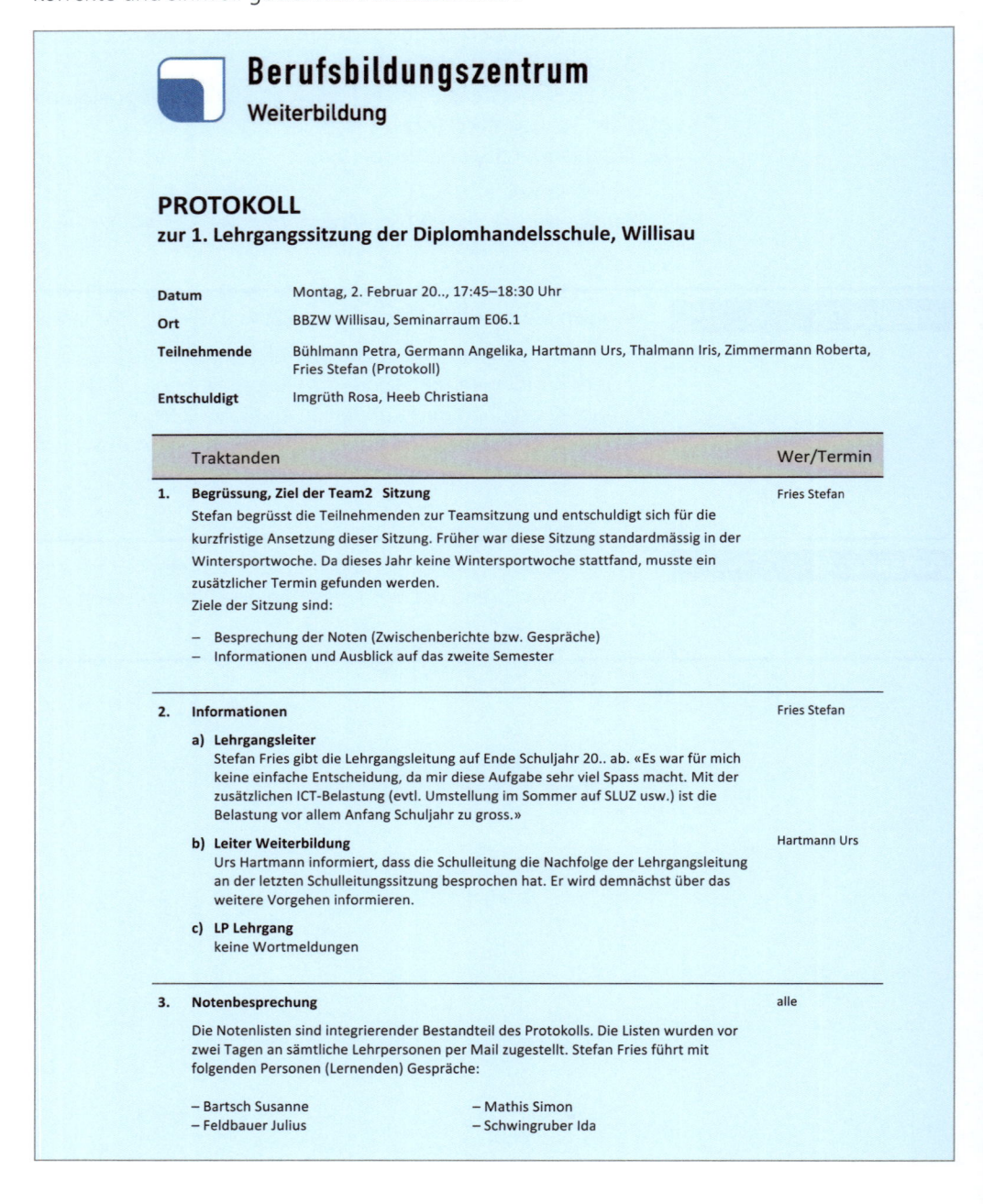

Berufsbildungszentrum
Weiterbildung

PROTOKOLL
zur 1. Lehrgangssitzung der Diplomhandelsschule, Willisau

Datum	Montag, 2. Februar 20.., 17:45–18:30 Uhr
Ort	BBZW Willisau, Seminarraum E06.1
Teilnehmende	Bühlmann Petra, Germann Angelika, Hartmann Urs, Thalmann Iris, Zimmermann Roberta, Fries Stefan (Protokoll)
Entschuldigt	Imgrüth Rosa, Heeb Christiana

Traktanden	Wer/Termin
1. Begrüssung, Ziel der Team2 Sitzung Stefan begrüsst die Teilnehmenden zur Teamsitzung und entschuldigt sich für die kurzfristige Ansetzung dieser Sitzung. Früher war diese Sitzung standardmässig in der Wintersportwoche. Da dieses Jahr keine Wintersportwoche stattfand, musste ein zusätzlicher Termin gefunden werden. Ziele der Sitzung sind: – Besprechung der Noten (Zwischenberichte bzw. Gespräche) – Informationen und Ausblick auf das zweite Semester	Fries Stefan
2. Informationen a) **Lehrgangsleiter** Stefan Fries gibt die Lehrgangsleitung auf Ende Schuljahr 20.. ab. «Es war für mich keine einfache Entscheidung, da mir diese Aufgabe sehr viel Spass macht. Mit der zusätzlichen ICT-Belastung (evtl. Umstellung im Sommer auf SLUZ usw.) ist die Belastung vor allem Anfang Schuljahr zu gross.»	Fries Stefan
b) **Leiter Weiterbildung** Urs Hartmann informiert, dass die Schulleitung die Nachfolge der Lehrgangsleitung an der letzten Schulleitungssitzung besprochen hat. Er wird demnächst über das weitere Vorgehen informieren.	Hartmann Urs
c) **LP Lehrgang** keine Wortmeldungen	
3. Notenbesprechung Die Notenlisten sind integrierender Bestandteil des Protokolls. Die Listen wurden vor zwei Tagen an sämtliche Lehrpersonen per Mail zugestellt. Stefan Fries führt mit folgenden Personen (Lernenden) Gespräche: – Bartsch Susanne – Mathis Simon – Feldbauer Julius – Schwingruber Ida	alle

Berufsbildungszentrum
Weiterbildung

PROTOKOLL
Lehrgangssitzung DIHA, Willisau
02.02.20.. | Seite 2

Traktanden	Wer/Termin
4. Ausblick 2. Semester – Diplomprüfung VPT: Urs Hartmann hat die Prüfungen bereits organisiert. Er leitet die definitive Liste an Stefan Fries weiter (E-Mail).	Hartmann Urs/ alle
– Exkursion BWL: In den vergangenen Jahren habe wir in der Diplomhandelsschule jeweils eine Exkursion mit anschliessendem gemeinsamem Nachtessen organisiert. Diese Veranstaltung wurde von den Lernenden immer sehr geschätzt. Stefan klärt mögliche Varianten mit Rosa ab. Informationen folgen schriftlich.	Fries Stefan/ Imgrüth Rosa
5. Handelsschule Hohenrain, Sursee und Willisau – Die Zusammenarbeit der drei Standorte wird im nächsten Schuljahr noch intensiver gepflegt. Die Fachverantwortlichen sind für diese Zusammenarbeit verantwortlich. Details werden an der nächsten Sitzung im April besprochen.	alle
6. Verschiedenes Stefan Fries orientiert über die aktuellen Stoffverteilungspläne. Zum Teil wurde mit verschiedenen Lehrmitteln gearbeitet (Grund: Evaluation). Ziel ist es, an sämtlichen Standorten dieselben Stoffverteilungspläne und dieselben Lehrmittel einzusetzen. Ebenfalls soll an allen Standorten dieselbe Diplomprüfung abgelegt werden. Schluss der Sitzung: 18:30 Uhr	alle

Diplomhandelsschule

Stefan Fries
Lehrgangsleiter

Geht an
– alle Teilnehmenden

Kopie an
Standort-Sekretariate

Willisau, 3. Februar 20.. Frs

Seriendruck definieren

7

Seriendruck definieren

7.1 Einführung

Mit Word haben Sie die Möglichkeit, Serienbriefe, Adressetiketten, Umschläge, E-Mail-Seriendrucke oder Verzeichnisse (Listen) zu erstellen. Die Registerkarte, mit deren Auswahl jeder Seriendruck beginnt, heisst **Sendungen**.

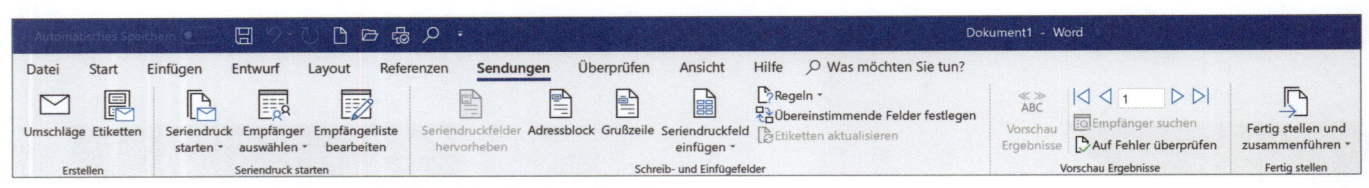

Menüband des Registers **Sendungen**

SQL (Structured Query Language – Strukturierte Abfragesprache) ist eine Programmiersprache zur Definition, Abfrage und Manipulation von Daten für relationale Datenbanken.

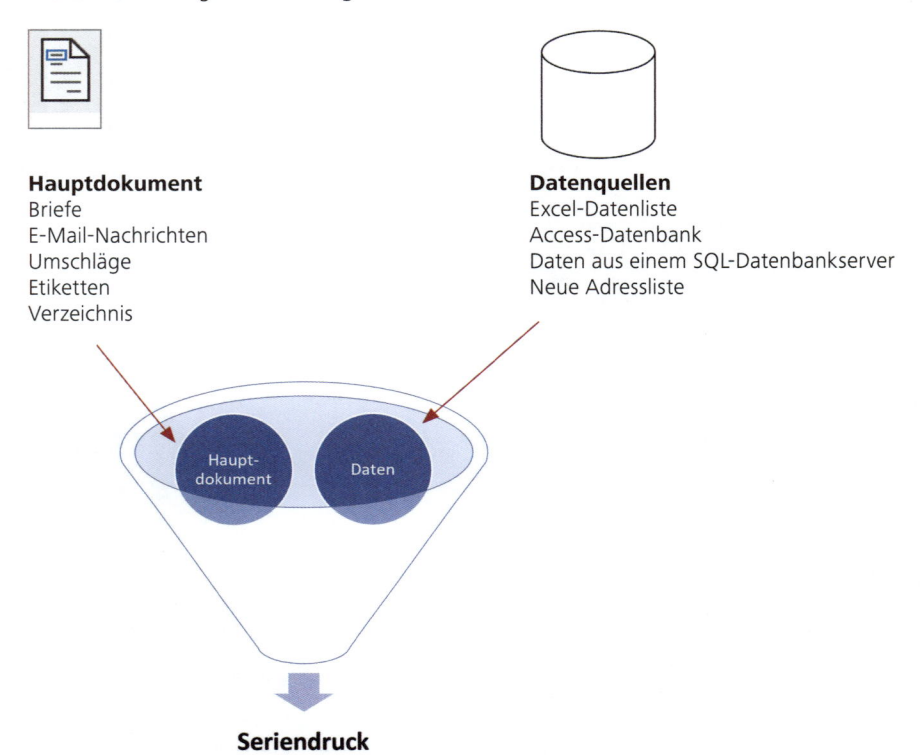

Hauptdokument
Briefe
E-Mail-Nachrichten
Umschläge
Etiketten
Verzeichnis

Datenquellen
Excel-Datenliste
Access-Datenbank
Daten aus einem SQL-Datenbankserver
Neue Adressliste

Seriendruck

Hauptdokument

Als Hauptdokument bezeichnet man in einer Seriendruckoperation in Word dasjenige Dokument, das den Text und die Grafiken enthält, die in allen Ausdrucken des Seriendruckdokuments identisch sind.

Der Brief auf Seite 182, der als **Hauptdokument** dient, besteht aus folgenden Elementen:

- **Textkörper** – Text, der in jedem Brief unverändert erscheint;
- **Seriendruckfelder (Platzhalter)** – veränderliche Angaben, die aus der Datenquelle (einer Datenbank oder Datenliste) eingelesen werden (z. B. die Adresse).

Einführung

Datenquelle

In der Datenquelle werden die Daten gespeichert, die in den Serienbrief eingelesen werden. Die Begriffe **Datensatz** und **Datenfelder** bedeuten Folgendes:

Vorname:	Kurt	Postleitzahl:	6005
Nachname:	Lüthi	Anrede:	Herr
Adresszeile 1:	Wesemlin-Terrasse 9	Automarke:	Mercedes
Adresszeile 2:	Postfach	Briefanrede:	Sehr geehrter Herr Lüthi
Ort:	Luzern		

Datenquelle

Datensatz
Unter Datensatz versteht man einen vollständigen Satz zusammengehörender Daten, z. B. alle Daten eines Kunden in einer Datenbank.

Datenfelder
Ein Datenfeld ist eine Datenkategorie innerhalb eines Datensatzes. In diesem Beispiel sind unter anderem Vorname, Nachname, Ort Datenfelder.

Tipps zum Aufbau einer Datenquelle

- Richten Sie so viele Datenfelder ein, dass auch die umfangreichsten Datensätze aufgenommen werden können.
- Für einige Kunden in einer Adressenliste sind z. T. mehr Daten verfügbar als für andere, wie z. B. ein Unternehmensname, eine Abteilungsbezeichnung und evtl. mehrere Zeilen für die Adresse. Da in einer Datenquelle alle Datensätze die gleiche Anzahl an Datenfeldern aufweisen müssen, lassen Sie bei Datensätzen, in denen eine bestimmte Datenkategorie (Datenfeld) fehlt, das entsprechende Feld leer.
- Daten, nach denen Sie sortieren oder evtl. auch selektionieren möchten, wie z. B. Ort, Land, Postleitzahl, Nachname des Adressaten oder evtl. Mitgliederstatus (Aktivmitglied, Passivmitglied usw.), müssen sich in einem separaten Datenfeld befinden.
- Richten Sie die Daten so ein, dass Sie diese für unterschiedliche Zwecke verwenden können.
- Wenn Sie z. B. eine Datenquelle zum Drucken von Serienbriefen erstellen, richten Sie die Adressdaten so ein, dass diese zum Drucken von Adressetiketten oder Briefumschlägen verwendet werden können. Wenn Sie Anrede, Vorname und Nachname in separate Felder eingeben, können Sie dasselbe Feld verwenden, um den Nachnamen sowohl in der Adresse (Herr Martin Muster) als auch in der Anrede (Sehr geehrter Herr Muster) zu drucken.

Seriendruck definieren

7.2 Serienbrief mit dem Assistenten erstellen

Einfache Serienbriefe lassen sich mithilfe des Assistenten rasch und einfach erstellen. Vom Ausgangsdokument bis zum Ausdruck – alle Aufgaben werden in 6 Schritten teilweise automatisch abgearbeitet.

Wir zeigen Ihnen nun anhand der Aufgabe 78 Schritt für Schritt, wie Sie mit Word einen einfachen Seriendruck mit folgendem Brief erstellen:

Beispiel eines Hauptdokuments

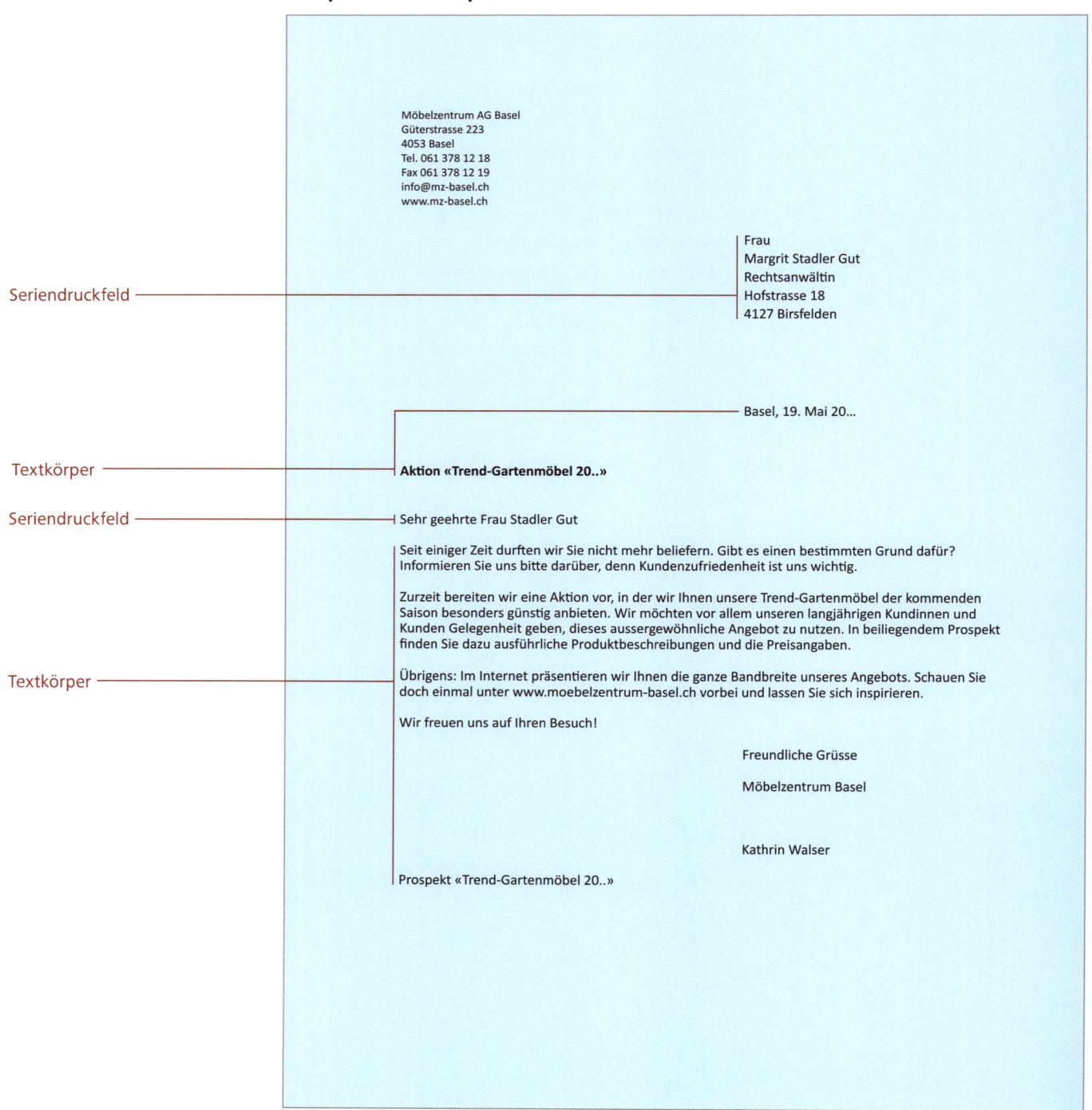

Möbelzentrum AG Basel
Güterstrasse 223
4053 Basel
Tel. 061 378 12 18
Fax 061 378 12 19
info@mz-basel.ch
www.mz-basel.ch

Seriendruckfeld —

Frau
Margrit Stadler Gut
Rechtsanwältin
Hofstrasse 18
4127 Birsfelden

Basel, 19. Mai 20..

Textkörper —

Aktion «Trend-Gartenmöbel 20..»

Seriendruckfeld —

Sehr geehrte Frau Stadler Gut

Seit einiger Zeit durften wir Sie nicht mehr beliefern. Gibt es einen bestimmten Grund dafür? Informieren Sie uns bitte darüber, denn Kundenzufriedenheit ist uns wichtig.

Zurzeit bereiten wir eine Aktion vor, in der wir Ihnen unsere Trend-Gartenmöbel der kommenden Saison besonders günstig anbieten. Wir möchten vor allem unseren langjährigen Kundinnen und Kunden Gelegenheit geben, dieses aussergewöhnliche Angebot zu nutzen. In beiliegendem Prospekt finden Sie dazu ausführliche Produktbeschreibungen und die Preisangaben.

Textkörper —

Übrigens: Im Internet präsentieren wir Ihnen die ganze Bandbreite unseres Angebots. Schauen Sie doch einmal unter www.moebelzentrum-basel.ch vorbei und lassen Sie sich inspirieren.

Wir freuen uns auf Ihren Besuch!

Freundliche Grüsse

Möbelzentrum Basel

Kathrin Walser

Prospekt «Trend-Gartenmöbel 20..»

Serienbrief mit dem Assistenten erstellen

Aufgabe 78	
Register	**Sendungen**
Gruppe	**Seriendruck starten**
Befehl	**Seriendruck-Assistent mit Schritt-für-Schritt-Anweisungen…**

Seriendruck-Assistent starten

Öffnen Sie die Aufgabe 78. Löschen Sie die Empfängeradresse und die Briefanrede. Diese sollen individuell erscheinen.

▶ **Starten Sie den Seriendruck-Assistenten**

Öffnen Sie im Register **Sendungen** die Gruppe **Seriendruck starten** und wählen Sie den Befehl **Seriendruck-Assistent mit Schritt-für-Schritt-Anweisungen.**

▶ **Schritt 1 von 6**

Im Arbeitsbereich **Seriendruck** am rechten Bildschirmrand sehen Sie nun den ersten Schritt des Assistenten. Hier müssen Sie den Dokumenttyp bestimmen. Sie haben die Möglichkeiten Briefe, E-Mail-Nachrichten, Umschläge, Etiketten oder Verzeichnis. Wählen Sie die Option **Briefe** und klicken Sie auf **Weiter: Dokument wird gestartet**.

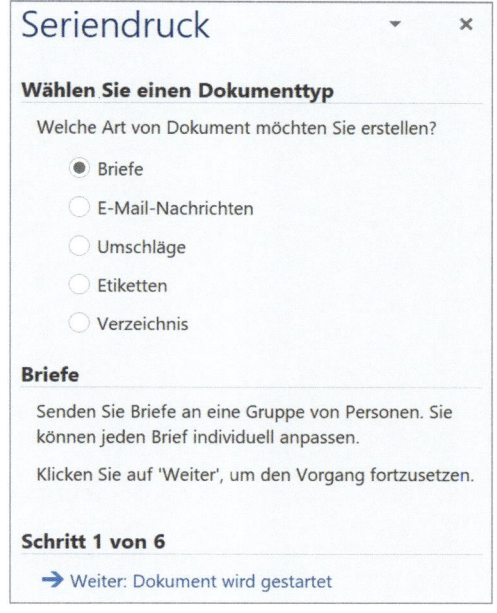

Seriendruck-Assistent: Schritt 1

▶ **Schritt 2 von 6**

Mit welchem Dokument möchten Sie einen Serienbrief erstellen? Wir haben das entsprechende Dokument bereits geöffnet. Deshalb wählen wir hier **Aktuelles Dokument verwenden**. Klicken Sie anschliessend auf **Weiter: Empfänger wählen**.

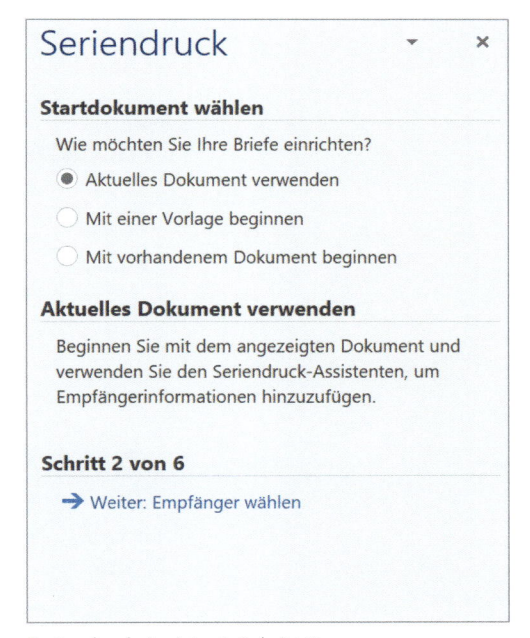

Seriendruck-Assistent: Schritt 2

Seriendruck definieren

▶ **Schritt 3 von 6**

Hier haben Sie die Wahl, eine bereits vorhandene Liste zu verwenden oder eine neue Datenliste zu erstellen. In der Praxis ist eine Datenbank normalerweise vorhanden. Wir haben bereits eine Datenquelle in einer Excel-Arbeitsmappe (Kunden.xlsx) mit 45 Datensätzen angelegt. Wählen Sie deshalb **Vorhandene Liste verwenden** und klicken Sie auf **Durchsuchen…** . Wählen Sie die Datei **Kunden.xlsx**, bestätigen Sie die Abfragen jeweils mit **OK** und klicken Sie anschliessend auf **Weiter: Schreiben Sie Ihren Brief**.

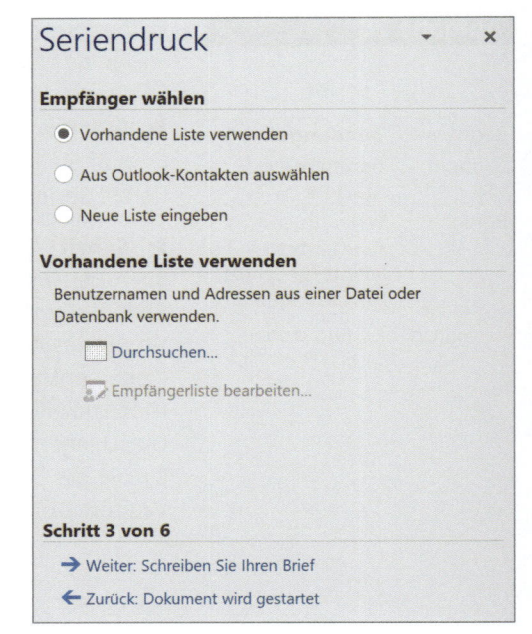

Seriendruck-Assistent: Schritt 3

▶ **Schritt 4 von 6**

Nun können Sie den Brief fertig gestalten und die entsprechenden Seriendruckfelder (Datenfelder) einfügen. Der Adressblock stimmt oft nicht mit unseren Darstellungsgrundsätzen überein. Deshalb empfiehlt sich hier die Option **Weitere Elemente…** .

Wenn Sie Ihren Brief fertig erstellt haben, klicken Sie auf **Weiter: Vorschau auf Ihre Briefe**.

Seriendruck-Assistent: Schritt 4

Serienbrief mit dem Assistenten erstellen

▶ **Schritt 5 von 6**

In Ihrem Dokument sehen Sie jetzt den Inhalt der einzelnen Felder. Sie können durch die einzelnen Dokumente blättern oder die Empfänger (Datenliste) bearbeiten.

Einen Fehler in der Empfängeradresse oder einem anderen Seriendruckfeld korrigieren Sie, indem Sie auf **Empfängerliste bearbeiten...** klicken und danach den Fehler im Datensatz entsprechend korrigieren. Damit stellen Sie sicher, dass der Fehler auch in der Datenliste behoben worden ist.

Klicken Sie nun auf **Weiter: Seriendruck beenden**.

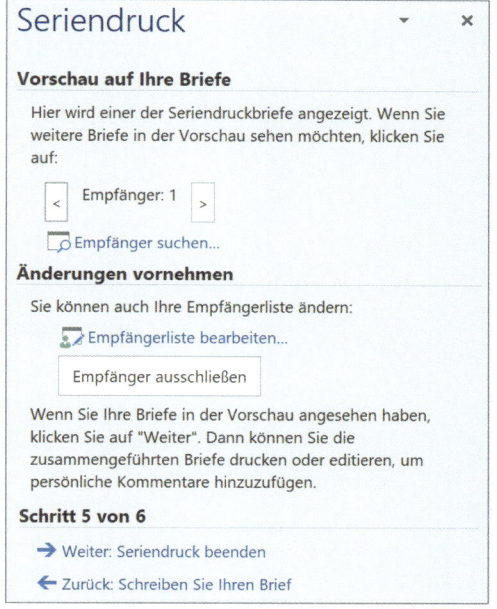

Seriendruck-Assistent: Schritt 5

▶ **Schritt 6 von 6**

Sie können unter **Drucken...** die Dokumente ausdrucken oder mit der Funktion **Individuelle Briefe bearbeiten...** ein neues elektronisches Dokument mit den 45 Briefen erstellen.

Bevor Sie die Briefe auf Papier drucken, lohnt es sich, ein elektronisches Dokument zu erstellen. Klicken Sie auf **Individuelle Briefe bearbeiten...**, entsteht eine neue Datei namens «Seriendruck1». Sie können so alle Briefe begutachten und den Text auch einzeln bearbeiten. Anschliessend drucken Sie die Briefe wie gewohnt aus.

Seriendruck-Assistent: Schritt 6

Seriendruck definieren

Die Datenquelle

Im dritten Schritt des Assistenten müssen Sie sich für eine Datenquelle entscheiden. In unserem Beispiel haben wir eine bereits vorhandene Datenquelle gewählt. Egal, ob wir den Seriendruck im Privatbereich evtl. für einen Verein oder im Betrieb mit Kundendaten anwenden – im Normalfall besteht bereits eine Datenquelle. Weiter wäre es auch möglich, hier direkt auf die Outlook-Kontakte zuzugreifen.

Falls Sie noch keine Datenquelle zur Verfügung haben, müssen Sie zuerst eine anlegen oder unter Schritt 3 «Neue Liste eingeben» wählen. Beim Erstellen einer neuen Datenbank ist es wichtig, dass Sie sich Gedanken über Einsatz, Selektion usw. machen (siehe auch **Tipps zum Aufbau einer Datenquelle** in Kapitel 7.1).

Meistens ist es einfacher bzw. empfehlenswert, die Datenbank nicht direkt im Seriendruck zu erstellen. Falls Sie im Schritt 3 des Assistenten trotzdem **Neue Liste eingeben** wählen und dann **Erstellen** anklicken, gehen Sie wie folgt vor:

▶ **Datenfelder anpassen**

Sie erhalten ein Dialogfeld zur Eingabe der Datensätze. 13 Datenfelder (Titel, Vorname, Nachname usw.) sind bereits vorgegeben. Klicken Sie auf **Spalten anpassen**, um die Namen der Datenfelder selber zu bestimmen.

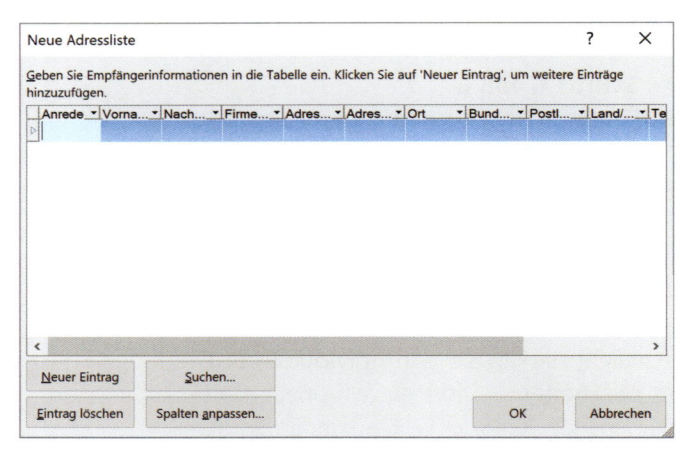

Datenquelle erstellen und anpassen

▶ Bearbeiten Sie mithilfe der Funktionen **Löschen, Umbenennen** und **Nach oben** die Datenfelder, sodass folgende Felder in der Maske vorhanden sind:

Datenfelder anpassen

Klicken Sie anschliessend auf **OK**.

Serienbrief mit dem Assistenten erstellen

▶ Speichern der Adressliste

Speichern Sie die Datei – es wird die Datenquelle gespeichert! – unter dem Dateinamen «Kunden».

Beim Speichern einer Adressliste entsteht eine Datei mit der Erweiterung .mdb. Die Erweiterung steht für microsoft database und wird auch für access database files verwendet. Eine in Word erstellte Adressliste kann daher auch mit Access weiterbearbeitet werden.

Adressliste speichern

▶ Eingabe der Datensätze

Nach dem Speichern erscheint im nebenstehenden Dialogfeld Ihre Empfängerliste. Markieren Sie die Datenquelle «Kunden.mdb» und klicken Sie auf **Bearbeiten**.

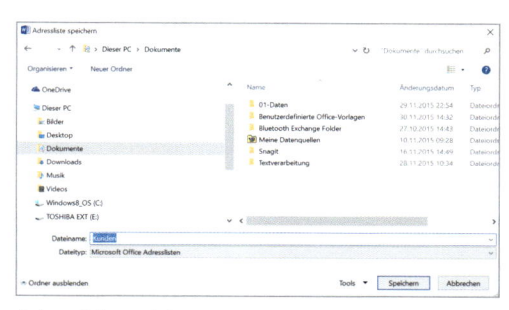

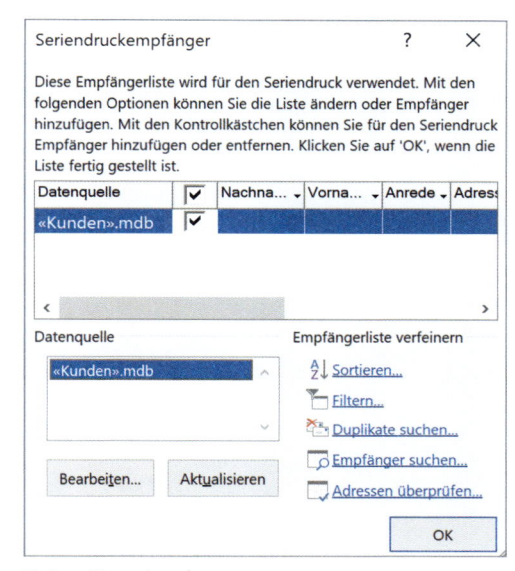

Datensätze eingeben

▶ Geben Sie in die Datenmaske die folgenden vier Datensätze ein und klicken Sie anschliessend auf **OK**:

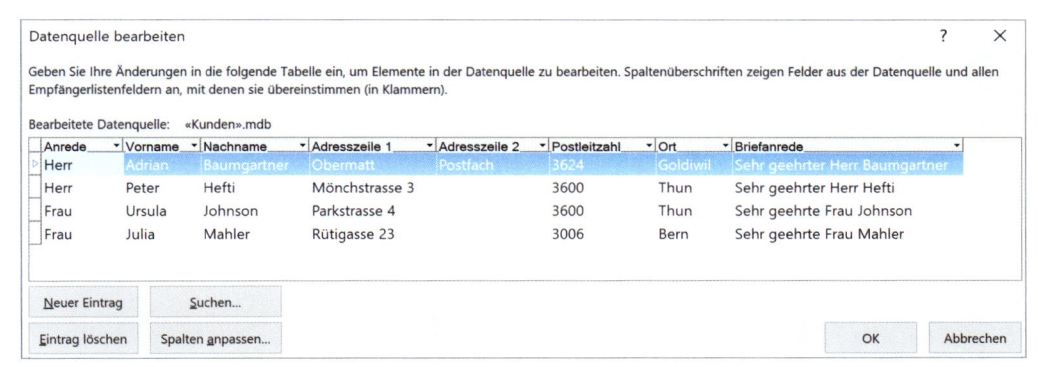

Anrede	Vorname	Nachname	Adresszeile 1	Adresszeile 2	Postleitzahl	Ort	Briefanrede
Herr	Adrian	Baumgartner	Obermatt	Postfach	3624	Goldiwil	Sehr geehrter Herr Baumgartner
Herr	Peter	Hefti	Mönchstrasse 3		3600	Thun	Sehr geehrter Herr Hefti
Frau	Ursula	Johnson	Parkstrasse 4		3600	Thun	Sehr geehrte Frau Johnson
Frau	Julia	Mahler	Rütigasse 23		3006	Bern	Sehr geehrte Frau Mahler

Datenquelle bearbeiten

▶ Aktualisieren Sie die Empfängerliste und speichern Sie diese Datensätze mit Klick auf **Ja**:

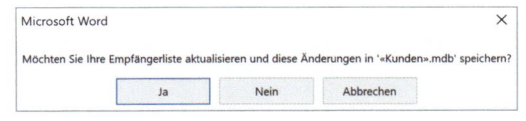

Datenquelle speichern

Ab jetzt geht es bei Schritt 4 weiter (siehe Seite 184).

Seriendruck definieren

7.3 Seriendruck manuell erstellen

Die Unterstützung durch den Assistenten erleichtert bei einfachen Serienbriefen die Arbeit; trotzdem sollten Sie die Technik des Seriendrucks verstehen, denn nur so können Sie das Dokument ganz nach Ihren Wünschen gestalten, variable Texte einfügen und Fehler korrigieren. Aus diesem Grund, zeigen wir Ihnen auf den folgenden Seiten, wie Sie Seriendruckaufgaben mithilfe der Befehle im Register **Sendungen** manuell lösen können.

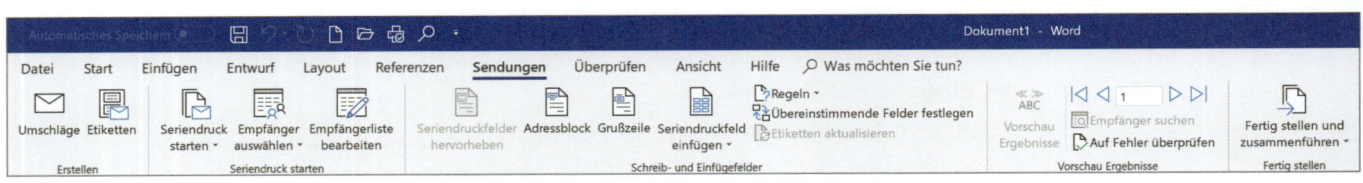

Register **Sendungen**

Es ist sinnvoll, wenn Sie sich auch bei der manuellen Erstellung eines Serienbriefs mehr oder weniger an den Ablauf dieser 6 Schritte halten.

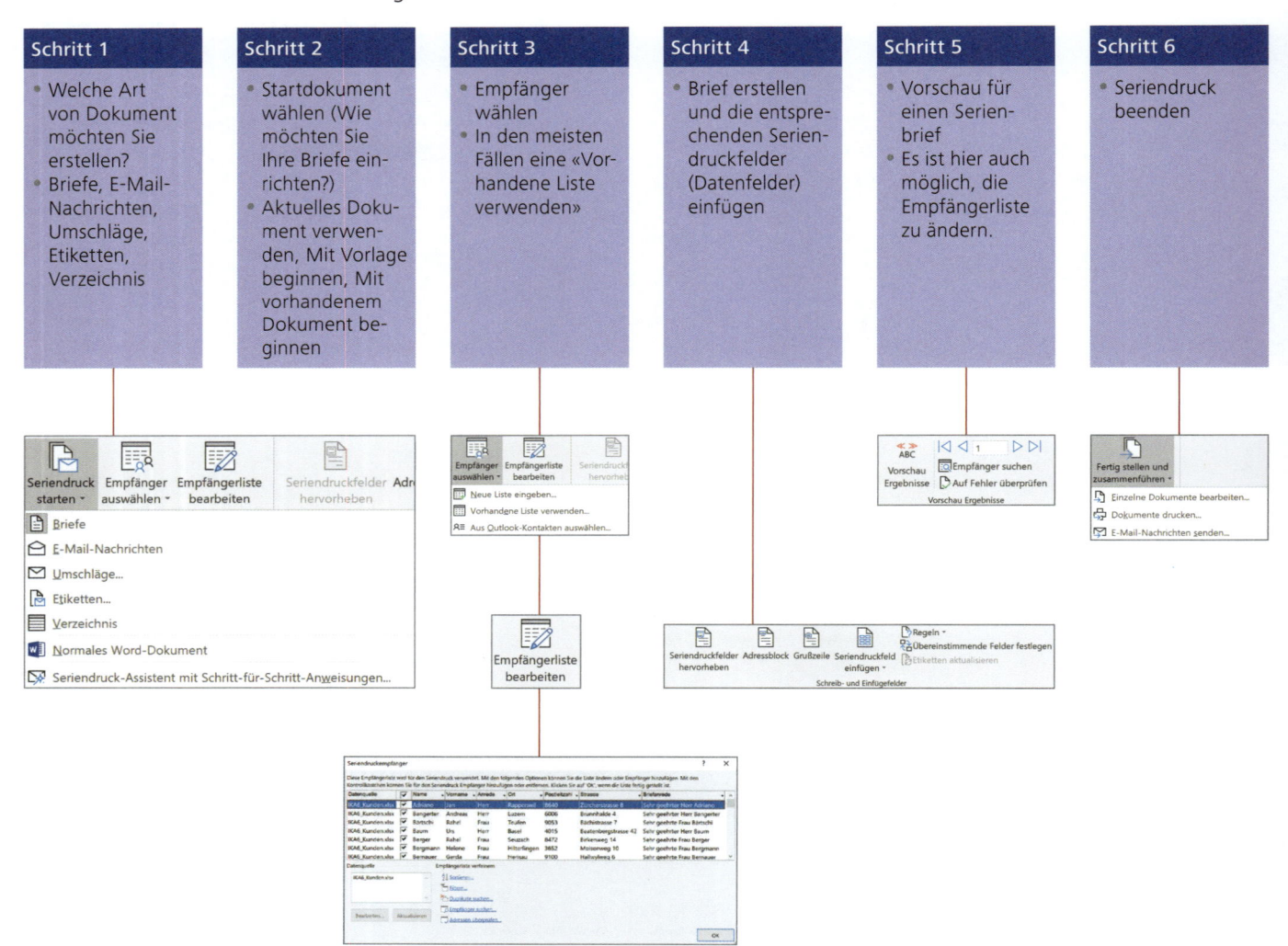

Schritt 1	Schritt 2	Schritt 3	Schritt 4	Schritt 5	Schritt 6
• Welche Art von Dokument möchten Sie erstellen? • Briefe, E-Mail-Nachrichten, Umschläge, Etiketten, Verzeichnis	• Startdokument wählen (Wie möchten Sie Ihre Briefe einrichten?) • Aktuelles Dokument verwenden, Mit Vorlage beginnen, Mit vorhandenem Dokument beginnen	• Empfänger wählen • In den meisten Fällen eine «Vorhandene Liste verwenden»	• Brief erstellen und die entsprechenden Seriendruckfelder (Datenfelder) einfügen	• Vorschau für einen Serienbrief • Es ist hier auch möglich, die Empfängerliste zu ändern.	• Seriendruck beenden

188

Wir lösen nochmals eine Aufgabe Schritt für Schritt, diesmal jedoch ohne den Assistenten:

Aufgabe 79

Öffnen Sie die Aufgabe 79. Löschen Sie die Empfängeradresse und die Briefanrede, diese sollen individuell erscheinen.

Briefbeispiel

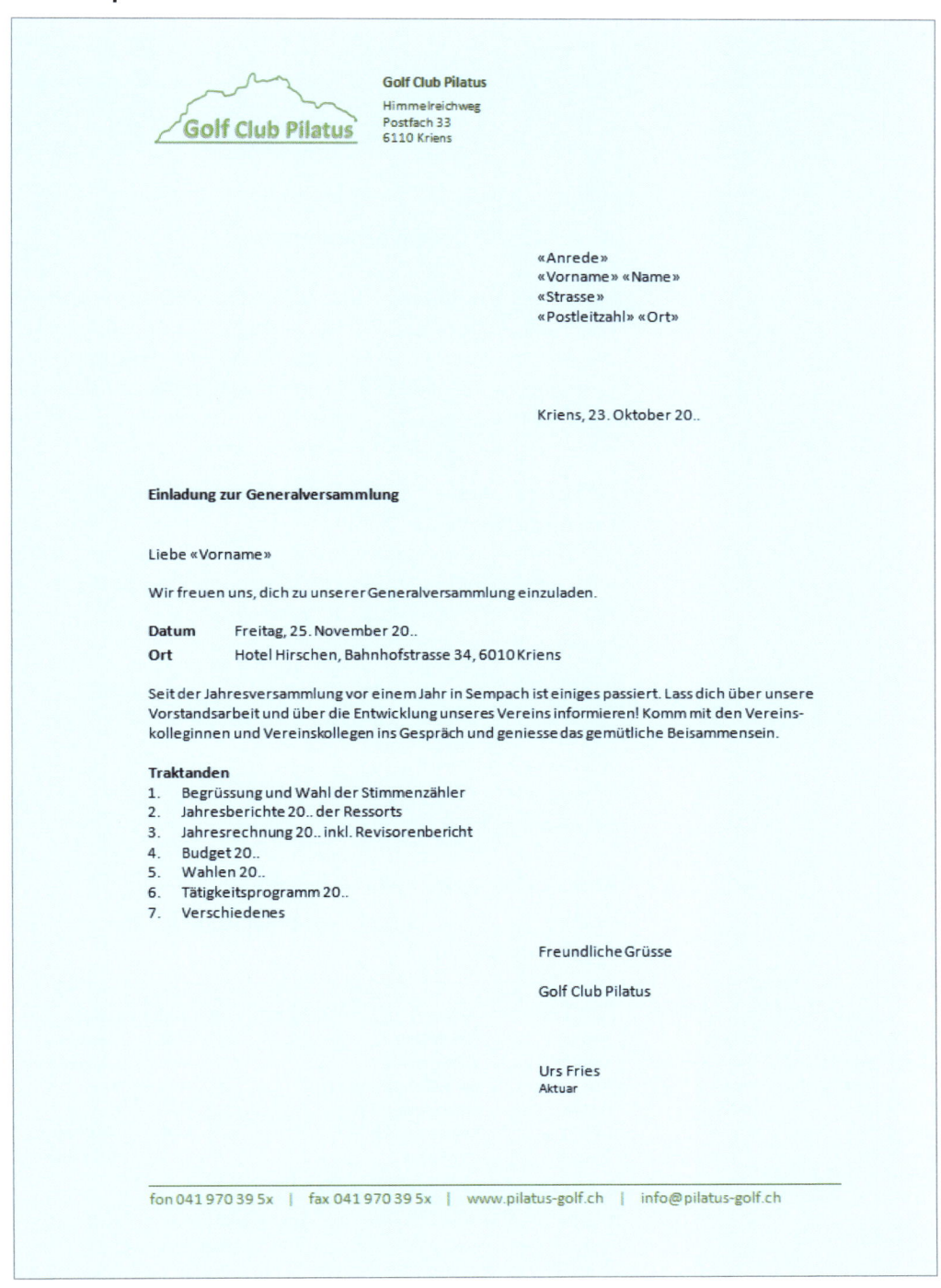

Golf Club Pilatus
Himmelreichweg
Postfach 33
6110 Kriens

«Anrede»
«Vorname» «Name»
«Strasse»
«Postleitzahl» «Ort»

Kriens, 23. Oktober 20..

Einladung zur Generalversammlung

Liebe «Vorname»

Wir freuen uns, dich zu unserer Generalversammlung einzuladen.

Datum   Freitag, 25. November 20..
Ort   Hotel Hirschen, Bahnhofstrasse 34, 6010 Kriens

Seit der Jahresversammlung vor einem Jahr in Sempach ist einiges passiert. Lass dich über unsere Vorstandsarbeit und über die Entwicklung unseres Vereins informieren! Komm mit den Vereinskolleginnen und Vereinskollegen ins Gespräch und geniesse das gemütliche Beisammensein.

Traktanden
1. Begrüssung und Wahl der Stimmenzähler
2. Jahresberichte 20.. der Ressorts
3. Jahresrechnung 20.. inkl. Revisorenbericht
4. Budget 20..
5. Wahlen 20..
6. Tätigkeitsprogramm 20..
7. Verschiedenes

Freundliche Grüsse

Golf Club Pilatus

Urs Fries
Aktuar

fon 041 970 39 5x | fax 041 970 39 5x | www.pilatus-golf.ch | info@pilatus-golf.ch

Seriendruck definieren

Register	**Sendungen**
Gruppe	**Seriendruck starten**
Befehl	**Briefe**

Serienbriefe starten

▶ **Schritt 1 und Schritt 2**

Öffnen Sie im Register **Sendungen** die Gruppe **Seriendruck starten** und wählen Sie den Befehl **Briefe**.

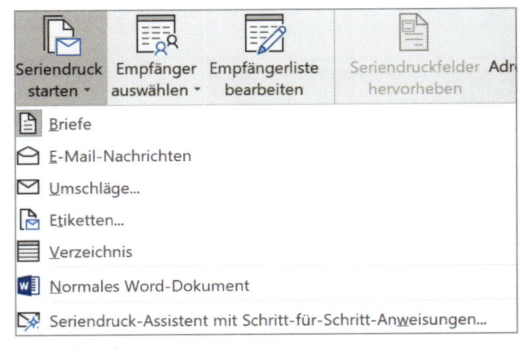

Serienbriefe starten

▶ **Schritt 3: Datenverbindungen**

Stellen Sie sich vor, dass in einem Unternehmen alle Kundendaten in einer Datenbank auf einem Server gespeichert sind. Viele Mitarbeiter arbeiten mit diesen Daten, können sie abrufen, eventuell sogar mutieren und die Daten für Seriendokumente verwenden. In solchen komplexen Umgebungen ist die Verbindung eines Hauptdokuments mit Daten nicht ganz einfach und wird in der Praxis oft durch Informatikverantwortliche realisiert. Das Hauptdokument kann dann von den Mitarbeitern genutzt werden. Bei Problemen wendet man sich deshalb in der Regel an Informatikverantwortliche.

Einfache Aufgaben wie die Verbindung mit einer Excel-Datenliste können Sie gut selbst bewerkstelligen. Zur Verbindung von Seriendruck und Datenliste oder Datenbank steht in Word ein Assistent zur Verfügung. Wenn Sie einen Serienbrief erstellen, müssen Sie wissen, woher die Daten kommen. Um die Verbindung zu starten, wählen Sie **Empfänger auswählen**. Sie erhalten drei Auswahlmöglichkeiten:

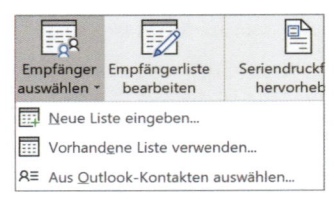

Datenquelle wählen

Eine vorhandene Liste verwenden

Wählen Sie die Excel-Datei **Vereinsmitglieder.xlsx** mit 105 Datensätzen. Die Datenliste hat folgenden Aufbau:

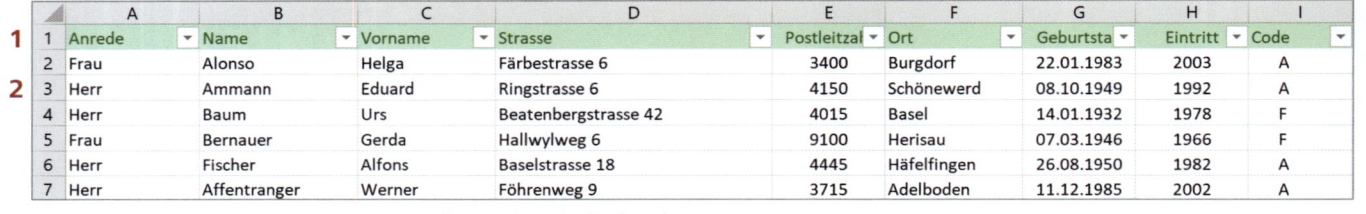

	A	B	C	D	E	F	G	H	I
1	Anrede	Name	Vorname	Strasse	Postleitzal	Ort	Geburtsta	Eintritt	Code
2	Frau	Alonso	Helga	Färbestrasse 6	3400	Burgdorf	22.01.1983	2003	A
3	Herr	Ammann	Eduard	Ringstrasse 6	4150	Schönewerd	08.10.1949	1992	A
4	Herr	Baum	Urs	Beatenbergstrasse 42	4015	Basel	14.01.1932	1978	F
5	Frau	Bernauer	Gerda	Hallwylweg 6	9100	Herisau	07.03.1946	1966	F
6	Herr	Fischer	Alfons	Baselstrasse 18	4445	Häfelfingen	26.08.1950	1982	A
7	Herr	Affentranger	Werner	Föhrenweg 9	3715	Adelboden	11.12.1985	2002	A

Datenquelle Vereinsmitglieder.xlsx

1 Jede Datenliste, jede Datenbank benötigt Datenfelder. In jedem Datenfeld wird eine bestimmte Eigenschaft der Datenliste gespeichert. In unserer Beispieldatenbank sind die Bezeichnungen der Datenfelder auf der ersten Tabellenzelle festgehalten: Anrede, Name, Vorname, Strasse, Postleitzahl, Ort, Geburtsdatum, Eintritt, Code. Im Datenfeld **Code** wird mit einem einzelnen Buchstaben festgehalten, ob das Mitglied ein Passivmitglied (P), ein Freimitglied (F) oder ein Aktivmitglied (A) ist.

2 Eintrag der Datensätze in die Datenliste. Jede Tabellenzeile beinhaltet also einen Datensatz. Nicht jeder Datensatz muss Angaben in allen Feldern beinhalten, ein Feld kann also auch leer bleiben.

Seriendruck manuell erstellen

Verbindung des Hauptdokuments mit der Datenliste

Am einfachsten bewerkstelligen Sie die Datenverbindung, indem Sie die XLSX-Datei im entsprechenden Ordner markieren und damit die Verbindung aktivieren.

- Wählen Sie in der Registerkarte **Sendungen** in der Gruppe **Empfänger auswählen** den Befehl **Vorhandene Liste verwenden**.
- Öffnen Sie den Ordner, in welchem die Datei **Vereinsmitglieder.xlsx** liegt. Mit einem Doppelklick wird die Datei aktiviert.
- Wählen Sie das Tabellenblatt aus, in welchem Ihre Daten gespeichert sind. Damit sind Hauptdokument und Daten.xlsx miteinander verbunden.

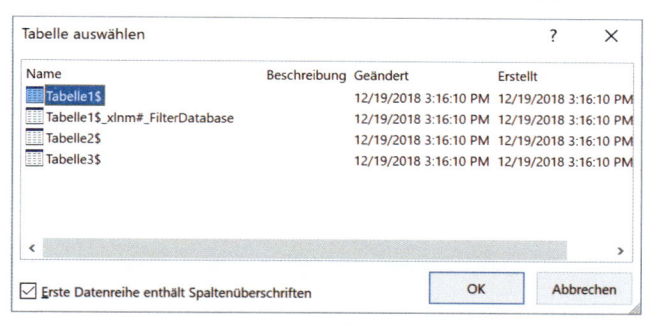

Auswahl des Tabellenblatts, in welchem die Datenliste abgelegt ist.

- Sie können nun die Empfängerliste direkt in Word sortieren und filtern. Mit dem Setzen von Häkchen können Sie einzelne Empfänger aktivieren bzw. deaktivieren. Diese Eintragungen haben aber keinen Einfluss auf die Daten in der Datenliste von Excel.

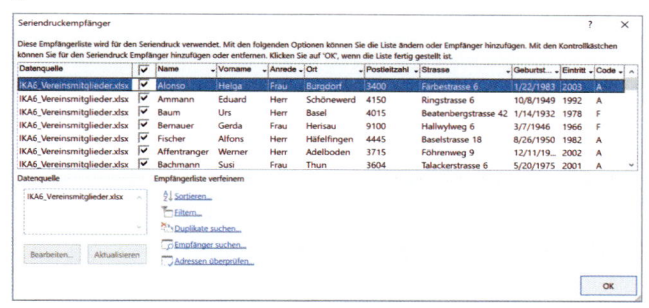

Aufruf des Dialogfelds **Seriendruckempfänger**

Register	**Sendungen**
Gruppe	Seriendruck starten
Befehl	Empfängerliste bearbeiten

Liste ändern oder Empfänger hinzufügen

Datenverwaltung in Word

Seriendruck definieren

Datensätze filtern

Angenommen, Sie möchten nur den Mitgliedern, die in Aarau oder Olten wohnen, einen Serienbrief senden, so müssen Sie den entsprechenden Filter definieren. Klicken Sie im Dialogfeld **Seriendruckempfänger** auf den Befehl **Filtern** und tragen Sie Ihre Wünsche in das Dialogfeld ein.

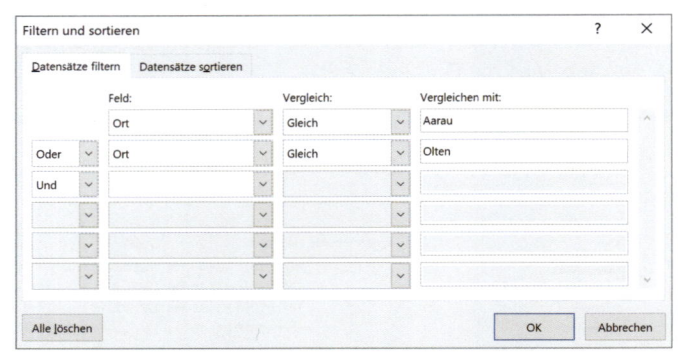

Tipp
Beim Filtern von Datensätzen geschehen oft Überlegungsfehler bei den logischen Bedingungen **und** bzw. **oder**. Wenn Sie wie im nebenstehenden Beispiel Mitglieder aus Olten und Aarau ansprechen wollen, so müssen Sie dies nicht mit einer **Und-Verknüpfung**, sondern mit einer **Oder-Verknüpfung** organisieren. Niemand wohnt gleichzeitig in Olten **und** in Aarau, sondern entweder in Olten **oder** in Aarau.

Vergessen Sie nicht, einen Filter nach Gebrauch wieder zu entfernen, sonst wundern Sie sich später, weshalb nicht alle Datensätze erscheinen.

Filtern von Datensätzen. Im Register **Datensätze sortieren** können bis zu drei Sortierkriterien eingegeben werden.

▶ Schritt 4

Nun müssen Sie den Brief fertig gestalten und die entsprechenden Seriendruckfelder (Datenfelder) einfügen.

Im Golf Club Pilatus sind die Mitglieder alle per Du. Die Anrede ist deshalb bei Herren z. B. «Lieber Peter» und bei Frauen z. B. «Liebe Andrea». Dies kann man in unserem Beispiel relativ einfach mit der Regel «Wenn… dann… sonst…» lösen.

Register	**Sendungen**
Gruppe	**Schreib- und Einfügefelder**
Befehl	**Regeln**
Befehl	**Wenn… Dann… Sonst…**

Regeln einfügen

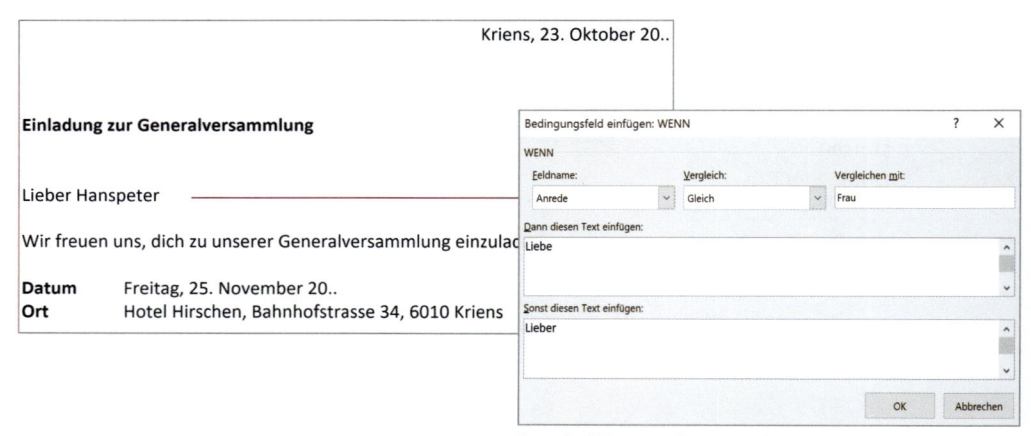

Regeln **Wenn… Dann… Sonst…**

▶ Schritt 5 und Schritt 6

Wenn Sie Ihren Brief fertig erstellt haben, können Sie auf die **Vorschau Ergebnisse** klicken und durch die einzelnen Dokumente blättern.

Prüfen Sie die Dokumente vor dem Ausdruck gut. Über den Befehl **Einzelne Dokumente bearbeiten…** erstellen Sie einen elektronischen Ausdruck. Es entsteht eine neue Datei mit dem Namen «Seriendruck1».

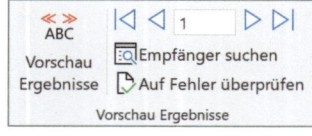

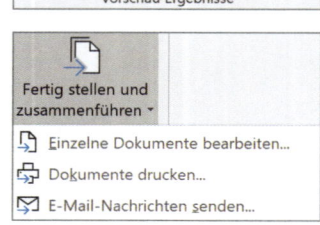

Seriendruck fertigstellen

Aufgabe 80

Als Finanzchefin/Finanzchef des Golf Clubs Pilatus sind Sie auch für die Jahresbeiträge verantwortlich. Sie schreiben diesen Brief ausnahmsweise in der Sie-Form. Öffnen Sie die Aufgabe 80.

Briefbeispiel

Der folgende Serienbrief enthält die Felder **Anrede, Vorname, Name, Strasse, Postleitzahl, Ort,** die Briefanrede (Grusszeile) sowie variable Textstellen. Diese ändern sich je nachdem, ob die angeschriebene Person Aktiv-, Passiv- oder Freimitglied ist. Diese Textstellen sind also an eine Bedingung geknüpft.

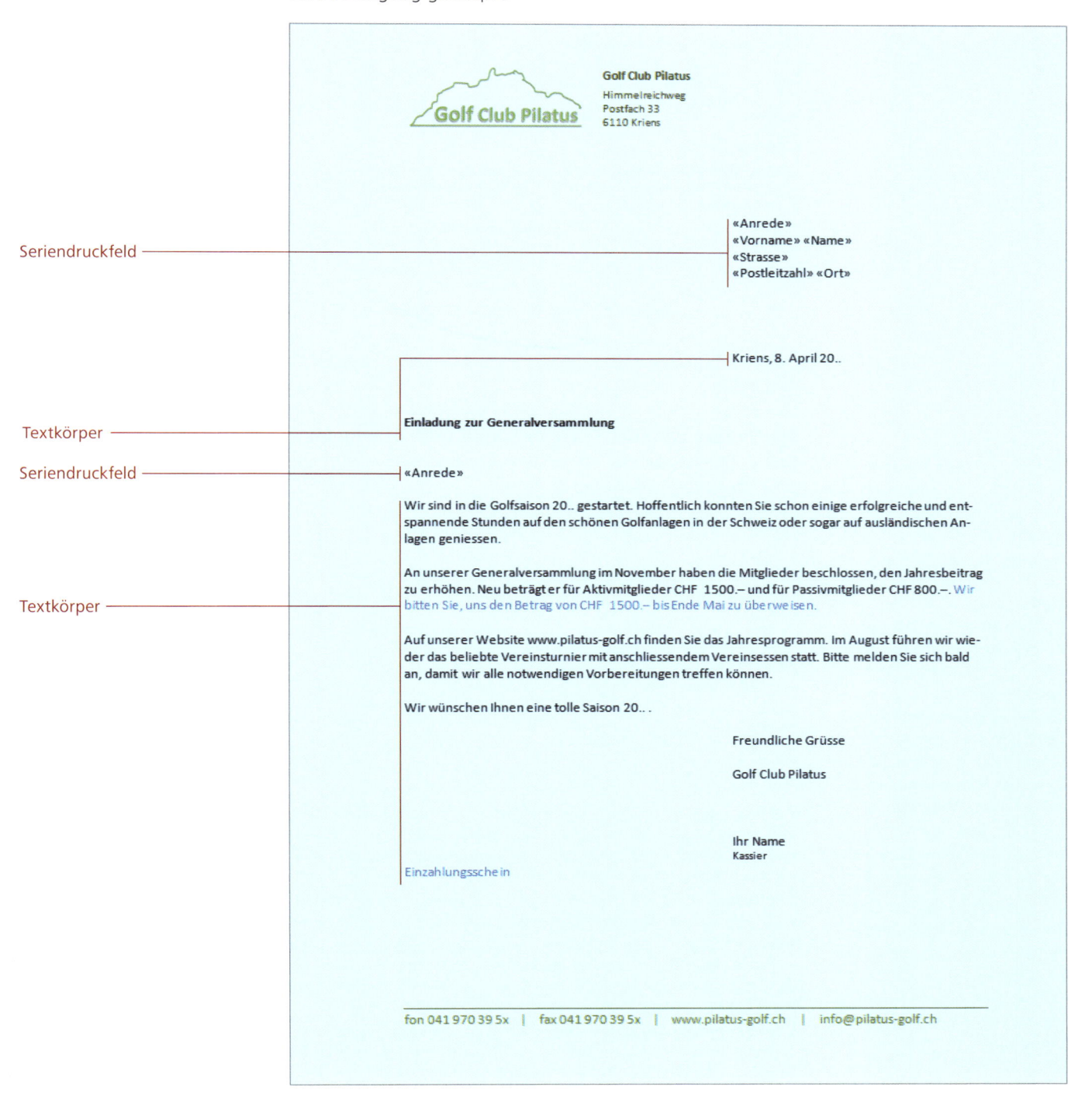

Golf Club Pilatus
Himmelreichweg
Postfach 33
6110 Kriens

Seriendruckfeld:
«Anrede»
«Vorname» «Name»
«Strasse»
«Postleitzahl» «Ort»

Kriens, 8. April 20..

Textkörper:
Einladung zur Generalversammlung

Seriendruckfeld:
«Anrede»

Textkörper:
Wir sind in die Golfsaison 20.. gestartet. Hoffentlich konnten Sie schon einige erfolgreiche und entspannende Stunden auf den schönen Golfanlagen in der Schweiz oder sogar auf ausländischen Anlagen geniessen.

An unserer Generalversammlung im November haben die Mitglieder beschlossen, den Jahresbeitrag zu erhöhen. Neu beträgt er für Aktivmitglieder CHF 1500.– und für Passivmitglieder CHF 800.–. Wir bitten Sie, uns den Betrag von CHF 1500.– bis Ende Mai zu überweisen.

Auf unserer Website www.pilatus-golf.ch finden Sie das Jahresprogramm. Im August führen wir wieder das beliebte Vereinsturnier mit anschliessendem Vereinsessen statt. Bitte melden Sie sich bald an, damit wir alle notwendigen Vorbereitungen treffen können.

Wir wünschen Ihnen eine tolle Saison 20.. .

Freundliche Grüsse

Golf Club Pilatus

Ihr Name
Kassier

Einzahlungsschein

fon 041 970 39 5x | fax 041 970 39 5x | www.pilatus-golf.ch | info@pilatus-golf.ch

Seriendruck definieren

Register	**Sendungen**
Gruppe	**Schreib- und Einfügefelder**
Befehl	**Grusszeile**

Grusszeile einfügen

▶ Briefanrede (Grusszeile)

Zum Einfügen der Briefanrede (in Word **Grusszeile** genannt) steht Ihnen ein Assistent zur Verfügung.

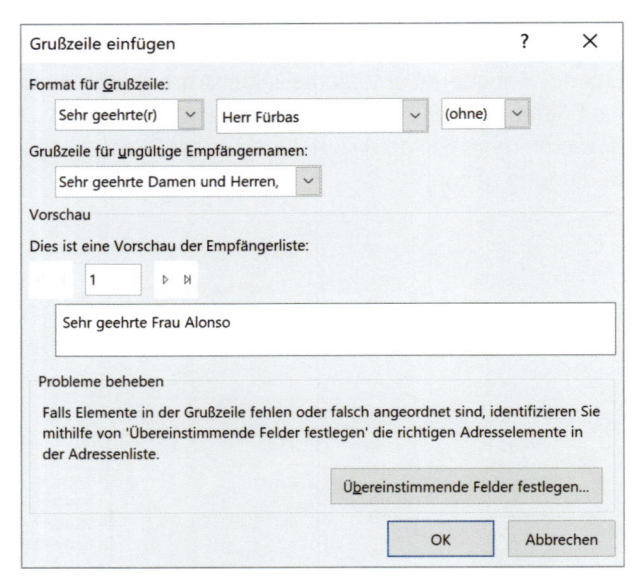

*Einfügen der Briefanrede mit dem Assistenten **Grusszeile***

Der Assistent wandelt die Angaben automatisch in eine Feldfunktion mit den entsprechenden Befehlen um.

▶ Weitere variable Texte einfügen (Befehl Regeln)

Die wichtigsten Möglichkeiten, um variable Texte in Seriendokumente einzufügen, finden Sie unter dem Befehl **Regeln**.

Register	**Sendungen**
Gruppe	**Schreib- und Einfügefelder**
Befehl	**Regeln**

Regeln einfügen

Tipp

Textmarken dienen dazu, bestimmte Textstellen schneller zu erreichen, z. B. mit dem Befehl **Gehe zu**. Mit Textmarken können Sie auch **Querverweise** zu Textstellen einfügen. Auch in Serienbriefen benötigen Sie gelegentlich Textmarken, beispielsweise, wenn Sie das Bedingungsfeld **Frage (ask)** verwenden. Eine weitere Verwendung finden Textmarken in Formularen.

Um eine Textmarke einzufügen, öffnen Sie das Register **Einfügen** und wählen aus der Gruppe **Links** den Befehl **Textmarke**. Im Dialogfeld können Sie der Textmarke dann einen Namen zuordnen.

Regeln einfügen

1 Frage (ask): Es wird in einem Dialogfeld eine Eingabeaufforderung angezeigt, in die Sie individuelle Angaben eintragen können. Die Eingabeaufforderung kann jedes Mal angezeigt werden, wenn ein neuer Datensatz mit dem Hauptdokument verbunden wird. Bei einem ASK-Feld wird der Name einer Textmarke anstelle der Eingabe verwendet. Damit Word die Eingabe druckt, muss also eine Textmarke erstellt werden.

2 Eingeben (fillin): Ein FILLIN-Feld entspricht weitgehend einem ASK-Feld. Der Text wird allerdings an der Stelle gedruckt, an der das FILLIN-Feld im Dokument steht, und ist nicht von einer Textmarke abhängig.

3 Wenn… Dann… Sonst… (if): IF-Felder führen abhängig von den angegebenen Bedingungen einen von zwei Vorschlägen aus, wobei einer davon auch leer sein kann. Beispielsweise kann in unserem Briefbeispiel der Jahresbeitrag für Aktiv-, Passiv- und Freimitglieder mit einem IF-Feld in den Brief eingefügt werden. Wenn Passivmitglied, dann CHF 800.– , sonst CHF 1500.–.

4 Seriendruckdatensatz-Nr. (MergeRec): Das Feld **MergeRec** dient dazu, in jedem Seriendruckdokument die Nummer des jeweiligen Datensatzes zu drucken. Beispielsweise könnten Sie mit dieser Feldfunktion automatisch eine Rechnungsnummer generieren, indem Sie die vom MergeRec-Feld zurückgegebene Nummer mit dem Printdatum verbinden:

Beispiel Rechnungsnummer:

{ = {PRINTDATE \@ "ddMMyyHHmm"} + {MERGEREC}}

5 Seriendrucksequenz-Nr. (MergeSeq): Ermittelt die Anzahl Datensätze, die mit dem Hauptdokument verbunden wurden. Die Nummer kann sich von der durch das MergeRec-Feld eingefügten Nummer unterscheiden.

6 Nächster Datensatz (next): Dient dazu, den nächsten Datensatz mit dem aktuellen Serienbriefdokument zu verbinden, anstatt ein neues Dokument zu erstellen. Der Befehl ist beispielsweise bei Adressetiketten notwendig, weil sonst auf einem Etikettenbogen immer die gleiche Adresse gedruckt würde.

7 Nächster Datensatz Wenn … (NextIf): Vergleicht zwei Ausdrücke. Liefert der Vergleich das Ergebnis «wahr», verbindet Word den nächsten Datensatz mit dem aktuellen Seriendokument. Liefert der Vergleich «falsch», verbindet Word den nächsten Datensatz mit einem neuen Seriendokument.

8 Textmarke festlegen … (set): Ein SET-Feld weist einer Textmarke einen Wert (Text oder Zahl) zu. Dazu muss im Hauptdokument ein Textmarkenfeld eingefügt werden. Der Wert wird in allen Dokumenten wiederholt, bis ein neuer Wert eingegeben wird.

9 Datensatz überspringen wenn … (SkipIf): Das SkipIf-Feld vergleicht zwei Ausdrücke. Wenn der Vergleich wahr ist, überspringt das SkipIf-Feld das aktuelle Seriendokument und geht zum nächsten Datensatz in der Datenquelle. Wenn der Vergleich falsch ist, setzt Word die Erstellung des aktuellen Seriendokuments fort.

▶ Wenn…Dann…Sonst…-Funktion

Die Datenliste **Vereinsmitglieder.xlsx** hat unter Code drei Mitgliedergruppen eingetragen, nämlich Aktiv-, Passiv- und Freimitglieder. Sie bezahlen einen unterschiedlichen Jahresbeitrag. Um nun im Brief den Jahresbeitrag einzutragen, benötigen Sie eine **Wenn…Dann…Sonst…-Funktion**. Damit der Befehlsaufbau auf einfache Art möglich ist, kann der Befehl im Dialogfeld eingegeben werden. Allerdings beschränkt sich dieses Dialogfeld auf zwei Bedingungen. Mehrfachbedingungen lassen sich auch verschachteln. In unserem Beispiel ist es aber der einfachere Weg, wenn Sie drei Einfachbedingungen definieren:

- Wenn Passivmitglied, dann folgt der Satz: «Wir bitten Sie, uns den Betrag von CHF 800.– bis Ende Mai zu überweisen.»
- Wenn Aktivmitglied, dann folgt der Satz: «Wir bitten Sie, uns den Betrag von CHF 1 500.– bis Ende Mai zu überweisen.»
- Wenn Freimitglied, dann folgt der Satz: «Als Freimitglied bezahlen Sie keinen Mitgliederbeitrag.»

Tipp
Häufige Verwendung findet die Wenn…Dann…Sonst…-Regel, weshalb wir anhand des Briefes auf Seite 199 näher darauf eingehen.

Seriendruck definieren

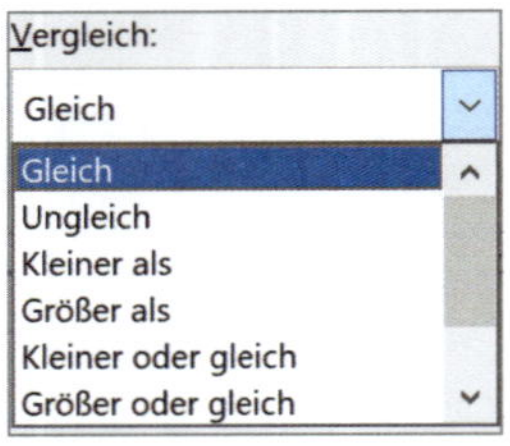

Diese Vergleichsoperatoren stehen zur Verfügung.

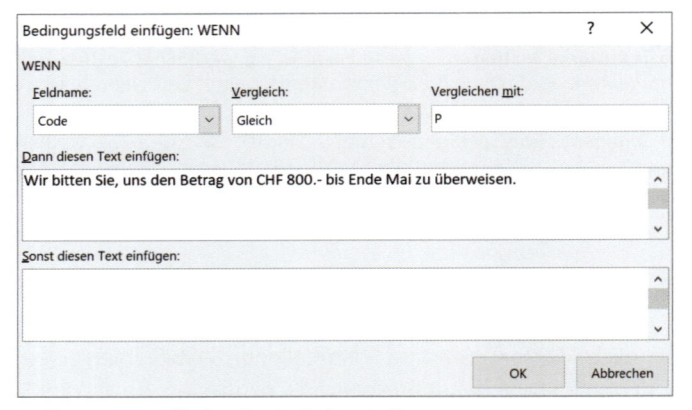

▶ Festlegen des Mitgliederbeitrags

In Word geben Sie dazu in das Dialogfeld **Bedingungsfeld einfügen: WENN** die entsprechenden Texte ein. Stellen Sie dazu den Cursor an die Stelle, an die der bedingte Text eingefügt werden soll. Das folgende Beispiel zeigt Eingaben für Passivmitglieder. Das gleiche Vorgehen wählen Sie für Aktiv- und Freimitglieder. Wichtig ist, auf die Leerschläge zu achten, sonst haben variable Texte an einzelnen Stellen zwei anstatt nur einen Leerschlag.

Bedingungstext für Passivmitglieder einfügen

Diese Eingabe wird nun in den entsprechenden Programmiercode umgewandelt und als Feldfunktion im Serienbrief eingetragen. Der ganze Code, um die Mitgliederbeiträge zu ermitteln, sieht in Word so aus:

{ IF { MERGEFIELD Code } = "A" "Wir bitten Sie, uns den Betrag von CHF 1'500.— bis Ende Mai zu überweisen." "{ IF { MERGEFIELD Code } = "P" "Wir bitten Sie, uns den Betrag von CHF 800.— bis Ende Mai zu überweisen." "Als Freimitglied bezahlen Sie keinen Mitgliederbeitrag." } }¶

Tipp
Mit der Tastenkombination **Alt+F9** kann man zwischen Feldfunktion und Ergebnisanzeige wechseln.

Die beiden " " am Ende jeder Bedingung bedeuten, dass kein **Sonst-Text** definiert ist, sie könnten aber auch weggelassen werden.

▶ Beilage des Einzahlungsscheins

Eine weitere Bedingung im Text betrifft die Beilage. Bei Aktiv- und Passivmitgliedern liegt ein Einzahlungsschein bei, während bei Freimitgliedern die Beilage wegfällt. Der Code lautet folgendermassen und kann ebenfalls in dem Dialogfeld **Bedingungsfeld einfügen: WENN** erstellt werden:

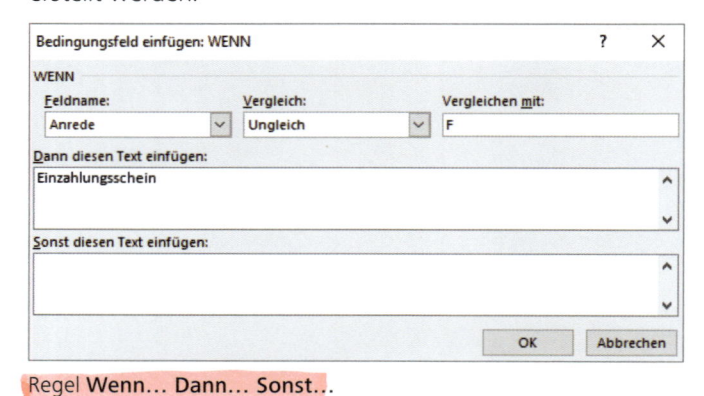

Regel Wenn... Dann... Sonst...

Seriendruck manuell erstellen

▶ Vorschau des Seriendrucks

Es lohnt sich, nach dem Erstellen eines Seriendrucks nicht gleich mit dem Ausdruck zu beginnen. In der Gruppe **Fertig stellen und zusammenführen** klicken Sie auf den Befehl **Einzelne Dokumente bearbeiten**.

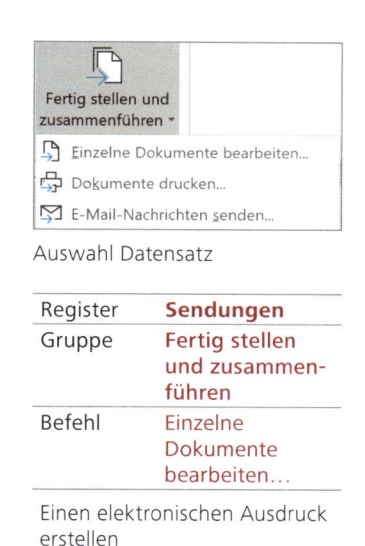

Auswahl Datensatz

Register	Sendungen
Gruppe	Fertig stellen und zusammenführen
Befehl	Einzelne Dokumente bearbeiten…

Einen elektronischen Ausdruck erstellen

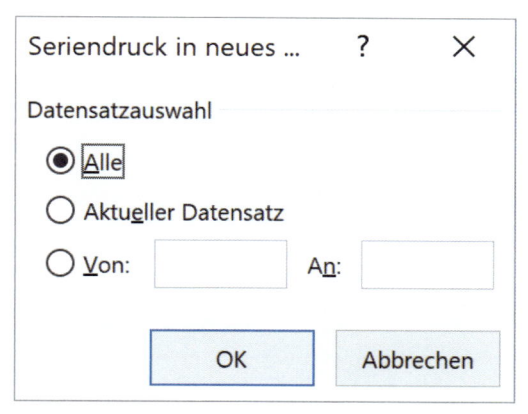

Auswahl Datensatz

Im Dialogfeld können Sie nun wählen, welche Datensätze gedruckt werden sollen. Es entsteht ein elektronischer Ausdruck, der den Dateinamen «Serienbrief» erhält. Bei jedem neuen elektronischen Ausdruck wird die Zahl im Dateinamen jeweils um eins erhöht.

Sofern das Dokument einwandfrei und fehlerlos ist, können Sie die Datei direkt ausdrucken, oder Sie wählen **Fertig stellen und zusammenführen > Dokumente drucken**.

▶ Dokumente auf Fehler prüfen

Bei komplexen Seriendokumenten mit vielen Programmiereinträgen, Variablen und Befehlen kommt es oft vor, dass sich Fehler in der Syntax einschleichen. Deshalb haben Sie die Möglichkeit, Seriendrucke auf Fehler zu überprüfen. Im Dialogfeld haben Sie drei Möglichkeiten, die Bildschirmausgabe der gefundenen Fehler zu bestimmen.

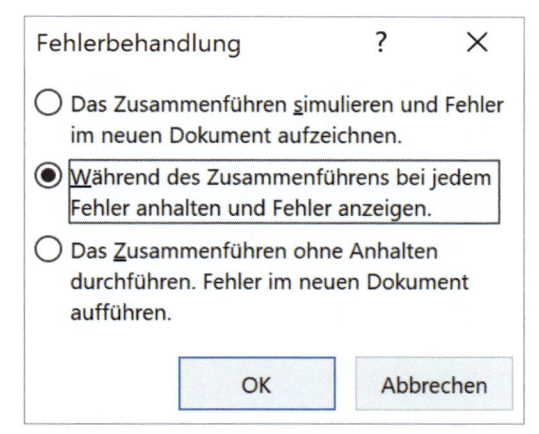

Register	Sendungen
Gruppe	Vorschau Ergebnisse
Befehl	Auf Fehler überprüfen

Seriendrucke auf Fehler überprüfen

Dialogfeld zum Starten der Fehlerprüfung

Wenn Fehler vorhanden sind, korrigieren Sie den Fehler im Hauptdokument, danach überprüfen Sie das Dokument erneut.

Seriendruck definieren

Register	**Sendungen**
Gruppe	**Schreib- und Einfügefelder**
Befehl	**Adressblock**

Einen Adressblock einfügen

▶ Adressblock

Im Brief auf Seite 193 wurden die Adressfelder einzeln im Hauptdokument bestimmt. Word bietet die Möglichkeit, diese Felder in ein einzelnes Feld **Adressblock** zu integrieren.

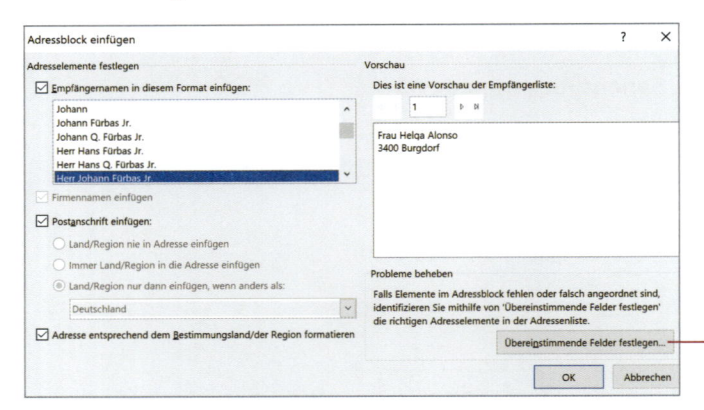

Einen Adressblock einfügen. Auf der linken Seite des Dialogfelds wählen Sie das Format, rechts erkennen Sie die Vorschau aufgrund des gewählten Datensatzes.

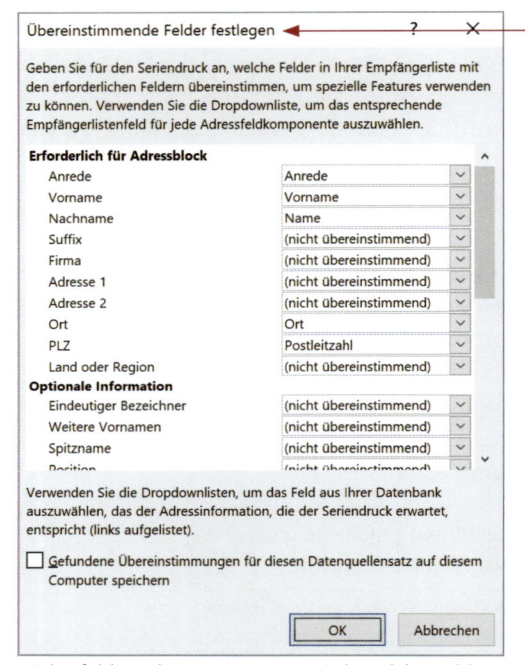

Microsoft bestimmt feste Feldnamen für den Adressblock. Sie finden sie auf der linken Seite des Dialogfelds. Weil in unserer Datenliste das Feld Adresse1 nicht vorkommt, müssen Sie bestimmen, welches Feld aus der Datenliste anstelle von Adresse1 übernommen werden soll. In unserem Beispiel heisst das Feld **Strasse**. Anstatt PLZ steht in unserer Datenbank **Postleitzahl**.

Die Adresse erscheint im Seriendokument entsprechend der oben gezeigten Vorschau.

Dialogfeld, in das eingetragen wird, welche Felder in den Adressblock aufgenommen werden

Aufgabe 81

Erstellen Sie in Excel eine kleine Datenliste mit fünf Geschäftsadressen. Zudem soll ein Datenfeld vorhanden sein, in welchem eingetragen ist, seit wann der Briefempfänger bei uns Kunde ist. Langjährige Kunden erhalten 10 % Rabatt. Achten Sie also darauf, dass langjährige Kunden, aber auch Kunden, die erst seit Kurzem bei uns einkaufen, in der Datenliste vorkommen. Adresse1 und Adresse2 sind Datenfelder für Strasse, Postleitzahl usw. Der weit gefasste Feldname ist oft dynamischer als eng gefasste Feldnamen. Erstellen Sie den folgenden Werbebrief, verbinden Sie die Felder mit der Datenliste und drucken Sie die fünf Briefe elektronisch (in ein neues Dokument).

Brieflogo

«Firma»
«Adresse1»
«Adresse2»
«Postleitzahl» «Ort»

Rotkreuz, 30. August 20..

Jahreskatalog 20..

Sehr geehrte Damen und Herren

Viele unserer Kunden haben ihn sehnlichst erwartet. Nun ist er da – unser Jahreskatalog 20.. . Sie werden von den vielen Neuheiten und Sonderangeboten begeistert sein. Als Vorgeschmack erhalten Sie einen kleinen Sonderausdruck.

Sie können den Jahreskatalog .. sofort bestellen. Verwenden Sie das beiliegende Faxformular, oder füllen Sie das Bestellformular auf unserer Homepage www.olympusversand.ch aus. Spätestens am 10. September 20.. halten Sie den neuen Katalog bereits in Ihren Händen.

Sie sind seit vielen Jahren bei uns Kunde. Ihre Treue schätzen wir sehr. Als Dank dafür erhalten Sie bis zum 10. Oktober auf allen Bestellungen 10 % Rabatt.

Freundliche Grüsse

OLYMPUS-VERSAND

Beate Pfister

Faxformular
Auszug aus dem neuen Katalog

Seriendruck definieren

7.4 Etikettendruck

Register	**Sendungen**
Gruppe	**Erstellen**
Befehl	**Etiketten**

Etikettendruck für Einzeletiketten starten

Sie haben in Word die Möglichkeit, einzelne Etiketten, einen ganzen Etikettenbogen mit der gleichen Adresse oder Etiketten als Seriendruck zu erstellen.

Einzelne Etiketten drucken

Sie erhalten folgendes Dialogfeld auf dem Bildschirm:

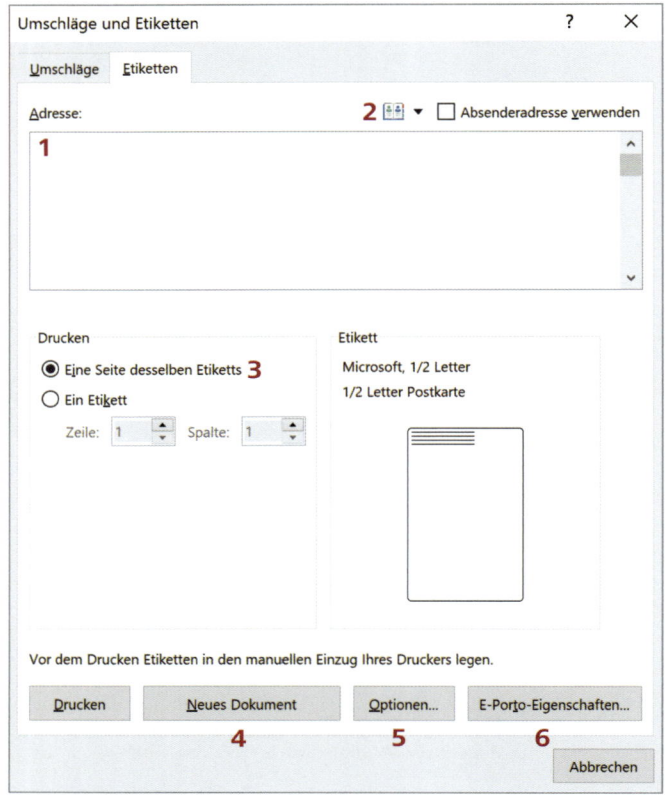

Umschläge und Etiketten

1 Eingabe der Adresse
2 Adressen aus Outlook einlesen
3 Sie bestimmen, ob eine einzelne Adresse gedruckt wird oder ein ganzer Bogen mit der gleichen Adresse.
4 Der Bogen wird in einer neuen elektronischen Datei mit dem Namen Adressetiketten1 erstellt.
5 In den Optionen können Sie aus verschiedenen im Handel verbreiteten Etiketten auswählen (siehe dazu Etiketten als Seriendruck) oder die genauen Masse eines Druckbogens festlegen.
6 E-Porto-Eigenschaften werden in der Schweiz nicht unterstützt.

Etikettendruck

Etiketten als Seriendruck

Nach dem Start erhalten Sie folgendes Dialogfeld auf dem Bildschirm:

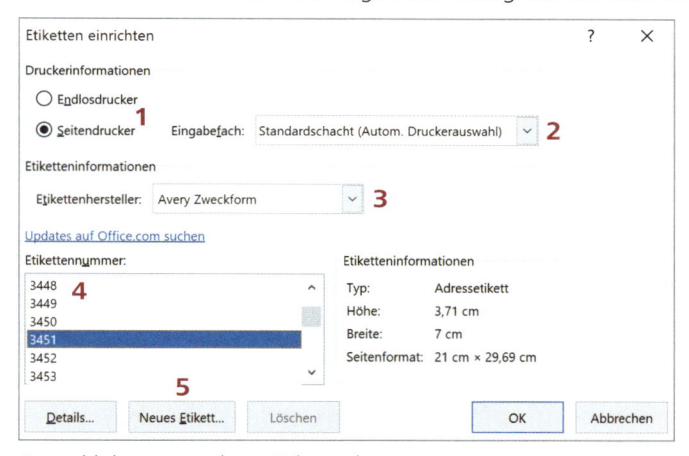

Register	**Sendungen**
Gruppe	**Seriendruck starten**
Befehl	**Etiketten…**

Etiketten als Seriendruck starten

Auswahl des verwendeten Etikettenbogens

1 Bestimmen Sie die Art des Druckers.
2 Bestimmen Sie den Druckerschacht, aus welchem die Etikettenbogen eingezogen werden sollen.
3 Sie können aus verschiedenen Herstellern von Druckbogen auswählen.
4 Häufig verwendete Etiketten des Herstellers befinden sich hier zur Auswahl.
5 Sollten die Etikettenbogen, welche Sie verwenden, nicht aufgeführt sein, müssen Sie die Masse eingeben.

Einrichten eines neuen Etikettenbogens

Sie müssen die Masse des Etikettenbogens ganz genau bestimmen, damit der Druck einwandfrei erfolgt. Erstellen Sie also unbedingt einen elektronischen Ausdruck, bevor Sie die Etikettenbogen bedrucken.

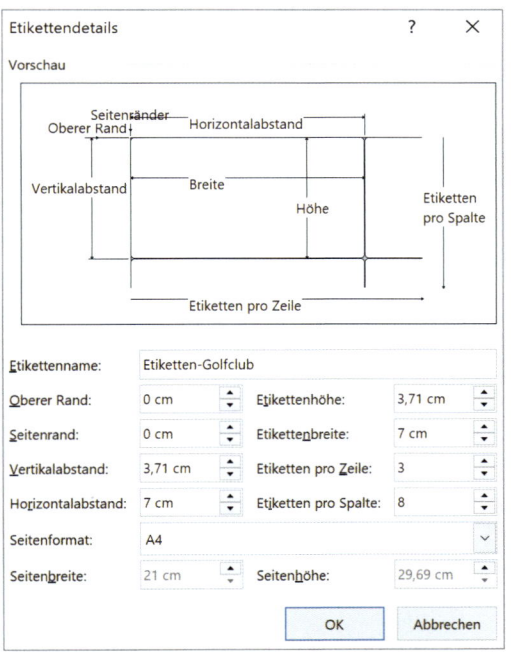

Geben Sie einen aussagekräftigen Etikettennamen ein. Sie müssen die Einstellungen nur einmal vornehmen und können bei weiteren Verwendungen gleichartiger Etikettenbogen im Dialogfeld **Datensätze einrichten** dann jeweils die entsprechenden Bogen auswählen, indem Sie auf den Etikettennamen klicken.

Namen und Masse von Etikettenbogen bestimmen

Seriendruck definieren

Der Etikettenbogen wird in einem Dokument als Tabelle gespeichert. Fügen Sie in die erste Adressetikette die gewünschten Adressfelder als Seriendruckfelder ein, genau wie beim Serienbrief. Allerdings müssen Sie anschliessend noch Ihre Eintragungen in die anderen Felder kopieren, indem Sie den Befehl **Etiketten aktualisieren** anklicken. Vor jedem neuen Datensatz wird dabei die Funktion **Nächster Datensatz** eingetragen, damit kein Seitenumbruch erfolgt.

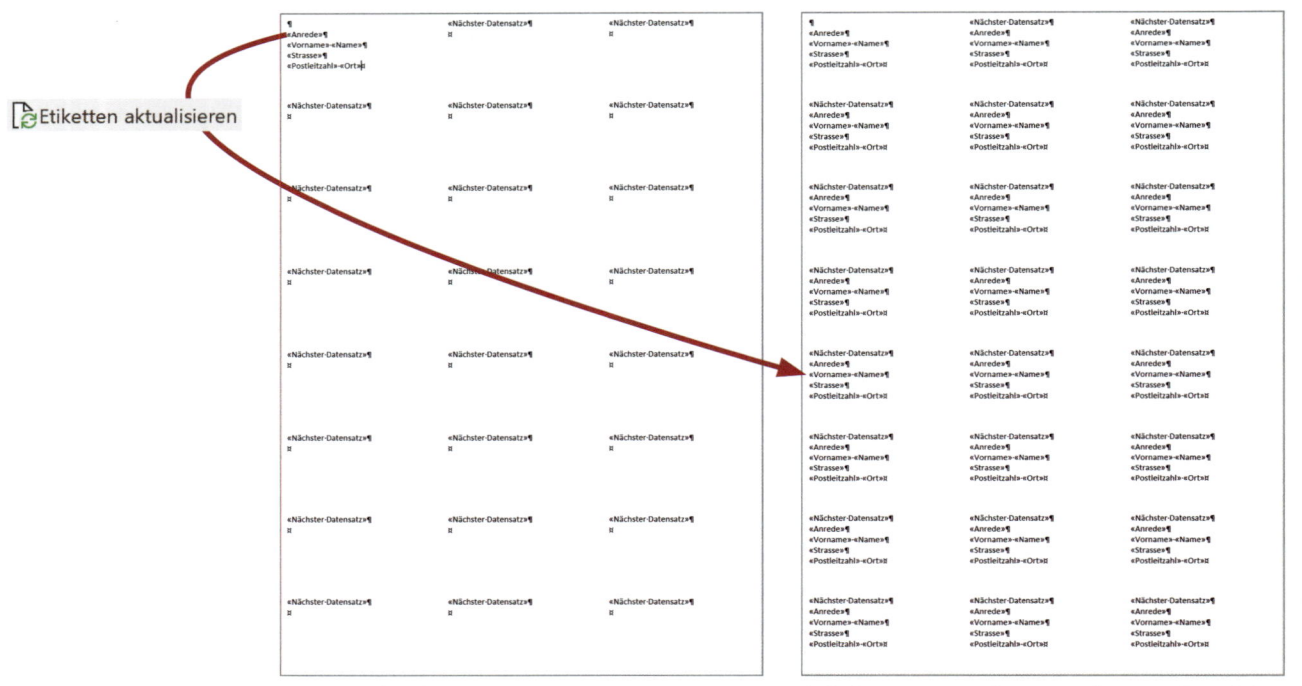

Etiketten aktualisieren: Diesen Vorgang müssen Sie wiederholen, wenn Sie die erste Etikette nachträglich verändern.

Wenn Sie den Etikettenbogen kreiert haben, lohnt es sich, den Bogen zu speichern. Sie müssen dann das ganze Prozedere beim nächsten Versand nicht mehr wiederholen. Die Weiterverarbeitung bis zum Druck erfolgt genau gleich wie beim Serienbrief.

7.5 Druck von Briefumschlägen

Bei den Briefumschlägen haben Sie drei Druckmöglichkeiten. Sie können einen einzelnen Briefumschlag, einen Briefumschlag zu einem Dokument oder einen Seriendruck erzeugen. Das Drucken einzelner Briefumschläge erfolgt über dieses Dialogfeld.

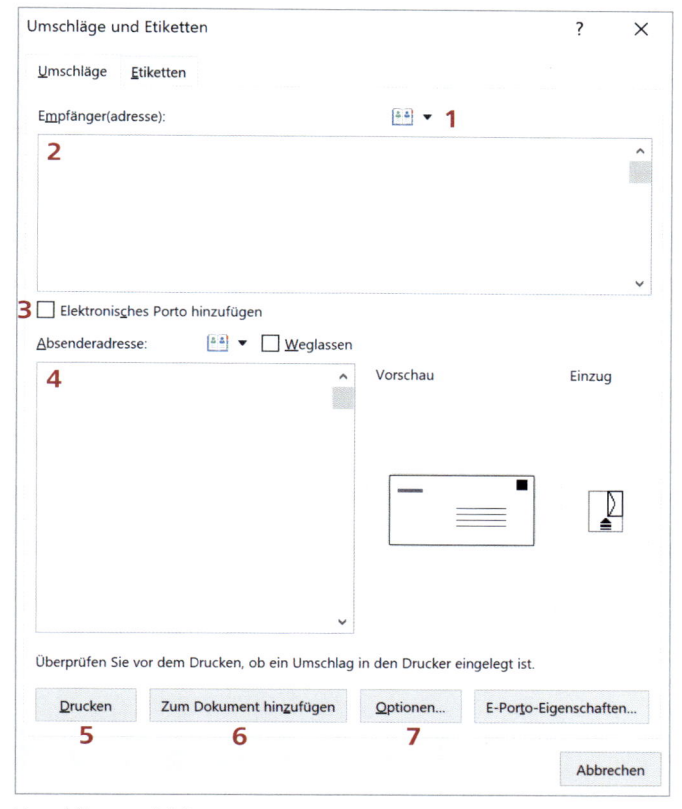

Register	**Sendungen**
Gruppe	**Erstellen**
Befehl	**Umschläge**

Einzelne Briefumschläge drucken

Umschläge und Etiketten

1 Sie können die Empfängeradresse aus Outlook importieren.
2 Sie tippen die Empfängeradresse ein.
3 In der Schweiz nicht unterstützt.
4 Geben Sie die Absenderadresse ein oder importieren Sie die Adresse aus Outlook. Sie können die Absenderangaben auch weglassen.
5 Wählen Sie **Drucken,** wenn ein einzelner Briefumschlag gedruckt werden soll. Beachten Sie aber, dass vorher unbedingt die Optionen (Einzug, Position) definiert werden müssen.
6 Wählen Sie **Zum Dokument hinzufügen,** wenn der Umschlag zu einem Dokument als separate Seite hinzugefügt werden soll. Beachten Sie auch hier unbedingt die Optionen.
7 Optionen für Umschlag und Druck (siehe nachfolgende Screenshots).

Seriendruck definieren

Die Zufuhrmethode ist abhängig von Ihrem Drucker. Überlegen Sie genau, wie der Umschlag in den Drucker eingeführt werden muss. Häufig findet man auch entsprechende Angaben auf dem Drucker selbst. Wenn Sie zum ersten Mal Briefumschläge drucken, so verwenden Sie für die Probe am besten ein Blatt Papier, auf dem Sie die Oberseite mit einem Schreibzeug markieren.

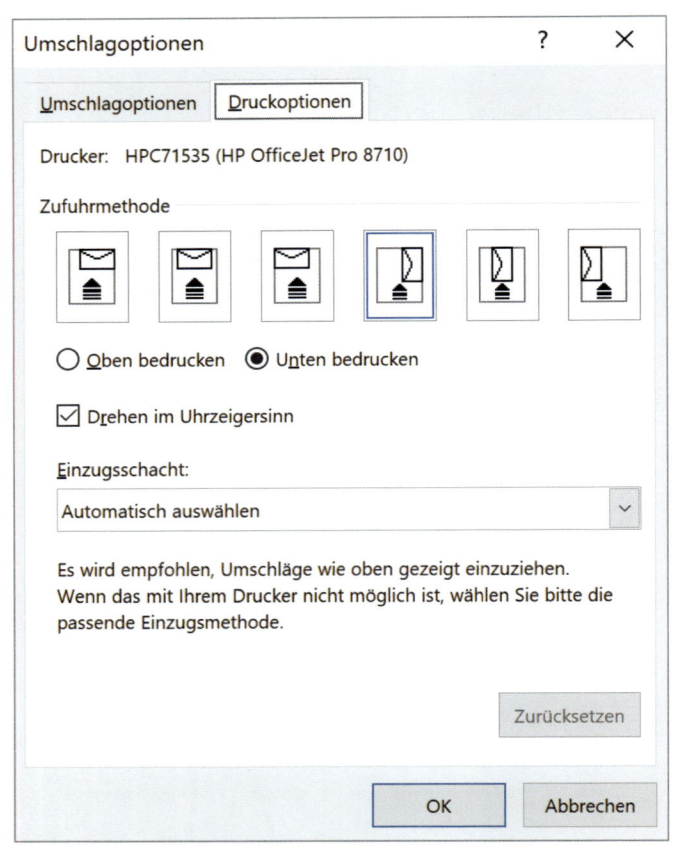

Umschlag- und Druckoptionen bestimmen

Register	**Sendungen**
Gruppe	**Seriendruck starten**
Befehl	**Umschläge**

Briefumschläge als Seriendruck starten

Das Register **Umschlagoptionen** ist beim Seriendruck etwas anders als bei einzelnen Umschlägen. Sie bestimmen die Schriftart und die Abstände im Dialogfeld. Die Druckoptionen sind genau gleich wie bei den Einzelbriefumschlägen.

Druck von Briefumschlägen

Umschlag- und Druckoptionen bestimmen

1 Umschlagformat

2 Bestimmen Sie hier die Schriftart der Empfängeradresse und der Absenderadresse.

3 Platzieren Sie hier Empfänger- und Absenderadresse. Beachten Sie die Vorschau. Die genaue Ausrichtung können Sie später auch noch in den Textfeldern des Briefumschlags korrigieren.

Für die Absender- und Empfängerangaben werden Textfelder in den Briefumschlag eingefügt. Dies geschieht genau gleich wie bei einem Serienbrief.

```
«Anrede»¶
«Vorname»·«Name»¶
«Strasse»¶
«Postleitzahl»·«Ort»¶
```

Textfeld für die Beschriftung der Empfängeradresse mit den Seriendruckfeldern

7.6 Verzeichnisse erstellen

Register	**Sendungen**
Gruppe	**Seriendruck starten**
Befehl	**Seriendruck starten**
Befehl	**Verzeichnis**

Verzeichnisse erstellen

Mit der Seriendruckfunktion **Verzeichnis** können Sie aus einer Datenbank oder einer Tabelle eine Liste erstellen. Sie bestimmen, welche Felder in der Liste erscheinen sollen und welche Sie beispielsweise aus Datenschutzgründen nicht veröffentlichen wollen. Auch können Sie die Reihenfolge der gewählten Datenfelder frei bestimmen.

Aus der Datenliste des Golf Clubs Pilatus (**Vereinsmitglieder.xlsx**) soll eine Mitgliederliste erstellt werden. Gehen Sie wie folgt vor:

- Wählen Sie aus **Seriendruck starten** den Eintrag **Verzeichnis**. Der Unterschied zum Brief als Seriendruck liegt darin, dass kein Abschnittsumbruch erfolgt. Der Befehl **Nächster Datensatz (Next)** ist nicht notwendig.
- Wählen Sie als Seitenformat das Querformat, damit die Spalten genügend Platz finden.
- Fügen Sie nun die notwendigen Tabellenfelder ein. Der Titel und die Überschrift gehören in die Kopfzeile, sonst wiederholen sie sich nach jedem Datensatz. Gestalten Sie die Tabelle anschliessend nach Ihren Wünschen.

Mitgliederverzeichnis

Kopfzeile	Anrede	Vorname	Name	Strasse
	«Anrede»	«Vorname»	«Name»	«Strasse»

Dieser Text gehört in die Kopfzeile.
Tragen Sie die Felder in die entsprechenden Zellen ein.

- **Achtung:** Das Geburtsdatum wird in englischer Form ins Verzeichnis eingetragen, auch wenn Sie in Excel das Format richtig bestimmt haben. Dies können Sie verhindern, indem Sie dem Feld ein Datumsformat hinzufügen. Das Feld mit dem Geburtsdatum erhält also folgenden Eintrag:

genau gleich →   *Feld Funktion ein*

{ MERGEFIELD Geburtstag \@ "DD.MM.YYYY"}   *Buchstaben eingeben!*

- Sie können nun den Seriendruck starten.

22/10/2022   X
→ 22.10.22   ✓

7.7 E-Mail-Seriendruck

Register	**Sendungen**
Gruppe	**Seriendruck starten**
Befehl	**Seriendruck-Assistent mit Schritt-für-Schritt-Anweisungen**

Seriendruck-Assistenten starten

Nicht nur für Briefe eignet sich der Seriendruck, ebenso lässt sich damit eine grosse Anzahl von E-Mails personalisieren und versenden. Wir zeigen Ihnen anhand des Seriendruck-Assistenten, wie dabei vorzugehen ist.

▶ Schritt 1
Als Dokumententyp wählen Sie E-Mail-Nachrichten.

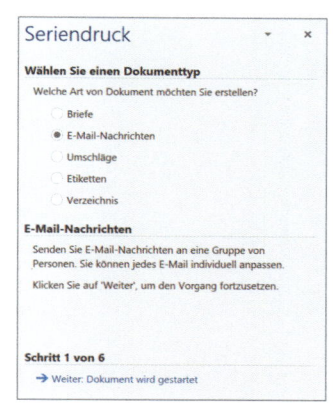

Seriendruck-Assistent: Schritt 1

▶ Schritt 2
Sie können wählen, ob Sie das aktuelle Dokument, ein vorhandenes Dokument oder eine Dokumentvorlage als Ausgangspunkt verwenden wollen.

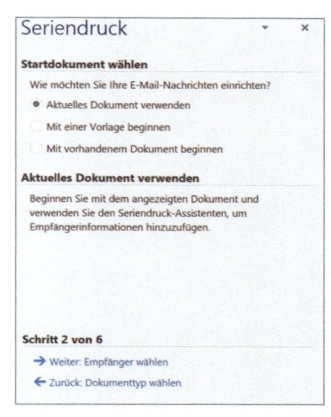

Seriendruck-Assistent: Schritt 2

Seriendruck definieren

▶ **Schritt 3**

Bestimmen Sie, woher die Adressen eingelesen werden (in unserem Beispiel aus Outlook-Kontakten).

Es kann jedoch auch eine einfache Datenbank (Word- oder Excel-Tabelle) sein. Wichtig ist, dass ein Datenfeld mit der E-Mail-Adresse vorhanden ist.

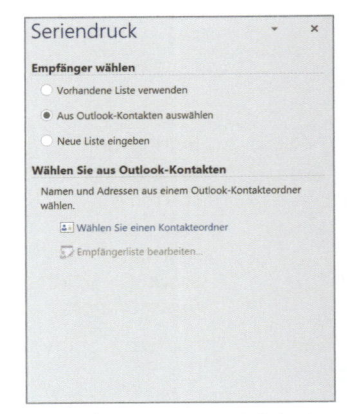

Seriendruck-Assistent: Schritt 3

▶ **Schritt 4**

Geben Sie nun den Text Ihrer E-Mail ins Dokument ein.

Geben Sie die Seriendruckfelder ein, sofern Felder eingefügt werden müssen.

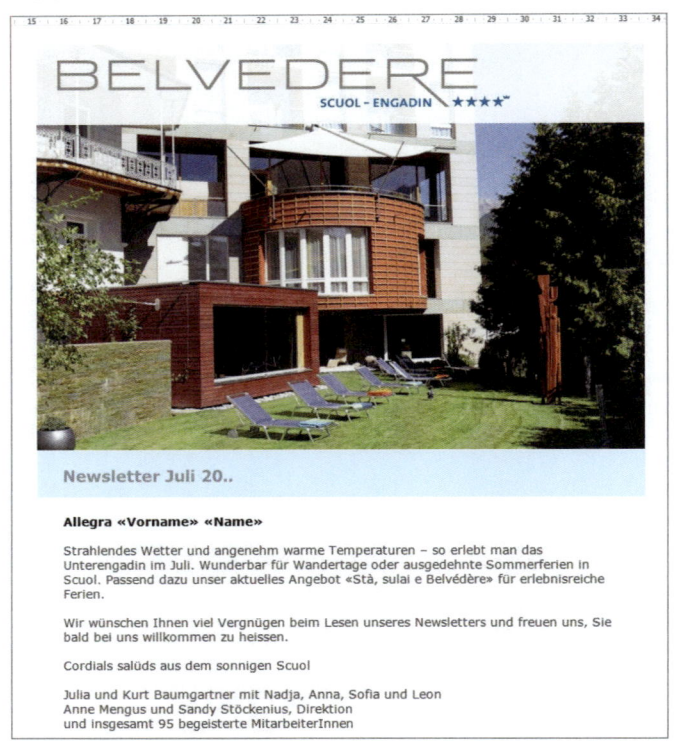

Seriendruck-Assistent: Schritt 4

E-Mail-Seriendruck

▶ **Schritt 5**

Vorschau des Textes, in welchem natürlich wiederum Feldfunktionen eingefügt sein könnten. Es werden die Datensatznummern der tatsächlichen Empfänger angezeigt.

Sie können auch in Schritt 5 den Empfängerkreis Ihrer E-Mail noch ändern.

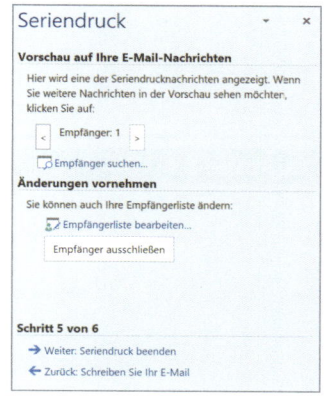

Seriendruck-Assistent: Schritt 5

▶ **Schritt 6**

Das Programm ist nun bereit, die E-Mails zu erstellen. In einem weiteren Dialogfeld müssen jedoch noch einige Angaben in den Nachrichtenoptionen gemacht werden.

Seriendruck-Assistent: Schritt 6

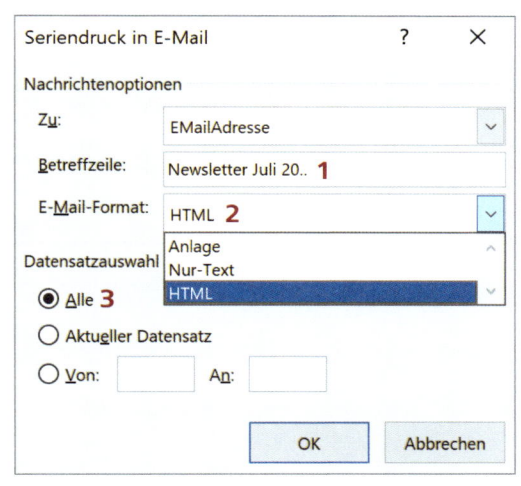

Nachrichtenoptionen

1 Geben Sie unbedingt eine Betreffzeile ein, damit alle E-Mails mit dieser Zeile versehen werden.
2 Wählen Sie, ob die E-Mail im Nur-Text-Format oder im HTML-Format versandt werden soll.
3 Nachdem Sie die Seriendruckempfänger bereits in Schritt 3 bestimmt haben, können Sie hier den Vorschlag **Alle** übernehmen.

Die E-Mails erscheinen nun einzeln im Postausgang und können aus Outlook versandt werden.

Seriendruck definieren

Aufgabe 82

Öffnen Sie die Aufgabe 82. Erstellen Sie

a) Etiketten an alle Mitglieder,
b) Briefumschläge im Format C5 für Mitglieder, die in Zürich wohnen.

Aufgabe 83

Richten Sie in Outlook fünf Lieferantenadressen mit E-Mail-Adresse ein (die Adressen sollten nicht realistisch sein, Sie können das korrekte Funktionieren auch sonst überprüfen).

Gehen Sie wie folgt vor:

▶ Öffnen Sie das Programm **Outlook** und wählen Sie **Kontakte**.

▶ Klicken Sie auf **Neu…** und erfassen Sie die Adressen; für unsere Übung reichen Name und E-Mail; klicken Sie auf **Speichern und neuer Kontakt**, wenn Sie weitere Adressen erfassen wollen. Wenn Sie die letzte Adresse eingegeben haben, klicken Sie auf **Speichern & schliessen**.

▶ Beenden Sie Outlook und starten Sie Word. Öffnen Sie das Register **Sendungen** und wählen Sie in der Gruppe **Seriendruck starten** den Seriendruck-Assistenten.

▶ Senden Sie ein Seriendruck-E-Mail an diese Adressen, in welchem Sie beispielsweise auf einen «Tag der offenen Tür» oder «Betriebsferien» aufmerksam machen.

Aufgabe 84

Richten Sie eine neue Adressliste mit fünf Geschäftsadressen direkt in Word ein (mdb-Datei).

Datenfelder: Firmenname, Adresszeile1, Adresszeile2, Postleitzahl und Ort.
Erstellen Sie Briefumschläge C 6/5, inklusive Absender:

```
                                              AG Brügger T.
                                              Näfelserstrasse 19
                                              4055 Basel

    ▼
  STV- Schweizerische Trias Vereinigung
```

Beispiel: Briefumschlag mit Logo

Mehrseitige Schriftstücke und Projektarbeiten erstellen und gestalten

8

8.1 Einführung

Mehrseitige Schriftstücke im Büro sind unter anderem Berichte, Aktennotizen, Protokolle, Gutachten, Manuskripte, Hauszeitungen und Ähnliches. Aber auch Projekt-, Diplom-, Semester-, Seminar- oder Doktorarbeiten gehören zu diesen Schriftstücken und verlangen besondere Sorgfalt bei der Gestaltung. Word bietet viele nützliche Werkzeuge für solche Schriftstücke, beispielsweise für das Erstellen von Fussnoten, Abbildungs- und Stichwortverzeichnissen. Wenn Sie solche Texte verfassen, gelten selbstverständlich auch die acht Regeln, wie Sie sie im Kapitel 6.3 Flyer finden. Auch Briefe können mehrseitig sein, die Darstellungsform aber richtet sich bei Briefen nach den Ausführungen im Kapitel 6.2 Briefe.

Eine saubere inhaltliche Gliederung ist bei langen Schriftstücken besonders wichtig und für das Erfassen des Inhalts entscheidend. Gestalten Sie auch hier alles Gleichwertige gleich. Das gilt vor allem für Schriftarten, Schriftgrössen und Abstände. Schreiben Sie also Titel, die der gleichen Hierarchiestufe angehören, oder Fliesstext immer in der gleichen Schriftart und in der gleichen Schriftgrösse. Wenn der Grundtext in Ihrem Schriftstück 10 pt beträgt, so soll die nächste Stufe etwa 12 pt oder 13 pt gross sein.

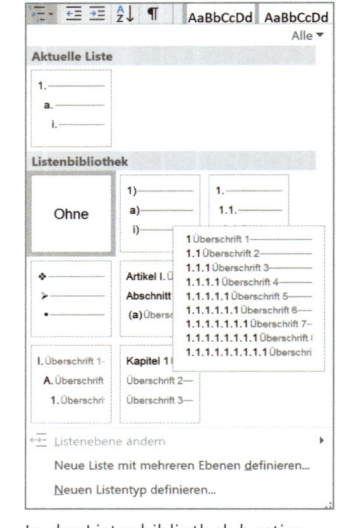

Das Bearbeiten langer Texte hat seine Tücken. Sie vergeuden viel Zeit, wenn Sie die Aufgabe falsch anpacken. Wenn Sie zweckmässig arbeiten, müssen Sie nicht nach jeder Umstellung wieder Seitenumbrüche und ganze Absätze neu formatieren. Ohne den Einsatz von Formatvorlagen werden Sie die genannten Ziele nicht erreichen. Einerseits helfen sie, rationell zu arbeiten, und anderseits unterstützen sie die Gleichheit der Textelemente. Formatvorlagen zahlen sich aber auch bei späteren Änderungen aus. Stellen Sie sich vor, Sie müssten bei einem 50-seitigen Text die Schriftart von Haupt- und Untertiteln ändern! Das geht mit Formatvorlagen ganz einfach. Definieren Sie auch die Abstände von den Titeln und Untertiteln zum Text, aber auch Einrückungs- und Tabulatorabstände immer in Formatvorlagen. Und ganz besonders wichtig: Verzichten Sie so weit als möglich auf feste Seitenumbrüche. Viel leichter geht das, wenn Sie in den Absatzformaten die notwendigen Eingaben machen. Sofern Ihre Texte nummeriert werden, geht das mit Formatvorlagen wiederum automatisch, und die Nummerierung passt sich selbstständig an.

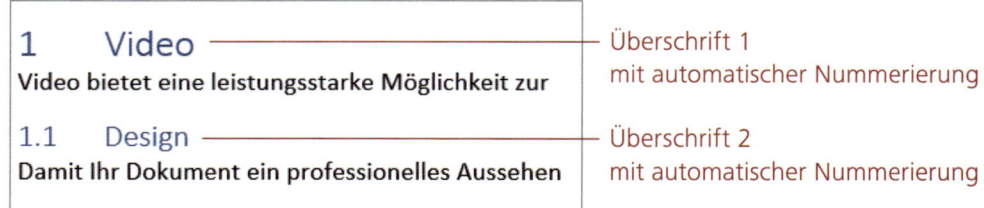

In der Listenbibliothek bestimmen Sie die automatische Nummerierung von Titeln und Untertiteln.

1 Video — Überschrift 1 mit automatischer Nummerierung
Video bietet eine leistungsstarke Möglichkeit zur

1.1 Design — Überschrift 2 mit automatischer Nummerierung
Damit Ihr Dokument ein professionelles Aussehen

Wenn Sie oft gleichartige oder ähnliche Texte gestalten, helfen Ihnen natürlich auch hier die Dokumentvorlagen. Oft erstellt man bei mehrseitigen Schriftstücken ein Inhaltsverzeichnis. Auch dies geht dank Formatvorlagen weitgehend automatisch. Es ist gut, wenn Sie die Arbeit planen, bevor Sie damit beginnen, denn es ist immer besser, gleich am Anfang sauber zu arbeiten, als später grosse Layoutänderungen vorzunehmen.

8.2 Formatvorlagen

8.2.1 Grundlagen

Texte, die Sie mit Word erfassen, enthalten meistens verschiedene Formatierungen. Beispielsweise setzen Sie die Haupttitel (1. Ebene) in einem Schriftstück in Calibri 14 pt, die Untertitel (2. Ebene) in Calibri 12 pt und den Fliesstext in der Serifenschrift Cambria 10 pt. Beim Erfassen von Text würde dies bedeuten, dass Sie immer wieder neue Formatierungsbefehle eingeben müssen, bis der Text das gewünschte Aussehen erreicht. In solchen Fällen erleichtern Ihnen Formatvorlagen die Arbeit ganz wesentlich. Sie können beliebig viele Formatierungsbedingungen **einer einzigen** Formatvorlage zuweisen, also beispielsweise die Schriftgrösse, die Schriftfarbe, den Zeilenabstand oder die Nummerierung. Formatvorlagen sind sehr leistungsfähige Instrumente. Setzen Sie diese Technik so weit als möglich ein, auch wenn Sie vielleicht anfänglich die grossen Vorteile nicht erkennen.

Ein weiterer grosser Vorteil von Formatvorlagen ist, dass Sie Änderungen im ganzen Dokument mit einem einzigen Befehl vornehmen können, indem Sie ganz einfach die Formatvorlage ändern. Wenn also beispielsweise die Haupttitel in 14 pt geschrieben sind und Sie möchten lieber die Grösse 15 pt, so müssen Sie dies nicht in jedem Haupttitel ändern. Sie ändern den Wert ganz einfach in der Formatvorlage – fertig.

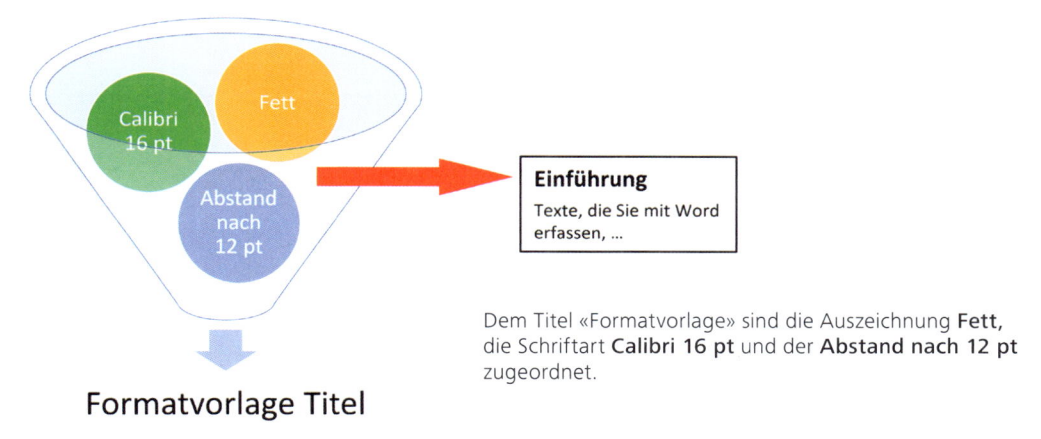

Formatvorlage Titel

Dem Titel «Formatvorlage» sind die Auszeichnung **Fett**, die Schriftart **Calibri 16 pt** und der **Abstand nach 12 pt** zugeordnet.

In einer Formatvorlage werden verschiedene Formatierungen zusammengefasst. Der Vorlage wird ein Name zugewiesen (hier **Titel**).

Genau wie bei den Dokumentvorlagen ist in jedem Dokument, das Sie erstellen, mindestens eine Formatvorlage aktiv. Diese Formatvorlage heisst in der Grundeinstellung von Word **Standard**, wobei dem Grundtext in den Word-Optionen auch eine andere Vorlage zugeordnet werden kann. Die Vorlage wird in der Regel in den Schnellformatvorlagen angezeigt. Microsoft gibt nämlich dem Programm eine grosse Anzahl von Formatvorlagen mit und stellt diese an verschiedenen Orten zur Verfügung. Die nach Meinung von Microsoft wichtigsten Formatvorlagen sind als Schnellformatvorlagen gespeichert.

Mehrseitige Schriftstücke und Projektarbeiten erstellen und gestalten

8.2.2 Schnellformatvorlagen

Register	Start
Gruppe	Formatvorlagen

In dieser Gruppe sind die Schnellformatvorlagen sichtbar.

Auswahl an Schnellformatvorlagen

Vollständige Bezeichnung der Vorlage, wenn der Cursor auf die Vorlage zeigt

Weitere Schnellformatvorlagen

Formatvorlagensatz, Schriftarten, Farben ändern, Standards bestimmen

Register	Entwurf
Gruppe	Dokumentformatierung
Befehl	Formatvorlagensatz

So können Sie den Formatvorlagensatz ändern oder zurücksetzen.

Die Definitionen in den Schnellformatvorlagen sind nicht starr. Sie können verändert werden. Je nach dem gewählten Formatvorlagensatz ändern sich die Schnellformatvorlagen. Sie entscheiden, ob Ihr Text ein ausgefallenes, ein elegantes, ein klassisches (Vorlagensatz **Standard**) oder ein traditionelles Aussehen erhalten soll. Dabei wird nicht einfach die Schrift in den Vorlagen verändert, auch Randeinstellungen und anderes passt sich in den Vorlagen an.

Diese Formatvorlagensätze stehen zur Verfügung.

Aufgabe 85

▶ Öffnen Sie ein leeres Dokument.
Schreiben Sie auf die oberste Schreibzeile den Text: «Dies ist der Titel». Fügen Sie eine Absatzmarke ein.

Direktformatierung

Auch wenn Sie Formatvorlagen bewusst einsetzen, so haben Sie immer noch die Möglichkeit, sogenannte Direktformatierungen einzufügen. Einen Absatz, der also beispielsweise mit der Formatvorlage **Standard** gesetzt ist, können Sie so ändern, dass die Schrift kursiv gesetzt wird. Damit nehmen Sie eine Direktformatierung vor.

▶ Fügen Sie zwei Absätze Blindtext ein **=rand(2)**.
Welche Formatvorlage haben die drei Absätze Ihres Textes?

▶ Überprüfen Sie, wie sich der Titel verändert, wenn Sie ihm Formatvorlagen von **Überschrift 1** bis **Überschrift 9** sowie die Formatvorlage **Titel** zuordnen.

▶ Weisen Sie den beiden Absätzen, die noch mit der Formatvorlage **Standard** definiert sind, die Formatvorlage **Kein Leerraum** zu. Damit sollten die Leerzeilen im Text verschwinden.

▶ Fügen Sie nun eine sogenannte Direktformatierung ein, indem Sie eine blaue Schriftfarbe wählen.

▶ Öffnen Sie **Formatvorlagen ändern**. Beobachten Sie, wie Sie durch Wahl von Vorlagensätzen, Farbkatalogen und Schriftkatalogen das Aussehen des Schriftstücks verändern können.

Register	Start
Gruppe	Formatvorlagen
Befehl	Startprogramm für das Dialogfeld

Dialogfeld **Formatvorlagen** öffnen

214

8.2.3 Mit Formatvorlagen arbeiten

Die verschiedenen Formatvorlagentypen

Formatvorlagentyp	Anwendungsbeispiele
Zeichenformatvorlagen	In Zeichenformatvorlagen können Sie z. B. einzelne Zeichen, die Schriftart oder den Schriftschnitt definieren.
Absatzformatvorlagen	In Absatzformatvorlagen können Sie z. B. Absatzabstände, Rahmen, Schattierungen oder Tabstopps bestimmen.
Verknüpft (Zeichen und Absatz)	Kombiniert eine Zeichen- mit einer Absatzformatierung.
Listenformatvorlagen	In Listenformaten können Sie Nummerierungen, Aufzählungen usw. definieren.
Tabellenformatvorlagen	Formatieren von Tabellen.

Formatvorlagentypen werden jedoch sehr oft verknüpft, sodass in Formatvorlagen Absatz- und Zeichenformate definiert sind.

Den Formatvorlagentyp erkennt man an den Symbolen, welche in verschiedenen Zusammenhängen angezeigt werden. Das Zeichen ¶ steht für Absatzformate, der Buchstabe a für Zeichenformate (siehe nebenstehendes Dialogfeld). Beide Zeichen stehen für verknüpfte Vorlagen.

Inhalt einer Formatvorlage anzeigen

Öffnen Sie das Fenster für die Formatvorlagen. Wenn Sie nun auf eine Formatvorlage zeigen, erhalten Sie eine Box mit sämtlichen Eintragungen zu dieser Formatvorlage. Im Folgenden ist der Auszug aus der Formatvorlage Überschrift 2 abgebildet. Können Sie den Inhalt interpretieren?

```
Überschrift 1:
Schriftart
      SCHRIFTART (Standard) +Überschriften (Calibri Light), 16 Pt., Schriftfarbe: Akzent 1
Absatz
      ABSTAND
      Vor:  12 Pt.
      Nach:  0 Pt.
      ZEILEN- UND SEITENUMBRUCH Nicht vom nächsten Absatz trennen, Diesen Absatz zusammenhalten
      Gliederungsebene:  Ebene 1
Formatvorlage
      Formatvorlage Verknüpft, Im Formatvorlagenkatalog anzeigen, Priorität: 10
Basierend auf: Standard
Nächste Formatvorlage: Standard
```

Anzeigen einer Formatvorlage

Anzeige der Formatvorlagen im Fenster **Formatvorlagen**. Zeichen-, Absatz- und verknüpfte Vorlagen werden angezeigt. Bei Klick auf **Vorschau anzeigen** werden Schriftart und Schriftgrösse bildlich dargestellt.

Register	**Start**
Gruppe	**Formatvorlagen**
Befehl	Startprogramm für das Dialogfeld

Dialogfeld **Formatvorlagen** öffnen

Eine Formatvorlage ändern

Sie sind nicht darauf angewiesen, Formatvorlagen von Microsoft mit deren Eintragungen zu übernehmen. Sie können die Vorlagen Ihren Wünschen anpassen, und Sie können auch eigene Vorlagen erstellen.

Angenommen, Sie möchten für die Vorlage **Überschrift 1** andere Werte definieren, so klicken Sie mit der rechten Maustaste auf die Vorlage und wählen **Ändern**.

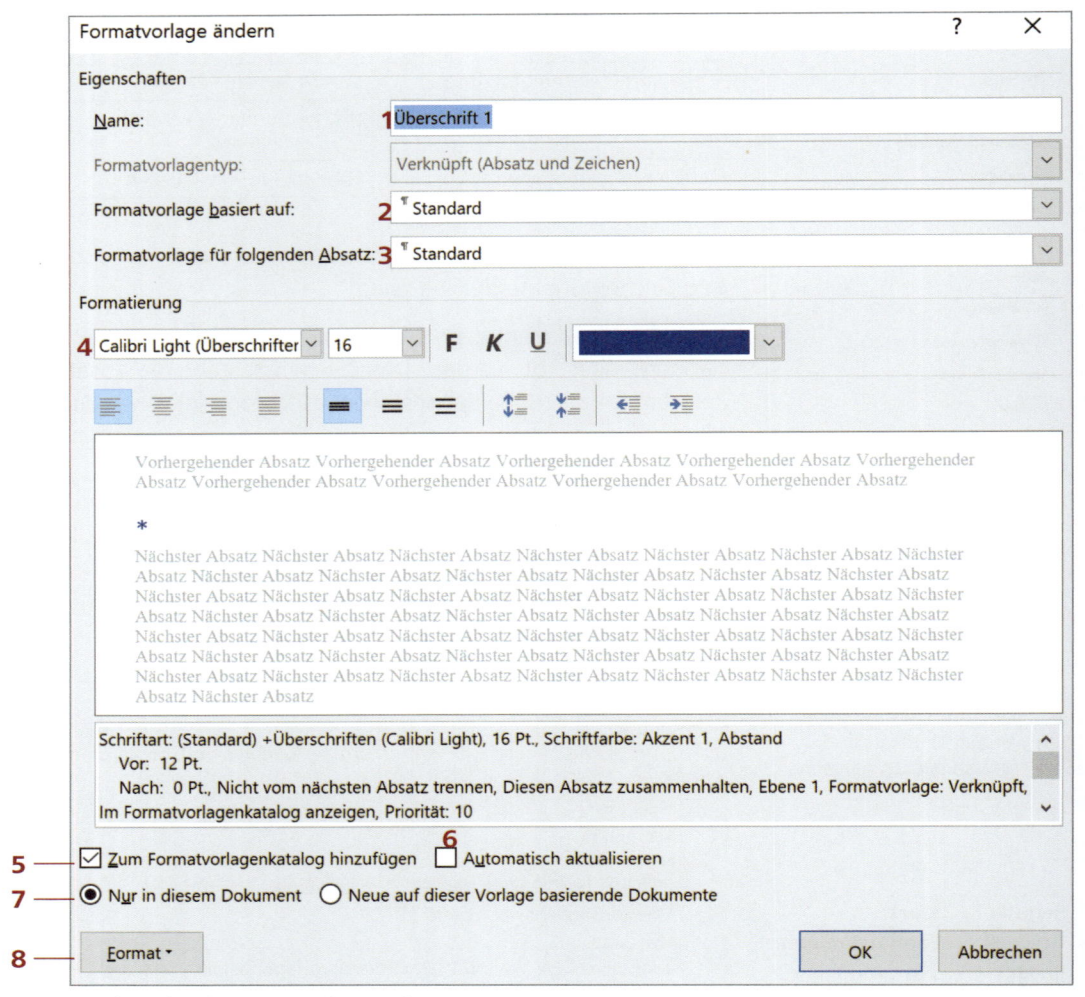

Eine bestehende Formatvorlage ändern

1 Name der Formatvorlage.

2 Jede Formatvorlage basiert auf einer bereits vorhandenen Vorlage. Überschrift 1 basiert also auf der Vorlage **Standard**.

3 Nach einer Überschrift 1 (Titel) folgt in der Regel Fliesstext (Standard). Sie können bestimmen, welche Vorlage für den folgenden Absatz aktiviert ist.

4 Einstellung der wichtigsten Formatvorgaben und Vorschau.

5 Sie bestimmen, ob die Vorlage in den Schnellformatvorlagen erscheinen soll.

6 Wenn Sie hier ein Häkchen setzen, werden bei einer Direktformatierung alle Elemente mit dieser Formatvorlage angepasst.

7 Sie bestimmen, ob diese Änderung nur im aktiven Dokument gelten soll oder in jedem auf dieser Vorlage basierenden Dokument. Wenn Sie also beispielsweise wünschen, dass Überschrift 1 in jedem neuen Dokument den in diesem Menü definierten Werten entsprechen soll, muss sie in der Normal.dotx (dotm) entsprechend geändert werden. Dann aktivieren Sie den Punkt rechts.

8 Hier können Sie viele weitere Formateinstellungen, die für Überschrift 1 gelten sollen, definieren.

Formatvorlagen

Eine Formatvorlage hinzufügen

Register	Start
Gruppe	Formatvorlagen
Befehl	Startprogramm für das Dialogfeld
Befehl	A₊ Neue Formatvorlage

Eine neue Formatvorlage erstellen

Wenn Sie in Word ein Format definiert haben, können Sie dieses Format in einer Formatvorlage speichern. Das Dialogfeld entspricht weitgehend dem Dialogfeld zum Ändern von Formatvorlagen. Word schlägt als Name «Formatvorlagen» vor. Geben Sie der Formatvorlage einen aussagekräftigen Namen.

Formatinspektor

Wenn Sie die Formatvorlagen in einem Dokument geändert haben, diese jedoch nicht erwartungsgemäss aktualisiert werden, klicken Sie auf das Startprogramm für das Dialogfeld **Formatvorlagen** und dann auf **Formatinspektor**. Nun können Sie herausfinden, ob der Text manuell statt mithilfe von Formatvorlagen formatiert wurde, und entsprechende Änderungen anbringen.

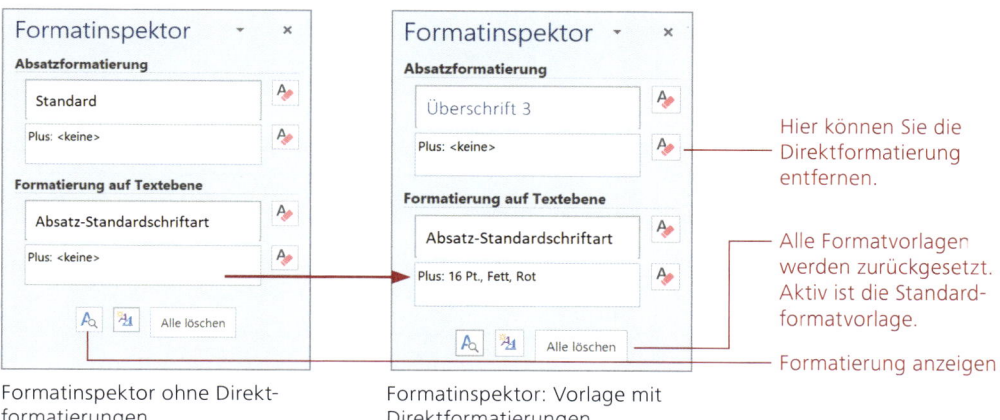

Register	Start
Gruppe	Formatvorlagen
Befehl	Startprogramm für das Dialogfeld
Befehl	A Formatinspektor

Formatinspektor starten

Formatinspektor ohne Direktformatierungen

Formatinspektor: Vorlage mit Direktformatierungen

Hier können Sie die Direktformatierung entfernen.

Alle Formatvorlagen werden zurückgesetzt. Aktiv ist die Standardformatvorlage.

Formatierung anzeigen

Mehrseitige Schriftstücke und Projektarbeiten erstellen und gestalten

Register	**Start**
Gruppe	**Formatvorlagen**
Befehl	**Startprogramm für das Dialogfeld**
Befehl	**A✓**
	Formatvorlagen verwalten

Formatvorlagen verwalten

Formatvorlagen verwalten

Word besitzt leistungsfähige Werkzeuge, um Formatvorlagen zu verwalten. In der Registerkarte **Bearbeiten** finden Sie alle vorhandenen Formatvorlagen, die von Microsoft definiert wurden oder die Sie selber definiert haben. Sie können bestimmen, welche Vorlagen im Dialogfeld **Formatvorlagen** angezeigt werden. Standardwerte können Sie auch hier im entsprechenden Register aktivieren.

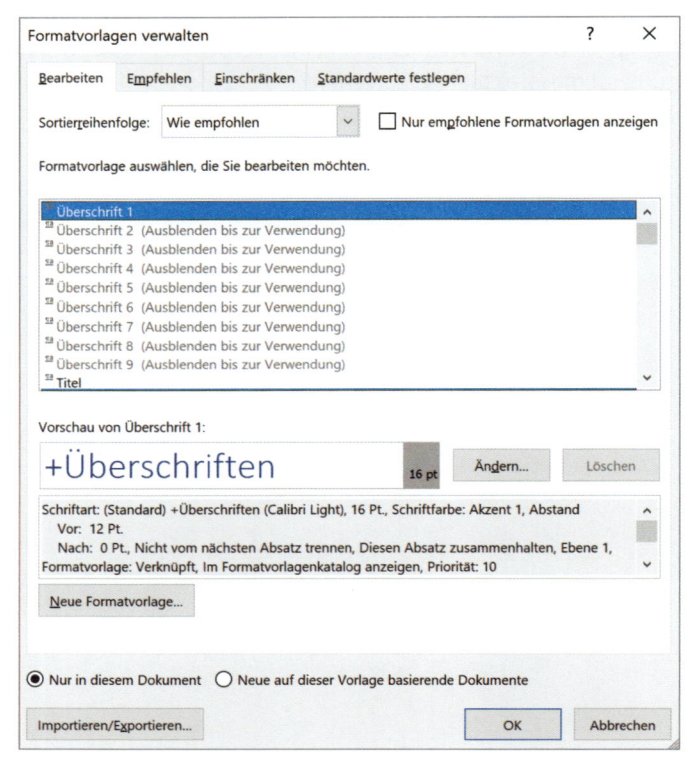

Formatvorlagen verwalten

Anzeige der Formatvorlagen in der Entwurfs- und Gliederungsansicht

Register	**Datei**
Befehl	**Optionen**
Befehl	**Erweitert**
Titel	**Anzeigen**

Breite der Formatvorlagenanzeige einstellen

Bei jedem Absatz wird die zugewiesene Formatvorlage angezeigt, vorausgesetzt, dass die Breite der Formatanzeige definiert wurde (siehe nebenstehender Befehl). **Achtung:** Die Anzeige erfolgt nur in der Entwurfs- und in der Gliederungsansicht.

218

Aufgabe 86

▶ Erstellen Sie den folgenden Text und verwenden Sie die am Rand angegebenen Formatvorlagen. Das Aussehen des Textes sollte (mit Ausnahme des Zeilenumbruchs) möglichst der Vorlage entsprechen. Sie müssen die Standardvorlagen anpassen.

Überschrift 1	**COMPUTERVIREN¶**
Standard	Computerviren·sind·sich·selbstständig·vermehrende·Computerprogramme.··Sie·nisten·sich·in·andere· Computerprogramme·ein·¶
Überschrift 2	**COMPUTERVIRENTYPEN¶**
Standard	Die·häufigsten·Formen·sind:¶
Aufzählung	• → Bootviren¶
Aufzählung	• → Dateiviren¶
Aufzählung	• → Makroviren¶
Aufzählung	• → Skriptviren¶
Überschrift 2	**TROJANER¶**
Standard	Sie·richten·eine·Hintertür·auf·dem·System·ein.··Dadurch·erhalten·Unberechtigte·Zugriff·auf·einen·Rechner.··¶
Überschrift 2	**VERBREITUNG¶**
Standard	Die·meisten·Viren·werden·heute·über·das·Internet·verbreitet.·Vor·allem·sind·es·die·Attachements,·welche· häufig·mit·Viren·verseucht·sind.¶
Überschrift 2	**SCHUTZ¶**
Standard	Ein·100-prozentiger·Virenschutz·jedoch·ist·leider·nicht·möglich.·Folgende·Schutzmassnahmen·helfen·aber,· einen·Virenbefall·des·Systems·zu·verhindern.··¶
Aufzählung	• → **Virenscanner** ↵ prüfen·alle·Dateien·des·Systems·oder·einzelne·Dateien.·Viele·Infektionen·können·aber·auch·durch·einen· Virenscanner·nicht·verhindert·werden.¶
Aufzählung	• → **Firewalls** ↵ schützen·von·einem·Angriff·von·aussen.¶
Aufzählung	• → **Rechtetrennung**·durch·das·Betriebssystem ↵ Durch·eine·sinnvolle·Vergabe·von·Zugriffsrechten·werden·Infektionen·deutlich·erschwert.·Beispielsweise· sollten·Windows-Benutzer·nicht·ständig·mit·Administratorenrechten·arbeiten.·In·diesem·Zustand·sind·viele· Sicherheitsfunktionen·ausser·Betrieb.¶

Markieren	Absatz mit Überschrift 1
Register	**Start**
Gruppe	**Formatvorlagen**
Befehl	Rechter Mausklick (Kontextmenü) auf Formatvorlage Überschrift 1
Wählen	Überschrift 1 aktualisieren, um der Auswahl zu entsprechen
Eine Auswahl mit Direktformatierungen der Formatvorlage zuweisen	

▶ Wählen Sie den Formatvorlagensatz **Schattiert**.

▶ Wählen Sie als Farbvorlage **Rot**.

▶ Ändern Sie die Schriftgrösse der Überschrift 1 auf 22 pt. Markieren Sie die Überschrift 1 und aktualisieren Sie die Formatvorlage für Überschrift 1 aufgrund der Markierung (rechte Maustaste auf Schnellformatvorlage und dann Überschrift aktualisieren). Damit ändern Sie die Formatvorlage nach einer Direktformatierung.

Mehrseitige Schriftstücke und Projektarbeiten erstellen und gestalten

8.3 Beispiele für mehrseitige Schriftstücke

Wir erläutern anhand der folgenden Beispiele das Erstellen von mehrseitigen Schriftstücken.

8.3.1 Info-Broschüre

Das folgende Bild zeigt eine Info-Broschüre des Berufsbildungszentrums Weiterbildung des Kantons Luzern. In der Druckvorschau sehen Sie das ganze Dokument. Es umfasst insgesamt fünf Seiten, nämlich ein Deckblatt, ein Inhaltsverzeichnis und drei Textseiten.

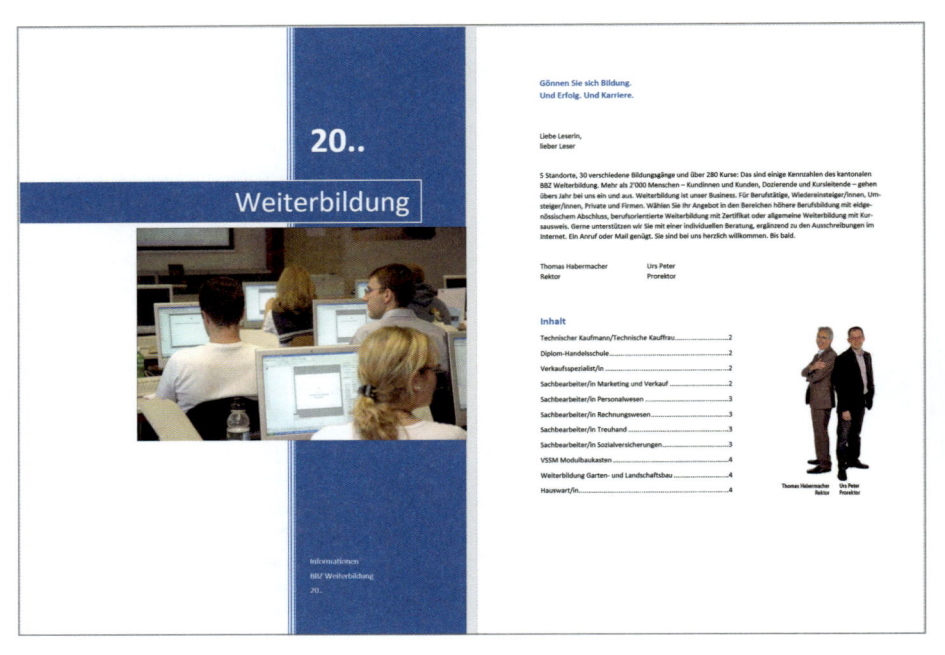

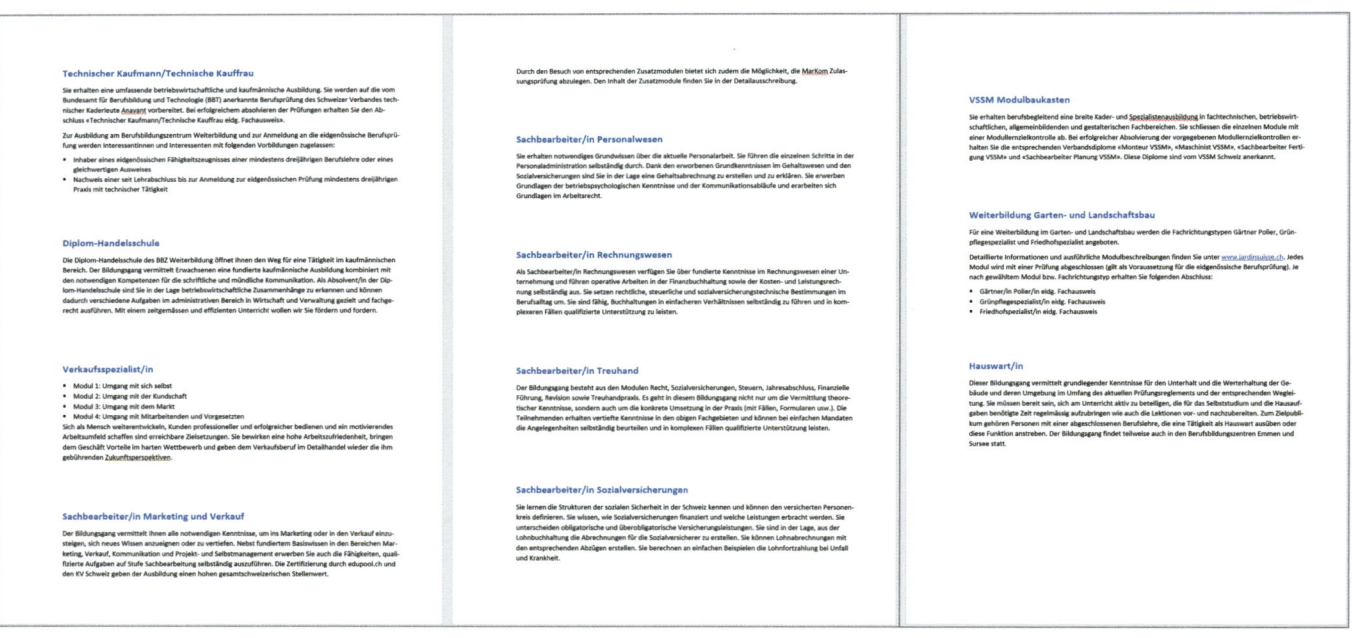

Beispiele für mehrseitige Schriftstücke

Beachten Sie:

- Das Titelblatt (Deckblatt) ist einspaltig und stammt aus einer Deckblattvorlage von Word. Die Titelseite enthält keine Seitenzahl.
- Das Inhaltsverzeichnis steht auf Seite 2, auf der auch die Seitennummerierung beginnt.

Aufgabe 87

Öffnen Sie die Aufgabe 87 und gestalten Sie die Broschüre gemäss den Anweisungen der nächsten Seiten.
Ändern Sie zuerst die folgenden Einstellungen:

Seitenlayout

Seitenränder	Oben: 2,5 cm	Unten: 2,0 cm
	Links: 3,0 cm	Rechts: 2,0 cm
Orientierung	Hochformat	
Layout	Kopf- und Fusszeilen: Abstand vom Seitenrand je 1,25 cm	

Formatvorlagen

Standard	Wählen Sie die Schriftart Calibri.
Überschrift 1	Wählen Sie ebenfalls die Schriftart Calibri.

Seite 1: Deckblatt

Register	**Einfügen**
Gruppe	Seiten
Befehl	Deckblatt
Befehl	Integriert

Deckblatt einfügen

Word verfügt über einen Katalog von **Deckblattvorlagen**. Fügen Sie nun das Deckblatt «Bewegung» gemäss Vorlage ein. Deckblätter lassen sich anpassen. Sie können auch eigene Deckblätter entwerfen und dem Katalog hinzufügen oder Deckblätter entfernen. In dieser Aufgabe passen wir nun das Deckblatt unseren Bedürfnissen an:

Datum: Wählen Sie das aktuelle Jahr.
Schrift: Calibri 48 pt und fett

Schrift: Calibri 40 pt

Bild ändern: Schulzimmer.jpg

Farben anpassen

Titelseite

221

Seite 2: Inhaltsverzeichnis

Die Seite 2 ist für das Inhaltsverzeichnis reserviert. Die Eintragungen ins Inhaltsverzeichnis erfolgen aufgrund von Formatvorlagen. Den Formatvorlagen werden sogenannte **Gliederungsebenen** (Ebenen 1 bis 9) zugeordnet. Die Vorlagen **Überschrift 1** bis **Überschrift 9** erhalten automatisch die Ebenen 1 bis 9. Den meisten Standardvorlagen und auch eigenen Vorlagen kann eine Ebene zugeordnet werden. Bei gewissen Vorlagen ist dies nicht möglich. Die unterste Ebene (Fliesstext) erhält die Bezeichnung **Textkörper**. Sie wird nicht ins Inhaltsverzeichnis aufgenommen.

▶ Fügen Sie vor der Überschrift «Technischer Kaufmann/Technische Kauffrau» einen manuellen Seitenumbruch ein.

▶ Erfassen Sie eine Fusszeile mit den aktuellen Seitenzahlen. Formatieren Sie die Seitenzahlen gemäss Vorlage.

▶ Nun fügen Sie auf der zweiten Seite das Inhaltsverzeichnis ein. Je nach Vorlage müssen Sie evtl. den Rechtstabulator für die Seitenzahlen der Vorlage entsprechend anpassen, damit die Grafik «Schulführung.jpg» daneben platziert werden kann.

▶ Wählen Sie bei der Grafik den Zeilenumbruch vor dem Text.

Register	**Referenzen**
Gruppe	**Inhaltsverzeichnis**
Befehl	**Benutzerdefiniertes Inhaltsverzeichnis…**

Inhaltsverzeichnis einfügen

Grafik einfügen: Schulführung.jpg

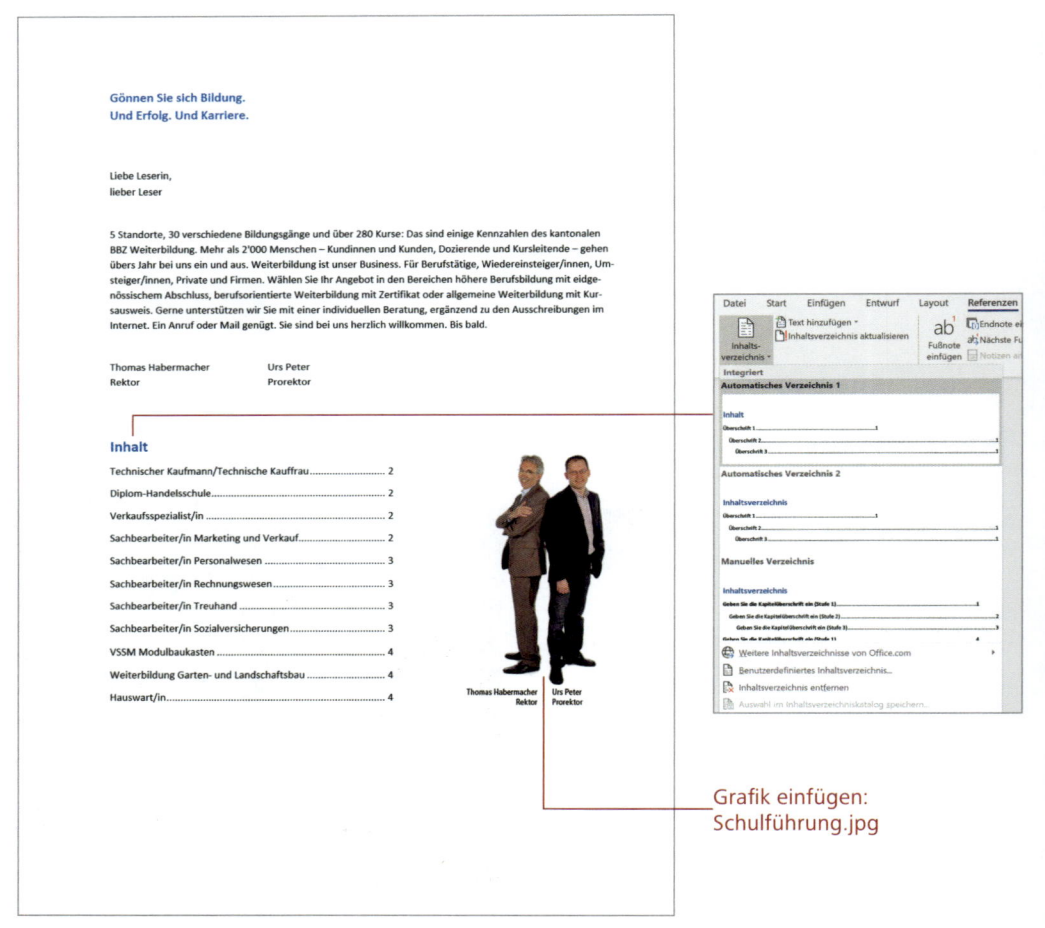

Seite 2

Passen Sie nun die restlichen 3 Seiten entsprechend der Vorlage an.

Seiten 3–5

8.3.2 Jahresbericht

Das folgende Bild zeigt einen Jahresbericht der BIO-SUISSE. Das ganze Dokument umfasst insgesamt sieben Seiten, nämlich ein Deckblatt, ein Leerblatt (Seite 2), ein Inhaltsverzeichnis und vier Textseiten.

Das zweite Beispiel ist etwas komplexer. Beachten Sie Folgendes:

- Das Titelblatt (Deckblatt) ist einspaltig und stammt aus einer Deckblattvorlage von Word. Links unten befindet sich das Impressum.

- Das Inhaltsverzeichnis steht auf Seite 3. Die Seite 2 ist eine Leerseite (Fachausdruck Vakatseite). Auf solchen Seiten werden weder Kopf- noch Fusszeilen noch Seitennummern gedruckt. Die Seite wird jedoch bei der Seitennummerierung mitgezählt. Die Vakatseite ist notwendig, damit das Inhaltsverzeichnis auf einer rechten (ungeraden) Seite steht.

- Die Seite 4 hat eine andere Gestaltung als die folgenden Seiten, weil hier in einer Marginalspalte (Randspalte) das Editorial (Vorwort, Leitartikel) der Präsidentin steht. Arbeiten Sie deshalb hier mit Abschnittsumbrüchen.

- Die Seiten 5–7 sind gleichartig, d.h. zweispaltig gestaltet.

- Das Schriftstück ist für einen zweiseitigen Druck gestaltet. Kopf- und Fusszeilen sind auf geraden und ungeraden Seiten unterschiedlich.

Beispiele für mehrseitige Schriftstücke

Aufgabe 88 Öffnen Sie die Aufgabe 88 und gestalten Sie den Jahresbericht der BIO SUISSE gemäss den Anweisungen (siehe nächste Seiten).

▶ Ändern Sie zuerst die folgenden Einstellungen im Register **Layout > Seite einrichten**.

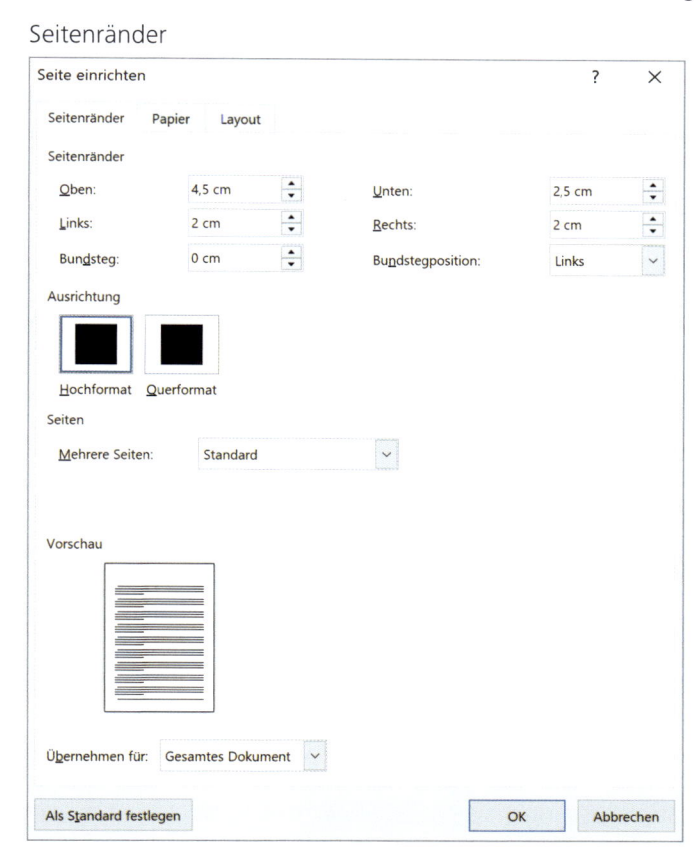

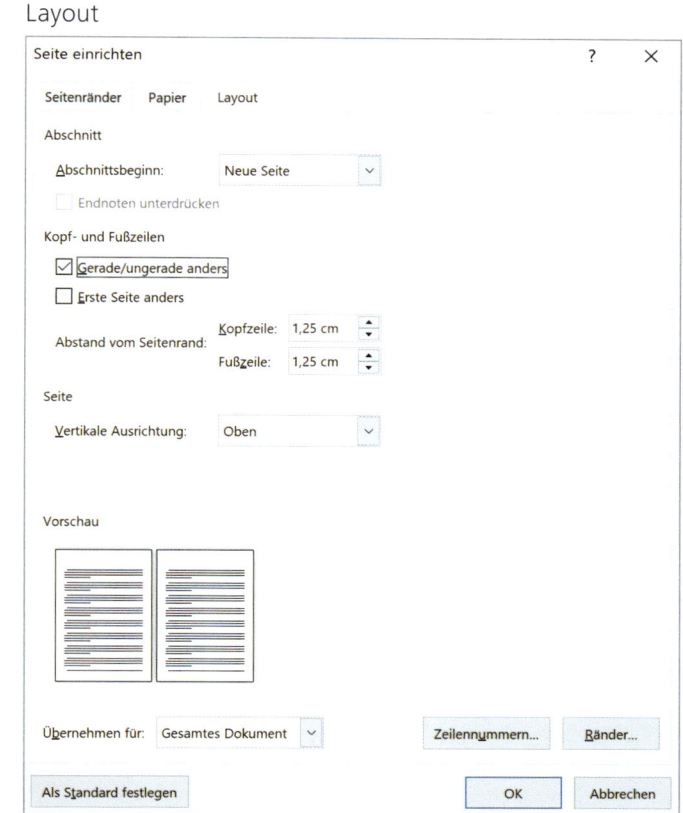

Seitenränder

Layout

▶ Ändern Sie die beiden Formatvorlagen wie folgt:
  Standard Wählen Sie die Schriftart Calibri 9 pt, Ausrichtung: Blocksatz
     Abstand vor und nach 0 pt, Zeilenabstand: Mehrfach 1,1
  Überschrift 1 Wählen Sie die Schriftart Calibri 15 pt, Schriftfarbe Grün, Akzent 6
     Ausrichtung: Links
     Abstand vor: 0 pt und nach: 3 pt, Zeilenabstand: Einfach

▶ Erstellen Sie eine neue Formatvorlage:
  Übertitel Basierend auf Standard
     Schriftart Calibri 12 pt, Schriftfarbe Grün, Akzent 6, dunkler 50 %,
     Ausrichtung: Links
     Abstand vor: 0 pt und nach: 3 pt, Zeilenabstand: Einfach

▶ Weisen Sie nun dem rot markierten Text die Formatvorlage **Übertitel** zu.

Nun haben Sie wichtige Vorbereitungsarbeiten getroffen. Jetzt gehen Sie Seite für Seite noch die Details durch.

Mehrseitige Schriftstücke und Projektarbeiten erstellen und gestalten

Register	**Einfügen**
Gruppe	Seiten
Befehl	Deckblatt
Befehl	Integriert

Deckblatt einfügen

Seite 1: Deckblatt

Word verfügt über einen Katalog aus Deckblattvorlagen im Register **Einfügen**. Das unten stehende Deckblatt stammt aus diesem Katalog und heisst «Filigran». Deckblätter lassen sich anpassen. Sie können auch eigene Deckblätter entwerfen und dem Katalog hinzufügen oder Deckblätter entfernen.

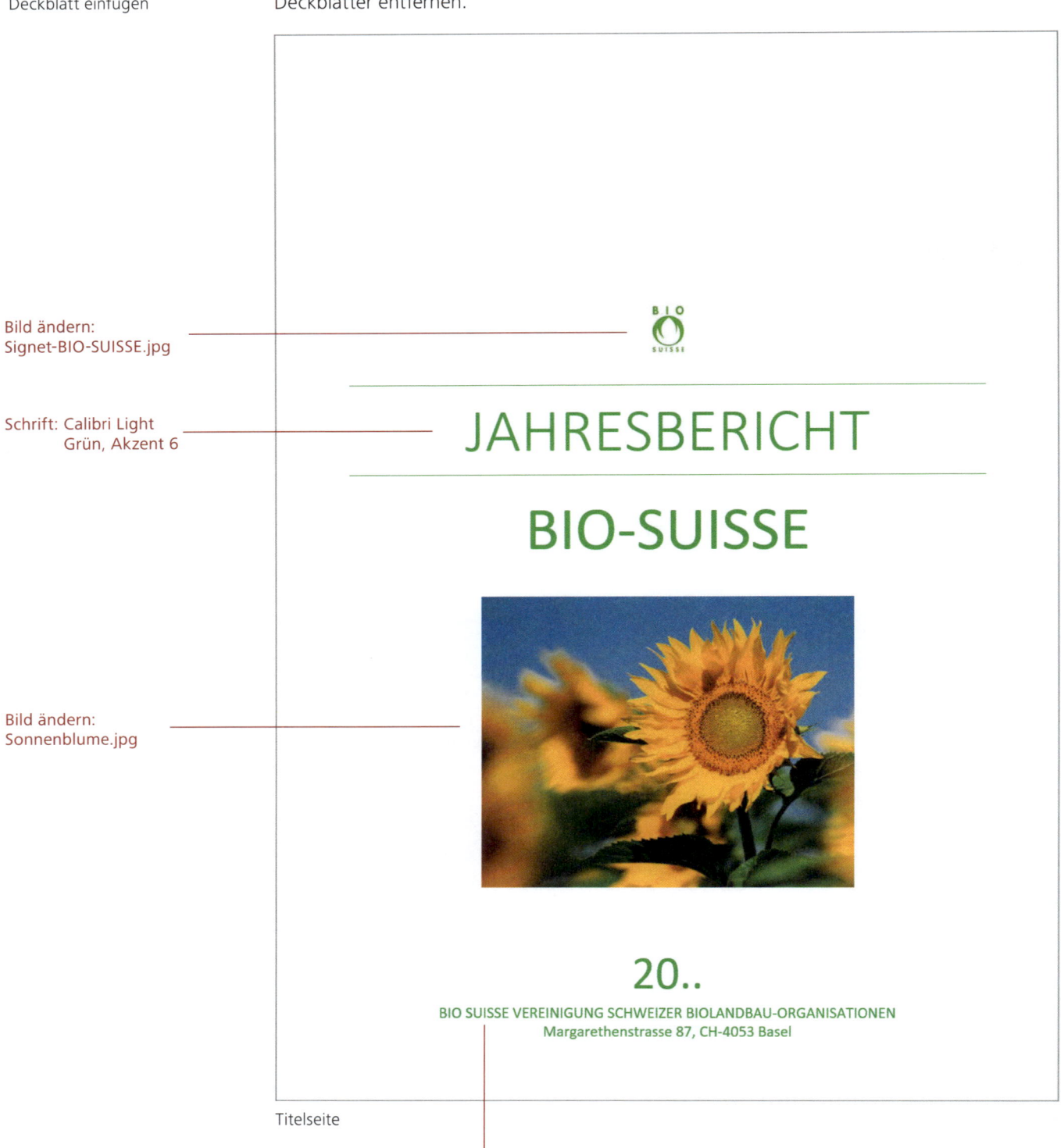

Bild ändern:
Signet-BIO-SUISSE.jpg

Schrift: Calibri Light
Grün, Akzent 6

JAHRESBERICHT

BIO-SUISSE

Bild ändern:
Sonnenblume.jpg

20..

BIO SUISSE VEREINIGUNG SCHWEIZER BIOLANDBAU-ORGANISATIONEN
Margarethenstrasse 87, CH-4053 Basel

Titelseite

Ergänzen Sie das Datum, die Firma sowie die Adresse gemäss Vorlage.

Seite 2 und Seite 3: Vakatseite und Inhaltsverzeichnis

Fügen Sie zuerst einen manuellen Seitenumbruch ein für die Leerseite (Vakatseite). Vor dem Übertitel «Bio-Markt Schweiz» richten Sie einen manuellen Abschnittsumbruch/Nächste Seite ein. Das ist wichtig, weil die Seitenränder von hier an unterschiedlich sind und ab der Seite 4 mit Kopf- und Fusszeilen gearbeitet wird.

Abschnittsformatierungen

Register	**Layout**
Gruppe	**Seite einrichten**
Befehl	**Umbrüche**
Auswahl	**Abschnittsumbrüche**

Einfügen einer Abschnittsformatierung

Einen Abschnittsumbruch fügen Sie immer dann ein, wenn sich das Seitenformat auf der nächsten Seite ändern soll. Dies betrifft alle Elemente des **Seitenformats**, also die Ränder, die Kopfzeilen, die Seitennummerierungen, die Anzahl Spalten usw.

Abschnittsformatierungen benötigen Sie auch, um gewisse Layouts auf der gleichen Seite zu verändern. Beispielsweise können Sie auf der gleichen Seite Text einspaltig und zweispaltig setzen. Dazu fügen Sie einen **Abschnittsumbruch fortlaufend** ein.

Die Seite 3 ist für das Inhaltsverzeichnis reserviert. Die Eintragungen ins Inhaltsverzeichnis erfolgen aufgrund von Formatvorlagen. Den Formatvorlagen werden sogenannte Gliederungsebenen (Ebenen 1 bis 9) zugeordnet. Die Vorlagen Überschrift 1 bis Überschrift 9 erhalten automatisch die Ebenen 1 bis 9. Den meisten Standardvorlagen und auch eigenen Vorlagen kann eine Ebene zugeordnet werden. Bei gewissen Vorlagen ist dies nicht möglich. Die unterste Ebene (Fliesstext) erhält die Bezeichnung Textkörper. Sie wird nicht ins Inhaltsverzeichnis aufgenommen.

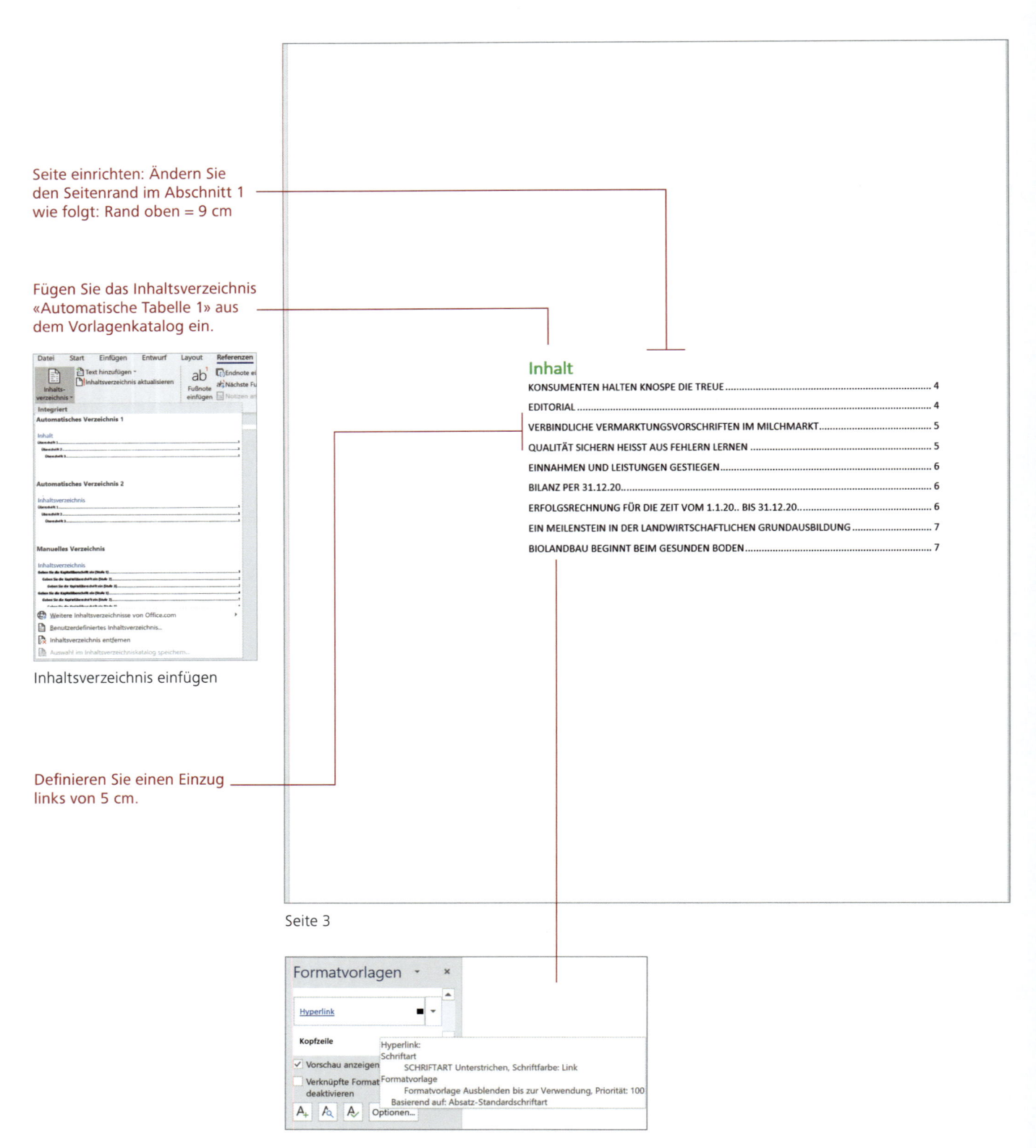

Mehrseitige Schriftstücke und Projektarbeiten erstellen und gestalten

Seite einrichten: Ändern Sie den Seitenrand im Abschnitt 1 wie folgt: Rand oben = 9 cm

Fügen Sie das Inhaltsverzeichnis «Automatische Tabelle 1» aus dem Vorlagenkatalog ein.

Inhaltsverzeichnis einfügen

Inhalt

KONSUMENTEN HALTEN KNOSPE DIE TREUE 4
EDITORIAL 4
VERBINDLICHE VERMARKTUNGSVORSCHRIFTEN IM MILCHMARKT 5
QUALITÄT SICHERN HEISST AUS FEHLERN LERNEN 5
EINNAHMEN UND LEISTUNGEN GESTIEGEN 6
BILANZ PER 31.12.20 6
ERFOLGSRECHNUNG FÜR DIE ZEIT VOM 1.1.20.. BIS 31.12.20 6
EIN MEILENSTEIN IN DER LANDWIRTSCHAFTLICHEN GRUNDAUSBILDUNG 7
BIOLANDBAU BEGINNT BEIM GESUNDEN BODEN 7

Definieren Sie einen Einzug links von 5 cm.

Seite 3

Formatvorlage **Hyperlink**, eine Formatvorlage, welche in Word bereits definiert ist, aber verändert werden kann. Word kennt für Inhaltsverzeichnisse auch die Vorlagen **Verzeichnis 1** bis **Verzeichnis 9**. Inhaltsverzeichnisse sind meist mit Hyperlinks versehen, sodass bei elektronischen Dokumenten (z. B. Word, PDF) direkt auf die entsprechende Seite verzweigt werden kann.

Beispiele für mehrseitige Schriftstücke

Register	**Referenzen**
Gruppe	**Inhalts-verzeichnis**
Befehl	**Benutzerdefi-niertes Inhalts-verzeichnis…**

Einfügen eines Inhaltsverzeichnisses

Einfügen eines Inhaltsverzeichnisses

Beim Einfügen eines Inhaltsverzeichnisses können Sie aus einem Vorlagenkatalog wählen oder in das Dialogfeld **Einfügen Inhaltsverzeichnis** wechseln. Hier finden Sie unter **Optionen** verschiedene gestalterische Möglichkeiten für Ihr Inhaltsverzeichnis.

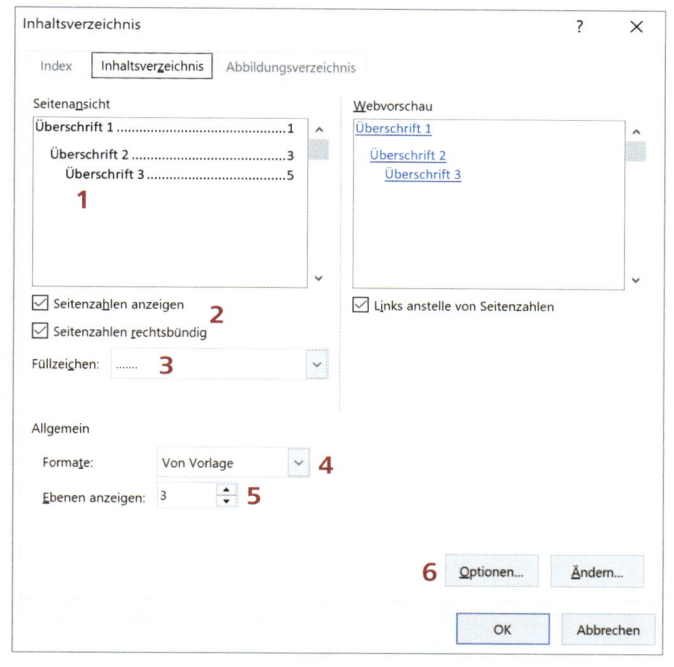

1. Anzeige des Layouts des Inhaltsverzeichnisses in einem Dokument. Die Anzeige verändert sich aufgrund der Formatwahl und der Wahl der Anzahl Ebenen (4 und 5).
2. Einstellung für die Darstellung der Seitenzahlen.
3. Sie können aus drei verschiedenen Füllzeichen auswählen oder auf Füllzeichen verzichten, was oft die beste Wahl ist.
4. Für die Gestaltung des Inhaltsverzeichnisses stehen verschiedene Vorlagen zur Verfügung. Das Inhaltsverzeichnis kann auch nach der Erstellung manuell umformatiert werden. 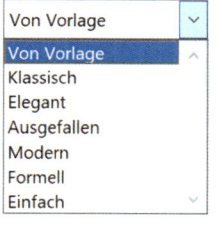
5. Sie bestimmen, wie viele Ebenen, die Sie in Formatvorlagen definiert haben, ins Inhaltsverzeichnis aufgenommen werden sollen.
6. In den Optionen können Sie eintragen, aus welchen Formatvorlagen das Inhaltsverzeichnis erstellt werden soll. Setzen Sie das entsprechende Häkchen, wenn Sie Verzeichniseintragsfelder definiert haben, also Text ohne entsprechende Formatvorlagen ins Inhaltsverzeichnis aufnehmen wollen.

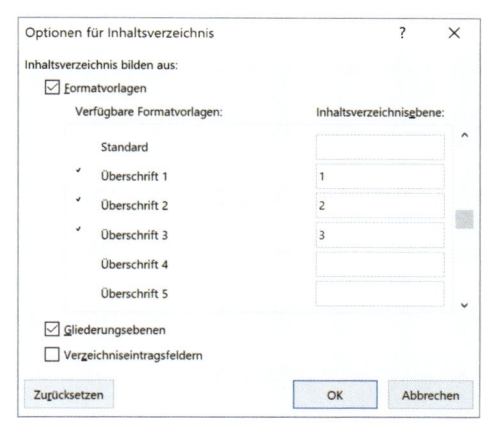

Mehrseitige Schriftstücke und Projektarbeiten erstellen und gestalten

Seite 4: Textseite

Bevor Sie auf dieser Seite mit dem Formatieren starten, fügen Sie am Ende des Editorials bzw. vor dem Übertitel «Produktmanagement» einen **Abschnittsumbruch Dialogfeld/Nächste Seite** ein, weil sich das Layout ab der Seite 5 ändert (zwei gleich breite Spalten). Nur so kann auf der nächsten Seite das Seitenformat angepasst werden.

Ergänzen Sie das Dokument mit den entsprechenden Kopf- und Fusszeilen.
Auf der Seite 4 wählen Sie das Layout **Spalten/Rechts**.

Register	**Layout**
Gruppe	**Seite einrichten**
Befehl	**Umbrüche**
Befehl	**Abschnitts-umbrüche/ Nächste Seite**

Abschnittsumbrüche einfügen

Register	**Layout**
Gruppe	**Seite einrichten**
Befehl	**Spalten**
Befehl	**Mehr Spalten…**

Spalten einfügen und definieren

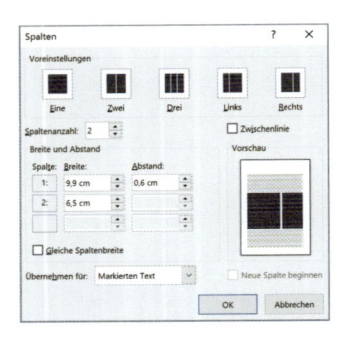

Das Dialogfeld **Spalten**

Das Editorial könnte man auch mit einem Textfeld erstellen. Die Breite eines solchen Textfeldes kann unterschiedlich ausfallen und einer zweckmässigen Seiteneinteilung angepasst werden. Einfacher ist jedoch die Gestaltung mit Spalten.

Grafik einfügen:
Bild_Regina_Fuhrer.bmp

Grafik mit dem Grafikwerkzeug von Word erstellt.

Seite 4

230

Seite 5: Textseite

Der Text ist zweispaltig gesetzt. Am Ende der ersten Spalte erfolgt ein Spaltenumbruch (**Ctrl+Shift+Enter**), damit der zweite Artikel in der zweiten Spalte beginnt.

Am Ende der zweiten Spalte erfolgt ein normaler Seitenumbruch, damit die nächste Seite das gleiche Seitenformat aufweist (**Ctrl+Enter**).

Register	**Layout**
Gruppe	Seite einrichten
Befehl	Spalten
Befehl	Mehr Spalten…

Dialogfeld **Spalten** starten

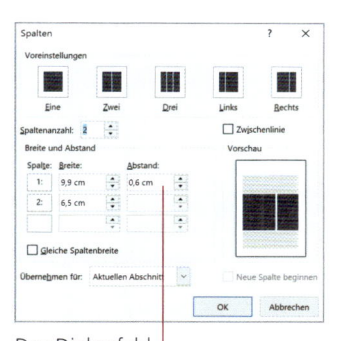

Das Dialogfeld **Spalten**

Seite 5

Der Spaltenabstand ist auf 0,6 cm festgelegt.

Produktmanagement
VERBINDLICHE VERMARKTUNGS-VORSCHRIFTEN IM MILCHMARKT

In Zeiten mit reichlicher Versorgung der Märkte verändert sich die Arbeit der Marktkoordination. Es steht nicht mehr die Beschaffung des Rohstoffes im Vordergrund, sondern die branchenweite Zusammenarbeit. Die Herausforderung für die Produktmanager besteht darin, jene Ansätze herauszuschälen, die allen Marktpartnern Vorteile bringen – um diese danach von einer gemeinsamen Lösung zu überzeugen.

Durch die von Bio Suisse in die Wege geleiteten Reorganisationen verschiedener Märkte werden getroffene Lösungen verbindlicher und verlässlicher. Die wichtigste Diskussion drehte sich um den Milchmarkt und hat zu einer Statutenrevision geführt, in deren Zuge der Zweckartikel ergänzt wurde. Dieser hält nun fest, dass Bio Suisse im Bereich der Vermarktung verbindliche Auflagen machen kann. Auf der Basis dieser klar definierten Kompetenz wurde die so genannte Pflichtmitgliedschaft eingeführt: Wer Milch in Verkehr bringt, muss sich einer anerkannten Biomilchorganisation anschliessen. Die Marktentscheide bleiben dabei Sache der Biomilchorganisationen.

Auch im Getreidebereich wurde die sich anbahnende Entsolidarisierung zwischen Inlandproduktion und Import mit einer verbindlicheren Regelung gestoppt: Das Verhältnis der beiden Provenienzen wird neu festgelegt – nicht von Bio Suisse, sondern von den Marktpartnern selbst. Eine sehr ähnliche Handhabung wurde auch im Bereich des Eier-Imports getroffen, wo die Branche gemeinsam und verbindlich für alle die Eckwerte des Marktes beschliesst.

«Verlässlichkeit schafft Vertrauen» gilt für das gesamte Produktmanagement. Denn Vertrauen schafft die Grundlage für Kooperationen und Synergien, die gemeinsam genutzt werden können. Das bringt allen nur Vorteile – vom Feld bis auf den Teller – und bürgt für Qualität, Vielfalt und Verfügbarkeit der Produkte sowie einen fairen Preis.

Qualitätssicherung
QUALITÄT SICHERN HEISST AUS FEHLERN LERNEN

Die Abteilung Qualitätssicherung hat auch 20.. viele Beanstandungen bearbeitet. Die Palette war breit. Sie reichte vom Vorwurf, dass Biogemüse wegen des Einsatzes von Mist gesundheitsschädlich sei, bis zu Reklamationen zu den E-Nummern in Knospe-Produkten. Einzelne Beschwerden betrafen die Arbeit von Bio Suisse: Für die einen waren die Kontrollen zu teuer, für andere zu wenig streng.

Der grösste Fall betraf die Topfkräuter. Die Untersuchung des Westschweizer Fernsehens mit fünf Rückstandsfunden in sechs Töpfen hat auch das Krisenmanagement von Bio Suisse auf die Probe gestellt. Dieses hat gut funktioniert. Nach der Akutbehandlung des Falles ging die Arbeit hinter den Kulissen weiter. Vom Substrat über die Schläuche für das Bewässerungswasser bis hin zur Stecketikette im Endprodukt wurde die ganze Kette auf mögliche Eintragswege von Rückständen überprüft. Bio Suisse hat dazu neben FiBL-Experten auch Vertreter der Branche einbezogen (Topfkräuterproduzenten, Substrathersteller, Grossverteiler, Zulieferanten). In der Folge hat Bio Suisse mit dem FiBL ein Projekt gestartet, um die Qualität bei der Substratherstellung zu überprüfen und die Lieferungen intensiver auf Rückstände zu analysieren. Weitere Vorgaben sollen Kontaminationen auf dem Weg vom Produzenten bis in die Verkaufsläden ausschliessen.

Spitzenreiter bei den Beanstandungen zu Knospe-Betrieben blieb die Tierhaltung. In sieben Meldungen wurde die korrekte Haltung auf Betrieben angezweifelt. Konsumentinnen und Spaziergänger sind in dieser Frage sehr sensibel. Die Kontrollstellen führten bei solchen Meldungen in der Regel eine unangemeldete Kontrolle durch. Beanstandungen sind für Bio Suisse ein gutes Instrument, um die Qualität der eigenen Arbeit zu prüfen. Wir sind allen Fällen sorgfältig nachgegangen und konnten in einigen Punkten Verbesserungen einführen.

Mehrseitige Schriftstücke und Projektarbeiten erstellen und gestalten

Seite 6: Textseite

Register	**Einfügen**
Gruppe	**Tabellen**
Befehl	**Tabelle**
Befehl	**Text in Tabelle umwandeln…**

Text in Tabelle umwandeln

Die Texte der Bilanz und der Erfolgsrechnung können Sie in je eine Tabelle mit zwei Spalten umwandeln. Markieren Sie die Texte und wählen Sie den Befehl **Text in Tabelle umwandeln**. Die Formatvorlagen ändern Sie auf dieser Seite nicht. Bilanz und Erfolgsrechnung werden in die Spalte 2 eingetragen, folglich ist am Ende der linken Spalte wieder ein Spaltenumbruch einzutragen.

Die Schrift der Tabelle für die Bilanz und die Erfolgsrechnung beträgt 8 pt. Für die Gestaltung der Tabelle wurde die Tabellenvorlage Listentabelle 2 – Akzent 6 gewählt. Die Tabelle ist zweispaltig. Die Beträge sind rechts und die Texte links ausgerichtet. Am Ende der Tabelle erfolgt ein normaler Seitenumbruch.

Seite 7: Textseite

Die letzte Seite bringt wenig Neues. In Spalte 2 wird ein Bild eingefügt. Der Text soll rechts vom Bild gesetzt sein. Deshalb ist als Textumbruch die Einstellung **Passend** zu wählen.

Seite 7

8.4 Weitere Elemente für Diplom-, Semester- oder Projektarbeiten

8.4.1 Inhaltsverzeichnis nummerieren

Bei wissenschaftlichen Arbeiten, Diplom-, Semester- oder Projektarbeiten hat sich bei der Gliederung des Inhaltsverzeichnisses die Zehnerteilung durchgesetzt.

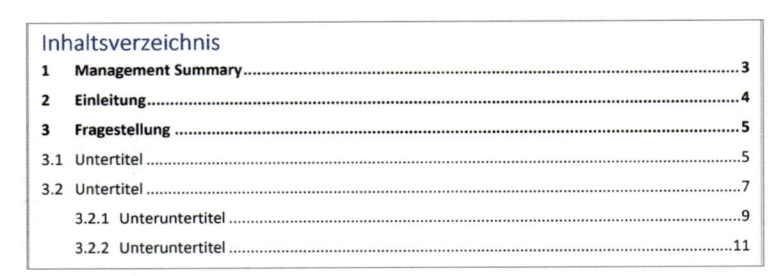

Inhaltsverzeichnis	
1 **Management Summary**	3
2 **Einleitung**	4
3 **Fragestellung**	5
3.1 Untertitel	5
3.2 Untertitel	7
3.2.1 Unteruntertitel	9
3.2.2 Unteruntertitel	11

Dazu werden in Word die Formatvorlagen Überschrift 1 bis Überschrift 9 mit Listenformatvorlagen verknüpft. Deshalb definieren Sie auf den Formatvorlagen Überschrift 1 bis Überschrift 9 keine Nummerierungen, sondern verknüpfen sie mit den Listenformatvorlagen. Dies machen Sie im Register **Start** wie folgt:

Register	**Start**
Gruppe	**Absatz**
Befehl	Liste mit mehreren Ebenen

Überschriften nummerieren

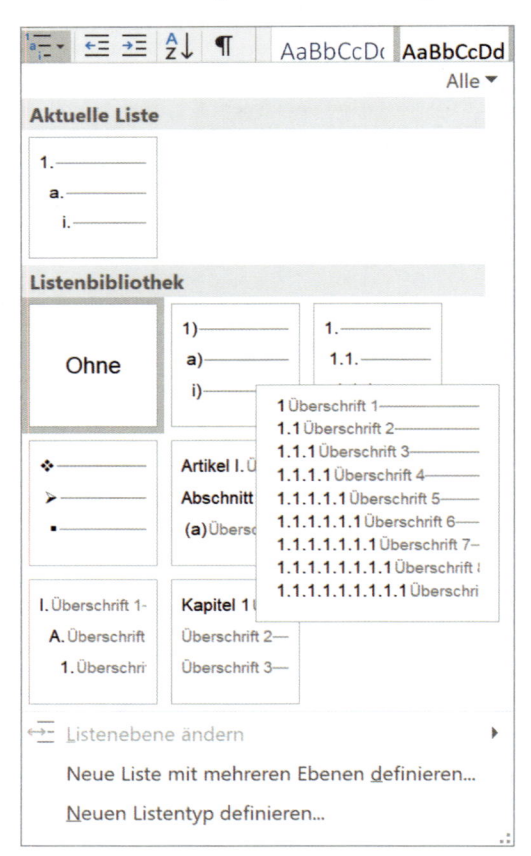

Befehl **Liste mit mehreren Ebenen definieren**

Sie können hier auch neue Listen mit mehreren Ebenen definieren oder bereits vorhandene Listen Ihren Wünschen und Bedürfnissen anpassen:

Dialogfeld **Liste mit mehreren Ebenen definieren**

8.4.2 Indexe und Verzeichnisse einfügen

Einen Index einfügen

Neben dem Inhaltsverzeichnis können Sie in Word auch einen Index einfügen. In einem Index sind die im Dokument behandelten Begriffe und Themen sowie die dazugehörigen Seitenzahlen aufgelistet. Zum Erstellen eines Indexes legen Sie die Indexeinträge durch Bereitstellen des Namens des Haupteintrags und des Querverweises im Dokument fest und erstellen dann den Index. Ein Indexeintrag kann für einzelne Wörter, Wortgruppen oder Symbole oder für Themen, die sich über mehrere Seiten erstrecken, erstellt werden. Zudem kann ein Indexeintrag Verweise enthalten wie beispielsweise «Festplatte, siehe Harddisk».
Die Technik für das Einfügen von Indexeinträgen finden Sie in der Hilfe von Word.

Einfügen von Fuss- und Endnoten

Fussnoten sind eine Layoutform, die vor allem in wissenschaftlichen Arbeiten verwendet wird. Es sind Anmerkungen am Seitenende. Hinter ein Wort oder einen Satzteil stellt man eine hochgestellte Zahl, die sogenannte Anmerkungsziffer. Die Zahl verweist auf eine Stelle am Seitenende, an welcher der Anmerkungstext steht. Bei einem Verweis auf Stellen am Ende eines Kapitels oder des gesamten Werkes spricht man von Endnoten.
Fussnoten werden mit einem sogenannten Fussnotenstrich vom übrigen Text abgesetzt.

Auswahl von Fuss- und Endnoten in der Registerkarte **Referenzen**. Mit Klick auf den Pfeil kann in das Dialogfeld **Fuss- und Endnoten** verzweigt werden, wo weitere Einstellungen vorgenommen werden können. Einträge können auch von Fussnoten in Endnoten umgewandelt werden und umgekehrt.

[1] «Regeln für das Computerschreiben» von M. McGarty, M. Sager, G. Thiriet, R. Turtschi
Beispiel einer Fussnote mit Fussnotenstrich

Mehrseitige Schriftstücke und Projektarbeiten erstellen und gestalten

Dialogfeld **Fuss- und Endnote** starten

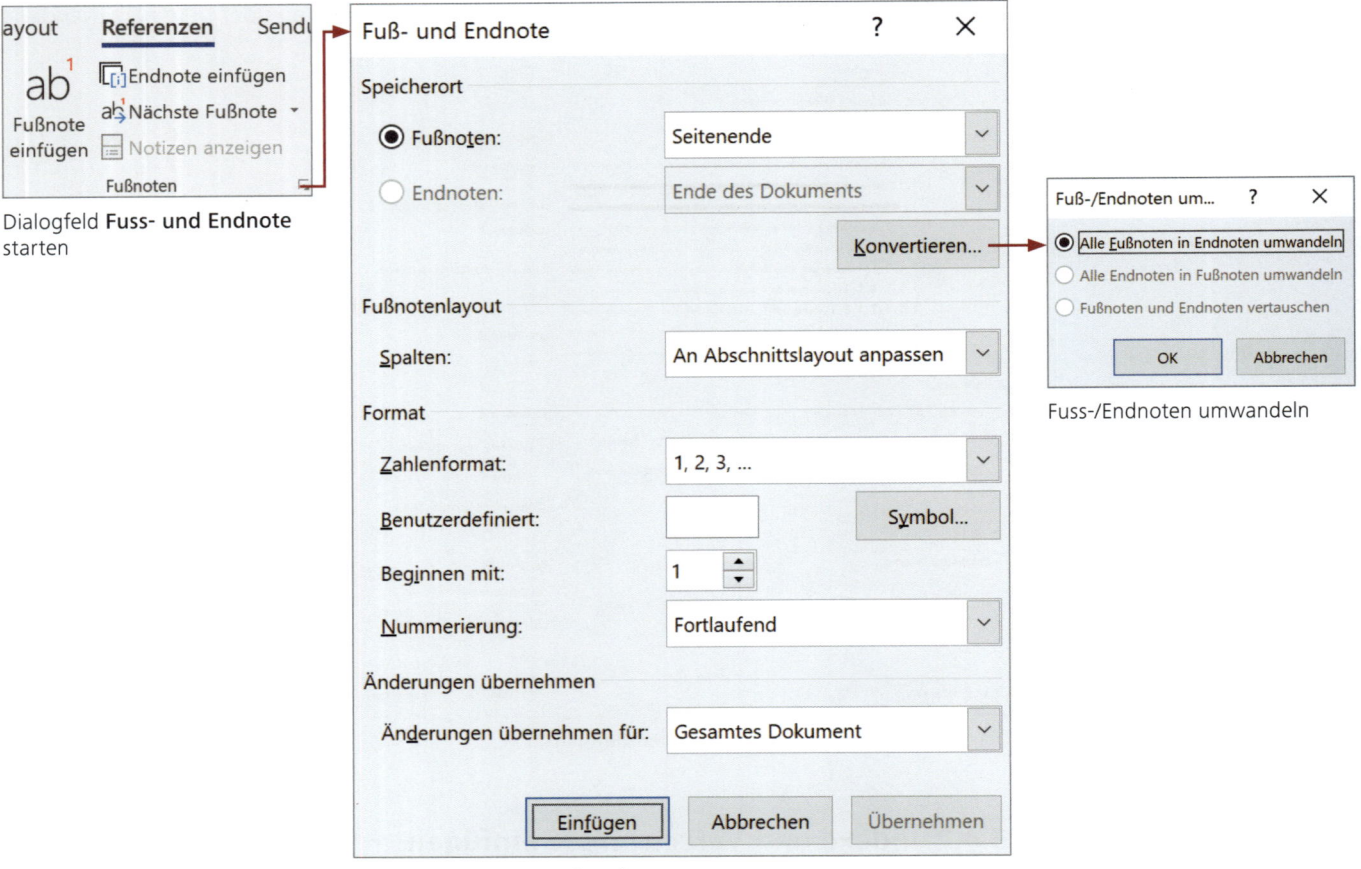

Einstellungen **Fuss- und Endnoten**

Fuss-/Endnoten umwandeln

Zitate und Literaturverzeichnis

Ein Literaturverzeichnis ist eine am Ende eines Dokuments aufgeführte Liste, in der alle Quellen enthalten sind, die beim Erstellen des Dokuments herangezogen oder zitiert wurden. Sie können in Word automatisch anhand der Quellenangaben für das Dokument ein Literaturverzeichnis erstellen.

Wenn Sie eine neue Quelle erstellen, werden die Quellenangaben auf dem Computer gespeichert, damit Sie jede erstellte Quelle finden und verwenden können.

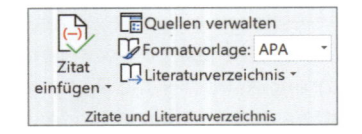

Die Gruppe **Zitate und Literaturverzeichnis** in der Registerkarte **Referenzen**. Mit Klick auf den Befehl **Quellen verwalten** verzweigen Sie in das Dialogfeld **Quellenmanager**, ein leistungsfähiges Werkzeug, um Ihre Literaturangaben zu verwalten.

Die Regel «Kein Satzzeichen nach der Anrede und gross weiterfahren» hat sich in der deutschsprachigen Schweiz durchgesetzt (Sager/Thiriet, 2006).

Eintrag eines Zitats im Text

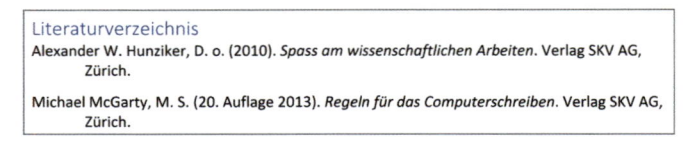

> **Literaturverzeichnis**
> Alexander W. Hunziker, D. o. (2010). *Spass am wissenschaftlichen Arbeiten*. Verlag SKV AG, Zürich.
> Michael McGarty, M. S. (20. Auflage 2013). *Regeln für das Computerschreiben*. Verlag SKV AG, Zürich.

Eintrag der Textstelle im Literaturverzeichnis

Weitere Elemente für Diplom-, Semester- oder Projektarbeiten

Register	**Referenzen**
Gruppe	**Zitate und Literaturverzeichnis**
Befehl	**Zitat einfügen**
Befehl	**Neue Quelle hinzufügen...**

Neue Quellen hinzufügen

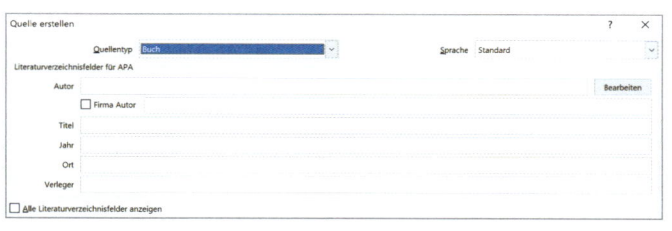

Quelle erstellen

Register	**Referenzen**
Gruppe	**Zitate und Literaturverzeichnis**
Befehl	**Literaturverzeichnis**
Befehl	**Quellen verwalten**

Quellen verwalten

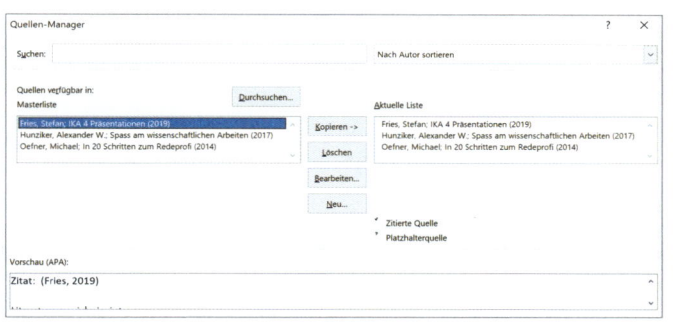

Quelle verwalten

Register	**Referenzen**
Gruppe	**Zitate und Literaturverzeichnis**
Befehl	**Literaturverzeichnis**
Befehl	**Literaturverzeichnis einfügen**

Literaturverzeichnis einfügen

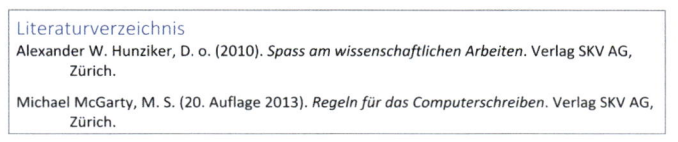

Abbildung Literaturverzeichnis

Die Gruppe Beschriftungen in der Registerkarte **Referenzen**

Beschriftungen

Bilder, andere grafische Elemente und Tabellen können Sie mit einer Beschriftung versehen und aufgrund dieser Einträge ein Abbildungsverzeichnis in Ihren Text einfügen. Das Vorgehen und die Möglichkeiten entsprechen weitgehend der Erstellung eines Inhaltsverzeichnisses. Im Textfeld **Beschriftungen** wird der Text **Abbildung** (bei Tabellen **Tabelle**) angezeigt. Anschliessend können Sie eine kurze Erläuterung eingeben. Im Dialogfeld **Bezeichnung** können Sie wählen, ob es sich um eine Tabelle, Formel oder Abbildung handelt. Über die Nummerierung können sogar vorhandene Kapitelnummern in die Beschriftung integriert werden. Unter **Neue Bezeichnung** können auch weitere Bezeichnungen wie z. B. **Diagramme** angelegt werden.

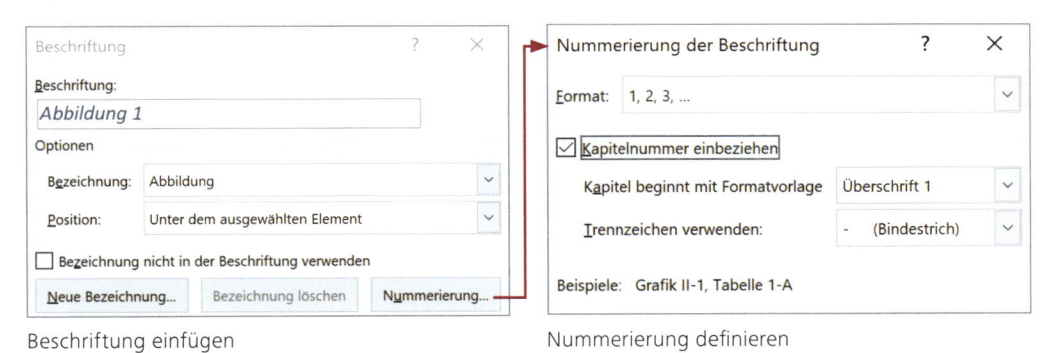

Beschriftung einfügen

Nummerierung definieren

Wenn Sie Ihre Abbildungen, Tabellen, Diagramme usw. erfasst bzw. beschriftet haben, können Sie ganz einfach die entsprechenden Verzeichnisse (Abbildungsverzeichnis, Tabellenverzeichnis usw.) erstellen.

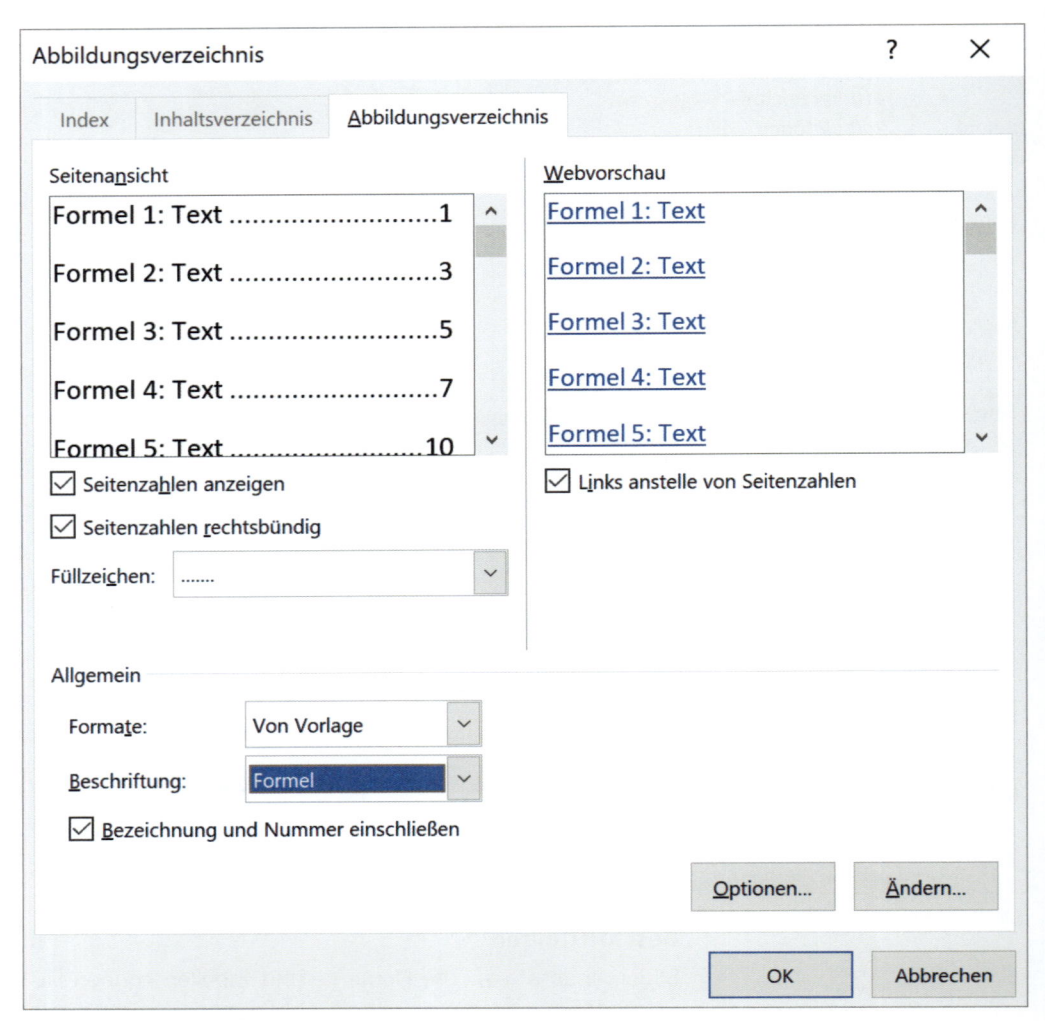

Abbildungsverzeichnis einfügen

Abbildung 1: Bild aus dem Jahresbericht 20..
Beispiel einer eingefügten Beschriftung

Abbildungsverzeichnis
Abbildung 1: Bild aus dem Jahresbericht 20.. 1

Tabellenverzeichnis
Tabelle 1: Bilanz per 31.12.20.. 1

Aufgrund der Bildbeschriftung kann Word automatisch ein Abbildungs- oder Tabellenverzeichnis erstellen.

Zusätzliche wichtige Word-Funktionen

9

Zusätzliche wichtige Word-Funktionen

9.1 Entwicklertools

Register	Datei
Befehl	Optionen
Befehl	Menüband anpassen
Kontrollkästchen	Entwicklertools (aktivieren)

Register **Entwicklertools** einschalten

In Word können Sie einfache Programmcodes entwickeln, Formulare erstellen und als Dokumentvorlage speichern. Damit Ihnen die Werkzeuge zur Verfügung stehen, müssen Sie in den Word-Optionen die Registerkarte **Entwicklertools** eingeschaltet haben.

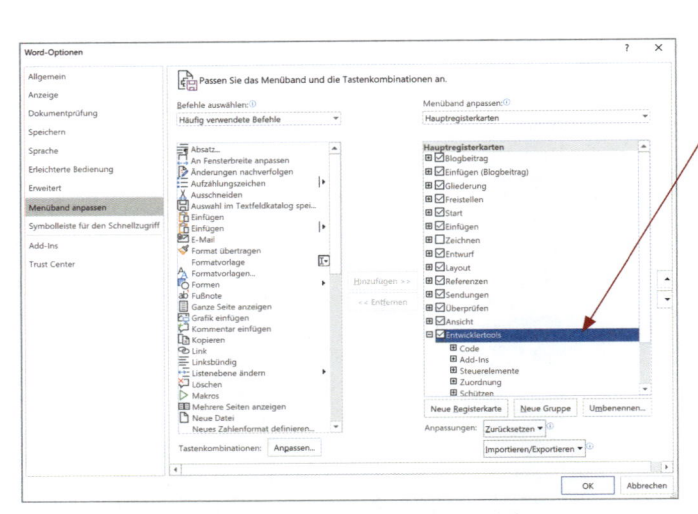

Achten Sie darauf, dass das Häkchen **Entwicklertools** gesetzt ist.

Das Menüband Entwicklertools

Wie der Name sagt, findet man in diesem Menüband Werkzeuge, um in Word spezielle Anwendungen zu entwickeln (Erweiterungsmöglichkeiten). Dazu kann aus dieser Liste das einfache Programmierwerkzeug **Visual Basic** aufgerufen oder es können XML-Strukturen organisiert werden. Solche Strukturen dienen beispielsweise dem Datenaustausch zwischen Office-Programmen und zwischen Office und anderen Anwendungen. Es würde zu weit führen, in diesem Lehrgang die Möglichkeiten zu beschreiben. Um sie wirkungsvoll zu nutzen, benötigt man gute Programmierkenntnisse. Einfache Formulare aber kann jeder Benutzer entwickeln. Dazu benutzen Sie die Befehle für **Formulare aus Vorversionen** im Menüband **Entwicklertools**.

9.1.1 Formulare

Für die Formularentwicklung benötigen Sie die Gruppen **Steuerelemente** und **Schützen** aus den Entwicklertools:

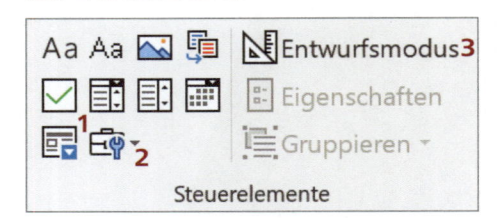

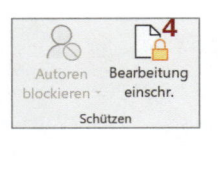

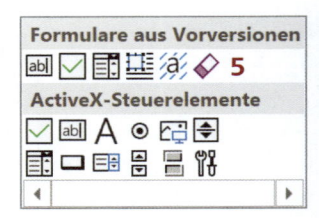

1. Inhaltssteuerelemente. Sie können solche Elemente in Formularen, aber auch in anderen Vorlagen einfügen (siehe Formularbeispiel auf der folgenden Seite).
2. Es öffnen sich Befehle für Formulare aus Vorversionen und ActiveX-Steuerelemente. ActiveX-Steuerelemente benötigt man im Zusammenhang mit Visual-Basic-Code. Für die Entwicklung von Formularen sind die Steuerelemente Formulare aus Vorversionen wichtig.
3. Schaltet in den Entwurfsmodus um.
4. Formulare müssen, bevor sie ausgefüllt werden können, geschützt werden.
5. Formularfelder von links nach rechts (Formulare aus Vorversionen): Textfeld, Kontrollkästchen, Kombinationsfeld (Drop-down-Formularfeld), Horizontalen Rahmen einfügen, Feldschattierung anzeigen, Formularfelder zurücksetzen.

Formularbeispiel

Das Beispiel zeigt Ihnen einen als einfaches Formular gestalteten Kurzbrief. Mit Spezialsoftware ist es selbstverständlich möglich, ganze Auftragsabwicklungen zu organisieren. Kurzbriefe, Spesenabrechnungen, Urlaubsgesuche usw. können aber auch in mittleren oder grösseren Unternehmen mit Office-Formularen organisiert werden.

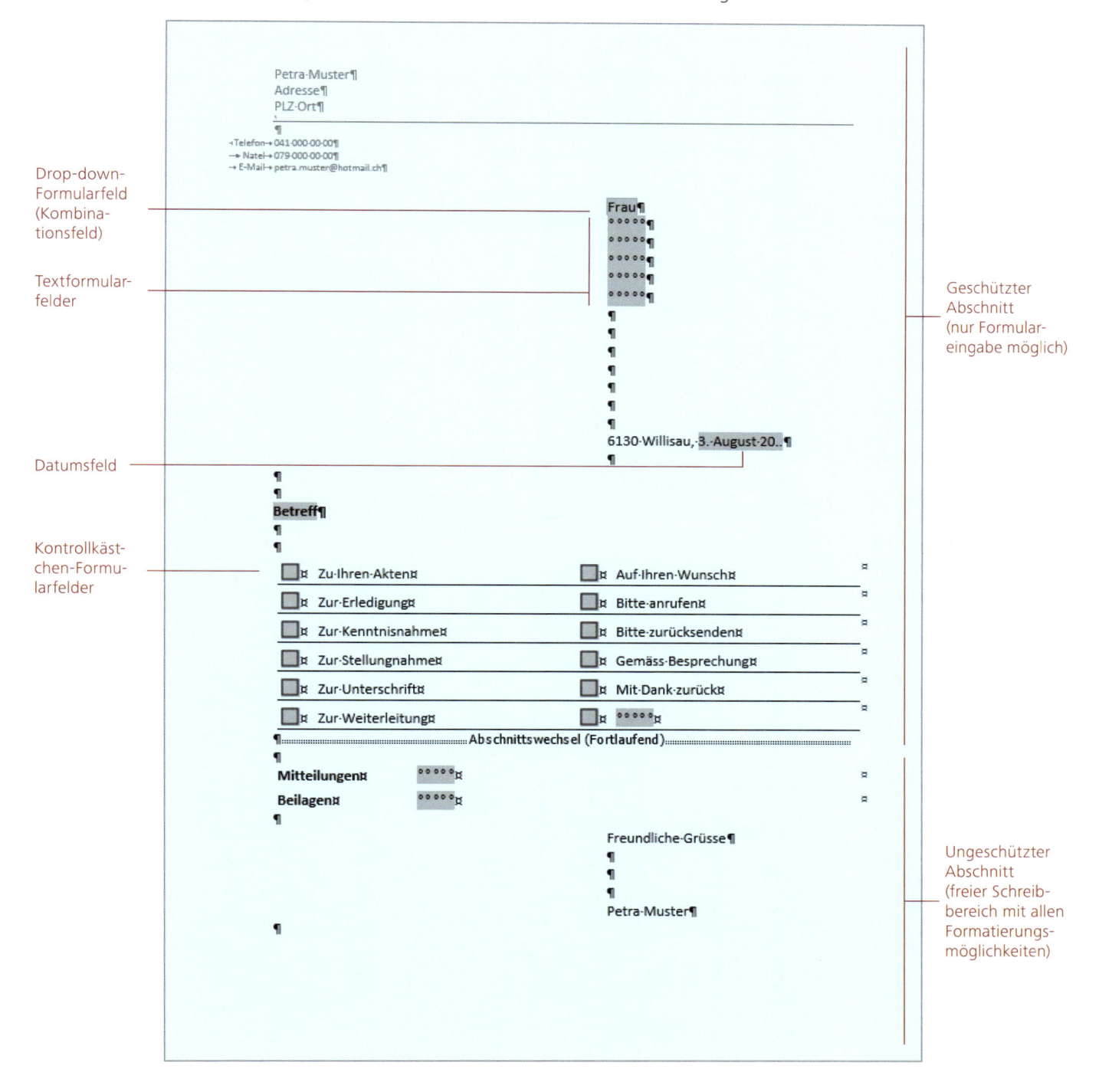

Beschriftung	
Drop-down-Formularfeld (Kombinationsfeld)	
Textformularfelder	
Datumsfeld	
Kontrollkästchen-Formularfelder	
Geschützter Abschnitt (nur Formulareingabe möglich)	
Ungeschützter Abschnitt (freier Schreibbereich mit allen Formatierungsmöglichkeiten)	

Petra Muster
Adresse
PLZ Ort

Telefon +041-000-00-00
Natel +079-000-00-00
E-Mail petra.muster@hotmail.ch

Frau

6130 Willisau, 3. August 20..

Betreff

☐ Zu Ihren Akten	☐ Auf Ihren Wunsch
☐ Zur Erledigung	☐ Bitte anrufen
☐ Zur Kenntnisnahme	☐ Bitte zurücksenden
☐ Zur Stellungnahme	☐ Gemäss Besprechung
☐ Zur Unterschrift	☐ Mit Dank zurück
☐ Zur Weiterleitung	☐

············ Abschnittswechsel (Fortlaufend) ············

Mitteilungen
Beilagen

Freundliche Grüsse

Petra Muster

Vorversionstools

Um ein Formularsteuerelement einzufügen, setzen Sie den Cursor an die gewünschte Stelle, dann öffnen Sie in der Gruppe **Steuerelemente** das Drop-down-Menü der Vorversionstools. Wählen Sie das entsprechende Formularfeld. Sie können über den Befehl **Eigenschaften** die Optionen in den Feldern definieren.

Im Formular auf Seite 241 wurden die nachfolgend beschriebenen Steuerelemente eingefügt.

Drop-down-Formularfeld (Kombinationsfeld)
Als Drop-down-Elemente wurden die Anreden Frau und Herr hinzugefügt.

Tipp
Mit einem Doppelklick auf ein Formularfeld kann ebenfalls das Dialogfeld **Optionen** geöffnet werden.

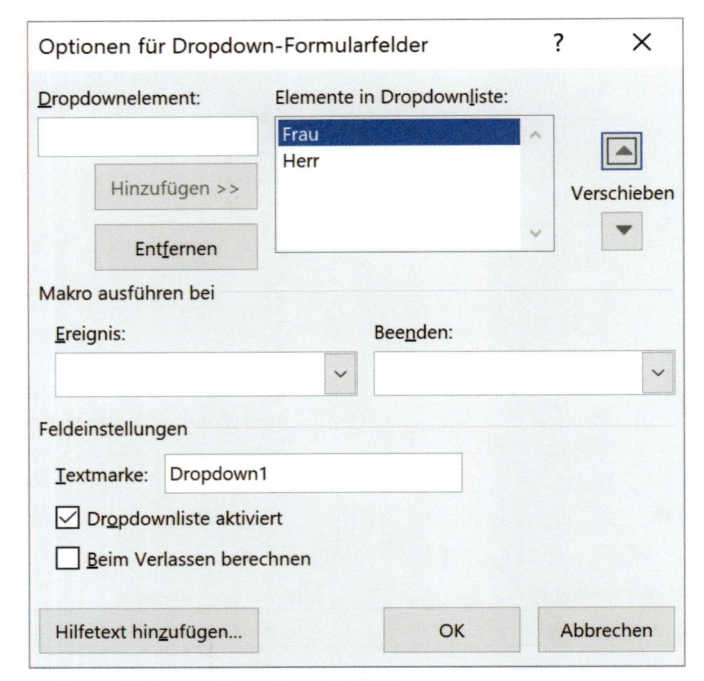

Optionen für Drop-down-Formularfelder

Textformularfelder

In unserem Beispiel befinden sich verschiedene Textformularfelder. Textformularfelder können folgende Eigenschaften (Optionen) aufweisen:

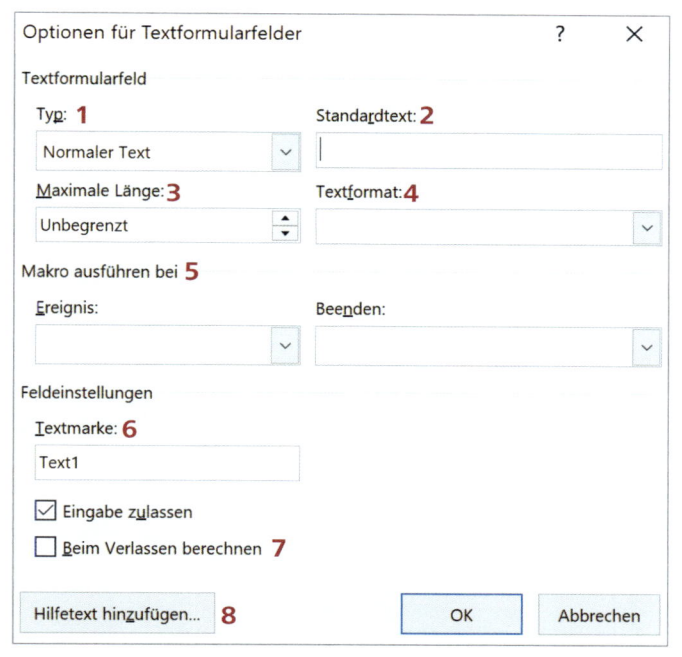

Optionen für Textformularfelder

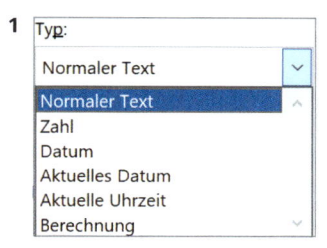

1 **Typ:** Bestimmen Sie, welcher Feldtyp dem Formularfeld zugeordnet wird. Aufgrund dieser Auswahl werden Eingaben beschränkt. Die Bildschirmkopie links zeigt die möglichen Feldtypen.

2 In einem Feld kann ein Standardtext eingetragen werden.

3 Sie können die Anzahl Zeichen, die in einem Formularfeld eingegeben werden können, beschränken. Dies ist beispielsweise wichtig, damit ein Formular nicht plötzlich unbeabsichtigt auf eine zweite Seite umbricht.

4 Sie können aus vier Textformaten auswählen: **Grossbuchstaben**, **Kleinbuchstaben**, **Satzanfang gross** oder **Erster Buchstabe gross**.

5 Makros sind kleine Programme in VisualBasic (Befehlsabkürzungen). Beispielsweise könnten Sie durch das Starten eines Makros in einem Formular bestimmen, dass automatisch nach dem Ausfüllen des letzten Formularfeldes ein Ausdruck des Formulars erfolgt.

6 Ein Formularfeld erhält automatisch eine Textmarke (ausgenommen, wenn Sie ein Formularfeld kopieren).

7 In Word müssen Berechnungen in Feldern immer aktualisiert werden. Dies geschieht automatisch, wenn Sie hier ein Häkchen setzen.

8 In Formularen können Sie dem Benutzer einen Text zur Hilfestellung beim Ausfüllen der einzelnen Felder mitgeben. In einem Dialogfeld bestimmen Sie, ob die Hilfestellung in der Statusleiste oder beim Drücken der F1-Taste erscheint.

Datumsfeld

Im Textformularfeld-Typ können Sie zwar ein Datum setzen und das Datumsformat bestimmen. Damit wird aber bei jedem Öffnen des Dokuments das aktuelle Datum gesetzt. Besser setzen Sie hier ein Datumsfeld über die Feldfunktionen, die Sie in der Registerkarte **Einfügen**, Gruppe **Schnellbausteine**, **Feld** wählen. Die Funktion **CreateDate** setzt das Datum, an welchem das Dokument erstellt wurde.

Kontrollkästchen-Formularfelder

In Kontrollkästchen-Formularfeldern können Sie folgende Optionen eingeben:

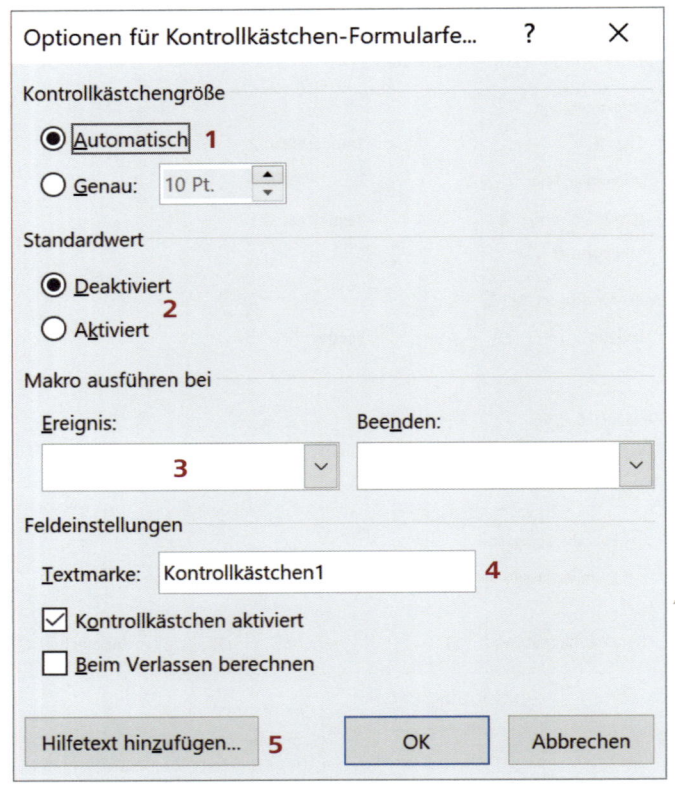

Optionen für Kontrollkästchen-Formularfelder

1 Die Grösse eines Kästchens kann vom Programm automatisch entsprechend der gewählten Schriftgrösse angepasst werden. Sie können aber die Grösse des Kästchens auch individuell bestimmen.
2 Sie können bestimmen, ob ein Kästchen aktiviert (mit Häkchen versehen) oder deaktiviert im Formular erscheinen soll.
3 Entspricht den Makros von Textformularfeldern.
4 Es wird automatisch eine Textmarke gesetzt.
5 Siehe Textformularfeld.

Entwicklertools

Formular testen, schützen und mit Passwort versehen

Register	**Entwicklertools**
Gruppe	**Schützen**
Befehl	**Bearbeitung einschränken**

Schutz des Formulars starten. Es öffnet sich der Aufgabenbereich, worin Sie die Feineinstellungen vornehmen können.

Bevor Sie das Formular freigeben und mit einem Passwort versehen, müssen Sie es ausgiebig testen. Sie können ein Formular nur ausfüllen, wenn es geschützt ist. Andernfalls werden die Felder und Textmarken bei der Texteingabe gelöscht.

Setzen Sie im Aufgabenbereich diese Einstellungen:

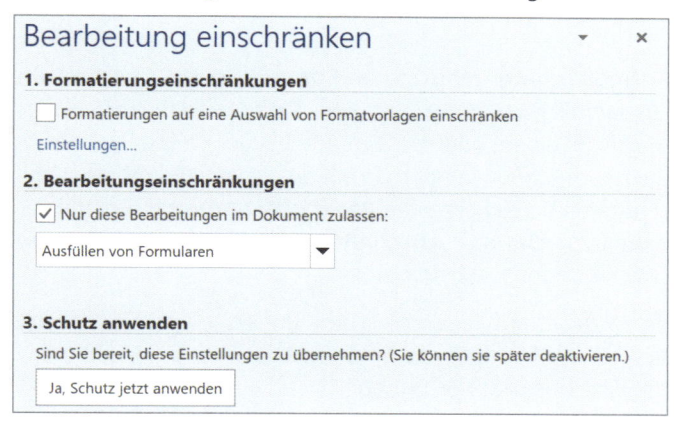

Bearbeitung einschränken

Bevor Sie das Formular ausfüllen können, verlangt Word ein Kennwort. Für den Testablauf können Sie auf das Kennwort verzichten und einfach **OK** anklicken. Erst wenn die Vorlage endgültig korrekt ist, speichern Sie die Dokumentvorlage mit einem Kennwort. Sie müssen es, wie bei Kennwörtern üblich, zweimal eintippen und dürfen es auf keinen Fall vergessen.

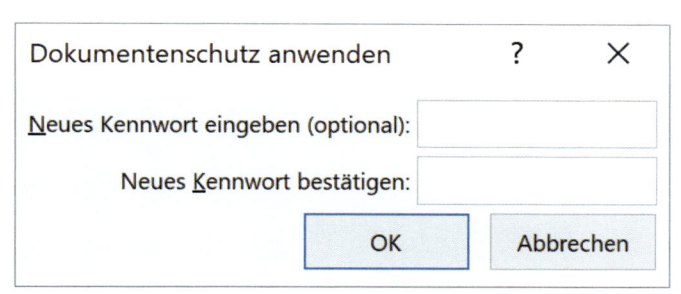

Kennwort eingeben

Zusätzliche wichtige Word-Funktionen

Füllen Sie jetzt nicht die Vorlage aus, sondern speichern Sie diese – Word sollte die Vorlage automatisch in den richtigen Ordner legen – und erstellen Sie ein neues Dokument aufgrund der Dokumentvorlage. Ein Dokument und die Formatvorlage können gleichzeitig geöffnet sein. Beachten Sie, dass Verbesserungen immer in der Formatvorlage und nicht in einem Dokument vorgenommen werden. Vorher müssen Sie den Schutz des Dokuments wieder entfernen. Zum erneuten Test ist die Vorlage dann wieder zu speichern und ein neues Dokument zu öffnen.

Formulare in geschützte und ungeschützte Abschnitte unterteilen

Register	**Layout**
Gruppe	**Seite einrichten**
Befehl	**Umbrüche**
Eintrag	**Abschnitts-umbrüche Fortlaufend**

Einen Abschnittsumbruch Fortlaufend einfügen

Gelegentlich kommt es vor, dass Sie nur Teile einer Vorlage mit Formularfeldern bestücken wollen. In einem oder mehreren Teilen der Vorlage soll der Anwender frei gestalten und damit auch formatieren können. In einem solchen Fall müssen Sie zwischen geschützten und ungeschützten Bereichen einen **Abschnittsumbruch (Fortlaufend)** einfügen. Sie können im Aufgabenbereich unter **Abschnitte auswählen** bestimmen, welche Abschnitte geschützt und welche ungeschützt sein sollen.

Im Formular auf Seite 241 wurde der erste Abschnitt geschützt, der zweite hingegen nicht. Vorteil: Alle Formatierungsmöglichkeiten stehen dem Benutzer des Formulars im ungeschützten Abschnitt zur Verfügung.

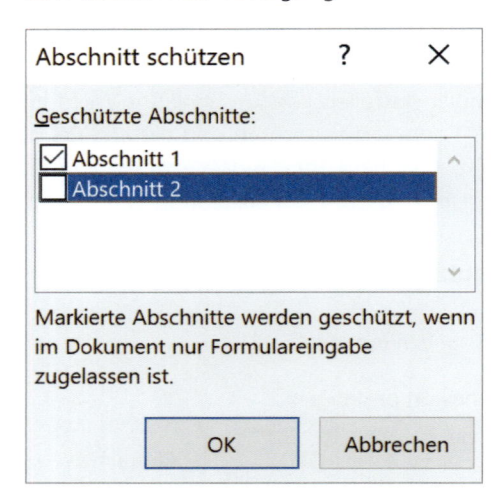

Abschnitt 1 ist geschützt. Abschnitt 2 bleibt ungeschützt.

Aufgabe 89

Erstellen Sie die Formularvorlage für den Kurzbrief auf Seite 241. Lassen Sie den Teil Bemerkungen ungeschützt (keine Textformularfelder).

Als zusätzliche Übung eignet sich die Aufgabe 42 aus dem Band 1 «Informationsmanagement und Administration».

9.1.2 Inhaltssteuerelemente

Inhaltssteuerelemente vereinfachen das Ausfüllen eines Formulars und dienen nicht nur als Platzhalter. Wie bei den Vorversionstools benötigen Sie auch hier die Registerkarte **Entwicklertools**.

*Steuerelemente vom Register **Entwicklertools***

Inhaltssteuerelemente haben folgende Vorteile:
- Sie können ausgefüllt werden, ohne dass das Dokument geschützt werden muss. Das erleichtert das Handling und macht sie flexibel einsetzbar.
- Das Eingabeverhalten kann individuell konfiguriert werden. So kann man z. B. die Eingabe mit Formatierungen versehen, ein Inhaltssteuerelement beim Bearbeiten des Inhalts entfernen oder die Eingabe auf eine einzelne Zeile beschränken.

Rich-Text-Inhaltssteuerelement
In einem Rich-Text-Inhaltssteuerelement können Sie einzelne Wörter und Zeichen z. B. fett oder kursiv formatieren oder mehrere Absätze eingeben.

Nur-Text-Inhaltssteuerelement
In einem Nur-Text-Inhaltssteuerelement können Sie ebenfalls Formatierungen vornehmen. Diese wirken sich jedoch immer auf den gesamten Inhalt aus. Sie können ausserdem nicht mehrere Absätze eingeben.

Bild-Inhaltssteuerelement
Ein Bild-Inhaltssteuerelement wird häufig für Vorlagen, z. B. bei Deckblättern verwendet. Sie können jedoch auch einem Formular ein Bild-Inhaltssteuerelement hinzufügen.

Bausteinkatalog-Inhaltssteuerelement
Hier können Sie auf den Bausteinkatalog zugreifen (z. B. auf Schnellbausteine oder auf Formeln).

Kontrollkästchen-Inhaltssteuerelement
Das Kontrollkästchen kann man ein- oder ausschalten. Bei den Inhaltssteuerelementen können Sie das Symbol für den ein- und den ausgeschalteten Zustand selber definieren.

Kombinations-Inhaltssteuerelement
Das Kombinationsfeld stellt eine Liste zur Verfügung, aus der Sie auswählen können. Sie können aber auch einen eigenen Text eingeben oder den vorhandenen Text bearbeiten.

Drop-down-Listen-Inhaltssteuerelement
Die Drop-down-Liste stellt wie das Kombinationsfeld eine Liste zur Verfügung. Jedoch können Sie hier keine eigenen Einträge machen und auch keine bestehenden bearbeiten.

Datumsauswahl-Inhaltssteuerelement
Über die Datumsauswahl können Sie ein Datum einfügen. In den Eigenschaften können Sie dabei definieren, wie das gewählte Datum dargestellt werden soll (Datumsformat).

Inhaltssteuerelement für wiederholte Abschnitte
Mit diesem Steuerelement können Sie einen vorgegebenen Textabschnitt (z. B. bei einer Tabelle) mit einem einzigen Mausklick ein weiteres Mal hinzufügen (siehe Aufgabe 91).

Zusätzliche wichtige Word-Funktionen

Wenn Sie ein Inhaltssteuerelement einfügen möchten, gehen Sie immer nach demselben Prinzip vor. Zuerst fügen Sie an der gewünschten Position das entsprechende Inhaltssteuerelement ein. Danach wechseln Sie in den Entwurfsmodus. Hier können Sie den Platzhaltertext anpassen und entsprechend formatieren.

Klicken oder tippen Sie hier, um Text einzugeben.

Leeres Rich-Text-Inhaltssteuerelement (Entwurfsansicht)

Eigenschaften

In den Eigenschaften können Sie verschiedene Einstellungen definieren. Je nachdem, welches Inhaltssteuerelement Sie wählen, können sich auch die Eigenschaften ändern. Es gibt jedoch einige Eigenschaften, welche bei sämtlichen Inhaltssteuerelementen gleich sind.

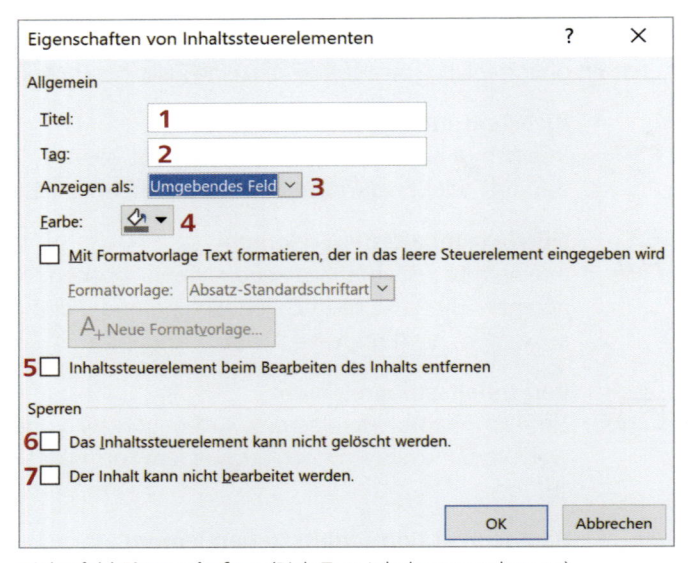

Dialogfeld **Eigenschaften** (Rich-Text-Inhaltssteuerelement)

1 Name für das Inhaltssteuerelement. Dieser erscheint am oberen Rand des Inhaltssteuerelements.
2 Der Tag-Name ist meistens mit dem Titel-Namen identisch. Über den XML-Tag-Namen kann auf den Inhalt des Steuerelements zugegriffen werden.
3 Das Inhaltssteuerelement lässt sich auf drei Arten darstellen (siehe Abbildungen unten). Die Standardeinstellung ist **Umgebendes Feld**. Weitere Optionen sind **Start/Ende-Tag** und **Ohne**.

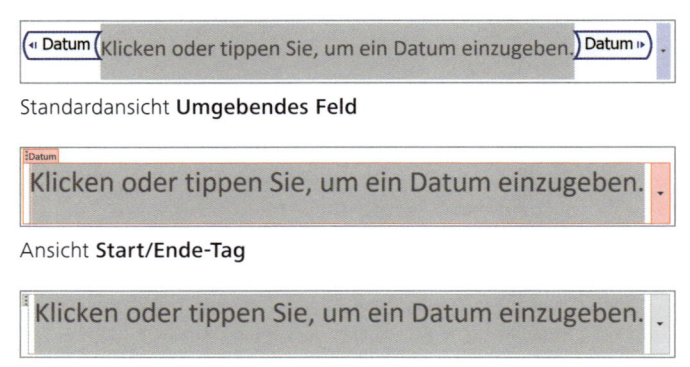

Standardansicht **Umgebendes Feld**

Ansicht **Start/Ende-Tag**

Ansicht **Ohne**

4 Sie können die Inhaltssteuerelemente auch farbig darstellen. So können Sie ein Formular übersichtlicher gestalten oder mit verschiedenen Farben sogenannte Muss- und Kann-Felder definieren.
5 Wenn Sie möchten, dass das Inhaltssteuerelement nach der Eingabe oder beim Bearbeiten des Inhalts entfernt wird, müssen Sie dieses Kontrollfeld aktivieren.
6 Wenn Sie möchten, dass der Anwender das Inhaltssteuerelement nicht löschen kann, müssen Sie dieses Kontrollfeld aktivieren.
7 Dieses Kontrollfeld muss aktiviert werden, wenn Sie möchten, dass der Anwender das Steuerelement nicht verändern darf.

Entwicklertools

Aufgabe 90

Erstellen Sie das folgende Dokument «Mitgliederverwaltung» oder öffnen Sie die Aufgabe 90.

▶ Ergänzen Sie das Dokument mit den entsprechenden Inhaltssteuerelementen. Ändern Sie bei den Feldern den Aufforderungstext gemäss Vorlage und definieren Sie die entsprechenden Eigenschaften.

▶ Schützen Sie das gesamte Formular und speichern Sie es anschliessend als Dokumentvorlage mit dem Dateinamen «Loesung-90.dotx».

▶ Füllen Sie anschliessend das Formular aus und speichern Sie es erneut unter dem Dateinamen «Loesung-90-ausgefüllt.docx».

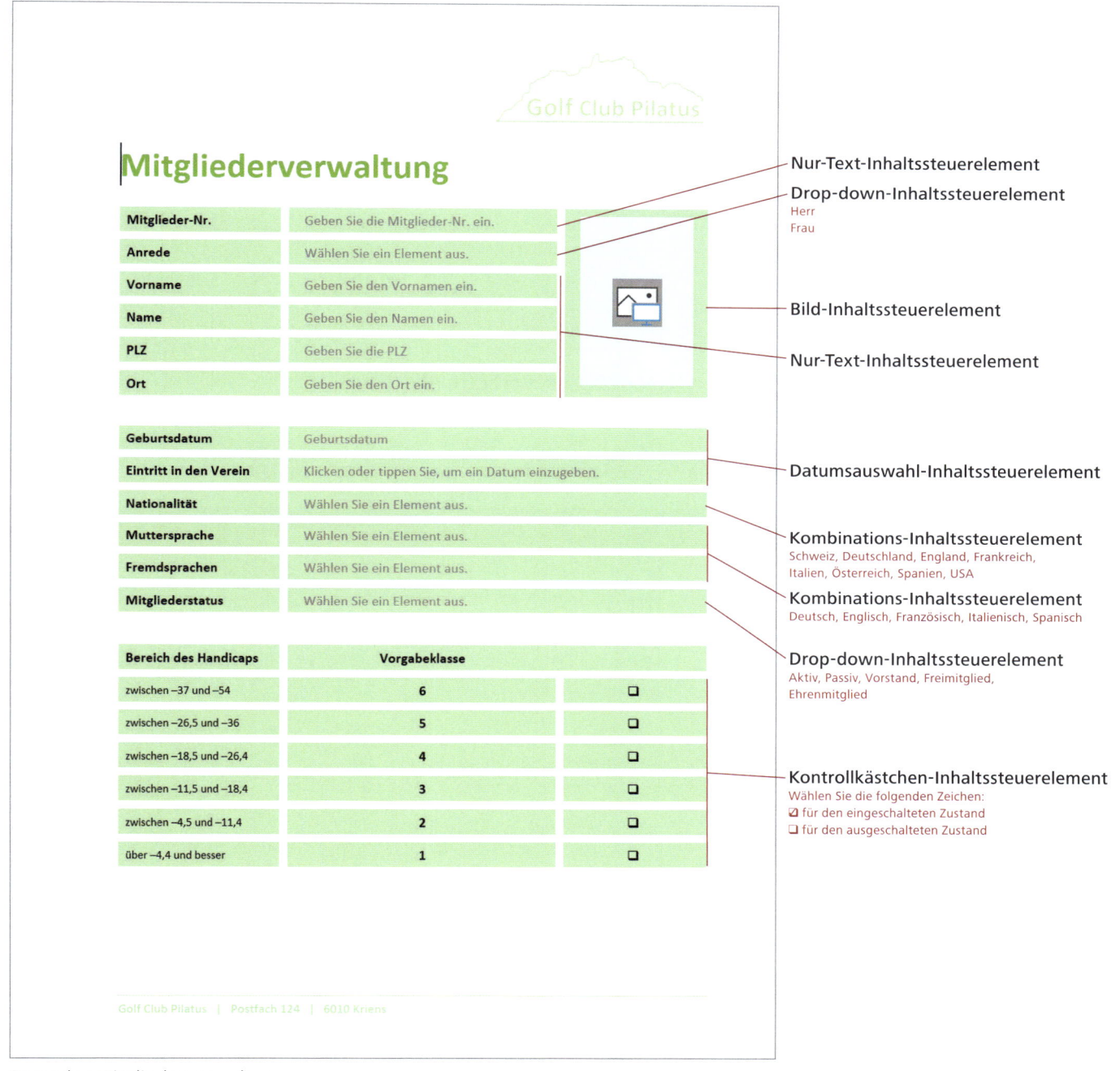

Mitgliederverwaltung

Mitglieder-Nr.	Geben Sie die Mitglieder-Nr. ein.
Anrede	Wählen Sie ein Element aus.
Vorname	Geben Sie den Vornamen ein.
Name	Geben Sie den Namen ein.
PLZ	Geben Sie die PLZ
Ort	Geben Sie den Ort ein.
Geburtsdatum	Geburtsdatum
Eintritt in den Verein	Klicken oder tippen Sie, um ein Datum einzugeben.
Nationalität	Wählen Sie ein Element aus.
Muttersprache	Wählen Sie ein Element aus.
Fremdsprachen	Wählen Sie ein Element aus.
Mitgliederstatus	Wählen Sie ein Element aus.

Bereich des Handicaps	Vorgabeklasse	
zwischen –37 und –54	6	☐
zwischen –26,5 und –36	5	☐
zwischen –18,5 und –26,4	4	☐
zwischen –11,5 und –18,4	3	☐
zwischen –4,5 und –11,4	2	☐
über –4,4 und besser	1	☐

Golf Club Pilatus | Postfach 124 | 6010 Kriens

Annotationen:
- Nur-Text-Inhaltssteuerelement
- Drop-down-Inhaltssteuerelement: Herr, Frau
- Bild-Inhaltssteuerelement
- Nur-Text-Inhaltssteuerelement
- Datumsauswahl-Inhaltssteuerelement
- Kombinations-Inhaltssteuerelement: Schweiz, Deutschland, England, Frankreich, Italien, Österreich, Spanien, USA
- Kombinations-Inhaltssteuerelement: Deutsch, Englisch, Französisch, Italienisch, Spanisch
- Drop-down-Inhaltssteuerelement: Aktiv, Passiv, Vorstand, Freimitglied, Ehrenmitglied
- Kontrollkästchen-Inhaltssteuerelement: Wählen Sie die folgenden Zeichen: ☑ für den eingeschalteten Zustand, ☐ für den ausgeschalteten Zustand

Formular Mitgliederverwaltung

Zusätzliche wichtige Word-Funktionen

Aufgabe 91

▶ Erstellen Sie die folgende Tabelle für die Anmeldung zu einem Golfturnier. Das Logo vom Golf Club Pilatus fügen Sie in die Kopfzeile ein.

▶ Ergänzen Sie die Tabelle mit den entsprechenden Inhaltssteuerelementen und definieren Sie die Eigenschaften (3-mal Nur-Text-Inhaltssteuerelement, Drop-down-Listen-Inhaltssteuerelement mit Vorgabeklassen 1 bis 6 und Bild-Inhaltssteuerelement).

▶ Speichern Sie das Dokument mit dem Dateinamen «Loesung-91.docx».

Anmeldung Golfturnier

Name	Adresse	PLZ Ort	Handicap (Vorgabeklasse)	Foto
Klicken oder tippen Sie hier, um Text einzugeben.	Klicken oder tippen Sie hier, um Text einzugeben.	Klicken oder tippen Sie hier, um Text einzugeben.	Wählen Sie ein Element aus.	

Anmeldeformular für das Golfturnier

Inhaltssteuerelement für wiederholte Abschnitte

Nun definieren Sie ein Inhaltssteuerelement für wiederholte Abschnitte. Gehen Sie dabei wie folgt vor:

▶ Schalten Sie den Entwurfsmodus ein. Die Tabelle sieht so aus:

Name	Adresse	PLZ Ort	Handicap (Vorgabeklasse)	Foto
Klicken oder tippen Sie hier, um Text einzugeben.	Klicken oder tippen Sie hier, um Text einzugeben.	Klicken oder tippen Sie hier, um Text einzugeben.	Wählen Sie ein Element aus.	

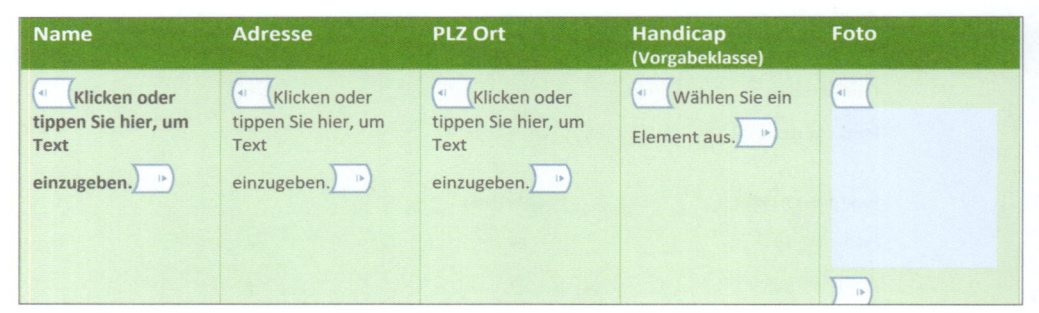

Tabelle mit Inhaltssteuerelementen im Entwurfsmodus

▶ Nun markieren Sie die zweite Zeile mit den Steuerelementen und klicken dann auf die Schaltfläche **Inhaltssteuerelement für wiederholte Abschnitte**. Somit ist die zweite Zeile als Inhaltssteuerelement für wiederholte Abschnitte definiert. Das erkennen Sie an den doppelten Tag-Symbolen (siehe Abbildung unten).

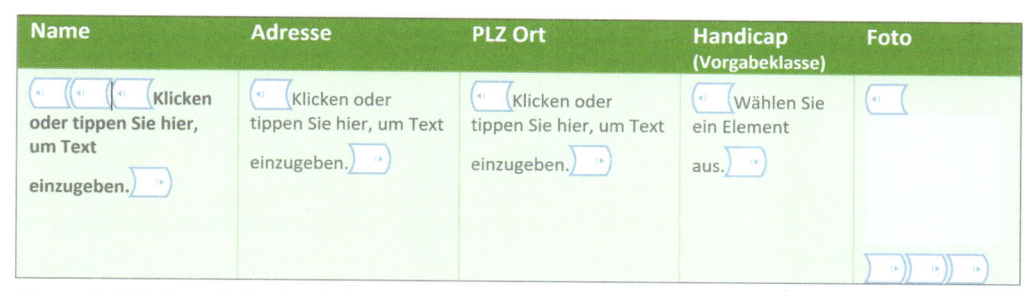

Name	Adresse	PLZ Ort	Handicap (Vorgabeklasse)	Foto
Klicken oder tippen Sie hier, um Text einzugeben.	Klicken oder tippen Sie hier, um Text einzugeben.	Klicken oder tippen Sie hier, um Text einzugeben.	Wählen Sie ein Element aus.	

Die zweite Tabellenzeile ist als Inhaltssteuerelement für wiederholte Abschnitte definiert.

▶ Nun können Sie den Entwurfsmodus verlassen und die Tabelle ausfüllen. Wenn Sie eine neue Zeile benötigen, können Sie einfach auf das Pluszeichen unten rechts klicken.

Name	Adresse	PLZ Ort	Handicap (Vorgabeklasse)	Foto
Ursula Baumann	Sonnrüti 33	6130 Willisau	4	

Mit dem Pluszeichen können Sie eine weitere Zeile mit sämtlichen Steuerelementen einfügen.

Somit erhalten Sie eine neue Zeile mit sämtlichen Inhaltssteuerelementen.

Name	Adresse	PLZ Ort	Handicap (Vorgabeklasse)	Foto
Ursula Baumann	Sonnrüti 33	6130 Willisau	4	
Klicken oder tippen Sie hier, um Text einzugeben.	Klicken oder tippen Sie hier, um Text einzugeben.	Klicken oder tippen Sie hier, um Text einzugeben.	Wählen Sie ein Element aus.	

Fertige Tabelle: Jetzt können die Anmeldungen erfasst werden.

▶ Füllen Sie anschliessend das Formular aus und speichern Sie es erneut unter dem Dateinamen «Loesung-91.docx».

Zusätzliche wichtige Word-Funktionen

9.2 Links

Links oder Hyperlinks kennen Sie sicher aus dem Internet. Mithilfe von Links können Sie Dokumente per Mausklick verknüpfen. Die Verknüpfung kann auf ein anderes Dokument, ins Internet (auf eine Website) oder an eine andere Stelle im selben Dokument zeigen. Die verschiedenen Stellen im Dokument werden als **Textmarken** definiert. **Querverweise** beziehen sich normalerweise auf Seitenzahlen oder Abbildungen.

9.2.1 Links auf andere Dokumente und Websites

Register	**Einfügen**
Gruppe	Link
Befehl	Link

Link einfügen

Wenn Sie im Word-Dokument eine Textstelle markiert haben, können Sie dieser Markierung einen Link (auch Hyperlink) hinzufügen. Links sind nicht nur auf Websites interessant, sie können auch in PDF-Dateien sehr sinnvoll eingesetzt werden. Wählen Sie dazu den Befehl **Einfügen > Link > Link**. Sie erhalten dieses Dialogfeld:

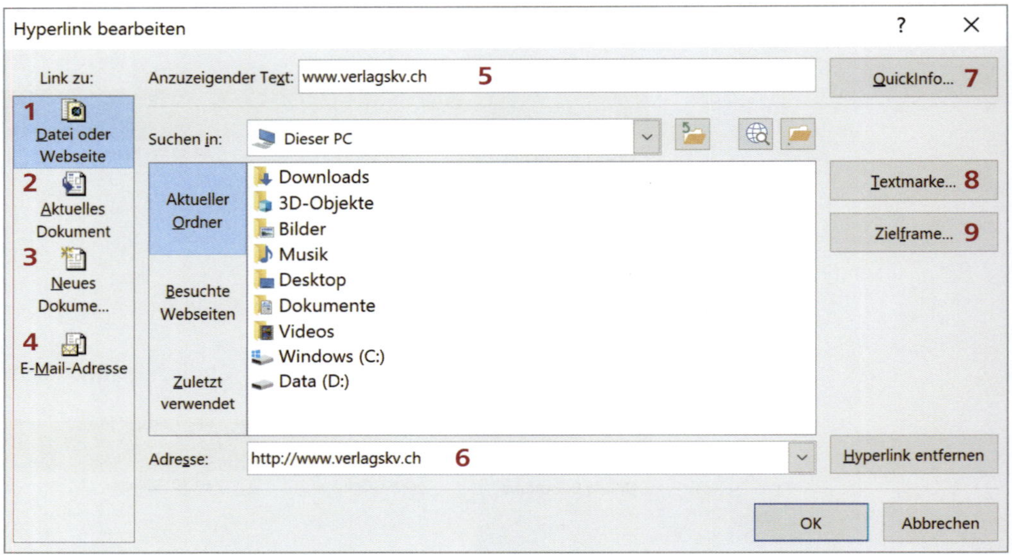

Hyperlink bearbeiten

1 Wählen Sie diesen Eintrag, wenn der Link auf eine Datei auf dem lokalen PC oder in einem freigegebenen Ordner auf dem Netzwerk oder auf eine Website verweisen soll.
2 Wählen Sie diesen Eintrag, wenn der Link auf eine Stelle im aktuellen Dokument verweisen soll. Dies kann eine Textmarke, eine Überschrift oder ein Link zum Dokumentenanfang sein.
3 Wählen Sie diesen Eintrag, wenn das Dokument, auf welches Sie in einem Link verweisen wollen, neu erstellt werden muss.
4 Für einen Link auf eine E-Mail-Adresse wird dem Link mailto: vorangestellt. Bei einem Klick auf einen solchen Link öffnet sich der auf dem Rechner installierte E-Mail-Client, wobei die E-Mail-Adresse im Feld **Empfänger** eingetragen wird.
5 Sie können den Text, der im Dokument als Link angezeigt wird, selbst bestimmen.
6 Adresse der Datei oder Website. Der Eintrag ist bei einem Link auf eine Stelle im aktuellen Dokument nicht vorhanden.
7 Die QuickInfo kann einen Hinweis zum Link, beispielsweise den Titel der Website, enthalten. Diese QuickInfo öffnet sich, wenn der Zeiger für kurze Zeit auf dem Link verharrt.
8 Listet die im Dokument vorhandenen Textmarken auf.
9 Es ist sinnvoll, Links grundsätzlich in einem neuen Fenster des Browsers öffnen zu lassen. Es besteht damit nicht die Gefahr, dass auch andere offene Seiten mit einem einzigen Klick auf das Symbol X (Schliessen) im Browser gelöscht werden. Im Dialogfeld **Zielframe bestimmen** können Sie einstellen, wie der Browser reagieren soll, und beispielsweise als Standard für das aktuelle Dokument definieren, dass sich der Link in einem neuen Fenster öffnet (Eintrag **Neues Fenster**).

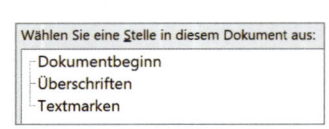

Link in einem aktuellen Dokument

Tipp
Das Format eines Links wird in der Formatvorlage Hyperlinks abgelegt. Sie können diese Formatvorlage ändern, beispielsweise, um eine andere Farbe des Unterstreichungsstrichs zu setzen.

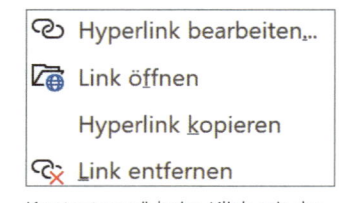

Kontextmenü beim Klick mit der rechten Maustaste auf einen Link

Mit einem Klick auf einen Link mit der rechten Maustaste können Sie aus einem Kontextmenü auswählen, ob Sie den Link bearbeiten, öffnen, kopieren oder entfernen wollen.

9.2.2 Querverweise

Register	**Einfügen**
Gruppe	Link
Befehl	Querverweis

Einfügen eines Querverweises

Ein Querverweis ist ein Hinweis wie «zusätzliche Informationen finden Sie auf Seite …» oder «siehe auch …». Verweiselemente sind zum Beispiel Seitenzahlen, Überschriften, Tabellen oder Textmarken (vgl. unten). Querverweise sind Felder, die Word aktualisieren kann. Wenn sich also durch nachträgliches Einfügen oder Löschen von Texten die Seitenzahl, auf die Sie verweisen, ändert, dann müssen Sie nur das Feld aktualisieren und nicht selbst Ihre Verweise kontrollieren.

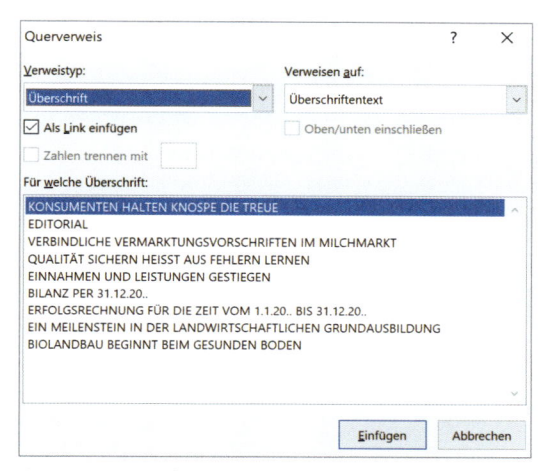

Querverweis einfügen

Textmarken

Register	**Einfügen**
Gruppe	Link
Befehl	Textmarke

Textmarke einfügen

Was Sie in einem Buch als Lesezeichen kennen, heisst in Word Textmarke. Textmarken können ein einzelnes Zeichen, eine Grafik oder auch ein umfangreicher Text sein. Textmarken können auch beim Erstellen von Querverweisen und für Indexeinträge eingesetzt werden.

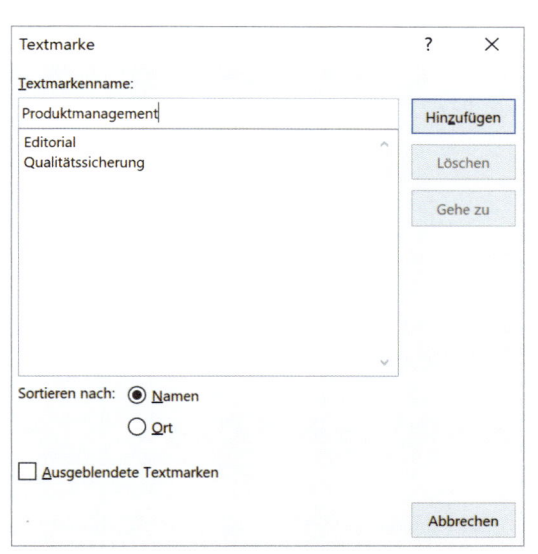

Textmarken einfügen

Aufgabe 92

▶ Erstellen Sie in einem neuen Dokument einen Link, mit dem sich eine andere Word-Datei in einem Ordner auf Ihrem PC oder im Netz öffnen lässt.

▶ Erstellen Sie einen Link auf einer Website und versehen Sie den Link mit einer QuickInfo. Beim Klick auf den Link soll sich immer ein neues Browserfenster öffnen.

9.3 Objekte einfügen oder verknüpfen

Wenn Sie andere Objekte wie Tabellen, Diagramme, Grafiken usw., welche in einem anderen Programm erstellt worden sind, in Ihr Word-Dokument integrieren möchten, können Sie dies mit verschiedenen Arbeitstechniken lösen.

Object Linking and Embedding

Register	**Einfügen**
Gruppe	Text
Befehl	Objekt

Ein Objekt einfügen

Object Linking and Embedding (OLE) heisst die Technik, mit der Objekte aus andern Programmen in Word eingebunden werden können. Voraussetzung ist, dass das Fremdprogramm die OLE-Technik von Microsoft unterstützt, was bei allen Office-Programmen und vielen Fremdprogrammen der Fall ist. Zum Beispiel können Sie in Word eine PowerPoint-Präsentation einbetten. Mit einem Doppelklick auf das Folienfenster wird die Folie in PowerPoint bearbeitet. Dabei öffnet sich der Menüaufbau von PowerPoint. Das fremde Programm läuft aber quasi als Teilprogramm unter Word. Wenn bereits eine Datei vorhanden ist, können Sie auch die Datei einfügen.

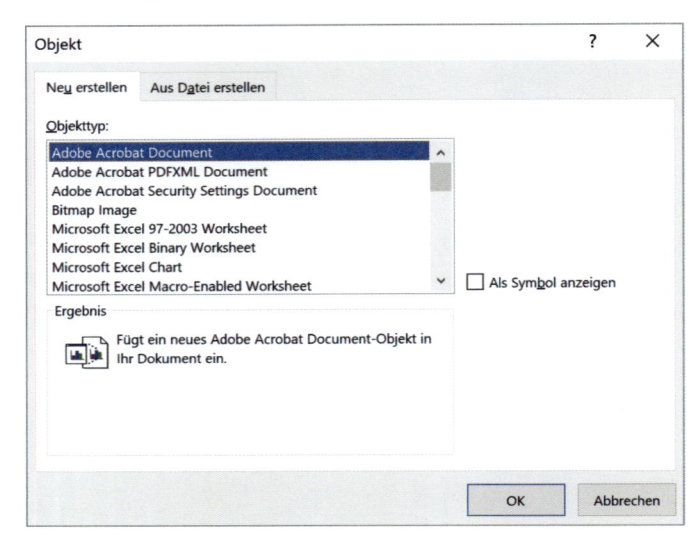

Objekt einfügen

Eine weitere Möglichkeit, ein Objekt in Word einzulesen, bietet die Zwischenablage. Sie kopieren beispielsweise eine Excel-Tabelle in die Zwischenablage. Wählen Sie anschliessend **Start > Einfügen > Inhalte einfügen**. Je nachdem, welche Möglichkeiten das Quellprogramm unterstützt, können Sie aus verschiedenen Formaten wählen. Dabei kann das OLE-Objekt entweder verlinkt (Object Linking) oder eingebettet (Embedding) werden. Bei einer Verlinkung (Verknüpfung) wird nur ein Bezug auf das eingebundene Objekt erstellt und im Dokument gespeichert. Dabei werden allfällige Änderungen der Quelldatei in die Zieldatei übernommen. Beim Einbetten ist die Kopie nicht mit dem Quelldokument verbunden, was vor allem dann wichtig ist, wenn die Quelldatei gelöscht oder verschoben wird. Verknüpfte Objekte brauchen allerdings weniger Speicherplatz als eingebettete Objekte.

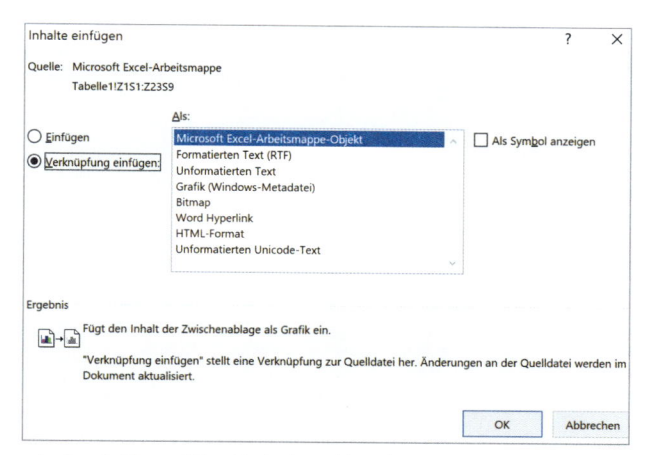

Inhalte einfügen (über Zwischenablage)

Text aus einer anderen Textdatei einlesen

Mittels **Einfügen > Text > Objekt > Text aus Datei…** können Sie Texte aus einer vorhandenen Textdatei in Word einlesen. Es ist also nicht notwendig, dies über die Zwischenablage zu tun. Sie können aus verschiedenen Textformaten auswählen und unter Umständen auch Bereiche, beispielsweise Text, der mit einer Textmarke versehen ist, auswählen.

Zusätzliche wichtige Word-Funktionen

9.4 Kommentare, Nachverfolgungen, Änderungen

Ausführliche Dokumente sind oft das Ergebnis von ausführlichen und mehrmaligen Überarbeitungen, Korrekturen, Änderungsvorschlägen, neuen Formulierungen, erneuten Korrekturen usw. Oft arbeiten viele Personen an einem einzigen Dokument, bis es den Ansprüchen genügt. Word kennt verschiedene Funktionen, um die Arbeiten an einem Dokument über verschiedene Entwurfsstufen zu erleichtern. Dazu stehen Befehle in drei Gruppen zur Verfügung: **Kommentare, Nachverfolgung, Änderungen**.

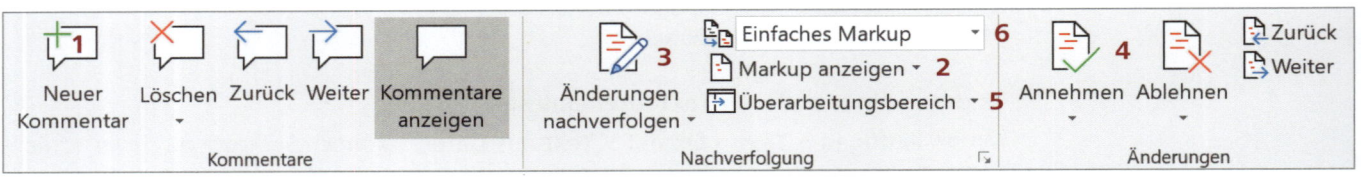

Die Gruppen **Kommentare**, **Nachverfolgung** und **Änderungen** im Register **Überprüfen**.

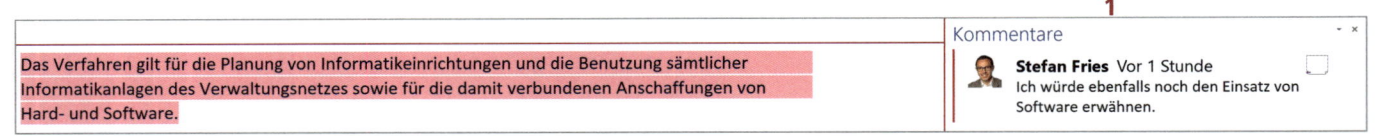

1. Eingefügter Kommentar (Befehl **Neuer Kommentar**). Der Kommentar wird in einer Sprechblase am rechten Textrand angezeigt. Es ist auch möglich, den Kommentar inline anzuzeigen. Die Umstellung erfolgt über den Befehl **Markup anzeigen**.
2. Ob Kommentare oder Änderungen (Markups) angezeigt werden oder nicht, können Sie mit dem Befehl **Markup anzeigen** bestimmen. Hier können Sie auch einzelne Elemente ein- und ausschalten und die Anzeigeform ändern. 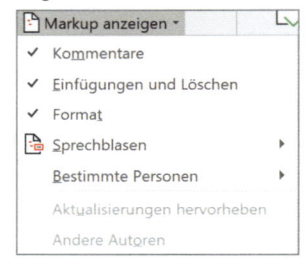
3. Anstatt lediglich einen Kommentar einzufügen, können Sie auch eine Änderung vorschlagen. Änderungen werden am Rand mit einem Strich markiert.
4. Änderungen können angenommen oder abgelehnt werden. 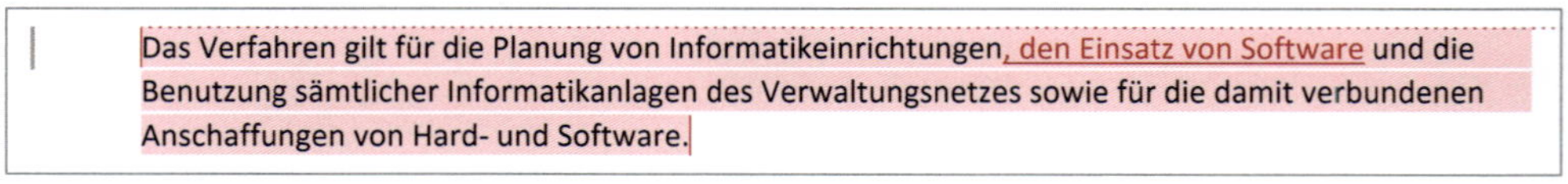
5. Änderungen können in einem horizontal oder vertikal angeordneten Überarbeitungsfenster angezeigt werden.
6. In dieser Auswahl können Sie bestimmen, wie Änderungen auf dem Bildschirm angezeigt werden.

Kommentare, Nachverfolgungen, Änderungen

Achtung: Wenn Sie Dokumente weitergeben, besteht immer die Gefahr, dass Überarbeitungen, Vorschläge und Korrekturen sichtbar gemacht werden können. In Word können Sie diese Änderungen entfernen. Klicken Sie dazu auf das Register **Datei** und anschliessend auf **Informationen**. Klicken Sie nun auf **Auf Probleme überprüfen** und wählen Sie dann **Dokument prüfen**. Sie können anschliessend im Dialogfeld bestimmen, welche Metadateien endgültig aus dem Dokument entfernt werden sollen.

Beispiel:

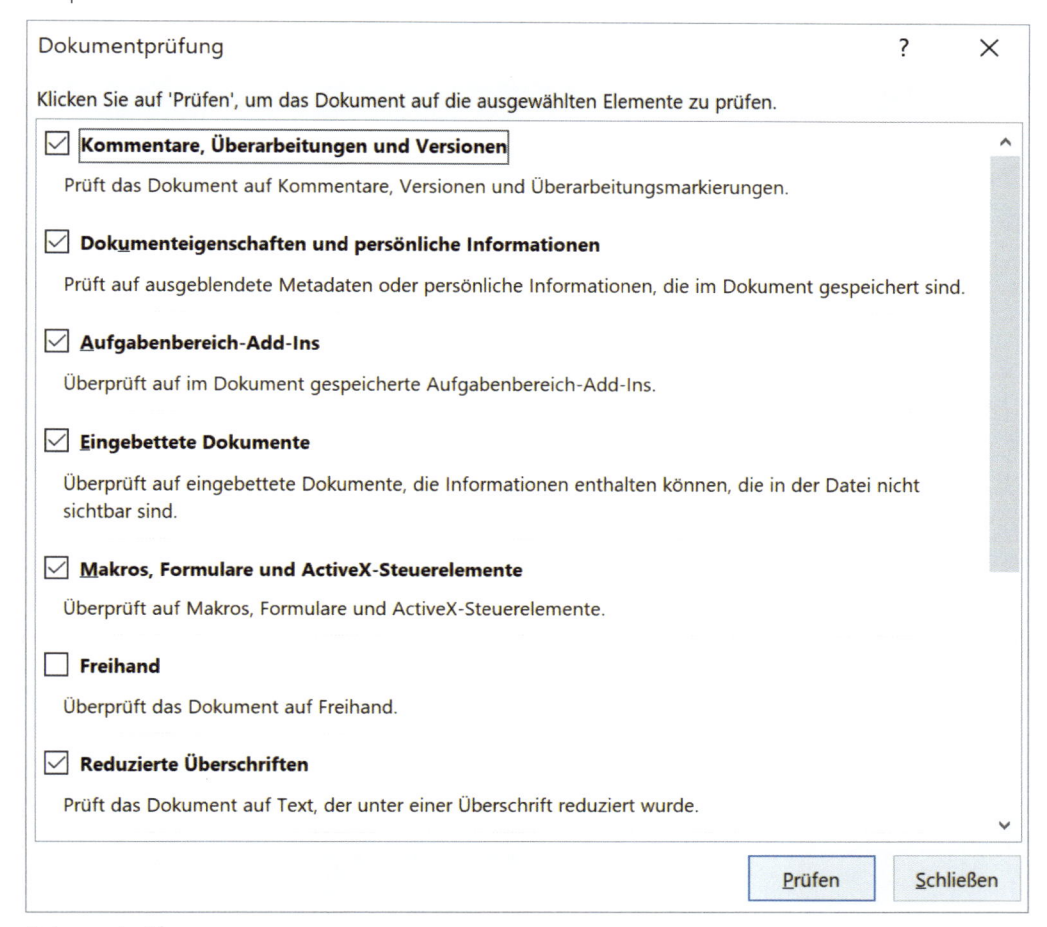

Dokumentprüfung

Zusätzliche wichtige Word-Funktionen

9.5 Dokumente vergleichen

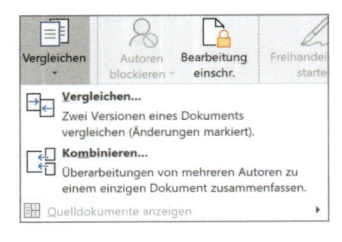

In Word können Sie zwei Dokumente vergleichen, um die Unterschiede aufzuzeigen. In einem Dialogfeld wählen Sie das Originaldokument sowie das überarbeitete Dokument und bestimmen, welche Vergleiche vorgenommen werden sollen und wie die Änderungen angezeigt werden.

Register	**Überprüfen**
Gruppe	Vergleichen
Befehl	Vergleichen
Befehl	Vergleichen
Befehl	Erweitern

Dokumente vergleichen

Dialogfeld **Dokumente vergleichen**

258

9.6 Dokument schützen

Vertrauliche oder sensible Dokumente können Sie mit einem Kennwort schützen, um zu verhindern, dass nicht befugte Personen diese ändern oder darauf zugreifen. Wenn Sie ein Kennwort nicht mehr finden oder vergessen, kann Word Ihre Daten nicht wiederherstellen.

Ein Dokument mit Kennwort verschlüsseln

Zusätzliche wichtige Word-Funktionen

9.7 Schnellbausteine (AutoText)

Als AutoText werden in Word wiederverwendbare Inhalte bezeichnet, die Sie einmal speichern und dann immer wieder verwenden können. Die Bausteine können bei Word 2019/ Word 365 in verschiedenen Katalogen gespeichert werden. Diese Kataloge werden in mehrere Kategorien unterteilt.

Register	**Einfügen**
Gruppe	**Text**
Gruppe	**Schnellbausteine**
Befehl	**Organizer für Bausteine…**

Schnellbausteine organisieren

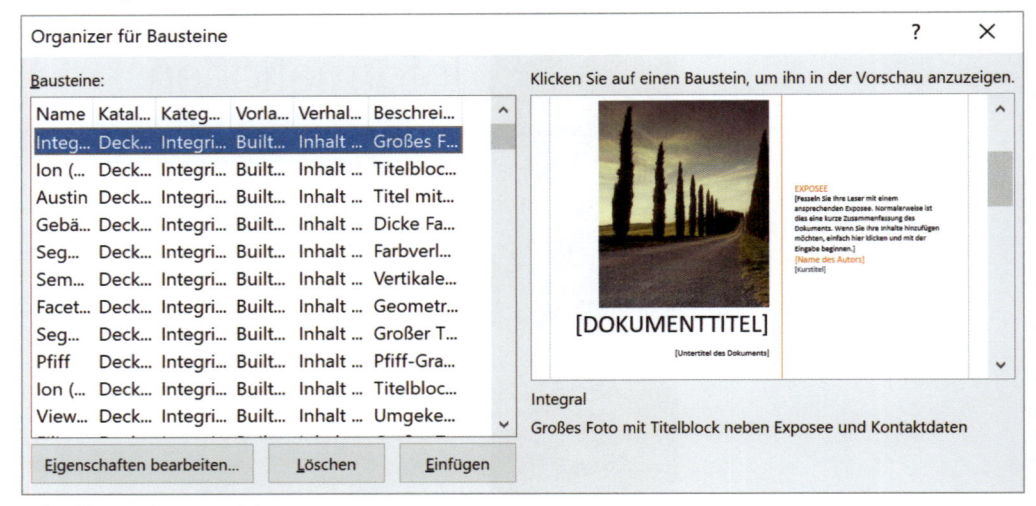

Schnellbausteine organisieren

AutoText erstellen

Markieren Sie den gewünschten Textbereich im Dokument, welchen Sie in den Bausteinkatalog einfügen möchten. Speichern Sie diesen dann im Schnellbaustein-Katalog ab.

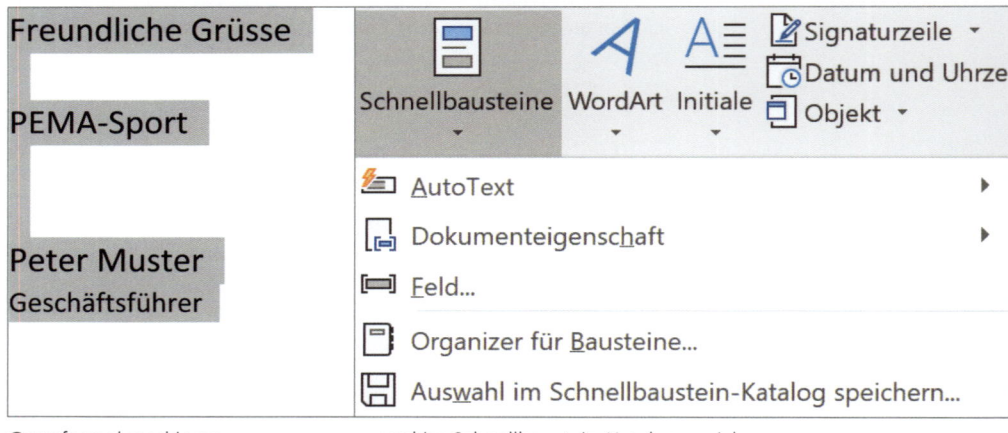

Grussformel markieren … … und im Schnellbaustein-Katalog speichern

Schnellbausteine (AutoText)

Der markierte Text wird im Katalog **Schnellbaustein** gespeichert.
Unter Optionen können Sie noch wählen, ob Sie nur den Text oder den Text mit Formatierungen einfügen möchten.

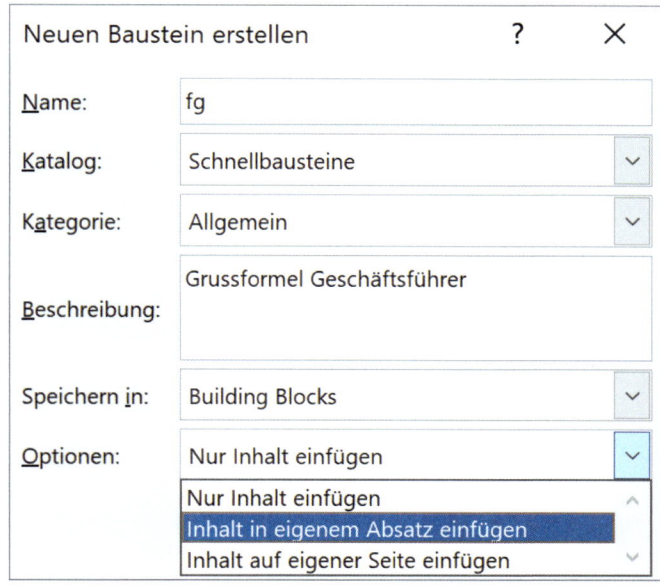

Dialogfeld Schnellbaustein erstellen

AutoText einfügen

Setzen Sie zuerst den Cursor an die Stelle, wo der AutoText-Eintrag eingefügt werden soll. Nun können Sie den Befehl **Schnellbausteine** im Register **Einfügen** wählen und den entsprechenden AutoText anwählen, oder Sie geben den Namen des AutoText-Eintrags an und wählen die Funktionstaste F3.

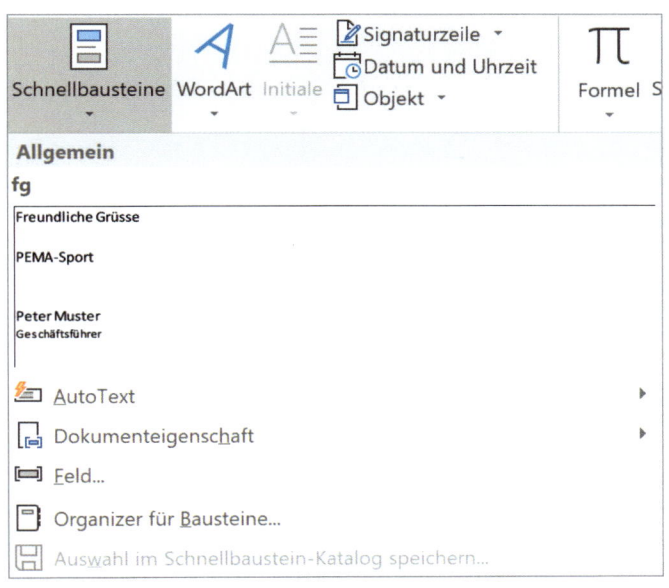

AutoText einfügen

Stichwortverzeichnis

10

A

Abbildungsverzeichnis	238
Absatz (Gruppe)	72
Absatzformatierung	56, 70
Absatzformatvorlagen	215
Absatzkontrolle	79
Absatzmarke (¶)	70
Abschnittsformatierungen	227
Abschnittsumbruch	227
Abschnittswechsel (Formular)	246
Abschnittswechsel	227
Abstand (Absatz)	76
Abstand (Zeile)	76
Adressblock einfügen (Serienbrief)	198
Adrian Frutiger	65
Änderungen nachverfolgen	256
Anführungszeichen	68
Ansicht (Register)	24
Anzeigemöglichkeiten (Statusleiste)	22
Aufzählungszeichen	81
Ausrichtung	92
Auszeichnung	59
AutoFormat	52
AutoKorrektur	49
AutoText	260

B

Backstage-Ansicht	12
Beschriftungen	237
Bild komprimieren	123
Bild zurücksetzen	123
Bild zuschneiden	123
Bilder einfügen	119
Bildformatvorlagen	123
Blocksatz	73
Briefelemente	143
Briefumschläge drucken	203
Brüche	69

C

Cloud	19
Corporate Design	65

D

Datei (Register)	12
Datenfelder (Seriendruck)	181
Datenquelle (Seriendruck)	181, 186
Datensatz (Seriendruck)	181
Datensätze filtern	192
Datenverbindungen	190
Datumsfeld	243
Deckblatt	221, 226
Deckblattvorlagen	221
Diagramm einfügen	119
Diplomarbeit	83
Direktformatierung	214
Divis	68
Dokument exportieren	18
Dokument freigeben	20
Dokument öffnen	14
Dokument schützen	259
Dokument speichern	15
Dokumentansichten	24
Dokumente erstellen	14
Dokumente korrigieren	31
Dokumente überprüfen	52
Dokumente vergleichen	258
Dokumentvorlagen	138
Drag & Drop	37
Drop-down-Formularfeld	242
Druck von Briefumschlägen	203
Druck von Etiketten	200
Drucken	17

E

Einfügemodus	13
Einfügen	36
Einfügen von Bildern	118
Einfügen von grafischen Elementen	118
Einfügen von Illustrationen	118
Einzug (Erstzeilen-)	75
Einzug (hängend)	75
Einzug (links)	75
Einzug (rechts)	76
Einzug verändern	74
E-Mail-Seriendruck	207
Entwicklertools	240
Erstzeileneinzug	75
Etikettendruck	200

F

Fenster	25
feste Zeilenschaltung	70
Fettschrift (Bold)	59
Flyer	168
Format (Papierformat)	92
Formatierung	55, 99
Formatierung von Objekten	120, 121
Formatierungszeichen	27
Formatinspektor	217
Formatvorlage ändern	216
Formatvorlage anzeigen	215
Formatvorlage hinzufügen	217
Formatvorlagen	213
Formatvorlagen verwalten	218
Formatvorlagentypen	215
Formeln	48
Formen	126
Formen einfügen	119
Formulare aus Vorversionen	240
Formularentwicklung	240
Formularfelder	240
Frutiger	65
Fülleffekte (Farbwert)	127
Funktion =rand()	17
Fuss- und Endnoten	235
Fusszeilen	94

G

Gehe zu	44
Geschäftsdokumente gestalten	137
Geschütztes Leerzeichen	69
Gestaltung eines Textes	212
Gestaltungsregeln (Flyer)	168
Gestaltung von Flyern	168
Geviertstrich	68
Gitternetzlinien	24
Gliederung des Brieftextes mit Titeln, Beschreibungen und Preis	160
Gliederung von Brieftexten	150
Gliederung von Zahlen	69
Grafiken	118
Grossbuchstaben (Versalien)	59
Grundsatz Gestaltung	67
Gruppe Absatz	72
Gruppe Schriftart	60

Stichwortverzeichnis

H

Halbgeviertstrich	68
Hängender Einzug	75
Hauptdokument (Seriendruck)	180
Hervorhebungsart	59
Hilfe	29
Hyperlinks	252, 254

I

Illustrationen	117
Index einfügen	235
Inhaltsverzeichnis	222, 227
Inhaltsverzeichnis einfügen	229
Inhaltsverzeichnis nummerieren	234

K

Kapitälchen	59
Kästchen	87
Kommentare	256
Kontrollkästchen-Formularfelder	244
Kopf- und Fusszeilen	94
Kopieren	36
Korrekturmöglichkeiten	32
Kursivschrift (Italic)	59

L

Leerzeichen (geschützt)	69
Lesemodus	22
Leserlichkeit	66
Lineal	23
Link	252
linker Einzug	75
linksbündig	72
Liste	80
Listeneinzug anpassen	85
Listenformatvorlagen	215
Literaturverzeichnis	236

M

Makros	25
Manuskripte	212
Markieren von Text	34
Markierungsfunktionen	34
Massangaben	23
mehrseitige Schriftstücke	212, 220
mittels Drag & Drop kopieren	37
mittels Drag & Drop verschieben	37
Monospace-Schriften	66

N

Nachverfolgung	256
Navigationsbereich	24
numerische Gliederung	83
Nummerierung einfügen	82

O

Object Linking and Embedding	254
Objekt einfügen	254
Objekte anordnen	120
Objekte gruppieren	120
Objekte skalieren	120
OneDrive	19
Onlinegrafiken	125
Onlinegrafiken einfügen	119

P

Papierformat	92
PDF/XPS speichern	16
Projektarbeiten erstellen, gestalten	211, 234
proportionale Schriften	66
Protokolle	176
Prozent- und Promillezeichen	69

Q

Querverweise	253

R

Rahmen	87, 96
Rahmen und Schattierungen (Dialogbox)	88
Rahmenlinien setzen	88
rechter Einzug	76
rechtsbündig	73
Rechtschreibung und Grammatik	33
Register «Ansicht»	24
Register «Datei»	12
rückgängig	28

S

Schattierungen	87
schliessen	18
Schnellbausteine	260
Schnellformatvorlagen	214
Schnellzugriff	28
Schriftart	56
Schriftart (Dialogbox)	61
Schriftart (Gruppe)	60
Schützen	245
Schützen (Formular)	245
schwebendes Bild	123
Seite einrichten (Gruppe)	91
Seitenformatierung	56
Seitenhintergrund	96
Seitenlayout	22
Seitenlayout (Seitenformatierung)	90
Seitenränder	92
Semesterarbeit	234
Sendungen (Register)	180
Seriendruck	179
Seriendruck (E-Mail)	207
Seriendruck manuell	188
Seriendruck-Assistent	183
Seriendruckfelder (Datenfelder) einfügen	192
Seriendruckvorschau	197
Serifen	66
serifenlose Schriften	66
SharePoint speichern	19
Silbentrennung	38
Skalieren von Objekten	120
SmartArt einfügen	119
SmartArt-Grafiken	129
Sonderzeichen	46, 47
Sortieren	86
Spalten	92
Spalten einfügen	230
Speichern unter	16
Standarddokumentvorlage Normal.dotm	138
Standardtabstopps	76, 100, 102
Startbildschirm	10
Strichsetzung	68
Suchen	40, 41
Suchen/Ersetzen	42
Symbole einfügen	46
Symbolleiste für den Schnellzugriff	28

T

Tabelle (Gruppe)	105
Tabellen	105
Tabellenformatvorlagen	215
Tabellentools	106
Tabstopps	100
Tabulatorfunktionen	100
Tabulatorfunktionen innerhalb von Tabellen	111
Text eingeben	13
Text in Tabelle umwandeln	232
Text korrigieren	32
Text löschen	32
Textausrichtung	72
Texteingabe in Formen	127
Textfelder	132
Textfluss	79
Textformularfelder	243
Textmarke	194, 253
Text markieren	34
Text skalieren	62
Textumbruch	122
Thesaurus	52
Typografische Grundregeln	168
Typografische Hinweise für Tabellen	112

U

Überschreibmodus	13
Übersetzen und Sprache	54
Umbrüche	93
Unicode	46
Unterschied zwischen DOTX und DOTM	138
Unterstreichen	59

V

Verschieben	36
Verzeichnisse erstellen	206
Vorlagen	138

W

Weblayout	22
Weiche Zeilenschaltung	70
Wenn...Dann...Sonst...-Funktion	195
Wiederherstellen	28
WordArt	135
Word-Hilfe	29
Word-Oberfläche	11
Wörter zählen	53, 54

Z

Zahlen (Gliederung)	69
Zeichenbereich	126
Zeichenbereich formatieren	127
Zeichenformatierung	58
Zeichenformatierungen	56
Zeichenformatvorlagen	215
Zeichen und Ziffern	68
Zeilenabstand	76
Zeilennummern	79
Zeilenschaltung	70
Zeilenwechsel	70
Zentriert	73
Zitate und Literaturverzeichnis	236
Zoom	25
Zwischenablage	36

Damit Sie auch nach dem KV im Job den Durchblick behalten:
Unsere zuverlässigen Wegbegleiter, die auf jedes Büropult gehören

Der Office-Knigge
Souverän mit Kunden und im Team

Die Autorin führt Sie humorvoll und persönlich durch den Büroalltag und erklärt, warum sich ein wertschätzender Umgang mit Kolleginnen, Kollegen und externen Kontakten wirklich lohnt.

Gerade für jüngere Berufsleute enthält *Der Office-Knigge* viele wichtige Praxistipps und Beispiele zu Themen wie: Der erste Eindruck | Mich und meine Firma sympathisch vorstellen | Wertschätzend kommunizieren | Reklamationen entgegennehmen | Social Media privat und beruflich | Im Vorstellungsgespräch überzeugen | Businesslunch | Sitzungen | Termine einhalten und Verbindlichkeit schaffen | Höflich Nein sagen.

Susanne Abplanalp
Der Office-Knigge
Souverän mit Kunden und im Team

1. Auflage 2017, 152 Seiten
Broschur, 17 × 24 cm, CHF 32.—
ISBN 978-3-286-50215-4

Regeln für das Computerschreiben

Kurz und knapp finden Sie hier alles, was Sie zur professionellen Gestaltung Ihrer Briefe, E-Mails und Schriftdokumente brauchen. Zum Nachschlagen, Lernen und Lesen.

- Alle in der Schweiz relevanten Schreib- und Darstellungsregeln
- Schweizerische Normen für die Textverarbeitung und die Geschäftskorrespondenz
- Grundlagen der Typografie
- Textbeispiele für leicht lesbare und einprägsam gestaltete Dokumente
- Ausgewählte Rechtschreibregeln

Michael McGarty, Max Sager,
Georges Thiriet, Ralf Turtschi
Regeln für das Computerschreiben

21. Auflage 2018, 132 Seiten
Broschur, 17 × 24 cm, CHF 31.—
ISBN 978-3-286-30581-6

So geht Korrespondenz
Das Beste für Ihre E-Mails und Briefe

Suchen Sie Anregungen für einen persönlichen, abwechslungsreichen und wertorientierten Schreibstil in E-Mails und Briefen?

Die Autorin lädt Sie dazu ein, Konventionen der Korrespondenz zu hinterfragen und die Sprache bewusst einzusetzen, um Menschen zu verbinden. Kurze thematisch geordnete Abschnitte laden zum Stöbern und Reflektieren ein. Zahlreiche «Besser nicht»- und «Besser so»-Beispiele geben ein Gespür, was Korrespondenz beim Gegenüber bewirken kann. Lassen Sie sich inspirieren, damit Sie ihrer Korrespondenz das gewisse Etwas verleihen.

Angelika Ramer
So geht Korrespondenz
Das Beste für Ihre E-Mails und Briefe

1. Auflage 2016, 96 Seiten
Broschur, 17 × 24 cm, CHF 24.—
ISBN 978-3-286-51195-8

VERLAG:SKV
www.verlagskv.ch